인도차이나전쟁과
프랑스 식민주의 이념

인도차이나전쟁과 프랑스 식민주의 이념

이재원 저

홍문각

이 저서는 연세대학교의 학술연구비 지원으로 이루어진 것임.

머리말

1944년과 그 직후까지 하나의, 분리되지 않는, 중앙집권화된 프랑스는 그 권력을 해외영토까지 확장하고 있었다. 프랑스는 해외영토의 국방과 외교를 담당하고 있었으며 행정과 교육을 주관하고 있었다. 이 시기는 아랍과 코친차이나(Cochinchina), 그리고 세네갈의 아이들이 학교에서 "우리들의 조상은 골루아족!(Nos ancêtres les Gaulois!)"이라고 읊조리던 시기였다. 이때는 식민지 제국의 시기였고 정부 내에서 식민지부 장관이 가장 중요한 인물로 인식되던 시기였다.

그러나 2차 대전 기간 상황은 변했고 식민지인들은 그들 민족에 대해 자각하기 시작했다. 적어도 심정적으로는 동조하는 반식민주의 지지자들이 존재했던 산업 선진국들은 식민지 해방운동에 동정을 표했고, 심지어 지지하기도 했다. 하지만 프랑스의 지도자들과 국민에게 문제의 본질은 변하지 않았다. 프랑스 소유의 영토는 정치적 형태야 어떻든 간에 프랑스의 것으로 남아있어야 했다. 프랑스인들에게 있어 식민지 제국은 국가적 힘과 자부심의 핵심적 요소였으며 프랑스 미래의 가장 확실한 보증과도 같은 것이었다.

2차 대전 후의 프랑스는 식민지를 일컫는 새로운 명칭인 '해외영토(outre-mer)'와의 관계를 변화시키거나 평화와 우호 속에 그들을 독립에 이르게 하는 어떠한 해결책도 제시하지 못했다. 명확한 타개책을 발견하지 못한 이러한 무능함과 불확실한 태도는 갈등과 소요, 전투, 그리고 마침내 패배의 근원적인 원인으로 작용했다. 프랑스 식민제국의 탈식민지화는 때로는 식민화 과정에서 수반되었던 것보다 더한 폭력과 고통 속에서 이루어졌다. 그것은 뒤늦게 이루어졌으며, 종종 '식민지 본국인'들보다 식민지 주민들에게 더 비극적으로 진행되었다.

1946년부터 1954년까지 프랑스는 처음으로 가장 큰 '식민지 전쟁(guerre coloniale)'을 경험했고, 그 전쟁에서 패하게 되었다. 실질적으로 베트남에서만 이루어지는 '인도차이나전쟁(guerre d'Indochine)'이라 명명되는 이 전쟁은 '프랑스 제국(empire français)'의 와해를 초래하는 일련의 분쟁의 첫 번째를 장식하게 되었다. '제국의 보석(joyau de l'empire)'이라 불렸던 베트남(Vietnam)(통킹(Tonkin), 안남(Annam), 코친차이나, 라오스(Laos), 캄보디아(Cambodia)로 구성된 '프랑스령 인도차이나(Indochine française)'는 프랑스 식민제국의 가장 풍요롭고 아름다운 곳이었다. 프랑스는 이곳에서 8년여에 걸쳐 참혹한 사건들로 점철된 혹독하고 절망적인 전쟁을 수행했다. 프랑스 제4공화국의 짧은 기간 동안 인도차이나전쟁 만큼 프랑스를 괴롭혔던 문제는 드물었다. 1946년부터 질병처럼 급속하게 번지기 시작한 이 전쟁은 전후 회복기에 들어선 프랑스의 군대와 재정, 그리고 정치 전반을 잠식하게 되었다. 무슨 이유로 프랑스 정부는 이 '추악한' 식민지 전쟁을 수행했는가? 왜 수많은 인명을 학살하고, 수많은 예산을 낭비하며, 수많은 양심에 고통을 주었는가? 무엇 때문에 이 머나먼 땅에 프랑스 주권을 보존하기 위해 그토록 집착했던가? 오늘날 인도차이나 식민지 해방을 피할 수 있었다고 생각하는 프랑스인들은 점점 줄어드는 추세이다. 반면에 식민지 해방의 필요성이 왜 좀 더 일찍, 좀 더 용이하게 인정되지 않았는지를 자문하는 이들은 점점 늘어나고 있다.

인도차이나전쟁은 지금까지 제대로 알려지지 않았으며 이념적 논쟁의 대상이 되는 주제로 아직까지도 남아있다. 오랫동안 프랑스인들은 인도차이나라는 단어를 떠올릴 때 그들 생각의 저변에 '거북스러움', '후회', '기대를 저버린 희망', '무기력함' 등과 같은 감정들이 어지럽게 뒤섞여 있음을 인지했다.[1] 오랜 세월 이 문제는 열정을 야기했으며 논란의 대상이 되었다. 하지만 인도차이나전쟁을 종결시킨 제네바 협상이 체결된 후 70여년 이란 세월이 흐르면서, 이제는 불행하고 고통스러운 이 시기에 관해 침착하게 분석하고 평가하는 작업이 어느 정도 가능해졌다. 프랑스의 인도차이나에 대한 기억은 자존심이나 오만, 죄의식이나 회한 등의 감정에서 벗어나 차분한 상태에서 더 객관적인 평가를 할 수 있을 정도로 충분히 멀어져 있는 것이다.

이 저서의 목적은 인도차이나전쟁 중에 일어난 중요한 전투나 그와 관련된 정치·외교 사건들을 기술하는데 있지 않다. 다시 말해 이전에 우리들의 일반적인 관심사였던 '인도차이나전쟁에 관한 역사'를 살펴보자는 것이 아니다. 우리가 제안하는 것은 식민지 전쟁에 대한 프랑스인들의 반응과 입장에 대한 연구이다. '보통 사람들', '다수의 일반인들'의 집단적 태도와 견해를 살펴보자는 것이다. 한 마디로 지구 반대편에서 벌어진 전쟁에 대한 프랑스인들의 '여론'을 보자는 것이다. 집단적 이념의 역사, 특별히 '식민주의 이념(idée coloniale)'의 역사를 살펴보자는 것이다. 프랑스인들의 의식 속에 인도차이나 문제, 더 나아가 식민지 문제가 어떤 위치를 차지하고 있었으며, 그것이 전쟁 중에 어떻게 표출되었는지를 살펴보고자 하는 것이다. 2차 대전으로 인해 쇠약해진 프랑스가, 전후 '국가 재건'이라는 막대한 임무에 직면한 프랑스가 '본국'으

---

[1] 코친차이나-안남 남부 부대와 통킹 사단을 지휘했던 사바티에(Gabrielle Sabattier) 장군이 언급한 내용. Paul Isoart, *Le phénomène national vietnamien: de l'indépendance unitaire à l'indépendance fractionnée*(Paris: Librairie générale de droit et de jurisprudence, 1961), p. V.

로부터 1만여 킬로미터 떨어진 식민지에 군대를 파견하여 희생을 감수할 준비가 되었는지? 인도차이나에 위기가 찾아왔을 때 식민주의 이념은 어떤 방식으로 표출되었는지? 특별히 어떤 문제에 대해 제국주의적 입장이 명확하게 규정되었는지? 인도차이나전쟁은 어떤 반대에 부딪혔는지? 요컨대 전쟁 기간 프랑스 국민들의 의식 속에 식민지 문제는 얼마나 큰 비중을 차지하고 있었는지를 살펴보자는 것이다. 역사가 지라르데(Raoul Girardet)가 언급했듯이, "식민주의 이념은 현대 프랑스의 감정적, 정신적 역사에서 너무 큰 위치를 차지하고 있기에 우리는 이러한 질문에 답하고 싶은 유혹을 떨쳐버릴 수 없는 것"이다.[2]

프랑스 본국의 입장과 프랑스인의 식민주의 이념을 조사하기 위해 우리는 먼저 두 종류의 본질적으로 서로 다른 여론을 조사할 필요가 있다. '일반적인 여론(opinion publique)'[3]과 '활동적인 여론(opinion agissante)', '소극적인 여론(opinion passive)'과 '적극적인 여론(opinion active)', '정태적인 여론(opinion statique)'과 '동태적인 여론(opinion dynamique)'이 그것이다. 다양한 종류의 여론을 살펴봐야 하는 이유는 인도차이나전쟁 기간 이 두 여론 사이에 분명한 차이가 존재했기 때문이다.

첫 번째 부류의 여론은 모든 시민, 거리의 사람들, 모든 일반인과 관련된다. 그것은 일반 대중의 감정과 판단, 특정 사건에 대한 집단적 입장을 의미한다. 프랑스 역사가 지라르(Alain Girard)가 언급했듯이, 대중여론은 특정 사건에 직접적인 영향을 미치지 못하고, 결정할 수 있는 힘을 보유하지는 않았지만, 정책 결정자들의 그 어떠한 정책도 여론의

---

[2] Raoul Girardet, *L'idée coloniale en France, 1871-1962*(Paris: Pluriel, 1972), p. 22.
[3] 역사가에게 여론은 단순화한 표현이다. 역사가는 여론을 믿지 않고 '여론의 일반적인 경향'을 믿으며, 여론이라는 표현을 사용하는 것은 단지 언어의 용이성을 위해서이다. Jean-Jacques Becker, "L'opinion publique: un populisme?", *Vingtième siècle. Revue d'histoire*, No. 56(octobre-décembre 1997), p. 92.

지배적인 성향과 입장을 고려하지 않고 실행될 수는 없는 것이다.[4] 인도차이나전쟁 기간에 정치권 지도자들은 '국가의 입장'과 '국민의 감정과 사기'를 고려해야만 했을 것이다. 실제로 여론의 지배적인 경향과 긴밀한 관계없이 오랫동안 발전할 수 있는 정부의 정책은 존재하지 않을 것이다. 인도차이나전쟁 기간 중 프랑스의 정치 지도자들은 '국가의 감정', '국가의 사기', '프랑스 국민의 의견'을 고려해야만 했다. 인도차이나에서 발생한 사건에 직면한 이러한 여론을 가늠해보기 위해 우리는 주로 여론조사와 신문과 정기간행물, 그리고 '도지사 보고서(rapports des préfets)'의 분석에 의존하고자 한다.

먼저, 여론조사 방법은 사건의 추이에 따른 프랑스인들의 입장의 변화를 살펴볼 수 있다는 점에서 본 연구의 목적에 잘 부합한다고 할 수 있다. 그것은, 프랑스 식민주의 연구의 권위자인 아즈롱(Charles-Robert Ageron) 교수가 언급했듯이, 사건이나 상황에 대한 설명이 첨가된다면, "여론을 살필 수 있는 가장 객관적이고도 좋은 수단"[5]이 될 수 있다. 다행히 우리는 프랑스여론연구소(IFOP: Institut français d'opinion publique)가 발행하는 여론조사란 의미의 『송다주(Sondages)』라는 잡지를 통해 인도차이나전쟁과 인도차이나 문제에 대한 적지 않은 여론조사 결과물을 접할 수 있었다.[6] 당시의 상황과 연계하여 이 결과들을 살펴보

---

4) Alain Girard, "Sondages d'opinion et politique étrangère", in Léo Hamon (dir.), *L'élaboration de la politique étrangère*(Paris : Presses universitaires de France, 1969), p. 40.
5) Charles-Robert Ageron, "L'opinion française devant la guerre d'Algérie", *Revue française d'histoire d'outre-mer*, Vol. 63, No. 231(2^e trimestre 1976), p. 256.
6) 프랑스여론연구소가 행한 인도차이나 문제와 관련된 여론조사의 경우, 정확한 모집단 수치를 명기하지 않고 있어 얼마나 많은 사람을 대상으로 한 조사인지를 우리는 알 수가 없다. 다만 전국에 걸쳐 다양한 부류의 사람들을 대상으로 표본추출을 하여 조사했다는 점을 『송다주』 서문에서 밝히고 있을 뿐이다. 하지만 이 잡지 1952년 3호에서 「언론의 영향과 독자들의 입장」이라는 주제하에 행해진 여론조사의 경우 모집단 수치를 1,475명이라고 밝힌 점에 미루어 볼 때, 일반적으로 1,000-2,000명 정도의 사람들을 대상으로 조사를 했을

고, 주변 사료들에 근거해서 이것들을 분석할 수 있다면 여론조사의 결과물을 역사연구에 이용하는 것은 분명 가치 있고 흥미로운 일이 될 것이다.[7)]

두 번째 부류의 여론은 정치화된, 다시 말해 여론의 주동자들의 입장을 의미한다. 프랑스의 인도차이나 정책은 대부분의 여론이 무관심하고 무지할 때 행동하는 일부의 여론에 의해 수행되었다. 이러한 입장은 정보를 교환하고 문제의 추이를 계속 지켜보며, 사고하고, 비판하며, 행동강령을 계획하며, 해결책을 제시하는 소수의 사람에 의해 기획되었다.[8)] 이 소수는 고위 관리, 기자, 작가, 사업가, 정치인, 지식인들로 구성되었다.

이러한 의견을 살펴보기 위해 우리는 먼저 정치 지도자들과 정당들의 입장을 이해하는데 도움을 주는 『관보(官報)(Journal officiel)』, 내부보고서(bulletins interieurs), 정당보고서(organes des partis) 등에 대한 조사를 행할 것이다. 각 정당의 입장을 살피는 작업은 중요한데, 그 이유는 이 견해들은 전쟁 전개에 대한 입장을 결정하고 전투에 동원된 군인들에게 직접적으로 영향을 미칠 수 있기 때문이다. 우리는 또한 다양한 언론(출판물, 정기간행물)을 참조하고자 한다. 언론은 여론에 영향을 미치기를 원하는 '행동하는 여론'이라고 볼 수 있는데, 그 이유는 그것이 다양한 입장과 견해를 보여주는 중요한 정보의 생산자로서의 기능을 수행하기 때문이다. 당시에 기록된 증언들과 정치인이나 군인들의 회고록은 '프랑스인 일부'의 평가를 조망하는데 도움이 될 것이다.

    것으로 유추해 볼 수 있다.
7) Alain Girard, "Sondages d'opinion et politique étrangère", *op. cit.*, p. 40.
8) Pierre Gerbet, "L'influence de l'opinion publique et des partis sur la politique érangère de la France", *Cahiers de la Fondation nationale des sciences politiques*, T. 55(1954), p. 89.

'도지사 보고서(rapports des préfet)' 역시 특정 사건에 대한 프랑스인들의 인식 상태를 이해할 수 있게 해준다. 자신이 관리하는 지역 주민들의 동향과 입장을 정부에 보고하는 것은 도지사의 일반적인 임무이다. 위기의 시기에 이러한 역할은 매우 중요한 사안이 된다.[9] 도지사의 '진실하지 않은 낙관론'만 주의한다면, 그의 확언을 수정하고, 그의 분석을 다른 자료와 함께 비교한다면, 도지사 보고서는 프랑스 혹은 프랑스인 전체 입장을 평가하는 데 소중한 정보를 제공하는 자료로서 기능할 수 있을 것이다.

본서는 특별히 프랑스와 베트남의 정치, 군사 사(史)라는 큰 틀 속에서 연구를 진행하고자 한다. 인도차이나전쟁은 사실상 베트남 영토에서만 일어났으며, 라오스와 캄보디아에서는 전쟁이 거의 발생하지 않았다. 1953년 소수의 라오스 유격대원을 돕기 위해 베트민이 라오스를 급습한 적이 있었고, 캄보디아에는 소수의 '크메르-베트민(Khmer Viêt-Minh)' 무장군이 존재했지만 그들은 결코 큰 영향력을 발휘하지 못했다.[10] 따라서 이 저서에서는 캄보디아와 라오스에 대한 정보는 거의 없다고 볼 수 있다. 그리고 본서는 무엇보다 전쟁에 직면한 프랑스의 입장과 프랑스인의 심성(心性)의 역사에 관한 것이라는 점을 잊지 말기 바란다.

본 저서는 인도차이나전쟁을 다루지만 연구의 시작은 1945년 3월 9일 '일본의 무력 쿠데타(coup de force japonais)'로부터 시작한다. 불과 몇 시간 만에 일본은 프랑스의 식민 행정과 군대를 제거함으로써 인도차

---

9) Jean-Jacques Becker, *Comment les Français sont entrés dans la guerre. Contribution* à *l'éude de l'opinion publique, printemps-été 1914*(Paris: Presses de la Fondation nationale des sciences politiques, 1977), p. 260.
10) Alain Ruscio, *La guerre française d'Indochine*(Bruxelles: Éd. Complexe, 1992), p. 16.

이나에 대한 60년 이상의 프랑스 지배를 종식시켰다. 이 강권발동은 동남아시아에서 프랑스의 주권을 파괴했을 뿐만 아니라 베트남, 라오스, 캄보디아, 세 나라의 독립 선언으로 이어졌다. 바로 그 순간부터 프랑스는 더 이상 인도차이나인들의 해방운동을 막을 수 없었다. 하지만 프랑스의 권위를 회복하는 것이 절박한 사명이었던 이들과 쟁취한 독립을 수호하겠다는 단 하나의 목표를 가진 이들 사이에 대화가 어렵다는 사실은 분명하거나, 불가능했다. 전쟁은 이제 피할 수 없었고, 전쟁으로 이어질 과정들은 시작되고 있었다.

　본 연구는 1954년 7월 20일 제네바 협정이 체결된 날까지를 다룬다. 프랑스군이 1956년까지 아시아에 주둔했더라도 이 날짜로 제한하는 것은 쉽게 이해가 될 것이다. 전투 재개의 가능성에도 불구하고 휴전 이후의 상황은 변했는데, 이는 프랑스와 '베트민' 간의 협상 체결과 전쟁의 종결에 기인한 것이었다. 전투 인력에 대한 요구는 점차 줄어들었고 프랑스는 전쟁에서 손을 떼고 철수하는 단계에 이르렀다. 이는 프랑스 주권 하에 있던 이 아시아 지역에서의 식민지 상황의 종식과 프랑스인들의 식민주의적 감정의 폐기와 종말을 의미하는 것은 아니었을까? 본 연구를 통해 검토해보고자 한다.

　본 저서는 1. 2차 대전 종전 직후 프랑스의 식민주의 이념, 2. 인도차이나전쟁 전반에 걸친 프랑스 여론의 변화, 3. 제네바 협정에 대한 프랑스인의 인식 등 연대순으로 3부로 구성된다. 이러한 시기적 구분은 인도차이나전쟁에 직면한 프랑스 여론과 프랑스의 식민주의 이념의 진화과정과도 어느 정도 일치하기에 적절한 구성이라고 볼 수 있다.

　본 저서의 출판은 지난 2017년 한국프랑스사학회 총무로 본인이 책임 편집을 맡았던 『전쟁과 프랑스 사회의 변동』을 출간했던 〈홍문각〉의 도움에 힘입은 바 크다. 이런 저런 사정으로 무리하고 촉박하게 책의 출간을 독촉했던 필자의 요구를 따뜻하고 너그러운 마음으로 들어주신 사장님과 편집자에게 다시 한번 깊은 감사의 마음을 드린다. 본 저서를 준비하는 중에 필자의 박사과정 지도교수였던 장자크 베케르(Jean-Jacques Becker) 교수의 부고를 들었다. 학자로서의 성실함과 고귀함을 보여주신 존경하는 교수님의 영전에 이 저서를 바친다. 돌아가신 지 2년여가 지났음에도 여전히 그립고, 보고 싶은 나의 학문적 스승이신 아버지, 너무 오래 병상에서 투병하시는 어머니에게 존경과 감사의 마음을 드린다. 내 삶의 기쁨이자 위안인 두 딸 지혜, 지나, 학자로서의 지난한 삶을 옆에서 늘 함께해준 은영에게 사랑의 마음을 전한다.

2023년 12월
신촌 연구실에서
이 재 원

차례

머리말/ 5

1부 제2차 세계대전 종전(終戰) 직후

서문/ 21

1장 종전과 해외영토에의 영향/ 23

1. 식민지 민족주의의 증대 24
   1) 2차 대전기 인도차이나 민족주의 26
   2) 일본의 무력 쿠데타(coup de force japonais) 이후 31

2. 국제무대에서의 반식민주의의 승리 37
   1) 루스벨트의 미국 37
   2) 국제연합(UN : United Nations) 43
   3) 소련과 국제 공산주의 운동 47

2장 식민지 문제에 직면한 프랑스/ 55

1. 프랑스 식민주의 이념의 강화 56
   1) 논거들 58
   2) 프랑스 식민주의 '사회학' 69
   3) 호의적인 여론 92

2. 새로운 식민 정책을 향하여 97
   1) 종전 후의 식민지 논의 102
   2) 헌법적 대응 : 프랑스 연합(Union française)의 불가능성 ... 110

3. 식민지 의식의 위기 118
   1) 식민주의 이념의 반대자들 119
   2) 프랑스인들의 무관심 127

1부 결론/ 132

2부 '머나먼' 인도차이나전쟁

서문/ 137

3장 여론의 변화/ 140

1. 전쟁의 첫 번째 국면 : 식민지 재정복 활동 141
   1) 여론의 동향 142
   2) 도지사 보고서(rapports des préfets) 분석 149

2. 전쟁의 두 번째 국면 : 냉전의 중심지 인도차이나 156
   1) 여론의 동향 158
   2) 도지사 보고서 분석 164

4장 인도차이나 분쟁 속의 식민주의 이념/ 173

1. 정치계의 입장 174
   1) 불일치, 망설임과 모순 175
   2) 공산주의자들의 반대 194

2. 지식인의 행동 203
   1) 공산주의 지식인과 그들의 '동반자(compagnons de route)' ... 204
   2) 사르트르와 『레탕모데른(Les Temps modernes)』 208
   3) 좌파 기독교 지식인 212
   4) 클로드 부르데, 『투쟁(Combat)』 『롭세르바퇴르(L'Observateur)』 229
   5) 우파 지식인 232

· 15

3. 프랑스 내 인도차이나 사회에 대한 인식 241
    1) 프랑스의 인도차이나인 242
    2) 프랑스의 인도차이나 대표단 244
    3) 프랑스의 대응 247

4. 미국의 군사적 원조와 프랑스 여론 254

5장 평화를 위한 선전활동/ 263

1. 앙리 마르탱 사건 265
    1) '평화를 위한 투쟁'과 앙리 마르탱 석방운동 266
    2) 문화적 행위를 통한 반전운동 : 〈툴롱의 비극〉 275
    3) 사건의 의미와 역할 281

2. '더러운 전쟁' 스캔들 284
    1) '장군들 사건' 285
    2) '피아스트르 암거래' 292

3. 파업과 저항 298

2부 결론/ 306

3부 제네바, 식민주의 이념의 종말?

서문/ 311

6장 "프랑스 공화국은 디엔비엔푸에서 운명을 다했다"/ 313

1. 디엔비엔푸 전투에 대한 여론 318
    1) 전투 참여 이전 318
    2) 베트민의 공격과 패배 이후 331

2. 전쟁의 국제화와 프랑스 여론 343
      1) 중국의 개입에 직면하여 343
      2) 미국의 개입에 직면하여 347
   3. 패배에 대한 재판 353
      1) 정치인의 책임 353
      2) 공산주의자의 책임 359

7장 프랑스와 군대/ 365

   1. 프랑스인의 군대 인식 366
   2. 전쟁과 여론에 직면한 군대 375

8장 제네바 평화 협정과 전쟁의 종결/ 385

   1. 피에르 망데스 프랑스와 제네바 '도박' 387
   2. 제네바의 평화와 프랑스 여론 394

3부 결론/ 402

• 맺음말/ 407

_ 약어(단체, 기관) 및 용어 • 415
_ 참고문헌 • 418
_ 찾아보기(인명) • 431

1부

제2차 세계 대전 종전(終戰) 직후

서문

　제2차 세계대전은 프랑스 식민제국의 일반적 상황을 변화시키진 않았다.[1] 비시(Vichy) 정부뿐 아니라 드골(Charles de Gaulle) 장군의 자유프랑스(France libre) 정부 역시 해외영토에 대한 프랑스의 지배권을 유지하였다. 해외영토의 주민들은 1940년 독일에 패배한 프랑스에 충성스러웠고, 그 후에도 프랑스의 재건과 해방과 전쟁에서의 승리에 참여하였다.[2] 하지만 겉으로 드러나는 모습과는 달리, 전쟁과 프랑스 '해방(Libération)'은 프랑스와 옛 식민지와의 관계에 심대한 영향을 미쳤다. 그것은 '가장 위대한 프랑스(La plus grande France)'의 결합을 시험하였으며, 프랑스 제국에 '진실의 시간'이 도래했음을 알렸다.
　가장 큰 충격은 해방 그 자체로부터 도래하였다. 레지스탕스 단원이었으며 『르몽드(Le Monde)』 기자로 활동했던 플랑셰(Jean Planchais)가 지적했듯이, 레지스탕스, 점령자에 대한 투쟁, 저항 이데올로기와 저항이란 단어 그 자체는 프랑스 지배하의 식민지인들에게 커다란 울림으로

---

1) 1940년 6월 22일, 프랑스와 독일과의 휴전협정은 프랑스가 보유하고 있는 식민지들과 해군력을 그대로 유지하는 사항에 동의하였다. 이 두 조항은 프랑스인들에게는 대단한 성공이요 미래를 위한 중요한 요인으로 인식되었다. 1940년 6월 24일, 식민지 강국인 이탈리아와의 휴전협정은 프랑스의 해외영토에는 불리하게 작용하는 측면이 있었으나 독일의 압력하에 어떠한 식민지도 프랑스로부터 분리되지는 않았다. Jae-Won Lee, *Les Français et l'idée coloniale, de la Libération aux accords de Genève: le cas de l'Indochine*(Thèse de doctorat d'histoire, Université de Paris X-Nanterre, 2003), p. 14.

2) Jacques Binoche-Guedra, *La France d'outre-mer, 1815-1962*(Paris: Masson, 1992), p. 181.

다가왔다.[3] 그것들은 프랑스에 의해 수없이 상기되었던 프랑스혁명의 추억을 재생시키고, 근대화시켰으며 그 의미를 되새기게 되었다. 식민지 국가들은 자유와 평등 형제애의 깃발 아래 그들의 투쟁을 벌였다. 1945년 식민지인들은 자신의 땅과 권리를 되찾기 위해 싸운 프랑스가 다른 이들의 해방을 거부할 수 없다고 생각하였다.

그러나 제2차 세계대전으로 인해 제국이 얼마나 크게 동요했는지를 깨닫는 프랑스인은 거의 없었다. 해방 당시 대다수 프랑스 '본국인'은 여전히 식민지 제국주의에 찬동하고 있었다. 심지어 '식민주의 이념'은 그 어느 때보다 대중적이었다고 할 정도였다. 왜 프랑스에서 식민주의적 사고방식이 부활했는가? 다른 식민주의 국가에서의 여론이 점진적으로 식민지 해방을 수용하는 방향으로 나아갈 때, 프랑스인들은 왜 그들의 해외영토를 간직하기를 고집했는가? 어떠한 논거들이 그들의 주장을 강화했는가? 단체나 특별한 조직 혹은 특정 사회계층이 이러한 제국주의적 생각을 대표했는가? 전후 상황이 식민 정책 측면에서 프랑스 지도자들의 생각에 영향을 미치거나 변화시키지 않았는가? '식민지 본국'에서 식민주의 이념의 반대자들을 찾아볼 수는 없었는가?

이러한 질문에 대해 우리는 해방 이후 식민지 문제에 대한 프랑스인의 사고방식을 평가할 수 있는 몇 가지 답변을 제공하려고 노력할 것이다. 하지만 그 전에, 프랑스 식민주의 이념을 부활할 수 있게 했던 내부 맥락을 검토하기 전에, 프랑스의 대의에 반드시 유리하지는 않았던 외부적 맥락이나 요인을 고려할 필요가 있을 것이다. 왜냐하면 전쟁 직후의 식민 정책 측면에서 프랑스는 특정 외부 제약과 국제 세력의 압력으로 인해 완전히 자유롭게 행동할 수 없었기 때문이다.

---

3) Jean Planchais, *L'empire embrasé, 1946-1962*(Paris: Denoël, 1990), p. 8.

1장
종전과 해외영토에의 영향

　프랑스 식민제국의 일시적 상실과 해외영토와의 관계에 있어 부분적 혹은 전체적 단절이 야기된 2차 대전 이후, 지금까지 적어도 외형상으로 지속되었던 정치적 안정이 파괴되었다. 프랑스와 식민지와의 관계는 더 이상 예전 같지 않았다. 식민지 민족주의 운동은 증가했고, 그것이 존재하지 않았던 지역에서도 새롭게 발생하기 시작했다. 국제적 분위기는 변하였으며 식민지에 유리한 조건들이 나타나기 시작했다. 1945년 연합국의 승리 이후, 세계의 지배적인 정치 권력은 더는 유럽에 속하지 않았고 식민지 체제에 단호하게 반대하는 국가들에 속하게 되었다. 종속민들에게 있어 전후의 상황은 그들의 해방에 유리하게 보였다. 이러한 요소들은 프랑스가 고려해야만 하는 새로운 상황을 연출하였다. 프랑스의 식민주의적 입장은 점점 더 지탱하기 어렵게 되었다.

　이러한 상황에서 프랑스와 식민지 주민들은 2차 대전으로부터 서로 다른 교훈을 이끌어 냈다. 프랑스인들에게 있어 전쟁은 프랑스가 그 제국을 상실한다면 더 이상 강대국으로 머무를 수 없음을 보여준 사건이었다. 식민지 국가들은 전쟁이 민족주의적 감정의 성숙과 확신을 촉진해 주었다고 생각했다.

1. 식민지 민족주의의 증대

부분적으로 제국이라는 자원에 해방에 대한 희망을 걸었던 프랑스인들은 겉으로 보기에 흔들림 없는 식민지인들의 충성심에 자신들의 비전을 강화하였다. 프랑스 소유의 영토에서 은밀하게 행해지는 상황을 알지 못한 가운데 프랑스인들은 식민지 민족주의의 상승에 주의를 기울이지 못했으며, 전후에는 그 세력과 맹렬함에 몹시 놀라게 되었다.[1] 실제 1945년 이후 식민지인들의 해방을 위한 운동은 계속해서 증가했다. 그 어떤 식민지도 이 현상에서 자유롭지 못했다. 자신들의 '보호국'에 대한 복종과 존경의 감정이 사라진 가운데 생겨난 식민화와 식민주의 국가에 대한 증오로 무장된 민족주의는 이러한 집단적 자각의 동력이었다.[2]

그러나 민족주의가 종전의 결과 생겨난 새로운 현상은 아니었다. 2차 대전 이래 식민지 민족주의는 전쟁과 프랑스의 패배와 프랑스 위신의 실추로부터 힘을 얻었다. 비록 1945년 봄까지 강력한 프랑스를 위협할 그 누구도 존재하지 않는 것처럼 보였지만 민족주의적 분노는 소수의 무장세력을 밀어붙여 어둠 속에서 국민의 지지하에, 민족해방을 준비하게 했다. 특히 이러한 현상이 가장 두드러진 곳은 프랑스령 인도차이나에서였다.

중국의 전통과 천년 동안 독립을 유지했다는 자부심에 기반한 인도차이나 민족주의, 특히 베트남 민족주의는 프랑스 제국 전체에서 가장 활기차고 가장 전투적이었다. 코친차이나에는 평등주의적 조치를 요구

---

1) Charles-Robert Ageron, *La décolonisation française* (Paris: Armand Colin, 1991), pp. 52-53.
2) Henri Grimal, La *décolonisation, 1919-1963* (Paris: Armand Colin, 1965), pp. 120-121.

하는 수천 명의 '귀화한' 사람들이 있음에도 불구하고, 인도차이나 민족주의는 제2차 세계대전 이전에도 사회의 모든 계층과 모든 정치 세력 내에서 지배적이었다. 실제로 1920년대와 1930년대에 프랑스가 점령한 인도차이나에서는 새로운 권리와 궁극적으로 독립을 쟁취하기 위한 민족주의 단체들이 종종 비밀리에 발전했다. 인도차이나 민족주의는 그 후 매우 뚜렷한 두 가지 분파로 나뉘면서 형성되었다.

첫 번째는 '순수하게' 민족주의적이라고 규정지을 수 있다. 베트남 국민당(VNQDD : Viêt-Nam Quoc Dan Dang)은 1927년 11월 하노이에서 부르주아지와 애국적인 지식인에 의해 결성되었다. 응우엔 타이 혹(Nguyen Thai Hoc)이라는 젊은 교사가 주도한 베트남 국민당은 당시 한창 활동적이었던 중국국민당(中國國民黨)을 모델로 삼아 삼민주의(三民主義 : 민족주의, 민주주의, 사회주의) 교리와 러시아 공산당(Parti communiste russe)에 강한 영감을 받은 당 조직을 차용했다. 베트남 국민당의 목표는 중국의 도움을 받아 베트남으로부터 프랑스인들을 축출하며 혁명을 통해 직접 공화 정부를 수립하는 것이었다. 이를 위한 수단으로 선전활동 외에도 전국적 봉기를 향한 단계로서의 지역적 봉기와 테러를 포함한 무력 사용을 권장했다. 베트남 국민당은 곧이어 베트남 북부에서 괄목할 만한 성공을 거두었고 그로 인해 지하활동에 국한할 수만은 없었다. 프랑스 정부에 의해 매우 가혹하게 진압된 1930년 2월 옌바이(Yen Bay) 봉기 이후 당의 지도자인 응우엔 타이 혹은 참수당했고 베트남 국민당은 이 탄압으로부터 결코 회복되지 못했다.

두 번째 인도차이나 민족주의 운동은 공산주의를 표방했다. 1917년 10월 러시아 혁명은 일부 아시아 지역에 반향을 불러일으켰고 몇몇 인도차이나 애국주의자들은 소련의 사례에서 자신들의 나라를 위한 성찰의 요소들을 발견했다.[3] 1930년 홍콩에서 미래의 호치민(Ho Chi Minh. 빛을 발하는 자)이 될 응우옌 아이 쿡(Nguyen Ai Quoc. 애국자 응우옌)은 인도차이나 공산당을 창설했다. 실제 베트남 공산당임에도 불구하고 인도차이나 공산당으로 명명한 것은 베트남 활동가들이 프랑스 식민지 시대의 구조를 모델로 삼고 베트남 민족 문제에는 상대적으로 무관심한 공산주의 인터내셔널(코민테른. Comintern)의 지침을 따르고 그에 대한 충성심을 분명하게 표명한 것이었다.[4] 식민지 국가에서 민족 문제는 무엇보다 농민의 문제라는 레닌주의 도식에 충실한 인도차이나 공산당은 농촌지역으로의 진출을 우선시했다. 하지만 인도차이나 공산당은 다른 정당처럼 온전히 '코민테른 정당'만은 아니었다. 모스크바로부터 지리적으로 떨어져 있고, 식민지 문제에 대한 코민테른과 프랑스 공산당(PCF : Parti communist français)의 미미한 관심이 아마도 인도차이나 공산당의 상대적 자율성을 설명할 수 있을 것이다.[5]

1) 2차 대전기 인도차이나 민족주의

프랑스와 인도차이나 민족 사이의 갈등은 프랑스의 식민 지배만큼 오래되었다. 일반적으로 잠재되어 있던 이 갈등은 빈번한 폭력행위를 통해 표출되었으나 즉시 진압되곤 했다. 하지만 제2차 세계대전은 극동지역의 세력균형을 뒤흔들어 놓았으며 민족주의 운동과 그 영향력을 상당히 강화시켰다.[6]

새로운 세계대전을 주의 깊게 지켜본 인도차이나인들은 1940년 프

---

3) Alain Ruscio, *La guerre française d'Indochine, op. cit*, p. 22.
4) Pierre Rousset, *Le Parti communiste vietnamien*(Paris: François Maspero, 1975), p. 344.
5) Alain Ruscio, *La guerre française d'Indochine, op. cit.*, p. 24.
6) Guy Pervillé, *L'empire français à la décolonisation*(Paris: Hachette, 1991), p. 116.

랑스의 패배에 경악했다. 1940년 6월 나치 독일에 대한 프랑스의 항복은 위임국의 권위를 심각하게 손상시켰다. 마찬가지로 일본과의 굴욕적인 협력은 식민지인들로 하여금 더 이상 프랑스 당국을 존중하지 않게끔 부추겼다. 사실 1937년 이래 중국과 전쟁 중인 일본은 1940년 9월 22일 프랑스 비시 정부와의 군사협정을 통해 중국과 맞닿아 있는 인도차이나 북부 통킹 지역의 비행장을 사용할 권리와 자국 군인들이 이 지역을 자유로이 통과할 권한을 부여받았다. 일본군이 손쉽게 인도차이나를 점령하고 프랑스 권력기관을 소멸시켰다는 사실은 이 지역의 주민들에게 이전 백인 지배자의 허약함을 드러낸 것이었다. 아시아 민중들의 인식 속에 자리했던 프랑스의 인종적 우월성에 대한 신화는 무너지게 되었다. 이러한 일련의 사건들은 결국 동남아시아의 식민지 체제가 붕괴할 수 있다는 희망을 인도차이나인들에게 품게 했다.

게다가 비시 정부의 '민족 혁명(Révolution nationale)'의 반동적 측면은 프랑스화 된 혹은 단순히 정치화된 인도차이나 엘리트들을 동요시키기에 충분했다. 공공의 자유에 대한 억압은 그들이 배워왔던 프랑스의 이미지를 부정하게 만들었다. 프랑스의 점령, 통신과 교통시설의 부족으로 인한 공급의 어려움, 유럽인과 식민지인 사이의 생필품과 식료품 분배의 차별, 강제 경작 및 노동에 대한 의존은 식민지 주민들의 불만을 자아냈다. 이러한 상황 속에서 인도차이나인들의 정신적 각성은 자연스럽고 근원적이었으며 돌이킬 수 없는 것이었다.

1940년 11월 코친차이나에서의 무장군의 봉기 실패 이후 중국에 은둔해 지내던 다양한 인도차이나 민족주의 단체의 지도자들은 공동 투쟁을 조직할 것을 모색했다. 당장의 목표는 인도차이나에서 프랑스와 일본의 지배체제를 타파하고 당시 장제스(Chiang Kai-Shek)가 지휘하는 중국국민당의 도움으로 독립을 수립하는 것이었다. 하지만 조직 문제뿐 아니라 농촌 문제, 소수민족 문제, 문화 혁신, 그리고 비록 전략적 계산의 결과라고 하더라도 일본과의 협력 등과 같은 핵심적 문제에 대한 대응의 부족과 같은 민족주의자들의 구조적 결함이 인도차이나 공산당이 민족해방의 유일한 투사로서 자리매김하고 행동하게 했다.

다른 민족주의 단체들이 하나둘씩 식민주의적 탄압으로 제거될 때 유일하게 공산주의만이 베트남 내에서 상당히 비중 있는 비밀조직을 유지할 수 있었다. 사실 인도차이나 공산당은 상당수의 지방에 지역 차원의 비밀조직을 재건했으며, 점조직과 공산주의 노조와 농민 연합을 증식시켰다. 일본의 침입에 따른 인도차이나에서의 프랑스 세력의 점진적 약화를 틈타 공산주의자들은 전단과 은밀한 다양한 선전 수단을 통해 "프랑스 제국주의와 일본의 파시즘"에 대항하여 투쟁할 것을 대중들에게 촉구했다.[7] 그들의 준비작업은 뚜렷한 군사적 성격을 띤 코친차이나에서도 신속하게 행해졌다. 봉기를 준비하는 '군최고사령부(haut commandement militaire)'의 창설과 정치적 문제와 게릴라 전술에 입문할 열정적이고 용감한 인물들로 구성될 수많은 자위 부대의 수립이 결정되었다. 농촌과 마찬가지로 도시에서도 다양한 위원회가 총파업과 시위를 조장하는 동시에 궁극적으로 무장봉기를 유발하고 권력을 장악할 수 있는 선동 지역을 준비해야 했다.[8]

1941년 초, 전국적 차원에서 활동하는 유일한 정당인 인도차이나 공산당은 통킹과 안남 지역에서 의심할 여지없이 국민적 여론을 주도하고 있었다. 어쨌든 아시아 공산당 중 유일하게 민족적 이념을 포착하

---

7) Pierre Brocheux, "L'occasion favorable", in Pierre Brocheux, William J. Duiker, Claude Hesse d'Alzon, Paul Isoart, Masaya Shiraishi, *L'Indochine française, 1940-1945*(Paris: Presses Universitaires de France, 1982), p. 131.
8) Philippe Devillers, *Histoire du Viêt-Nam de 1940 à 1952*(Paris: Éditions du Seuil, 1952), p. 79.

고 자신들 힘의 대부분을 거기에 두는 법을 알고 있었다. "동남아시아 현대사에서는 예외적인 사실, 즉 민족주의 운동에 대한 공산주의의 헤게모니"[9]는 어쨌든 제2차 세계대전 중에 획득된 사실이 되었다.

1941년 5월 19일, 중국에 망명해있던 이 공산주의 지도자들은 비공산주의자인 민족주의자들과 함께 베트남 독립을 위한 혁명 연맹인 베트남 독립동맹회(Viêt-Nam Dôc Lâp Dông Minh Hoï), 약칭으로 베트민(Viêt Minh)을 창설했다. 새로 창설된 연맹은 어떤 임무를 맡았는가? 호치민이 작성한 프로그램은 베트남 국민의 두 주요 적을 동등한 위치에서 규정하는 것으로 시작했다. 그것은 "프랑스와 일본의 파시스트들"이었고 "베트남에 독립을 부여하기 위해" 이들을 몰아내야 한다는 것이었다. 하지만 베트민은 장제스의 중국 당국이 허락하고 특히 베트남의 모든 혁명가와 민족주의 지식인을 끌어들이기 위해 스탈린적인 이데올로기를 감추어야 했다. 처음에는 비시 정권의 '파시스트' 정책이 공격의 핵심적 목표였다. 드골주의자들도 식민지 지배권을 회복하기 위해 연합군을 활용하길 원한다는 의심을 샀기에 공격 대상에서 벗어나진 못했다. 베트민은 즉시 총 봉기 계획을 준비했다.

그러나 투쟁의 새로운 조건을 숙고하고 행동을 취한 것은 베트민 투사들만이 아니었다. 베트남의 다양한 민족주의 정당, 특히 베트남 국민당의 잔존 세력 역시 때가 되었을 때 행동하기 위해 신탁통치 국가의 예견된 쇠약함을 이용하고자 했다. 1942년 10월 중국 남부에서 중국 민족주의 장교의 지휘 하에 이 베트남 세력들은 그들 역시 동맹회라고 일컬어지는 베트남 혁명동맹회(Viêt-Nam Cach menh Dong Minh Hoï)를 설립했다. 하지만 동맹회는 베트민에 비해 베트남 내에서 확고한 기반

---

[9] Alain Ruscio, *La guerre française d'Indochine, op. cit.*, p. 30.

을 보유하지 못했다는 약점을 지녔다.

이러한 민족주의자들의 등장에 직면하여 프랑스의 대응은 어떠했는가? 한마디로 그것은 프랑스 제국의 통일성을 유지하려는 의지에 바탕을 둔 것이었다. 먼저 인도차이나 총독인 드쿠(Jean Decoux) 제독은 민족적이고 연방적인 기이한 맞불 정책을 전개하면서 일본의 선전활동과 행동에 대항해 싸울 수 있다고 생각했다. 인도차이나 민족의 조상 전례와 역사적 전통이 존재함을 지적하면서 드쿠는 안남, 라오스와 캄보디아 각각의 나라가 "지역적 애국주의를 공개적으로 요구하고, 자신들의 종교와 역사를 간직하고 군주를 섬길 수 있는 권리와 심지어 의무"[10]를 인정했다. 그는 현지 언어 교육을 발전시켰고, '원주민' 간부들에게 행정과 기업에 참여할 보다 많은 권리를 제공했고, 일본인으로부터 마음을 돌리게 하기 위해 민족적 감정의 비위를 맞추어주었다.

하지만 이 민족국가들은 프랑스 주권에 의해 보장된 그들 위에 존재하는 공동 유대의 존재를 인정해야 한다. 일본의 '대동아공영권'이라는 신화에 맞서 프랑스는 사실 안남과 라오스, 캄보디아의 세 보호국 위에 '인도차이나 연방(Fédération indochinois)'을 설립하고자 했다. 25명의 현지인이 임명된 연방 의회가 설치되었고, 인도차이나 연방국가들의 주권은 적어도 초기에는 이전과는 비교되게 동등하게 실행되었다. 하지만 이 모든 조처가 인도차이나인에게 실질적인 정치적 주도권을 잡게 허락한 것은 아니었으며 총독은 역할을 분배하는 데 주의를 기울였다. 현지인들에게는 관리, 집행, 더 나아가 직권의 역할을, 프랑스인들에게는 통제, 명령, 안보의 역할을 부여했다. 정리하면 인도차이나 연방은 베트남의 독립과 통일에 대항하여 설립되었다. 사실 프랑스는 베트남

---

[10] Jean Decoux, À *la barre de l'Indochine: historie de mon gouvernement général. 1940-1945*(Paris: Plon, 1949), p. 388.

을 분해하여 행정상 코친차이나 식민지, 통킹과 안남 보호령이라는 3개의 단위로 나누어 베트남이라는 이름을 제거했고 안남 황제의 역할을 모든 권위가 상실된 '신성한 우상(idole sacrée)'의 역할로 제한했다.

그럼에도 불구하고 현실적 필요성에 의해 총독은 보다 많은 인도차이나인 관료를 채용했고, 몇몇은 책임 있는 자리에 임명했으며, 인도차이나인과 프랑스인 사이의 봉급의 차이를 줄이고자 했다. 동시에 '반프랑스적'으로 간주된 이들은 극단적으로 가혹하게 대했다. 드쿠 총독의 경찰인 악명 높은 연방 보안국(Sûreté fédéral)은 모든 반대자, 혁명적 민족주의자, 공산주의자, '드골파 반대자'들을 유배 보내고 특별 수용소에 수용했다. 이처럼 프랑스 식민정부의 조처들은 오히려 명백하게 인도차이나인들의 애국적이고 민족적인 감정을 배양하고 강화하는데 기여했다.

2) 일본의 무력 쿠데타(coup de force japonais) 이후

1945년 3월 9일 프랑스의 식민 국면은 인도차이나에서 종식되었다. 일본의 실력 행사라 할 수 있는 '무력 쿠데타'는 단 몇 시간 만에 1940년 이래 드쿠 총독의 비시 정권이 유지해온 프랑스의 군대와 행정을 제거하였다. 사실 1944년 12월 필리핀에서 미국에 패배한 이후 일본은 인도차이나에 연합국의 상륙 가능성을 두려워하고 있었다. 그러한 경우 일본은 프랑스와의 협력을 더 이상 기대할 수 없음을 인정했다. 이때 일본은 프랑스 정부를 제거하고 인도차이나를 일본 군사 통치하에 두기 위해 독립이라는 패(牌)를 사용하기로 결정했다. 1945년 3월 9일 밤 7시 30분, 마쓰모토(Matsumoto) 대사는 드쿠 제독에게 즉시 일본의 최고 지휘권 하에 프랑스군 전체를 지휘할 권한을 요구하는 위협적인 최후통첩을 보냈다. 총독의 대답은 부정적일 수밖에 없었다. 밤 9시 일본군 6만명은 그들에 저항하며 1,770명의 사상자를 낸 프랑스 기지 대부분을 공격했다. 단 6,000명만이 일본의 기습을 피할 수 있었고, 알레산드리(Marcel Alessandri) 장군의 명령하에 1,000km 떨어진 중국 윈난(Yunnan)성으로 피신할 수 있었다.

일본은 이후로 인도차이나에서 모든 민간행정과 군사권을 장악하면서 프랑스의 식민권력을 대체했다. 이번에는, 1940년 9월 일본과 맺은 협정은 완전히 파기되었다. 법적으로 일본 소유가 되지 않으면서 인도차이나는 더 이상 프랑스의 것이 아니었다. 인도차이나인들의 눈에 프랑스 보호국의 붕괴는 제국 권력으로서의 프랑스의 몰락의 늦었지만 필연적 귀결이었다.

프랑스의 공백을 메꾸기에는 역부족인 일본은 인도차이나 지역 주민들에게 새로운 정부를 수립하게 하고 경우에 따른 독립에 반대하지 않을 것이라는 뜻을 내비쳤다. 일본은 그렇게 인도차이나 왕국들이 독립을 선언할 것을 부추겼다. 이에 따라 베트남은 1945년 3월 11일, 캄보디아는 13일, 라오스는 4월 8일에 독립을 선언했다. 하지만 인도차이나의 독립은 일본인들이 능숙하게 인도차이나 인사들을 선동했던 거대한 장난질에 불과했다. 일본군 최고사령관은 사실 '해방된' 인도차이나의 총독이었다. 마쓰모토 대사는 이 모든 나라의 모든 일을 관리했다. 인도차이나 정부는 일본인 '고문'의 조력으로 유지되었다.[11]

1945년 3월 11일 베트남에서 바오 다이(Bao Dai) 황제는 베트남과 프랑스 사이의 모든 관계를 규탄하는 성명서를 발표하고 일본과의 긴밀한 동맹의 원칙을 제시했다.

---

11) Paul Isoart, *Le phénomène national vietnamien*, op. cit., p. 22.

국제정세, 특히 아시아에서의 정세를 고려하여 베트남 정부는 오늘 이후 프랑스와의 보호령 조약은 소멸되었고 독립에의 권리를 획득하였음을 공개적으로 선언한다. 베트남은 독립 국가의 조건에 걸맞은 발전을 이루기 위해 자체적인 수단으로 노력할 것이며, 스스로를 대동아(大東亞)의 일부로 간주하며 공동번영을 위한 자원을 지원하고 대동아공동선언의 지침을 따를 것이다. 이처럼 베트남 정부는 일본의 공정함에 신뢰를 가지고 앞서 언급한 목표를 달성하기 위해 일본과 협력하기로 결정했다.[12]

한 달 후 바오 다이 황제는 베트남어 부흥에 기여한 것으로 알려진 민족주의 지식인 쩐쫑낌(Tran Trong Kim)이 통치하는 친일본 정부를 후에(Hue)에 수립했다. 친일본 성향에도 불구하고 쩐쫑낌 정부는 실질적인 권력을 쟁취하고 베트남 통일의 실현을 위해 완강한 투쟁을 주도했다. 실제로 이 정부는 일본 당국에 압력을 가해 프랑스인 거류민 채용을 포기할 것을 촉구했고, 4개월 만에 프랑스인의 업무 대부분의 이전과 총독부 해체, 그리고 프랑스에 의해 분할된 베트남 통일을 달성했다. 5월 8일부터 바오 다이는 국가의 통일, 노동, 정치, 종교, 노조의 자유의 권리에 기반한 헌법을 준비함을 알렸다. 5월 23일 세제 개혁이 공포되었다. 청년층을 집결하기 위한 대단한 노력이 행해졌다. 정치적 측면에서 비공산주의자 정치범의 총사면이 발표되었고 정당이 공식적으로 승인되었다. 하지만 쩐쫑낌 내각의 조처들은 일본의 운명과 연결되었기에 잠정적이라고 인식했던 대중들의 지지를 얻지는 못했다.[13]

베트민 입장에서 일본의 무력 쿠데타는 기존 상황을 본질적으로 변화시켰다. 그때까지 베트민이 프랑스의 강력한 조직을 상대로 승리를 거둘 확률은 거의 없었다. 일본의 '쿠데타'는 모든 것을 급작스럽게 변

---

12) Bao Daï, *Le dragon d'Annam*(Paris: Plon, 1979), p. 104.
13) Philippe Devillers, *Histoire du Viêt-Nam de 1940 à 1952, op. cit.*, p. 129.

화시켰으며, 전반적인 무정부 상태와 모든 권위의 파괴로 인해 새로운 기회를 제공했다. 프랑스 식민정부가 제거되면서 베트민의 목표는 이제 일본이 몰락하자마자 최소한의 비용으로 그 자리를 차지할 수 있는 지위를 확보하는 것이었다. 그것을 위해서는 영토를 준비해야 했다.

게다가 바오 다이 정부의 일본과의 결탁은 베트민으로 하여금 저항의 핵심적인 세력으로 등장할 수 있게 해주었다. 통킹과 안남에서 베트민은 일본에 의해 약탈당하는데 지치고 경제적 위기로 혹독하게 시련을 겪은 주민들의 열렬한 지지를 받게 되었다. 능숙한 선전활동은 조금씩 그들의 대의로 베트남 관료들과 도시 대중들을 집결시켰다. 베트민은 독립의 열정에 휩싸인 모든 주민들에 의해 실질적으로 지지되면서 확고하게 뿌리를 내릴 수 있었다. 한 통찰력있는 프랑스 관찰자는 다음과 같이 보고했다.

> 통킹에서 베트민에 의한 대대적인 선전활동은 매우 좋은 결과를 얻은 듯하다. 도처에 베트민 위원회가 존재한다는 한가지 사실은 확실하다. 모든 지역에서 심지어 일본인들이 점령한 모든 중심부에서 선전활동이 이루어졌다. [⋯] 따라서 급작스럽게 일본인들이 인도차이나에서 철수하는 경우에 만약 우리가 과거처럼 정착하기를 원한다면 베트민으로부터 통킹 지역을 군사적으로 회복할 수 있을 것이다. 이 원정은 3월 9일 이전 상황 때의 군인 수보다 더 많은 인원의 활용이 필요할 것이다.[14]

1945년 8월 상황은 빠르게 진행되었다. 쩐쫑낌의 친일본 정부는 7일 사임했다. 베트민 군대는 민족해방군(Armée de libération nationale)이

---

14) "Bulletins de la Direction générale des études et recherches(DGER) sur les partis nationalistes au Viet-Nam et la propagande anti-française", 1er juin 1945. Centre des Archives d'outre-mer(CAOM), Aix-en-Provence, Indochine Nouveau Fonds 1192 (Indo/NF/1192).

되었다. 8월 10일 호치민이 지휘하는 베트남 국민자유위원회(Comité de libération du peuple Vietnamien)는 전국적 총봉기를 선포했고, 19일 베트민은 하노이를 점령했으며, 마을에서의 권력은 명사들에게서 벗어나 인민위원회로 넘어갔다. 하노이의 벽들에 타르나 분필로 쓴 '독립(Doc Lap)'이란 단어를 도처에서 볼 수 있었고, 거리 건너편의 커다란 천에도 이 단어가 쓰인 채 펄럭이고 있었다. 8월 15일 일본이 항복했고 바오 다이 황제는 25일 폐위되기 전에 자신의 권력을 베트민에게 이양했다. 이후로 사람들의 마음속에 그 권위를 전국으로 확대할 수 있는 것은 베트민이었다.[15] 처음으로 인도차이나 공산당이 베트남 영토에 설립된 정부를 이끌었다. 8월 29일에 설립된 15명의 각료 중 9명이 공산주의자인 이 임시정부는 특히 정부 수반이자 외무장관인 호치민, 내무장관인 보응우엔 지압(Vo Nguyen Giap), 경제장관인 팜반동(Pham Van Dong), 국방장관 추반탄(Chu Van Tan), 선전장관 쩐후이리우(Tran Huy Lieu) 등을 포함하고 있었다. 전황제인 바오 다이는 일반시민 빈 투이(Vinh Thuy)가 되었고 (명목상의) 정부 최고 고문의 자리에 올랐다.

1945년 9월 2일 하노이, 호치민은 독립과 베트남 민주공화국(République démocratique du Viêt-Nam)의 도래를 선포했다. 1776년 미국 독립선언문에 대한 인용으로 시작된 이 선언문에는 소련이나 사회혁명에 대한 언급이 전혀 없었다. 새로운 권력을 공고히 하기 위해 오히려 미국의 반식민주의에 의존했다. 새로운 공화국은 '프랑스 제국주의자들'이 강제한 모든 협약의 파기를 선언하고 연합국에게 베트남의 독립과 통일을 인정할 것을 호소하면서 프랑스에 강력하게 적대적인 감정을 표시했다. "우리는 이후로 더 이상 프랑스 제국주의자들과 어떤 관계

---

15) Pierre Brocheux et Daniel Hémery, *Indochine: la colonisation ambiguë, 1858-1954*(Paris: La Découverte, 1994), p. 339.

도 없음을 선언하며, 프랑스가 베트남과 관련하여 협정을 맺은 모든 조약을 파기하며 프랑스인들이 우리의 영토에서 스스로에게 부여한 모든 특권을 폐지한다고 선언한다".

'8월 혁명'은 베트민이 국민 생활의 모든 분야에 침투한 논리적 결과였다. 그러나 이 혁명은 사회주의적 성격을 띠지 않았다는 점에 유의해야 한다. 그것은 통합된 전선 안에 애국주의자, 모든 성향의 민주주의자, 공산주의자, 베트남 국민당의 민족주의자. 불교 신자, 가톨릭 신자 등이 참여한 민족해방운동이었다. 그러나 베트남 국민이 이제 막 획득한 독립을 유지하기 위해 다른 정당은 연합군의 인정으로 획득한 직함을 통해 그들과 유용하게 협상할 수 있는 베트민 앞에서 사라져야 했다. 이러한 교묘한 주장에 굴복하여 민족주의 지도자들은 한 발 물러서서 자신들의 당과 단체가 베트민 전선에 합류하기로 결정했고, 이로써 베트민 전선은 어떤 면에서는 매우 광범위한 '국민 전선(Front National)'이 되었다.[16]

이처럼 '8월 혁명'이 베트남 공산주의자들에게 위대한 승리를 상징했음에도 인도차이나 공산당과 베트민은 그들에게 부과된 상황과 과업에 매우 취약한 상태였다. 남쪽에서는 1940년 11월 사이공 봉기의 실패 이후 공산주의 조직은 대부분 해체되었고, 북쪽에서 베트민이 민병 수준을 벗어나 베트남 해방군을 창설할 수준의 자위 단체와 전투부대가 될 수 있었던 것은 매우 늦은 1945년 8월이 되어서였다. 인도차이나 공산당과 베트민의 이러한 상대적 허약함은 베트남 공산주의자들을 매우 어려운 상황에 놓이게 했다. 생존을 보장하는 정치, 군사적 수단 없이 '엉겁결에' 권력에 오르게 된 그들은 시간을 벌기 위해 프랑스

---

16) Philippe Devillers, *Histoire du Viêt-Nam de 1940 à 1952, op. cit.*, p. 142.

와의 타협을 모색하게 되었다. 그러나 현재로서는 5,000명의 당원을 보유한 인도차이나 공산당만이 국가의 운명을 스스로 짊어질 수 있다고 믿었다. 9월 11일 소집된 회의 말미에 인도차이나 공산당은 "단독으로 베트민 전선을 책임진다"고 선언했다. 베트민이 혼자서 혁명을 수행할 만큼 강력했는지, 그리고 통일과 탈환된 독립을 수호할 만큼 강한지는 앞으로 지켜봐야 할 일이었다.

2. 국제무대에서의 반식민주의의 승리

2차 대전 후 국제무대에서 식민주의에 대한 비난은 매일 단호하게 발전되었다. 사실 식민 국가의 민족주의의 기운과 규모는 외부의 개입으로부터도 힘을 얻었다. 이데올로기적이고 정치적인 반식민주의 세력 가운데 세 가지를 열거할 수 있다. 미국, 국제연합(UN), 그리고 인터내셔널 코뮤니즘, 이 세 가지는 프랑스의 식민주의 이념에 매우 큰 영향을 미치게 될 것이다.

1) 루스벨트의 미국

식민지 국가로서의 기원을 인식한 미국인들은 2차 대전과 그 직후에 그들의 반식민주의적 '선전'을 강화했다. 그들에게 있어 식민지나 보호국과 같은 모든 종속민들은 유럽의 굴레로부터 해방될 권리가 있었다. 미국의 의무는 그들을 돕는 것이었다. 종속민들은 미국의 이러한 반식민주의에 커다란 희망을 걸고 있었으며, 반면에 식민지 강국들은 미국의 동기에 대해 의심과 경계의 눈초리로 바라보고 있었다. 미국의 지도자들, 특히 루스벨트(Franklin D. Roosevelt)와 그의 정부에 속한 인물들은 많은 선언과 정치적 행보를 통해 이러한 입장을 견지하였다. 반식민주의는 이같이 미국 정책의 주요한 입장으로 인식되었다. 그러나 45년 4월 12일, 루스벨트의 사망은 그 한계를 드러내는데, 이후 미국 정책은 행동과 공식적 입장을 통해 근본적인 변화를 보이게 되었기 때문이다.

2차 대전 중 루스벨트 대통령은 연합군의 첫 번째 목표는 식민지 시대를 종식하고 전쟁 후 모든 종속민들에게 독립 혹은 자치정부를 부여하는 것이라고 언급했다. '대서양 헌장'이라고 알려진 문건을 통해 미국은 영국 정부와 함께 "각각의 민족이 그들이 살기 원하는 정부 형태를 선택할 권리"를 존중할 것을 약속하였다. 그들은 "무력에 의해 빼앗은 주권을 (원래의 주인에게) 돌려주고 (그들이) 자유로운 정부 활동을 할 수 있는 권리"를 주장하였다. 물론, 영국인들의 견지에서, 그러한 권리는 히틀러의 정복으로 인해 일시적으로 국가의 존재를 박탈당한 유럽 민족에게 한정되었다 할지라도 이 선언은 식민지 주민들의 의식 속에 보편적인 가치로 자리하였다. 더구나 루스벨트 대통령은 대서양 헌장이 모든 식민지 국민에게 적용될 수 있다고 반복하여 강조하였다. 또한 국무장관인 헐(Cordell Hull)은 1942년 7월 23일, 헌장에 동의하는 것은 식민지 국민이 자유롭게 자치할 권리를 승인할 의무를 포함한다고 선언하였다.[17] 대서양 헌장은 결과적으로 모든 식민지 민족들에게 희망을, 더 나아가 행동할 결심을 낳게 하였다.

루스벨트는 전쟁 후에 '국제적인 신탁통치(trusteeship international)'를 적용할 것을 결심하였다. 이는 종속민들에게 "그들이 스스로 발전하고 자치를 가능하게 하는 의무를 준비하고 독립에 이르게 하는 데 도움

---

17) Cordell Hull, *The Memoirs of Cordell Hull*. Vol. II(New York: Macmillan, 1948I), p. 1595.

을 주는" 신탁통치 관리국 하에 놓이게 하는 것을 의미했다. 이러한 '식민지 국제화의 아이디어'는 새로운 환경을 창출하고 식민지화의 전통적인 '소유'의 개념을 위협하는 세력의 등장을 의미했다. 1943년 3월, 영국 외무장관인 이든(Anthony Eden)과의 회담에서 루스벨트는 인도차이나가 전후 국제적인 신탁통치를 받는 영토의 목록에 포함될 것임을 암시했다.[18]

사실 인도차이나는 루스벨트에게 가장 긴급하게 해결해야 할 문제임이 분명했다. 그의 마지막 임기까지 루스벨트는 전후 인도차이나에 프랑스인의 재입성을 막기 위한 자신의 모든 영향력을 행사했다. 알제(Alger)의 그의 대리인인 머피(Robert Murphy)가 프랑스 고등판무관 지로(Henri Giraud) 장군과 프랑스 제국 전체에 프랑스의 복귀를 미국이 분명하게 고려한다는 군사 경제 협력에 서명했을 때 루스벨트는 머피에게 "당신은 결코 그렇게 해서는 안되었습니다. 나는 인도차이나를 프랑스에 넘겨줄 마음이 전혀 없습니다"라는 내용의 편지를 보냈다. 1943년 1월 참모장과의 회의에서 루스벨트는 머피가 "자신의 권한을 넘어섰고" 루스벨트는 그러한 약속을 이행할 준비가 되어있지 않았다고 주장했다. 1943년 11월 23일 카이로에서 열린 중국 국민당 수반 장제스와의 회담에서 루스벨트는 장제스에게 "인도차이나는 독립해야 한다"라고 털어놓았으며, 터키 총리 이스메트 이뇌누(İsmet İnönü)에게는 이 나라를 국제신탁통치하에 두도록 결정했음을 분명하게 밝혔다. 테헤란에서 소련 지도자와의 개별 회의에서 미국의 대통령은 "100년의 식민지 지배 기간 인도차이나인들이 과거보다 더 열악한 상황에 처하게 되

---

18) Wiliam J. Duiker, "Les États-Unis et l'Indochine française, 1940-1945", in Pierre Brocheux, Wiliam J. Duiker, Claude Hesse d'Alzon, Paul Isoart, Masaa Shiraishi, *L'Indochine française, 1940-1945, op. cit.*, p. 187.

었음을 비판하며", 독립을 준비할 신탁통치 체제를 암시하였다.[19]

1944년 10월 23일 루스벨트가 드골이 이끄는 프랑스 공화국 임시정부(GPRF: Gouvernement provisoire de la République française)를 승인하였다는 사실은 프랑스 식민제국에 대한 신탁통치 계획을 철회하였음을 의미했다. 하지만 얼마 후에 프랑스인들이 독립은 인도차이나 정책 목표 중 하나임을 엄숙하게 약속하고, 프랑스 식민지가 미국과 교역하는 것을 막지 말아야 한다고 요구하였다.[20] 1945년 2월에 열린 얄타 회담에서 이 문제는 다시 언급되었다. 미국의 대통령은 식민지 정부를 미국, 소련, 중국, 영국, 필리핀이 참석하는 감독위원회로 대체시킬 것을 제안했다. 스탈린(Joseph Stalin)과의 회담에서 루스벨트는 인도차이나 문제에 대해 입장을 바꾸지 않았고, 이 나라를 위해서는 "자신의 구상에 신탁통치"를 고려한다고 알려주었다. 하지만 처칠(Winston Churchill)의 저항 앞에 루스벨트는 식민지 영토 전체를 국제적 위임통치로 변화시키려는 자신의 계획을 강요하지는 않았다.

3월, 그는 저널리스트 타웃식(Charles Taussig)과의 대화에서 보다 분명한 자신의 입장을 표명했다. 그 당시 루스벨트는 독립을 쟁취하기 위해 지원이 필요한 '아시아의 유색인 민족'과 자신이 관련되어 있다고 느꼈다. 프랑스령 인도차이나 문제와 관련하여 입장이 바뀌었는지를 묻는 질문에 그는 아니라고 대답했고, "프랑스령 인도차이나에서 프랑스는 철수해야만 하고 그곳은 신탁통치에 놓여야 한다"라고 대답했다. 그리고 잠시 망설인 뒤 "만약 우리가 프랑스로부터 신탁통치의 의무를 받아들이겠다는 보증을 확보한다면 그 때 나는 독립이 최종 목표라는

---

19) *Foreign Relatons of the United States, 1942, Europe*, Washington Government Printing Office, 1962, pp. 416–417
20) Charles-Robert Ageron, *La décolonisation française, op. cit.*, p. 46.

전제하에 프랑스가 그 식민지를 획득할 수 있다는 것에 찬동할 것이다"[21]라고 언급했다. 하지만 갑자기 사망하기 직전까지 루스벨트는 인도차이나의 정치적 미래와 관련하여 명확한 조처를 제시하지는 못했다.[22]

반식민 전통과 함께 종속민의 해방에 호의적이었던 미국은 프랑스에 대항하는 인도차이나 민족주의자들에게는 의심의 여지없이 가장 확실한 지원군이었다. 호치민은 이러한 미국의 반식민주의를 이용하고자 하였으며 그들의 저항 운동이 민족주의적이고 민주주의적인 성격을 띠었음을 보여주면서 미국의 관심을 끌고자 했다. 하지만 실제로 인도차이나 민족주의 운동에 대한 미국 정부의 기여와 영향력은 어떠했는가?

미국의 인도차이나 민족주의자들에 대한 지지는 일본의 패배를 목표로 이루어졌다고 볼 수 있다. 1944~45년 여름과 가을, 중국 남쪽에 거주하고 있던 미군 정보부는 일본군에 대항하여 싸우고자 했던 프랑스와 베트남의 모든 레지스탕스 그룹과 협력하고자 했으나, 공공연한 정치적 지지라고 판단되는 어떠한 공개적인 지원도 하지 않았다. 하지만 1945년 3월 9일 일본군의 무력 쿠데타 이후 프랑스 정보망이 소멸된 가운데 미국은 베트민을 약화된 프랑스를 대체하는 가장 좋은 파트너라 생각했다. 베트민이 인도차이나에서 가장 활동적인 저항 그룹을 대표했기에 호치민의 부대는 미국의 최신식 무기와 무전기, 장비를 미 중앙정보국(CIA : Central Intelligence Agency)의 전신으로 전시 첩보기관인 전략사무국(OSS : Office of Strategic Services)을 통해 지원받았다. 몇몇

---

21) *Foreign Relations of the United States, 1945*, Volume I, Conversation avec Charles Taussig, le 15 mars 1945, p. 124.
22) Pierre Brocheux et Daniel Hémery, *Indochine: la colonisation ambiguë, 1858-1954, op. cit.*, p. 343.

베트남 게릴라 부대가 이 비밀기관을 통해 양성되기도 하였다. 이러한 미국의 직접적인 지원은 베트남 공산주의자들의 위상을 자연스럽게 높여주었다.

게다가 인도차이나의 활동 조직에 연루된 몇몇 미국 장교들은 반프랑스적이었고, 프랑스의 동기에 매우 의구심을 가졌다는 것은 분명한 사실이었다. 군인이건 민간인이건 몇몇 지방의 프랑스의 공적 인물들 역시 미국의 의도에 의심을 품었고 미국의 중립적 입장이라는 주장에도 불구하고 인도차이나에서 프랑스를 대체하고자 한다는 의심을 받은 것도 사실이다. 따라서 전쟁 말기에 프랑스와 미국 사이의 긴장은 최고조에 달했다는 사실은 놀라울 것이 없었다.

인도차이나 민족주의자의 '과업'을 용이하게 하는 미국의 반식민주의 입장 앞에서 프랑스의 반응은 어떠했는가? 이 질문은 외부 세력에 직면한 프랑스의 식민주의 이념을 이해하는데 있어 가치가 있다. 당시 프랑스는 인도차이나에서의 자신의 지위를 회복하기 위해 모든 노력을 발휘할 때였다. 1943년 12월 8일, 나치로부터의 해방을 목표로 알제에 수립된 임시정부인 프랑스 민족해방위원회(CFLN : Comité français de Libération nationale)는 전쟁 후에 프랑스 정부를 복원하기 위한 자신들의 의지를 공식적으로 천명했다. 미국의 비난에 맞서기 위해 '알제 위원회'는 "프랑스 공동체 내에서 알제리에게 새로운 지위를 부여할 것에 동의한다"라고 덧붙였다. 경제적 개혁이 인도차이나에서 행해질 것이고 연방적으로 구성된 '프랑스 연합(Union française)' [23] 내에서 보다 확장된 정

---

[23] 프랑스 제국을 일컫는 또 다른 표현으로, 1946년 헌법에 따라 한편으로는 프랑스 공화국(프랑스 본국(France métropolitaine), 해외영토 도(départements d'outre-mer)와 영토(territoires d'outre-mer), 그리고 알제리(Algérie))로 구성되고, 다른 한편으로는 연합 영토(Territoires associés)와 연합 국가(États associés)로 구성된 영토 전체에 부여된 이름이다. 프랑스 연합 관련해서는 Boisdon Daniel, *Les institutions de l'Union française*(Paris:

치적 권리가 행해질 것이었다. 1944년 7월 미국 방문 기간 드골은 자신의 입장을 되풀이했다. 이 시기 드골은 루스벨트에게 인도차이나에 전쟁 후 연방적 체제 속에서 보다 많은 정치적 참여의 기회를 제공할 것이라고 약속했다.[24]

또한 "루스벨트의 신탁 통치 체제"에 반대하기 위해 프랑스는 몇몇 필요하다고 생각하는 조처를 앞서 행했다. 1945년 3월 24일, 임시정부는 인도차이나가 "능력과 진보의 수준에 적합한 자유를 향유할 것"이라고 언급했으며, 신탁통치 체제보다 프랑스 연합이 더 바람직하다는 입장을 제시했다. 1945년 5월 초 샌프란시스코 회담에서 프랑스 외무부 장관인 비도(Georges Bidault)는 인도차이나의 운명은 프랑스에 의해서만 보장될 것이고 신탁통치는 인도차이나에 적용되지 않을 것이라고 공개적으로 선언했다.

2) 국제연합(UN : United Nations)

국제연합 역시 의심할 여지없이 가장 핵심적인 반식민주의 세력 중 하나였다. 국제연맹(League of Nations)의 연장선상에서 미국에 의해 구상된 국제연합은 설립 초부터 미국의 반식민주의의 성격을 띠게 되었다. 1945년 6월 25일 샌프란시스코 회담에서 51개국에 의해 서명된 '유엔 헌장(Charter of the United Nations)'은 식민지 문제에 많은 조항을 할애했다. 실제 유엔 헌장은 식민지 처분에 대한 세 개의 장이 포함되어 있었다. 11장, "비자치 지역에 대한 선언", 12장, "국제 신탁통치 제도", 13장,

---

    Éditions Berger-Levrault, 1949) ; Bernard Noël, *De l'Empire colonial à l'Union française*(Paris: Éditions Flammarion, 1951)를 참조하라.

24) William J. Duiker, *U.S. containment policy and the conflict in Indochina*(Stanford : Stanford University Press, 1994), pp. 194-195.

"신탁통치 이사회"가 그것이다. 헌장에 포함된 원칙은 식민지 국가의 민족주의자들이 자신의 주장을 뒷받침하기 위해 지속적으로 헌장의 내용을 인용문으로 사용할 수 있다는 것이다. 국제연합의 기구들은 식민지의 상황에 세계가 주목하고 점차적으로 민족자결의 원칙을 받아들이게 하는데 기여했다. 전후 식민지 해방운동에 대한 국제연합의 활동과 영향을 평가하기 위해서는 헌장 본문의 내용을 통해 국제연합이 식민지 문제에 얼마나 중요성을 부여했는지를 보여주는 것이 필요할 것이다.

그보다 앞서 어떤 기본적인 상황들이 국제연합의 '식민지 과업'에 기여했는지를 규정하는 것이 중요해 보인다. 두 가지 상황을 주목할 필요가 있는데, 정치적으로 제국주의와 '전통적 식민화'는 어떠한 국제적 지지도 받지 못했으며, 법률적으로 식민지화는 더 이상 민족 문제에 국한되지 않았으며 국제적 공공업무로 변화되었다는 사실이다.[25] 2차 대전 말기에 승리를 거둔 두 강대국인 미국과 소련 모두 매우 강력한 반식민주의 국가였다. 이러한 입장은 이념적, 정치적, 경제적 원인에서 유래했으며, 또한 서방세계와 사회주의 진영 그 어느 쪽에도 속하지 않은 대부분이 반식민주의의 찬동자인 후에 '제3세계'라 불리는 '중립국'의 호의에서 멀어지지 않으려는 걱정에서 유래했다. 그것이 국제연합이 "자신의 일을 하게끔 조장된" 결정적인 이유였다. 종속적인 국가들은 이후로 세계를 지배한 국제연합과 연관된 두 정치적 강대국의 지원에 의존할 수 있게 되었다.

이 정치적 현상은 몇몇 국가에 한정된 영역으로부터 식민지를 해방시키는데 일조한 매우 분명한 법률적 진전과 함께 배가되었다. 식민지

---

25) François Borella, *L'évolution politique et juridique de l'Union française depuis 1946*(Paris: Librairie générae de droit et de jurisprudence, 1958), p. 104.

영토를 지칭하는 '비자치 영토'에 대한 통제 원칙을 규정함으로써 유엔 헌장은 식민지 세계 전체를 국제적 책임 영역에 놓이게 했다. 실제 제73조는 강대국 정부에게 "보안 요구 사항 및 헌법 고려 사항에 따라 정보 목적을 위해 그들이 각각 책임을 지고 있는 영토의 경제적, 사회적 및 교육적 조건과 관련된 기술적 성격의 통계 및 기타 정보를 사무총장에게 정기적으로 통보할 것"[26]을 요구했다.

실제로 헌장은 관리 권한의 권위를 감독하는 책임이 있는 '신탁 통치 위원회'를 만듦으로써 국제연맹의 위임국에 대한 신탁통치 체제를 정의했다. 76조에 따르면 신탁통치 제도는 "신탁통치 하에 있는 영토의 인구가 스스로를 관리하거나 독립을 달성할 수 있는 능력으로 점진적으로 진화하도록 촉진"[27]하는 데 본질적인 목적이 있었다. 이 법적 구조는 사실 제도적 차원에서 식민체제 소멸의 기구가 되려는 국제연합의 의지를 반영한 것이었다.

식민주의의 종식에 호의적인 이러한 입장과 결의는 자연스럽게 다양한 본문의 내용에서 드러났다. "당대의 매우 특징적인 엄숙하고 감정적인 문체"로 기술된 헌장의 전문(前文)은 이미 강대국이건 약소국이건 간에 국가 간의 권리의 평등을 강조했다. 제1장의 1조와 2조는 다양한 반식민주의적 주장을 표명했다. 특히 이 장에 포함된 "목표와 원칙"은 국제연합의 목표 중 하나로 "사람들의 평등권 및 자결의 원칙의 존중에 기초하여 국가간의 우호관계를 발전시킨다"고 규정했다. 우드로 윌슨(Woodrow Wilson) 전 미국 대통령이 공식화한 이 '민족자결의 원칙'은 당연히 국가 주권의 원칙에서 직접 파생되었다.

---

26) Jean-Pierre Cot et Alain Pellet (commentaire article par article, dir.), *La Charte des Nations Unies*(Paris: Economica, 1985), p. 1062.
27) *Ibid.*, p. 1105.

전문에서 이 권리의 근본적인 중요성을 확인한 후, 텍스트는 비자치 영토의 체제와 신탁통치 지역의 체제를 설명했다. 11장은 모호한 표현으로 "자율적이지 않은 영토" 또는 "주민이 아직 완전한 자치를 행할 수 있는 상태에 이르지 못한 지역"으로 묘사된 영토에 관한 것으로, 실제로는 전통적으로 식민지라고 불리는 영토에 해당된다. 여기에는 식민 세력에 부담이 되는 일련의 의무가 포함되어 있다. 여기에서 기본 목표는 물론 실질적인 모든 정치적 진보의 조건을 관리할 수 있는 주민의 능력 개발로 제한되었다. 하지만 헌장에는 이들 영토에 대한 분리권이 명시되어 있지 않았다.

비자치 지역에 대한 체제와는 다르게 신탁통치 체제의 목표는 행정적 자치 혹은 독립이었다. 이 체제 하에서 해당 영토의 관리는 경험이 있는 국가에 위임하고 그 관리는 국제기구의 통제에 종속시키려는 생각이었다. 두 경우 모두 헌장이 강조한 것은 가장 오래된 식민지 전통에 대해 가장 엄숙한 국제법을 통한 민족의 집단적 해방을 지지하는 공식적이고 결정적인 단죄였다. 이러한 조항은 더 이상 특정 식민지 영토에 국한되지 않고 국제 체제를 가지고 있든, 국제적 보장과 의무가 수반되는 독자적인 국가 체제를 유지하든 모든 식민지 영토에 적용된다는 점에서 주목할 만하다.[28] 따라서 국제연합은 식민 상황의 청산을 직접적으로 규제하는 책임을 맡았으며, 정치적 독립이나 다른 국가와의 자유로운 연합을 통해 달성할 수 있는 해방을 향한 식민체제의 급속한 발전을 예측하는 데 관심이 있었다고 볼 수 있는 것이다.

그러나 유엔 헌장은 분명한 반식민주의 정신을 표명했지만 상대적으로 제한된 발전 전망을 식민 영토에 제공했다. 그것은 루스벨트와 처

---

28) François Borella, *L'évolution politique et juridique de l'Union française depuis 1946*, op. cit., p. 104.

칠이 공포한 세계 만민의 자결권을 천명한 대서양 헌장에 비하면 후퇴한 것이었다. 게다가 실제로 국제연합의 행동과 영향력을 과장하는 것은 적절하지 않은데, 왜냐하면 샌프란시스코 헌장은 거의 아무것도 전복시키지 않았고 식민제국은 적어도 전후 첫 몇 해 동안 외관상 온전한 상태를 유지했기 때문이다. 그러나 그들의 미래는 헌장에 주어질 제한적이거나 진화하는 해석, 즉 전후 직후부터 맞서게 될 보수와 혁신이라는 두 가지 적대적인 흐름 중 하나 또는 다른 하나의 우세에 궁극적으로 연결되어 있었다.

요약하면 비록 국제연합이 국제재판소로서의 인정을 받지는 못했지만, 그럼에도 불구하고 정치적 선전을 위한 영향력 있는 연단으로 자처했고 점차 활발한 신화를 발전시켰다고 말할 수 있다. 해외영토를 관리하는 국가의 식민정책에 대한 국제연합의 지속적이고 효과적인 압력은 적어도 이들 국가의 정치 계급이 더 이상 해외 문제를 마음대로 처리할 자유가 없다는 것을 이해하게 만드는 가치가 있었다. 이처럼 국제연합은 문제를 해결하는 데 도움이 되지는 않았지만 탈식민지화와 관련된 질문을 제기했으며, 상징적으로 전투적인 반식민주의의 연단과 중재 배심원이 되었으며, 그 앞에서 식민권력은 대부분 피고인으로 등장했다.

3) 소련과 국제 공산주의 운동

소련 역시 국제무대에서 반식민주의가 승리하게 되는 결정적인 요소로 작용한다. 미국이나 국제연합과 마찬가지로 소련은 식민지 민족주의 발전의 증폭제의 역할을 했다.

1917년 10월 러시아 혁명의 성공 이후 소련 정부는 처음부터 자결권과 그것의 식민지에 대한 적용을 외교 정책과 국제 선전의 필수 원칙으로 삼았다. 모두를 위한 평등과 서구 자본주의와 제국주의에 대한 투쟁에 대한 연설은 아시아 식민지 엘리트의 관심을 유발하였다.

사회주의 단체의 국제적 조직인 인터내셔널(International), 그 중에서도 1919년 모스크바 회의에서 레닌에 의해 창설되고 1943년까지 지속될 코민테른(Comintern)으로 명명되는 제3차 인터내셔널은 소련의 외교 정책의 부속물에 불과했고, 소련과는 같은 입장을 견지했다. "제3인터내셔널에 가입하기 위한 21가지 조건" 텍스트의 8장에서, 부르주아지가 식민지를 점유하고 다른 나라를 억압하는 국가의 정당들에게 "식민지에서 제국주의자들의 책략을 폭로하고, 말뿐 아니라 행동으로 식민지 해방 운동을 후원하여, 식민지에서 '민족주의 제국주의자(impérialistes nationaux)'의 즉각적인 추방을 요구한다".[29] 코민테른의 규약 역시 식민지 해방을 강조했다. "프롤레타리아의 세계적 투쟁의 관점에서 볼 때 식민지, 반식민지, 종속국에서의 혁명적 투쟁은 공산주의 인터내셔널의 가장 중요한 전략적 임무의 하나이다. 공산당 정당들은 식민지의 분리의 권리를 소리 높여 인정하고 이러한 분리, 즉 제국주의 국가로부터의 식민지 독립을 옹호해야 한다".[30]

이러한 '새로운 국제적 요인'을 통해 아시아 민족주의가 깊이 침투되고 형성되었다. 러시아 혁명은 아시아의 각성을 가속화했고, 대중을 뒤흔들었으며, 지금까지 이론의 여지가 없었던 서구의 가치에 대한 아시아의 지적 엘리트들의 생각에 의문을 품게 했다. 러시아 혁명은 가망

---

29) *Les Cahiers de l'OURS(Office Universitaire de Recherche Socialiste)*, No. 1(juillet 1969), p. 45 에서 인용.
30) M. H. Fabre, "Le séparatisme colonial stalinien et ses manifestations dans l'ordre juridique international", *Recueil Pendant*, avril-mai 1954.

없는 운명에서 벗어나 민족 생존의 오래된 문제를 해결할 수 있는 유일한 기회인 것으로 보이는 혁명의 모델을 정확히 제시했으며, 식민자와 피식민자 사이의 새로운 투쟁의 시대를 열어주었다.

러시아 10월 혁명의 승리는 인도차이나인들에게 그들의 국가와 사회의 해방으로 가는 길을 보여줄 것이었다. 특히 '마르크스-레닌주의'로 불리기 시작한 제3인터내셔널의 마르크스주의의 기여가 결정적이었다. 이 마르크스주의는 무엇보다 '원초적' 민족주의를 훨씬 넘어서는 것이었으며, 지금까지 민족적 지평에서 사실상 부재했던 정치적 측면을 제시했다. 그것은 지배 국가 자체 내에서 잠재적으로 동맹 세력을 식별하는 법을 배운 국제주의의 지평, 그리고 무엇보다도 사회적 투쟁의 측면을 열어주었다. 그리하여 이 마르크스주의는 1929년에서 1931년 사이에 인도차이나, 특히 베트남에서 폭발한 농민 시위와 노동자 조직 의지를 책임질 수 있게 되었다. 국가는 무엇보다도 농민과 노동자의 것이라는 생각이 우세하게 되었다.[31]

따라서 1930년대로 접어들면서 인도차이나 지식인 청년들의 마르크스주의에 대한 지지는 민족 운동에 새로운 의미를 부여했다. 이제 독립을 위한 투쟁은 농민 운동과 노동자 행동과 연결되었다. 이러한 맥락에서 일부 민족주의자들은 민족투쟁과 계급투쟁의 실천과 결합된 마르크스-레닌주의의 혁명적 정신에 고취되어 인도차이나 공산당의 탄생을 이끈 새로운 세력을 창출했다. 민족 독립과 사회주의의 긴밀한 결합은 당의 전체적인 혁명적 정치 노선의 기초가 되었다. 인도차이나 마르크스주의자 쩐푸(Tran Phu)에 따르면, "정치적, 사회적 해방의 임무,

---

31) Daniel Hémery, "Le communisme national. Au Viêt-Nam, l'investissement du marxisme dans la pensée nationaliste", *in* René Gallissot (dir.), *Les Aventures du marxisme*(Paris: Syros, 1984), pp. 301–302.

투쟁의 이 두 가지 측면은 밀접하게 연결되어 있었다. 왜냐하면 제국주의의 전복만이 지주 계급의 전복과 농지 개혁의 성공을 허용할 수 있기 때문이다".[32] 이 지도 사상에 따라 인도차이나 공산당은 창당 초부터 노동 계급과 민족의 관계, 반제국주의 과제와 반봉건 과제의 관계, 애국주의와 프롤레타리아 국제주의의 관계의 해결을 시도했다.

제2차 세계대전 동안 소련 정부와 코민테른은 인도차이나 민족주의 운동에 더 많은 비중을 두면서 인도차이나에 대한 프랑스 식민 정책을 공개적으로 비난했다. 히틀러의 독일과의 '불가침' 기간(1939년 9월부터 1941년 6월까지) 동안 제3 인터내셔널의 모토는 프랑스 제국주의에 대한 비난이었다. 코민테른의 지시에 따라 인도차이나 공산당은 "반제국주의적 인도차이나 인민 통일전선"이라는 방식을 채택하기로 결정했다. 이는 "세계 혁명의 요새인 소련의 지원을 받아 제국주의 전쟁에 맞서 싸우고, 프랑스 제국주의와 토착 봉건 세력들을 타도하고, 인도차이나의 독립을 회복하며, 인도차이나 민주공화연합을 건설"하기 위함이었다.[33]

1941년 7월부터 자유 프랑스 정부가 점차 소련의 동맹국이 되자 코민테른은 프랑스 제국주의에 대한 공격을 중단했다. 그러나 다른 한편으로, 코민테른의 새로운 세계 지침은 1941년 9월에 인도차이나 공산당이 베트남 독립 전선, 즉 베트민을 창설하도록 이끌었다. 1943년 테헤란 회담에서 스탈린은 프랑스를 "이 기만적인 국가가 인도차이나와 그 식민제국을 회복해서는 안 된다"고 분명히 단언했다. 그는 1945년 2월 얄타 회담에서 이 말을 되풀이했다. "우리는 그들의 식민지를 프랑

---

32) Henri Grimai, *La décolonisation, 1919-1963*, op. cit., p. 126.
33) Philippe Devillers, *Histoire du Viêt-Nam de 1940 à 1952*, op. cit., p. 79.

스에 반환해서는 안 된다. 중요한 전략거점을 그들에게 맡기는 것은 미친 짓이다".[34]

전쟁이 끝난 후 소련은 식민지의 민족주의를 지원함으로써 특정 자본가와 식민주의 세력을 약화시킬 수 있는 모든 기회를 포착했다. 국제연합에서 소련은 '외세의 억압'에 맞서 투쟁하는 모든 식민 민족을 옹호하면서 국내 정치의 원칙과 이익을 위해 행동할 기회를 찾았다. 샌프란시스코 국제연합 창립 회의에서 소련 대표단은 식민지의 정치적 침체, 지속적인 착취와 가난에 대한 지칠 줄 모르는 고발자가 되었다. 소련은 강압적 조치와 사람들을 복종시키기 위한 무력 사용에 항의했다.[35]

미국과 중국처럼 소련도 세계대전이 끝난 후 프랑스가 인도차이나로 귀환하는 것을 반대했다. 이 점에서 루스벨트와 스탈린은 완벽하게 동의했고 스탈린은 루스벨트의 국제적 신탁통치의 아이디어에 쉽게 동의했다. 소련은 이 프로젝트에서 그리고 뒤따를 독립에서 아시아에서 이전 유럽 식민 세력을 대신하여 영향력을 확장할 수 있다고 생각했다.

그러나 국가로서 소비에트 연방은 자신의 이익에 따라 원칙의 방향으로 갈 수도 있고 그와는 반대의 입장을 취할 수도 있는 특정한 외교적 명령에 종속되었다. 전쟁이 끝난 후, 소련은 사실 연합국과의 통일된 행동을 깨뜨리지 않기 위해 식민지 민족주의에 대한 극단적인 신중함을 갖고 주목했다. 이처럼 인도차이나 공산당의 정책과 스탈린 지도부의 정책 사이의 실질적인 간극이 커졌다. 포츠담 회의(1945년 7월 17일~8월 2일)에서 소련을 포함한 '강대국'은 전후 베트남의 운명을 결정했다. 이 회의에 불참한 프랑스는 베트남 국민의 이익을 위해서도 행사되

---

34) Charles-Robert Ageron, *La décolonisation française*, op. cit., pp. 49-50.
35) Henri Grimai, *La décolonisation*, op. cit., pp. 127-128.

지 않은 이 새로운 분할의 혜택을 받지 못했다. 독립은 전혀 이루어지지 않았으며, 16도선까지 북쪽은 국민당의 중국인에게, 남쪽은 영국인에게 귀속될 것이었다. 소련은 이러한 계약을 시행하는데 동의했다.

소련의 이러한 입장은 프랑스 정치의 국내 상황에서도 연유한다. 실제로 1944년 9월 9일부터 공산주의 장관들은 드골의 임시 정부에 참여했다. 따라서 이 장관들이 지지한 인도차이나에서 프랑스의 권위를 회복하려는 정책에 모스크바가 반대하기는 쉽지 않았다. 베트민의 분명한 공산주의적 성격에도 불구하고 소련은 베트남 민주 공화국을 인정하지 않았다. 1950년 1월 30일, 신 중화인민공화국이 이를 인정한 지 12일이 지나서야 베트민 정부를 인정하게 되었다.

현실주의자인 호치민은 히로시마의 원폭 투하보다 1주일 앞선 1945년 8월 6일에야 일본과 전쟁에 돌입한 소련이 베트남 독립투쟁의 첫 국면에서 자신에게 아무런 도움이 되지 않을 것임을 금방 깨달았다. 따라서 그는 의도적으로 미국 카드에 내기를 걸고 승리할 수 있었다. 실제로 1945년 9월 2일 베트남 민주공화국의 독립선언문은 호치민이 긴급하게 필요한 도움의 대부분을 기대했던 미국의 반식민주의자들의 호감을 불러일으키기 위해 면밀히 연구되고 작성되었다. 성명서에는 소련에 대한 언급은 조금도 포함되어 있지 않았다.

세계대전이 끝난 후 인도차이나 문제에 대한 소련의 관심 부족 역시 지적할 수 있다. 그것은 당시 소련 문학에 흥미로운 방식으로 반영되어 있다. 베르나르 폴(Bernard Fall)의 연구에 따르면 소련에서는 1935년부터 1940년까지 27권, 1941년부터 1945년까지 7권의 인도차이나에 관한 책이나 팸플릿이 출판되었지만 1945년부터 1947년까지는 4권, 1948년에는 5권, 1949년부터 1950년까지는 16권만이 출판되었다. 언론 기사도 마찬가지였다. 예를 들어, 워싱턴 대학의 러시아 언론 번역 센터는 1946~1947년 동안 베트남에 대한 기사가 단 한 개, 중국에 대한 기사가 10개, 한국에 대한 기사가 9개, 일본에 대한 기사가 11개, 필리핀에 대한 기사가 4개라고 보고했다.[36]

요약하면 이데올로기적 차원에서 소련은 인도차이나 민족주의의 개화에 막대한 공헌을 했지만, 전쟁 직후에는 인도차이나 영토에서 소극적인 역할만 할 수 있었다. 인도차이나 문제와 관련된 소련의 반식민주의가 서방에 대항하는 정치적 무기가 된 것은 1947년 초 동서 분열이 나타나고 자본주의 세계와 사회주의 세계가 대결하게 되면서부터였다.

---

36) Bernard Fall, *Le Viêt-Minh, la République Démocratique du Viêt-Nam, 1945-1960*(Paris: Armand Colin, 1960), p. 118.

2장
식민지 문제에 직면한 프랑스

　민족주의 운동의 증가와 국제무대에서의 반식민주의의 승리에 대해 프랑스인들의 입장은 어떠하였는가? 2차 대전 이전까지 득세했던 식민주의 이념이 수년간의 전쟁을 통해 쇠약해진 프랑스에게 똑같이 존재했는가? 그렇다면 어떤 부류의 사람들이 식민지의 유지에 열정적이었는가? 아니면 대전 후의 새로운 상황 속에서 프랑스인들은 식민지에 필요한 변화를 계획하고 있었는가? 만약 그렇다면 어느 정도까지의 개혁을 생각하였는가? 반식민주의자들의 선전이 프랑스인의 입장에 변화를 야기하여 식민지 해방을 준비시키는 역할을 수행했는가? 이같이 역사가들이 제공한 논거들을 확인하고 발전시키기 위해서는 수많은 질문들을 제기할 필요가 있어 보인다.

　2차 대전 후의 식민지 문제 관련해서는 여러 의견이 대치하고 있었다. 어떤 이는 어쩔 수 없는 변화를 수용하면서 해외영토의 주민들에게 대내적인 자치의 형태를 부여할 것을 요구하였고, 다른 이들은 그러한 생각에 반대하였다. 오직 극소수의 사람들만이 바람직하고 절대적인 해결책으로서 식민지의 해방을 주장하였다. 이러한 집단 감정들은 물론 항상 자발적이지만은 않았으며, 고의적인 조작의 결과로 나타나기도 하였다. 그럼에도 불구하고 프랑스의 식민주의 의식의 정확한 성격과 규모와 한계를 규정하기 위하여 다소 비합리적인 이러한 입장과 이유를 명확히 밝혀내는 것이 유익하고 필요하다 할 것이다.

1. 프랑스 식민주의 이념의 강화

1944년 말 식민지부 장관인 플레뱅(René Pleven)은 "지금 프랑스는 그 어느 때보다 식민지의 가치를 인식한다"라고 단언했다. 평범해 보이는 이 말은 하나의 사실을 드러내는데, 그것은 식민주의 이념이 프랑스에서 이때만큼 인기가 있었던 적이 없었다는 사실이다.[1]

2차 대전 시기는 프랑스가 제국주의적 의식을 확고히 하고 강화시킨 시기였다. 1944~45년, 사실 많은 프랑스인이 결국 프랑스가 살아남고 승전국의 대열에 합류할 수 있었다면 그것은 프랑스 제국 덕분이었다고 생각했다. 프랑스 군대의 유지와 프랑스 본국에 있어 제국의 병사들이 행한 역할은 당시 정부와 미디어 전체에 의해 찬양되었다. 신문, 라디오, 영화와 학교 교과서는 해외영토가 전쟁을 위해 치른 노력에 대해 소개했다. 1945년 10월 10일부터 11월 11일까지 식민지부 장관은 "점점 해방되고 있는 제국의 군사적 경제적 노력"을 보여주면서 매일의 다채로운 행사를 통해 '프랑스 해외영토의 달'을 축하했다.[2]

프랑스 국민 역시 제국이 허약해지고 황폐화된 '프랑스 본국'을 재건하는 데 도움을 주고 "프랑스의 위대함을 보여주는 가장 실질적인 요소"가 될 것으로 기대했다. 이처럼 식민주의 사상은 종전 이후 국가를

---

1) Charles-Robert Ageron et Catherine Coquery-Vidrovitch, *Histoire de la France coloniale*, T. III, *Le déclin, 1931 à nos jours*(Paris: Pocket, 1996), p. 205.
2) Charles-Robert Ageron, "La survivance d'un mythe: la puissance par l'empire colonial. (1944-1947)", *Revue française d'histoire d'outre-mer*, No. 269(4ᵉ trimestre 1985), p. 388.

재건하고 프랑스의 '위대함'을 유지하도록 하는 특권적인 수단으로 등장했다. 머나먼 땅에 프랑스 국기가 게양되고 프랑스 주권이 다시 수립되면 국가의 위대함은 더욱 견고해질 것이었다. 식민주의 이념은 패배의 굴욕을 만회해줄 것이며, 국제 경쟁에서 강대국의 지위를 유지시켜 줄 것이며, 전통적인 소명과 의무에 충실할 수 있도록 하는 추가적인 힘을 가져올 것이었다.

그러나 제2차 세계대전이 끝난 후 프랑스의 국제적 상황이나 내부 상황은 과거의 식민 정책을 유지하는데 적합하지 않았다. 이제는 변화와 해방의 시기였으며, 식민지 본국과 해외영토 간의 관계를 재정립하는 시기였다. 그러나 프랑스인들은 이러한 새로운 현실을 받아들이기를 거부했다. 그들은 자신들의 미래가 식민지 체제의 유지에 달려 있다고 확신했다. 식민지 정서는 정치 지도자와 특정 식민지 조직의 지도 하에 더욱 강화되고 고양되었다.

이처럼 식민주의 이념은 부활했다. 제국을 포기하는 것은 상상할 수 없는 일이었고, 제국을 재건하고 그곳에서 자유와 번영을 발전시켜 모든 주민을 '위대한 형제애의 프랑스 연합'의 시민으로 만드는 것이 필요했다. 그렇다면 이러한 '과거지향적' 태도의 요인은 무엇이었는가? 식민주의 사상의 갱신과 그것의 핵심적인 자극제, 그리고 행동과 확장의 기본 원칙을 뒷받침하는 실제 원동력은 무엇이었는가? 프랑스인들은 식민주의 사상과 관련하여 어떤 문제들을 중심으로 결집할 수 있었는가? 이제 우리는 전쟁 직후 등장한 프랑스의 주요 식민주의 논거들을 검토해보고자 한다.

1) 논거들

프랑스인들이 제국 의식 쇄신의 필요성을 정당화한 것은 세 가지 필수 사항, 즉 국가의 위대함, 경제적 차원, 도덕적 및 인도주의적 차원이라는 절대적 요청에 기초하고 있었다.

(1) 프랑스의 위대함

프랑스 식민주의 사상은 무엇보다도 프랑스의 세계 속의 위대함에 대한 비전과 매우 관련이 있었다. 프랑스가 불행하게도 제국을 상실한다면 소국으로 전락할 것이라는 주장은 해방 이후 널리 퍼졌다.

제2차 세계대전 중에 프랑스의 '회복'이 제국을 통해 가능할 것이라는 생각이 일반적으로 받아들여졌다. 실제로 프랑스 식민제국은 연합군의 승리와 프랑스의 해방에 결정적인 역할을 했다. 식민지의 병력 동원 규모, 전쟁 노력에 대한 재정적, 경제적 기여, 연합군 전략에서 공군 및 해군 기지 제공의 중요성을 프랑스가 어떻게 잊을 수 있었겠는가?

1944년 부분적으로 '제국의 구원'으로 인해 프랑스가 해방되었을 때, 식민지에 대한 국가의 인정은 총체적이고 자발적이었다. 1944년 8월 말부터 정보부 장관은 "군대를 유지하고 프랑스의 해방을 위해 수행한 역할을 통해 많은 프랑스 국민에게 그 중요성이 드러났던"[3] 제국을 축하하기 위해 언론을 초대했다. 1944년 연말 메시지에서 프랑스 공화국 임시정부 수반인 샤를 드골은 "해방의 해가 위대함의 해로 바뀌는 이 시기에, 프랑스와 제국에 거주하는 1억 6백만 남녀의 생각이 확신

---

3) Jean Bouvier, René Girault, Jacques Thobie, *L'impéialisme à la française, 1914-1960*(Paris: La Découverte, 1986), p. 262.

을 가지고, 충성스럽게, 형제로서 단결하기를 바랍니다!"[4]라는 안부의 인사를 프랑스 국민과 해외영토 주민들에게 전했다. 르네 플레뱅의 후임 외무부 장관인 지아코비(Paul Giaccobi)는 "프랑스의 자유는 제국 안에서 살아남았을 뿐만 아니라, 프랑스 해방군이 생겨난 것은 바로 제국으로부터였다"[5]라고 설명했다. 프랑스 해외영토위원회(Commission de la France d'outre-mer)의 모네르빌(Gaston Monnerville) 위원장도 "제국이 없었다면 프랑스는 오직 해방된 나라일 뿐이다. 제국 덕분에 프랑스는 승리한 나라이다"[6]라고 선언했다.

아마도 1944~1945년만큼 프랑스인들이 자신들의 제국과 충성심, 그것의 결정적인 역할에 대해 그토록 큰 자부심을 가졌던 때는 없었을 것이다. 당시 많은 프랑스인은 자신들의 제국이 무엇보다도 프랑스의 강대국으로서의 지위를 회복시켜줄 것이라고 기대했던 것 같다. '식민지 정당(parti colonial)'[7]과 '제국을 통한 권력'이라는 옛 신화가 되살아났으며, 1944년에 출판된 『프랑스의 제국(L'Empire de la France)』은 서문에서 "미래는 제국에 있다"고 선언했다. 옛 식민주의자였던 르블롱드(Marius Leblond)의 이 저서는 1947년까지 3쇄를 인쇄하며 믿기 힘든 성공을 거두었다. 1945년 1월에 출판된 공동저서인 『프랑스 제국 공동체(La Communauté impériale françaises)』에서도 "제국은 우리의 희망이다!"라고 분명히 말했다. 기업가이자 식민과학 아카데미 회원인 르메

---

4) 1944년 12월 31일 드골의 라디오 연설. *Le Monde*, 3 janvier 1945.
5) Charles-Robert Ageron et Catherine Coquery-Vidrovitch, *Histoire de la France coloniale*, t. III, op. cit., p. 205.
6) 1945년 5월 25일 임시자문의회(Assemblée consultative provisoire)에서의 연설.
7) 식민지 정당은 1890년에 창설된 프랑스 아프리카 위원회(Comité de l'Afrique française)에서 유래했다. 이는 정치 정당을 지칭하는 것이 아니라 식민주의적 성향을 지닌 다양한 집단을 하나로 결집한 여론 운동이나 단체를 지칭했다.

냥(Robert Lemaignen)은 "제국, 이제 이 단어가 우리를 사로잡는다. 이는 포기하지 않으려는 우리의 소망을 요약한 것이다"라고 주장했으며, 작가이자 세네갈 출신 의원인 상고르(Léopold Sédar Senghor)는 "프랑스 정치사상의 중심 중 하나가 된 제국의 문제는 재검토되어야 하는데, 왜냐하면 프랑스의 부활은 그 문제의 정당한 해결에 달렸기 때문이다"[8]라고 명확하게 밝혔다. 작가들마다 표현은 달랐지만 의미는 동일했다. "해외영토를 소유하는 것은 우리의 정치적 영향력, 세계 속에서의 위신뿐 아니라 위대한 국가로서 우리의 재등장 또는 소멸에도 의문을 제기하지 않았다".[9]

그러나 1945년 이후 세계에서 프랑스의 지위는 제2차 세계대전 이전의 그것과는 매우 달랐다. 프랑스는 더 이상 군사적 강국이 아니었고, 상업적, 재정적 수단도 부족했으며, 이 두 가지 측면에서 모두 미국의 구호대상자가 되었다. 문화적 영향 자체도 불확실했다. 미국의 기술과 소련의 이데올로기는 1945년 세계에서 훨씬 더 매력적인 모델이었다. 요컨대, 해방 이후 스스로 주도적 역할을 할 수 있을 정도의 경제적, 정치적, 군사적, 문화적 수단을 충분히 확보하지 못한 프랑스는 이등 국가로 전락하게 되었다.

프랑스인들은 자신들이 쇠약해졌다는 사실을 온전히 인식하고 있었지만, 역설적으로 이를 받아들이기를 거부했다. 여론은 프랑스가 외국에 비해 강대국의 지위를 상실할 수 있고, 아마도 오랫동안 중요하지 않은 역할에 머물 수 있다는 생각에 강하게 반응했다. 1945년 5월 프랑스여론연구소가 실시한 여론조사에 따르면 프랑스 국민의 5분의 4

---

8) Charles-Robert Ageron, "La survivance d'un mythe", *op. cit.*, pp. 393-394.
9) Gabriel Cudenet, *La Dépêche*, 26 août 1946.

는 여전히 자국을 강대국으로 생각했다. "당신은 프랑스를 강대국이라고 생각합니까, 아니면 약소국으로 생각합니까?"라는 질문에, 강대국 80%, 약소국 10%, 의견 없음 10%로 응답한 것이다.[10] 샤를로베르 아즈롱 교수가 언급했듯이, 외국 논객들의 입장에서 볼 때 비현실적인 이러한 주장은 사실 미래에 대한 신조, 즉 다시 재건하기를 열망하는 패배했고 굴욕을 당한 프랑스의 신조였다.[11] 어쨌든, 이러한 생각의 이유를 설명하는 논평 중 "프랑스는 제국과 자원 덕분에 위대하다"가 가장 높은 비율(8%)을 얻은 것은 분명했다.[12]

식민지 미래에 희망을 걸었던 프랑스인들이 이렇게 많았다면, 그것은 그들의 눈에 식민지 미래가 번영과 권력, 위대함을 보장하는 유일한 길이었기 때문이다. 먼저 프랑스가 세계적인 역할을 유지하는 것은 해외영토의 규모를 통해서일 것이다. 당시 식민지 언론과 프랑스 본국의 언론은 하나같이 "제국이란 패, 프랑스의 마지막 기회!"라는 표현을 사용했다. 이는 또한 사회당 출신의 라마디에(Paul Ramadier) 수상이 선언한 것처럼 "식민 없는 프랑스는 단지 위성으로 전락한 노예 상태의 프랑스가 될 것"[13]이라는 것을 의미하기도 했다. 1947년 5월 15일 보르도에서 단언한 '콜롱베(Colombay)의 인물'인 드골 역시 같은 입장이었다. "현재와 미래의 세계에서 우리에게 프랑스 연합을 잃는 것은 우리의 독립마저도 희생시킬 수 있는 쇠퇴의 길을 걷게 되는 것이다. 그것을 유

---

10) *Sondages. Rrevue française de l'opinion publique*, 1er juillet 1945, p. 134.
11) Charles-Robert Ageron, "La survivance d'un mythe", *op. cit.*, p. 388.
12) 또한 "프랑스는 항상 강대국이었고 지금도 그렇다" 7%, "문화와 역사에 의해 강대국이다" 5%, "드골 장군과 레지스탕스 덕분에 강대국이다" 7%, "기타 의견" 8%, "의견 없음" 52%의 결과에 주목할 필요가 있다.
13) Jean-Pierre Azéma et François Bédarida, *1938-1948. Les Années de tourmente: de Munich à Prague*(Paris: Flammarion, 1995), p. 318에서 인용.

지하고 그것을 살아나게 하는 것은 위대함을 유지하고 따라서 자유로움을 유지하는 것이다".[14] 이처럼 프랑스 제국주의 사상은 피해야 할 쇠퇴와 재정복거나 보존해야 하는 잃어버렸거나 위험에 처한 위대함에 대한 강박관념에 의해 지배되고 있었다. 프랑스의 위대함과 그 생존의 문제를 새로운 관점에서 제기하는 프랑스의 상상의 세계가 형성되었다. 프랑스는 '세계 네 번째 강대국'으로서의 지위를 유지해야 했고, 국제연합의 두 번째 언어인 프랑스어는 진정한 식민지 보존정책의 대상이 되어야 했다. 따라서 프랑스 영토로 간주되는 이 영토를 포기하지 않기로 프랑스는 결정했다.[15] 그때부터 새로운 프랑스는 위협받는 제국을 유지하기 위해 모든 정치적, 군사적 수단을 동원하여 방어하는 데 주저하지 않았다.

(2) 프랑스의 사명

프랑스 식민주의 이념의 두 번째 주요 논거는 해외 소유지에 대한 프랑스의 소명과 의무를 상기시키는 데 있었다.

"완전한 충성", "토착민의 조국에 대한 끊임없는 애착"은 해방된 프랑스에서 일제히 축하되었다. 당시 어떤 프랑스인도 제국의 충성심과 견고함을 의심하지 않았다. 이 '제국적 애국심(patriotisme impérial)'은 이제 부담을 지고 책임을 져야 할 프랑스 보호 하에 두고자 하는 주민들에 대한 프랑스의 주요 의무를 암시했다. 이처럼 특정 도덕 윤리 및 인

---

14) Charles de Gaulle, *Discours et messages*, T. II: *Dans l'attente, 1946-1958*(Paris: Plon, 1970), p. 81.
15) Raoul Girardet, "Le problème colonial face à l'opinion publique française de 1870 à nos jours", *Comptes rendus trimestriels des séances de l'Acádéie des sciences d'outre-mer*, T. XXXIII-2, 1973, p. 120.

간 연대와 관련된 보호, 교육 및 증진의 의무가 언급되었다. 포기와 때 이른 철수를 실행하는 것은 계약을 위반하고 의무를 배반하며, 체결된 약속을 거부하는 것이 아니었을까? 그것은 더 나은 미래의 가능성을 약속받은 사람들의 요구를 거절하는 것이 아니었을까?[16]

프랑스의 의무와 연결된 제국을 온전하게 복원하고 보존하려는 국가적 의지는 본질적으로 미래의 프랑스는 자유의 진정한 보증인이자 국민의 '인격'이 꽃피울 때까지 인도할 민주주의의 모델이 될 것이라는 확신에 기초했다. 이런 의미에서 프랑스 해외영토부 정치국 부국장인 라브루케르(André Labrouquère)는 인도차이나에 관해 "너무 오랫동안 프랑스 체제에 종속되어 있던 사람들에 대해 우리는 내일의 안남 체제의 보증인이 되어야 하기 때문에 우리의 책임은 멈출 수 없다"[17]고 기술했다.

사실 프랑스인들은 해외영토가 아직 근대 국가를 구성하는 요소들을 겸비하지 못했다고 확신했다. 문맹률이 너무 높고 종교적 광신이 팽배해있고, 중산층이나 간부가 부족하다고 생각했다. 많은 프랑스인은 해외영토의 주민들이 스스로 통치하는 데 필요한 성숙도에 도달하지 못했다고 믿었다. 예를 들어 사회당의 발랑디에(Georges Balandier) 의원은 "식민지인들은 완성되어야 할 미완성 인물에 지나지 않는다"[18]라고 기술했다. 물론, 세상에는 이러한 조건 하에서 독립을 이룬 국가들이 있을 것이지만, 그들은 오랫동안 비참한 상황에 처하게 될 것이었다.

사실, 프랑스인들은 옛 제국을 무조건 포기하는 것이 이곳의 주민

---

16) Raoul Girardet, *L'Idée coloniale en France, 1871-1962*, op. cit., pp. 344-345.
17) André Labrouquère, "L'Indochine et la conscience française", *La revue socialiste*, No. 2(juin 1946), p. 195.
18) Jean Planchais, *L'empire embrasé, 1946-1962*, op. cit., p. 10.

들에게 유리하지 않을 것이라고 평가했다. 이들은 내부 갈등에 휩싸이게 될 것이며, 곧 다른 나라의 제국주의가 프랑스를 계승하는 것을 보게 될 것이다. 1945년 12월 사이공에서 인도차이나 주재 프랑스 고등판무관 다르장리외(Thierry d'Argenlieu) 제독이 행한 연설은 프랑스 식민주의 이념이 이러한 추론에 기초하고 있음을 분명히 보여주었다. "현대 세계 한가운데에서 독립과 함께 고립된 베트남은 즉각적으로 자신이 거의 인식하지 못하는 가공할 탐욕의 먹잇감이자 희생자가 될 것이다. 우리는 인도차이나 주민들이 강대국의 따뜻한 지원을 필요로 한다고 확신한다. 프랑스는 가장 식견 있는 이해와 사회적, 행정적, 정치적 문제에 대한 가장 확고한 경험을 갖고 있으며, (그 천재성에 부합하기 때문에) 가장 진지한 무관심을 가지고 그들에게 다가오는 나라이다".[19] 1946년 5월 1일자 인민공화운동(MRP: Mouvement républicain populaire) 『활동가 파일(Fichier du militant)』도 인도차이나에 대해 동일한 주장을 제시했다. "인도차이나를 포기한다는 것은 안남 농민을 봉건 관료 계급의 착취에 넘겨주는 것이고, 특권적 지식계급의 부활을 허용하는 것이며, 원주민의 의지와 복지에 관심이 없는 외국 영향력에 넘겨주는 것이다. 이는 프랑스가 프랑스 연합의 모든 국민에 대한 보호자이자 조력자로서의 의무를 이행하는 것을 포기하는 것을 의미한다".[20] 마찬가지로 1946년 8월 27일 미래 헌법에 관한 엄숙한 선언에서 자유 프랑스의 전 지도자인 드골은 다음과 같이 비난했다. "해외영토의 개발의 현 상황과 다른 강대국의 경쟁으로 인해 민족자결의 원칙은 식민지 주민들을 동

---

19) "En Indochine. L'amiral Thierry d'Argenlieu prononce un discours à Saïon", *Le Monde*, 11 décembre 1945.
20) Archives Nationales(A.N.) 350 A.P. (archives du Mouvements républicain populaire) 124.

요와 혼란, 그리고 결국은 외국의 지배로 이어질 수밖에 없다".[21)]

몇몇 사회주의자들은 같은 입장을 취하면서 "프랑스가 그토록 오랫동안 행복하게 존재했던 이 극동지역을 갑자기 포기하고 모든 욕망의 대상자들에게 길을 터주는 것은 우리나라의 세계적 사명을 배반하는 것"이라고 기술했다.[22)] 더불어 "민족자결의 원칙이 가까운 장래에 제국주의적 열망에 의해 움직이는 국가들의 손에서 위험한 도구가 될 것이라는 점을 두려워해야 되지 않을까?"[23)] 프랑스 공산당은 이론적으로 모든 민족의 독립의 권리를 인정했지만, 당분간은 독립이 식민지인 대다수에게 위험할 것이라는 점도 인정했다. 공산당 사무총장 토레즈(Maurice Thorez)는 1945년 당대회에서 "경제적으로, 결과적으로는 정치적으로 독립 국가로서 결코 존재할 수 없는 식민지는 다른 지배하에 놓이게 될 위험이 있다. 그러므로 이는 제국을 전복시키는 문제가 아니라, 근본적인 개혁을 통해 식민지 민족과 프랑스 국민의 자유롭고 신뢰하며 형제애적인 결합을 위한 조건을 조성하는 문제이다"[24)]라는 점을 상기시켰다. 1947년 6월 당대회에서 공산당 공보실장이자 공산당 정치국의 일원인 파종(Étienne Fajon) 역시 옛 제국의 국민에게 "프랑스 연합의 해체는 여러분들에게 표면상의 독립만을 가져올 뿐이며, 독점적 시장 지배력을 가진 대기업, 즉 트러스트들이 군림하고, 인종차별적 개념이 시행되고, 흑인에 대한 집단폭행이 만연하는 강대국들의 막강한 지배의 서곡일 뿐이다"[25)]라고 연설했다.

---

21) Charles de Gaulle, *Discours et messages, T. II: Dans l'attente, 1946-1958*, op. cit., p. 19.
22) André Labrouquère, "L'Indochine et la conscience française", *op. cit.*, p. 193.
23) Henri Lévy-Bruhl, "Le droit des peuples à disposer d'eux-mêmes: formule déassé", *La revue socialiste*, octobre 1946, p. 461.
24) Jacques Dalloz, *La guerre d'Indochine, 1945-1954*(Paris: Éd. du Seuil, Coll. "Point Histoire", 1987), p. 105.
25) *Ibid.*

따라서 해외영토에서 프랑스의 권위를 유지하는 것은 이들 민족의 이익, 복지 및 안전을 위한 기본 조건이었다. 이전에 학대, 빈곤, 무정부 상태에 빠져 있던 국가들에게 근대적 진보의 문호를 개방할 수 있었던 프랑스는 이 사람들을 곤경에 빠뜨리지 않고, 다른 이들의 욕망에 넘겨주지 않으면서 그들이 맡은 의무를 이행하는 것을 포기할 수 없었다.

(3) 경제적 이익

2차 대전 직후에 어떤 이들은 식민지가 프랑스의 경제력에 없어서는 안 될 요소라고 말했다. 그들은 그때까지 식민지가 '좋은 사업'이었다는 점을 고려하여 프랑스 제국이 식민지의 자원 덕분에 세계에서 그 자리를 되찾을 수 있다고 생각했다. 그들에게는 이 영토에서 이익을 추구하고 경제적 유대를 유지하는 것이 미래 권력을 보장하는 것이었다. 정치적 패권을 포기하는 것은 완전한 몰락의 시작인 것처럼 보였다.

"프랑스를 해방시킨 제국의 군인들"에 대한 감사, 전쟁 노력으로 약해진 식민지를 되살려야 할 필요성, 국제 정치의 절대적 요청은 실제로 프랑스 정부 관리들에게 식민지 영토의 경제 및 사회 발전의 가속화가 필요하다는 것을 확신시켜주었다.

'매우 부유한 프랑스 제국'이 프랑스 부활의 불씨가 되어야 했기 때문에 식민지를 신속하게 개발해야 했다. 제국의 경제 발전을 계획하기 위해 1944년 2월 해외영토 성장의 기관으로 신용 정책을 구현하는 임무를 맡은 프랑스 해외영토 중앙기금(CCFOM: Caisse centrale de la France d'outre-mer)이 창설되었다. 1945년에 서인도 제도 의원이자 공화국 총리인 가스통 모네르빌은 "역사의 교훈과 우리의 가장 시급한 관심은 근대 국가가 되기에는 부족한 해외영토에 모든 경제적, 사회적 도구를 신속하게 제공해야 한다는 것"[26]이라고 설명했다. 이에 따라 해외영토에 필요한 경제와 사회 설비 및 개발 계획에 대한 생각은 1946년 4월 30일 법률을 통해 실현되었다. 이 법은 원주민의 요구와 사회적 발전에 우선순위를 두고, 프랑스 경제 재건을 위한 프로그램 실행에 기여할 것을 요구했다.

프랑스 해외영토 중앙기금에 추가될 경제 및 사회 개발을 위한 투자기금(F.I.D.E.S.: Fonds d'investissement et de développement économique et social de social)이 조성되었을 때, 가스통 모네르빌은 예산의 2%에 해당되는 연간 약 100억의 임시 자본 지출을 예상했다. 이 수치는 빠르게 초과될 예정이었다. 해외영토(TOM: Territoires d'outre-mer)만 해도 1949년에 620억 달러, 즉 예산의 5.1%에 달했고 1952년에는 900억 달러에 이르렀다. 그러나 1947년부터 1952년까지 발표된 계획에는 전체 투자의 15%가 해외영토에 투자될 것이라고 예상했다. 이는 1944년 창업 시기(5%)와 1945년 설비 계획(6.5%) 때보다 훨씬 많은 금액이었다.[27] 그러나 전쟁 후 재건으로 인해 국가에 부과된 심각한 제약에도 불구하고 이러한 노력은 국회의원들에 의해 만장일치로 합의되었고 정계 전반에 의해 받아들여졌다.[28]

---

26) Charles-Robert Ageron et Catherine Coquery-Vidrovitch, *Histoire de la France coloniale*, T. III, Le déclin, 1931 à nos jours, op. cit., p. 338.
27) 해외영토에서 프랑스의 주권을 유지하는 것은 결국 '본국의 희생'을 기반으로 할 것이라는 생각은 제4공화국 기간 널리 받아들여졌다. 프랑스 해외영토의 경제 및 사회 개발을 위한 투자기금(FIDES) 그리고 프랑스 해외영토 중앙기금(CCFOM) 또한 정보를 가지고 있는 프랑스 국민의 눈에는 새로운 식민 정책의 상징이 되었다. 이는 프랑스 연합을 거부한 보호령을 포함하여 해외영토에 프랑스 영향력하에 둘 수 있게 하는 경제적 이점과 재정적 투자를 부여하는 것을 포함했다.
28) Charles-Robert Ageron et Catherine Coquery-Vidrovitch, *Histoire de la France coloniale*, T. III, Le déclin, 1931 à nos jours, op. cit., p. 338.

이처럼 비용이 많이 드는 식민지 개발[29]은 프랑스 지배력 문제의 핵심이기도 했다. '제2의 프랑스 본국(métropole-secondes)'[30]을 전 세계에 확산함으로써 프랑스는 세계 속에서 자신의 권력을 강화하기 위해 경제적 수단을 제공할 수 있다고 생각했다. 예를 들어, 인도차이나는 진정한 '제2의 프랑스'가 되어 다소 분명한 경제 단위를 형성함으로써 극동지역의 새로운 시장을 정복하기 위한 출발점이 될 것이라고 말했다. 프랑스와 그의 소유지를 분리하는 거리, 운송료의 증가, 젊고 역동적인 국가의 출현은 멀리 떨어진 시장에서 프랑스의 경제력을 약화시킬 것이었다. '제2의 본국'과의 중계를 통해 특정 시장의 폐쇄로 어려움을 겪는 '본국'의 생산자들이 이들 시장을 되찾을 수 있었다. 따라서 극동지역에서 자신의 지위를 유지하는 유일한 방법은 인도차이나가 경제 발전을 따르도록 만드는 것이었다.[31]

이처럼 식민지 잠재력의 의식적인 개발과 발전을 통해 프랑스는 멀리 떨어진 영토에서 자신의 재건에 그 어느 때보다 필수적인 경제적 패권을 유지하기로 결정했다. 그러나 프랑스 식민지 문제의 대표적인 전문가인 샤를로베르 아즈롱 교수가 지적했듯이 프랑스가 해외영토의 근대화와 설비 계획을 수립하는 것은 무모한 도박의 성격을 지녔다고 보는 것이 맞을 것이다.[32] 프랑스가 잔혹한 전쟁의 시련에서 탈진한 채 벗어난 순간에 광대한 저개발 영토의 설비에 참여하기 위해서 프랑스 지도자들은 단번에 많은 식민지인에게 의문시되었던 프랑스 연합의 미래에 대한 단 하나의 믿음이 필요했다.

---

29) Jacques Marseille, "L'industrialisation des colonies", *Revue française d'histoire d'outre-mer*, No. 254(1ᵉʳ trimestre 1982), p. 28.
30) 이 용어는 쟈크 마르세유에 의해 사용되었다. Jacques Marseille, *Ibid.*, p. 23.
31) *Ibid.*, p. 27.
32) Charles-Robert Ageron, "La survivance d'un mythe", *op. cit.*, p. 399.

2) 프랑스 식민주의의 '사회학'

이러한 주장들을 통해 프랑스에서 제국에 열광하고, 제국의 완전한 상태를 수호하며 식민주의 의식을 고취시키기 위한 일정한 합의가 이루어졌다면 이를 선도해나가는 주체들은 누구였는가? 그들은 어떤 범주에 속하는 이들이었는가? 식민주의 운동의 전투적 중심지 중에서 우리는 특히 정치계, 식민지 선전 단체, 청소년이라는 세 가지 범주를 열거하고자 한다.

(1) 정당의 결집

제2차 세계대전 종전 직후에 대다수의 프랑스 정당들은 '친(親)식민주의적 입장'을 견지했다. 이 시기 정치적 토론에서 '해외영토의 포기'란 말은 전혀 언급되지 않았다. 정권에 참여한 어떤 정당도 해외영토의 주민들에게 완전한 독립을 선사할 것을 권고하지 않았다. 대다수 급진파들과 일부 사회당원과 공산당원은 '제국의 부흥의 시기'에 순응하기 위해 그들의 반식민주의적 신념을 포기하였다.

공산주의자들부터 우파에 이르기까지 제국적 담론은 그 동기나 미래의 전망에 대해 다양한 의견을 제시하였지만, 정치계 전반에 널리 퍼져있는 주된 생각은 프랑스를 다시 강대국의 반열에 올려놓기 위해서는 식민지의 역할이 결정적이라는 것이었다. 프랑스 정당들은 프랑스가 전쟁으로부터의 '해방' 이후에 제국의 유지가 보장해주는 강대국의 서열을 되찾기를 강력하게 희망하였다.

모든 정치 지도자들은 '프랑스 연합'이라는 새로운 명칭으로 곧 불리게 될 '제국을 통한 열강 대열에의 합류'라는 신념을 공유했다. 인민공화운동의 지도자인 조르주 비도에게 있어 "프랑스 연합은 강대국으로서의 프랑스 이미지를 보존키 위해 존재하는 것"[33])이었다. 사회당 소속의 정부 수반인 폴 라마디에는 "프랑스 연합의 문제, 제국의 문제는 우리나라의 생명과 존재의 문제가 되었다"[34])라고 평가했다. 그는 1947년 4월 18일, 그가 속한 사회당 집행위원회에서 "(식민지 문제에 대한) 우리들의 포기는 곧 공화국의 포기를 의미한다"라고 재차 강조했다. 1946년 8월 27일, 헌법에 관한 토론이 한창일 때, 드골 장군은 "문명에 문을 연 해외영토들과 하나 된 프랑스는 강대국이다. 이 영토 없이 프랑스는 더 이상 강대국이 안 될 수도 있는 것이다"[35])라고 언론에서 발표했다.

프랑스 사회당(SFIO)[36])

사회당 출신 장관들의 경우, 그들의 식민지 개념은 전후 결정적인 첫 해 동안 해외영토도(道) 투자기금(FIDOM: Fonds d'investissement des départements d'outre-mer)을 설립하고 식민지 재정문제를 담당한 무테(Marius Moutet)에 의해 명확하게 정의되었다. 사실 그는 식민지 문제를 권력과 식민지 통합의 측면에서 다루지 않을 수 없었다. 전쟁 전에 식민지 문제에 대한 자유주의적 해결책을 모색했던 마리우스 무테는 이제 자신의 관점을 바꾸어 프랑스 식민 체제 확장의 추종자가 되었다. "강대국을 유지하려면 계속해서 1억 명의 사람들에게 활력을 불어넣어야 했다. 4천만 프랑스 주민에 한정하여 철수하는 것은 '공화국의 종말'과 국가의 쇠퇴를 의미할 것이다".[37])

---

33) Charles-Robert Ageron et Catherine Coquery-Vidrovitch, *Histoire de la France coloniale*, op. cit., p. 208에서 인용.
34) 1947년 2월 21일 고등판무관과 총독 회의에서의 연설.
35) Charles de Gaulle, *Discours et messages*, T. II, op. cit., pp. 18-19.
36) SFIO: Section Française de l'Internationale Ouvrière. 노동자 인터내셔널 프랑스 지부.
37) 1946년 1월 25일 헌법위원회 회의에서. Roger Quilliot, *La S.F.I.O. et l'exercice du pouvoir*,

대부분의 사회주의자 활동가들은 정부의 이러한 견해를 옹호했다. 후에 '명쾌하고 단호한 반식민주의자'라는 명성을 얻은 로젠펠트(Oreste Rosenfeld)는 프랑스 여론에 경각심을 불러 일으켰다. "프랑스로서는 강대국으로 남을 것인지, 아니면 포르투갈 수준으로 추락할 것인지를 결정할 문제이다." 프랑스 연합의 고문이자 이번 의회 사회주의자 그룹의 의장인 알뒤(Paul Alduy)는 다음과 같이 덧붙였다. "프랑스는 전쟁 이전에 제국이라고 불렸던 영토와 사람들의 도움이 있어야만 살아남을 수 있다. 따라서 프랑스는 해외영토를 더 이상 자국의 세력을 크게 강화하는 것이 아니라 자국의 독립을 유지하기 위한 필수 조건으로 간주하게 되었다".[38] 사회당 지도자인 앙드레 라브루케르는 프랑스 연합을 "이 새로운 세계에서 프랑스의 지속 가능성을 보장하는 것"[39]으로 판단했다. 파리 법학부 교수인 레비브륄(Henri Lévy-Bruhl)도 1946년 10월 『라 르뷔 소시알리스트(*La Revue Socialiste*)』에 "민족자결주의: 시대에 뒤떨어진 표현"이라는 명확한 제목의 기사를 기고했다.

그러므로 노동자 인터내셔널 프랑스 지부(S.F.I.O. : Section française de l'internationale ouvrière)라는 당명으로 집권하고 있는 프랑스 사회당은 식민지 인민들의 열망에 거의 반응하지 않을 것이 분명했다. 식민지 문제와 관련한 첫 번째이자 가장 고통스러운 사례는 인도차이나에서 발생했다. 인도차이나인들의 독립에 대한 요구는 사회주의자들에게는 과도하고 유토피아적인 것처럼 보였다. 제헌의회의 인도차이나 대표인 사회당의 부르구앵(Jean Bourgoin)은 "인도차이나의 독립이라는 표현이 갖

1944-1958(Paris: Fayard, 1972), p. 148.
38) Charles-Robert Ageron, "La survivance d'un mythe", *op. cit*, p. 398에서 인용.
39) André Labrouquère, "De l'empire français à l'Union française", *La Revue socialiste*, No. 2(juin 1946), p. 482.

고 있는 암묵적인 무의미에 대해 생각해 본 적이 있나요? 프랑스 문명의 중재와 유대로 연합된 인도차이나는 독립하는 바로 그 순간에 존재하지 않을 것이기 때문이다"라고 언급했다.[40] 1945년 12월 마리우스 무테는 사회당 일간지 『르 포퓔레르(Le Populaire)』(12월 26일과 27일)에 두 편의 기사를 기고했는데, 이 인도차이나에 대한 선언은 프랑스가 그 영향력을 유지해야 하지만 "인도차이나의 의지에 반해서는 안 된다"는 점을 확인시켜주었다. 그에 따르면 프랑스는 인도차이나에서 상당한 노력을 기울였지만 "인도차이나 연합(Union indochinoise)의 현재 상태는 이 지역에서 프랑스인의 모든 지적이고 관대한 노력이 불충분했음을 보여준다". 1947년 3월 사회당 전국평의회에서 마리우스 무테는 "의심할 여지없이 적대행위는 끝나야 하지만, 프랑스의 주둔은 중단되어서는 안 된다"는 좌파 활동가 부비앙(Léon Boutbien)의 주장에 반대하지 않았다.[41] 동시에, 선거 캠페인 기간 사회당 사무총장이자 센 도의원인 마이에(Daniel Mayer)는 다음과 같이 당의 입장을 정의했다. "현재 우리 모두는 어떠한 경우에도 인도차이나에서 프랑스 군대, 이익 또는 자산을 포기한다는 생각을 갖지 않는다. [...] 프랑스의 이익은 인도차이나가 베트남 국민 자신의 이익을 대표하지 않는 사람들, 사실상 베트민의 손에 버려지는 것을 허용하지 않는다".[42]

사실, 프랑스 사회주의자들은 해방 후 첫 해 동안 특정 자결권에 대한 인정과 반동적이라고 판단한 해외영토 국민의 민족주의에 대해 본능적이고 병적인 불신 사이에서 갈팡지팡했다. 예를 들어, 사회당 기관

---

40) Jean Bourgoin, "Le rideau se lève sur l'Asie moderne. L'Indochine doit y être placée par la démocratie française au premier rang", *Le Populaire*, 2-3 septembre 1945.
41) Roger Guilliot, *La S.F.I.O. et l'exercice du pouvoir, 1944-1958*(Paris: Fayard, 1972), p. 317.
42) *Le Monde*, 25 mars 1947.

지인 『르 포퓔레르』는 티에리 다르장리외 장군의 퇴진과 호치민에 대한 평화적인 협력 태도를 요구하면서 정부의 '식민주의적' 정책에 대해 자주 공격을 가했다. 퐁텐블로 회담의 사회당 대표인 리베(Paul Rivet)는 프랑스 정부가 실제로 협상을 원하지 않는다는 사실을 알고 문을 박차고 나가버렸다. 당 조직 내에서 폴 리베와 『르 포퓔레르』로 대표되는 경향이 다수를 차지했지만, 식민정책 입안에 참여한 것은 마리우스 무테가 이끄는 당의 우익 소수파였다. 실제로 마리우스 무테는 미래의 총리인 폴 라마디에를 포함한 의회 그룹 지도자들의 지지를 받았다.[43] 뤼시오(Alain Ruscio)가 지적했듯이, 당 지도자들이 위험하다고 생각한 공산당과의 충돌을 두려워하면서, 사회당은 우파, 이 경우 인민공화운동에 양보하면서 '3당체제(tripartisme)'[44]를 지키고자 했다. 이러한 양보 중에서 식민지 영역을 인용할 수 있을 것이다.[45]

급진파(Radicaux)

급진주의자들은 급진사회당(Parti radical-socialiste) 의장인 에리오(Édouard Herriot)의 웅변적인 유창한 목소리를 통해서든, 훗날 국무총리실 정무차관이 될 드비나(Paul Devinât)가 『라 데페쉬 드 파리(La Dépêche de Paris)』에 기고한 기사를 통해서든 혹은 그가 편집장인 『로로르(L'Aurore)』에 쓴 바스티드(Paul Bastid)의 기사를 통해서든 사회당과 다르

---

43) Stein Tønnesson, *1946: Déclenchement de la guerre d'Indochine*(Paris: l'Harmattan, 1987), p. 123.
44) Jean-Jacques Becker, *Histoire politique de la France depuis 1945*(Paris: Armand Colin, 1988), p. 35.
45) Alain Ruscio, *La décolonisation tragique, 1945-1962*(Paris: Messidor/Éditions Sociales, 1987), p. 3

지 않은 언어를 사용했다.[46] 그들에게 프랑스 연합은 국가 간의 협력에서 프랑스의 위치를 보존할 수 있는 유일한 방법이었다.

배후에서 활동했던 식민지 전통의 수호자들 중에서 우리는 인도차이나의 두 전문가, 즉 바렌(Alexandre Varenne)과 바펠레프(Antoine Baffeleuf)를 언급할 수 있다. 전 인도차이나 총독이었던 알렉상드르 바렌은 1946년 6월 24일부터 12월 16일까지 조르주 비도 내각의 국무장관을 역임했으며 프랑스령 인도차이나 전국협회(Association nationale pour l'Indochine française)를 이끌었다. 그곳에서 그는 식민지 이익을 보호하는 데 도움이 되는 다양한 정보를 정치계와 언론에 제공했다. 그는 1946년 3월 20일 제헌의회에서 다음과 같이 언급했다. "제3공화국은 바다 너머 프랑스의 천재에게 경의를 표하는 장엄한 작품을 창조했다. 우리는 그것을 부정하고 파괴할 것인가?" 하노이 상공회의소 회장인 앙트완 바펠레프는 프랑스 식민화의 주역들이 창설한 조직인 프랑스 연합 행동위원회(Comité d'action de l'Union française)의 의장이었다. 1946년 8월 바펠레프를 포함한 식민주의 대표자들 중 일부는 '프랑스 해외주권의 신성한 원칙'을 재확인했다.[47] 그러나 급진당에는 망데스 프랑스(Pierre Mendès France)나 포르(Edgar Faure)와 같은 인물들도 포함되어 있었는데, 그들은 나중에 매우 다른 스타일로 망데스 프랑스는 인도차이나전쟁을 종식시키는 방법을 알고 있었고, 에드가 포르는 마그레브의 전면적인 소요를 피하는 방법을 알고 있었다.[48]

---

46) *Ibid.*, p. 31.
47) Antoine Baffeleuf, *Pensons aux Français d'Indochine*(Paris: Éd. Vitiano, 1956), p. 1.
48) Jean Planchais, *L'empire embrasé, 1946-1962, op. cit.*, p. 11.

프랑스 공산당

1945년과 46년에 프랑스에서 가장 중요한 정치조직이 된 프랑스 공산당의 경우 책임 있는 정부 여당의 모습을 보여주기에 주력하면서 다른 정당들과의 관계의 단절을 야기할 수 있는 해외영토에서의 정책을 자제하였다. 만약 공산주의자들이 그들의 반식민주의적인 견해를 표명하지 않았다면, 그것은 또한 '영·미 제국주의'를 강화시키지 않기 위한 의도도 있었다. 그들의 눈에 독립을 주장하는 식민지 주민들은 또 다른 제국주의의 의식을 가진 혹은 분별없는 앞잡이에 불과했던 것이다.[49]

이같이 2차 대전 종전 시기에 공산주의자들은 '가장 위대한 프랑스(La plus grande France)'라는 개념에 동조했다. 프랑스에 있어 유럽과 세계의 강대국이 된다는 것과 단지 그 상태를 지속시키는 것은 같은 의미였다. 드골주의자의 논조를 지닌 이러한 표현은 공산당 중앙 위원회에 의해 작성된 1944년의 소책자에서도 발견된다. 이에 따르면 당이 달성할 목표는 분명했다. "앙티이섬에서 마다가스카르까지, 다카르에서 카사블랑카까지, 인도차이나에서 오세아니아주에까지 이르는 가장 거대한 프랑스의 통일과 보전이 그것이다. 우리나라는 세계 다섯 대륙 가운데 열강이며, 그것을 그만둘 하등의 이유가 없다".[50] 1944년 11월 21일 파리의 공산당 국회의원인 봉트(Florimond Bonte) 역시 "마르세이유에서와 같이 알제와 튀니스에 정착한 프랑스는 아프리카의 강대국이다"라고 같은 말을 되풀이했다. 프랑스 공산당에 있어 새로운 프랑스의 운

---

49) Charles-Robert Ageron et Catherine Coquery-Vidrovitch, *Histoire de la France coloniale*, T. III, *op. cit.*, p. 209.
50) *Au service de la renaissance française*, brochure du P.C.F. publiée en 1944. Grégoire Madjarian, *La Question coloniale et la politique du Parti communiste français, 1944-1947*(Paris: Maspéro, 1977), p. 54에서 인용.

명은 그 제국의 미래에 달려있었고, 그렇기 때문에 프랑스 소유의 지상과 지하의 보물들을 조심스럽게 지켜야 할 필요성이 있었다. 해외영토에 대한 프랑스 공산당의 공식적인 입장은 상대적으로 앞선 개혁주의였지만, 프랑스 연합 자체에 대한 원칙은 어떠한 경우에도 의문시될 수 없는 것이었다. 민족자결의 원칙이 이론상으로는 인정되었어도, 공산주의자들에게 있어 중요한 것은 프랑스 국민과 식민지 주민들과의 자유로운 연합이었던 것이다. 그러기에 그들은 "분리의 권리가 분리의 의무를 상정하지는 않는다"라고 끊임없이 강조했던 것이다.

공산주의자들은 해외영토의 주민들이 스스로 통치할 만큼의 충분한 정치적 성숙이나, 그들의 실제적 독립을 보장해주는 경제적인 상황이 성취되기 전에는 분리나 이탈이 이루어져서는 안 된다고 생각하였다. 1944년에서 1946년까지 공산주의자들은 독립에의 요구가 식민지 주민과 프랑스인 모두의 이익에 반(反)하는 것이라고 생각하였다. 공산당 당원인 로즈레(Henri Lozeray)는 이와 관련하여 말하기를 "만약 프랑스 해외영토의 주민들이 본국으로부터 분리할 권리가 있다면, 지금 현재 이 같은 분리는 두 가지 이유에서 그들의 이익에 배치되는 것이다. 첫째, 프랑스를 기만하고 그 식민지를 약탈하려는 트러스트와 투쟁하고 있는 프랑스 국민은 식민지 주민들에게 진정한 민주주의를 선사하고자 하기 때문이다. 둘째, 식민지 주민이 살고 있는 영토는 진정으로 독립적인 존재를 보장하는 상태가 아니기 때문에 위험한 탐욕의 대상이 될 수 있는 것이다".[51] 1944년 8월 30일자 공산당 기관지인 『뤼마니테(L'Humanité)』 역시 외부의 제국주의를 경계했다. "프랑스는 열강의 조치를 수용할 수 없으니, 프랑스 책임하의 해외영토를 관리하는 완전

---

51) Henri Lozeray, "La question coloniale", *Cahiers du communisme*, No. 6(avril 1945), p. 75.

한 권리, 특히 모든 제국주의자의 야심으로부터 해외영토를 방어할 권리를 포기할 수 없다". 이후로 공산주의자들은 '새로운 프랑스'가 옛 식민지에 대해 누이의 역할, 민주주의의 길로 인도하는 역할을 할 수 있다고 믿었다. 그러나 세제르(Aimé Césaire)의 표현을 빌리자면 이러한 공산주의자들의 '형제애적인' 태도[52]는 식민 지배를 받는 국가들의 많은 민족주의자에게 비판되었다.

인도차이나 문제와 관련하여, 1947년 5월 정부에서 축출되어 야당이 된 직후, 공산주의자들은 "국가의 이익은 극동지역에서의 프랑스의 영향과 지위를 유지할 것을 요구한다"라고 언급했다. 당 지도자들은 실제로 자신들이 속했었던 연립정부의 안전을 위협할 수 있는 자신들만의 입장을 피력하는데 신중했다. 1946년 여름, 프랑스와 하노이 정부 사이에 이루어진 퐁텐블로(Fontainbleau) 회담에서 프랑스 대표단의 공산당 위원으로 참석했던 앙리 로즈레는 대표단 내부의 첫 회의 때부터 자신과 같은 '반식민주의적 입장'을 가진 사람들이 소수였다는 것을 인식했다. 그는 나머지 회담 기간 침묵하기로 결심했다.[53] 인도차이나 정부간 위원회(Comindo : Le Comité interministériel de l'Indochine)의 공산당 대표인 티옹(Charles Tillon) 역시 마찬가지의 수동적인 태도를 보였다. 프랑스 공산주의자의 입장에서는 정부에 남아있는 것이 인도차이나의 동료들과의 연대감을 과시하는 것보다 훨씬 더 중요했던 것이다.

1947년 초 '내각의 연대감 유지'라는 최우선의 필요성이 당 최고 지도부에 의해 여전히 강조되었으며, 그 결과 정부에 속해 있는 공산당 장관들은 인도차이나에서의 전쟁 수행을 위한 새로운 국방비의 지출

---

52) Aimé Césaire, *Lettre à Maurice Thorez*(Paris: Éd. Présence Africaine, 1956), p. 11.
53) Stein Tønnesson, *1946, déclenchememt de la guerre d'Indochine, op. cit.*, pp. 122-123.

이라는 사안에 동의하였다. 물론 베트민에 대한 '힘의 정치'는 점점 분명하게 비판되고 비난받았다. 하지만 '힘의 정치'가 '협상의 정치'로 대체되어야 한다는 인식에는 공감하고, 인도차이나의 정당한 민족적 요구를 수용해야 한다고 언급하면서도, 프랑스 연합을 수호해야 하는 절대적인 필요성에 대해서는 끊임없이 강조했던 것이다. 항상 '공화국과 프랑스, 그리고 프랑스 연합의 불가분의 이익'이라는 명제가 해외영토 정책의 본질적인 기저를 이루었던 것이다.[54]

이 같은 맥락에서 국회는 국회가 정부 신임에 관한 의제로 인도차이나에 관한 논쟁을 종결시켰을 때, 앙리 로즈레는 "프랑스의 위대함이 영속하기를 바라는 프랑스 공산당은 상호신뢰에 바탕을 둔 프랑스 연합 하에서 인도차이나 문제가 만족스러운 해결책을 찾기를 바란다"[55]라는 의사를 표명했다. 프랑스 공산당 서기장인 모리스 토레즈는 1947년 6월 25일부터 28일 사이에 열렸던 제9차 프랑스 공산당 전당대회에서 "프랑스와 프랑스 연합에 대해 책임과 의무를 갖고 있는 우리 당은 인도차이나에서 프랑스 연합이 와해되는 정치에 동의할 수 없다"[56]고 설명했다. 정부에서 축출될 때까지 공산당은 식민지 문제에 대해 주저하고 있었던 것이다.

하지만 2차 대전 종전 후, 프랑스의 반식민주의적 주장은 오랫동안, 유일하게 공산주의자들에 의해서만 주창되었다는 사실을 간과해서는 안 될 것이다. 프랑스 공산당 내에서 혹은 그와 관련된 단체 속에서

---

54) Raoul Girardet, *L'idée coloniale en France, op. cit.*, p. 391.
55) Henri Lozeray, "A l'unanimité des votants. L'Assemblée nationale clôt le débat sur l'Indochine par un ordre du jour de confiance au gouvernement", *Le Monde*, 20 mars 1947.
56) Jacob Moneta, *La politique du Parti communiste français dans la question coloniale, 1920-1963*(Paris: François Maspero, 1971), p. 149.

식민지 시대 종결의 불가피성과 필요성이 역설되었던 것이다. "현시대를 이해하고자 할 때, 미래의 역사가들은 우리 시대 가장 특징적인 현상이 아시아와 아프리카에서 유색인종들의 해방을 가져온 이 대단한 운동, 그들의 국제무대로의 진출, 그리고 그를 통한 모든 인류의 성숙을 생각할 것이다".[57] 독립을 요구하는 인도차이나 민족주의자들에 대해, 공산주의자들은 다른 정당들이 사용했던 극단적인 용어를 사용하지 않았다. 1945년 9월부터, 당 정치국은 다른 정당들이 베트남의 대표자로 인정하기를 거부하는 호치민과의 협상을 권장했다. 2차 대전 종전 후의 얼마 안 되는 반식민지 조직 중의 하나인 '프랑스-베트남 협회(Association France-Viêt-Nam)'가 1946년 설립되었을 때, 회원의 대부분은 공산주의자들이었다. 실제, 1944년에서 1947년까지, 프랑스 공산당은 인도차이나의 경우를 놓고 볼 때, 실제적이고 평화적인 식민지 해방에 호의적인 유일한 프랑스 정당이었다. 이 시기 동안 프랑스 공산당이 반식민주의적인 입장을 알리는 데 실패했다면, 그것은 그 정책에 반대하는 정당들의 연합세력이 프랑스인들의 입장을 결정하는 데 있어 공산당의 역량을 능가했기 때문이다. 정부로부터 축출당한 후, 인도차이나 전쟁 기간 내내, '공산주의자적인 라벨'은 보다 분명하게 감지될 것이었다.

인민공화운동(MRP)

인민공화운동의 장관들도 같은 논지를 채택하고 왕성한 활동을 보여주었다. 그들은 만남을 되풀이했고, 헌법의 프랑스 연합과 관련된 장

---

57) Pierre Cot, 1946년 3월 23일 국회에서의 발언. *Journal Officiel. Débats Parlementaires*, p. 1044.

의 초안 작성을 담당하는 위원회 회의에 참석했으며 가장 보수적인 경향을 지지했다. 1945년 회의에서 미래의 프랑스 해외영토부 장관인 쥐글라스(Jean-Jacques Juglas)는 프랑스 국기가 해외에서 계속 휘날려야 프랑스가 강대국으로 남을 것이라고 단언했다.[58] 특히 인민공화운동의 이름으로 준상임 외무부 장관이었으며 확고한 민족주의자인 조르주 비도는 그에게 프랑스의 후퇴로 보이는 모든 것을 일축했다. 회고록에서 그는 "정부가 위탁받은 모든 영토에서 프랑스 지배의 붕괴나 약화를 방지하는 데 성공했다"[59]고 기술했다. 실제로 그는 프랑스의 위대함은 프랑스 소유물에 대한 절대적인 통제력을 유지하는 데 달려있다고 믿었다. 1946년 6월부터 12월까지 프랑스 공화국 임시정부의 수반으로서 조르주 비도는 프랑스 연합의 문안이 '강화'되도록 직접 개입했다. 이처럼 1946년 10월 인민공화운동의 『활동가 파일(Ficher du militant)』에는 "프랑스의 주권은 모든 곳에서 확고하다"고 만족스럽게 기록되어 있었다.[60]

1945년에 인민공화운동은 드골 장군이 인도차이나 정책을 이끌도록 했다. 1946년 1월, 장군이 정계를 은퇴한 후 인민공화운동은 이 문제를 해결하기 위해 당 출신의 장관들, 특히 조르주 비도를 신뢰했다. 1946년 4월 17일부터 5월 11일까지 베트남 달랏(Dalat)에서 열린 프랑스-베트남 회의 당시 외무부 장관이자, 1946년 7월 6일부터 9월 10일까지의 퐁텐블로 회담 당시 프랑스 공화국 임시정부 수반이었던 비도는 베트남의 독립을 원하지 않았다.[61] 1946년 말 블룸(Léon Blum)에

---

58) A.N. 350 A.P. 14. Jacques Dalloz, "Le M.R.P. et la guerre d'Indochine", *op. cit*., p. 59에서 인용.
59) Georges Bidault, *D'une résistance à l'autre*(Paris, Les Presses du siècle, 1965), p. 123.
60) A.N. 350 A.P. 124. Jacques Dalloz, "Le M.R.P. et la guerre d'Indochine", *op. cit*., p. 58에서 인용.
61) 달랏 및 퐁텐블로 회의 중 조르주 비도의 지시가 이같은 사실을 입증한다. A.N. 457 A.P.

게 외무부 장관 자리를 넘긴 비도는 블룸에게 인도차이나 문제에 대해 광범위하게 이야기했고 레옹 블룸이 편집장으로 있던 『르 포퓔레르』 1946년 12월 11일자 기사에서 베트남의 독립을 언급한 것에 대해 비도는 블룸을 비난했다. 1946년 12월 12일에 발행된 인민공화운동의 소책자는 "모든 여론의 지지를 받는 한목소리로 단결된 프랑스 정부는 인도차이나에서 프랑스의 존재를 존중케 하려는 의지를 표명한다"[62]고 말했다.

1946년에 인민공화운동의 장관들은 광범위한 개혁을 할 준비가 되어 있었지만 베트남이 호치민의 권위 하에 통일되고 완전히 독립되어야 한다는 것을 받아들이지 않았다. 1946년 12월부터 전쟁이 돌이킬 수 없을 정도로 진행되자 그들은 호치민 정부와의 협상 재개를 거부하고 전 황제 바오 다이가 이끄는 베트남국(État du Vietnam)을 수립했다. 이러한 정책은 인민공화주의자들 덕분에 인도차이나가 포기되지 않았다고 수없이 주장한 인민공화운동의 지도자들에 의해 주기적으로 옹호되어 왔다. 1949년까지 당의 공식 기관에서는, 특히 대회 중에 정부의 인도차이나 정책에 대한 어떤 비판도 표명되지 않았다.[63]

드골주의자(Gaullistes)

드골주의자들은 "긴밀히 결합된 프랑스 연합이 없었다면 프랑스는 더 이상 이 세상에 존재하지 않았을 것"[64]이라고 끊임없이 반복했다(자

127.

(62) Stein Tonnesson, *1946, déclenchememt de la guerre d'Indochine, op. cit.*, p. 144.
(63) Jacques Dalloz, "L'opposition M.R.P. à la guerre d'Indochine", *Revue d'histoire moderne et contemporaine*, T. 43(janvier-mars 1996), p. 108.
(64) Charles-Robert Ageron et Catherine Coquery-Vidrovitch, *op. cit.*, p. 208

크 수스텔(Jacques Soustelle)). 인도차이나 문제에 있어서, 1946년 1월 25일까지 샤를 드골이 수장이었던 정부는 엄격한 의미에서 인도차이나에서는 '신식민지 정책(politique néo-colonial)'을 추구했다. 사실, 이들 정부는 어떤 대가를 치르더라도 인도차이나에 대한 통제권을 되찾기로 결정했는데, 그 이유는 이들 민족의 독립을 인정하면 프랑스 연합이라는 이름 아래 변화하는 식민 제국이 단기간에 와해될 수밖에 없기 때문이었다. 프랑스 제국은 2차 대전 중 자유 프랑스 정부와 비시(Vichy) 정부 모두에게 매우 중요했으며, 1945년 종전 직후 프랑스의 국제적 지위를 회복하는 열쇠 중 하나로 등장했다. 결과적으로 프랑스는 점진적이라도 독립을 향한 어떠한 진전이나 탈식민지화도 거부했다.

1945년 3월 9일 일본의 무력 쿠데타와 군인 1,031명과 장교 및 하사관 739명이 사망한 프랑스-안남 부대의 '역사적 저항'이 의회에서 강렬한 애국심을 불러일으켰다. '쿠데타' 다음날 파리는 인도차이나 반도에 대한 주권을 재확립하겠다는 의지를 드러냈다. 그 당시에는 "그러나 곧 우리의 깃발은 스트라스부르와 메츠에서처럼 자유롭게 하노이, 후에, 사이공에서 펄럭일 것이다"라는 말이 일반적으로 언급되었다(폴 지 아코비, 식민지부 장관, 1945년 3월 12일 의회 연설에서). 프랑스가 인도차이나에 남아 있어야 한다는 점을 온전히 인식한 정부의 수반인 드골은 일본이 '폭정'을 위장하기 위해 사용하는 '거짓과 책략'을 비난하고, 원주민 병사들의 충성심과 영웅심을 치하하며 인도차이나 문제에 여러 차례 개입했다.[65] 1945년 8월 일본이 패배한 후 드골은 다음과 같은 명확한 표현으로 자신의 입장을 밝혔다. "인도차이나에서 프랑스의 입장은

---

(65) 1945년 3월 2일 의회에서 행한 연설; 1945년 3월 14일 방송 연설; 1945년 8월 11일 베튄(Béthune)네에서 행한 연설. Charles de Gaulle, *Discours et messages, tome I : Pendant la guerre(Juin 1940-Janvier 1946)*(Paris: Plon, 1970), pp. 521-532, 532-534, 597-601.

매우 단순하다. 프랑스는 인도차이나에 대한 주권 회복을 주장하고 있다. 물론 이러한 복귀에는 새로운 체제가 동반되겠지만, 우리에게 있어 이 주권은 중요한 문제이다".[66]

그 사이 인도차이나에 원정군 파견도 준비 중이었다. 8월 16일, 다르장리외 제독은 인도차이나 주재 프랑스 고등판무관으로, 르클레르(Philippe Leclerc) 장군은 극동 프랑스군 사령관으로 임명되었다. 첫 프랑스 군대가 9월 12일 사이공에 도착했다. 드골 장군은 사실상 프랑스의 권위를 모든 곳에서 재확립하고 실재 존재하는 권력을 인정하지 말라고 명령했다.[67] 1946년 1월 정계에서 은퇴한 후 그는 글을 쓰고, 공개 회의와 기자 회견을 준비하고, 선언문 초안을 작성했다. 이 모든 활동에서 그는 '포기'를 받아들이지 않았으며 프랑스가 '작은 황색 선동자들'에게 굴복하는 것을 거부했다.[68]

따라서 해방 후 몇 년 동안 프랑스의 모든 정당의 담론은 조화를 이루었다. 그러나 이러한 행동을 설명하면서 정치계의 상상력 부족이나 구태의연한 복고주의를 언급하는 것은 의심할 바 없이 부당할 것이다. 샤를로베르 아즈롱이 지적했듯이 동기를 이해하는 것이 필요하다. "머지않아 대부분의 정치인들은 제국의 붕괴에 대한 두려움과 쇠퇴의 유령에 시달릴 것이다. 정치계가 제국에 영향을 미치는 위협의 심각성을 뒤늦게 깨닫게 된 순간에 이러한 식민지의 민족주의를 언급하는 것이 필요했을까? 그때까지, 즉 1946년 말까지, 정보를 얻고 있는 프랑스인

---

(66) 1945년 8월 25일 미국 워싱턴에서 행한 기자회견. Charles de Gaulle, *Ibid.*, p. 605.
(67) Commandant Gilbert Bodinier (Textes et documents présentés par), *1945-1946: le retour de la France en Indochine*(Vincennes: Service historique de l'armée de terre, 1987), p. 148.
(68) Alfred Georges, *Charles de Gaulle et la guerre d'Indochine*(Paris: Nouvelles éditions latines, 1974), p. 186.

들은 식민지의 사고방식의 변화와 해방 이념의 진전을 숨겼다".[69]

(2) '식민지 정당'의 활동

1890년대의 정치인들은 친식민지 조직 전체를 '식민지 정당(parti colonial)'이라고 불렀다. 그것은 제3공화국의 가장 영향력 있는 압력단체 중 하나였다. 그것은 하원과 상원의 식민지 의원 그룹뿐만 아니라 불분명한 위원회와 협회로 구성되었으며, 그 중 가장 중요한 것은 프랑스 아프리카 위원회(Comité de l'Afrique française), 해양 식민지연맹(Ligue maritime et coloniale) 또는 식민지 연합(Union coloniale) 등이었다. 이렇게 정의된 가운데, '식민지 정당'은 전간기(戰間期)에 가장 강력하게 존재했다. 이러한 식민지 협회의 수는 1914년 58개에서 1938년 100개로 증가하였으며, 총 회원 수는 두 배 이상 증가했다. 비시 정권은 "멸시받는 공화국에 너무 잘 적응"한 이 '정당'을 휴면 상태로 만들었다. 해방 당시에는 58개의 식민지 협회가 있었다.

프랑스 해방 직후 제국의 문제를 다루는 조직과 위원회가 되살아나고 재편되었고, 여기에 프랑스 연합 조직과 해외영토의 미래에 관심을 갖는 수많은 새로운 조직이 생겨났다. '프랑스 아프리카 위원회'나 '북아프리카 위원회(Comité de l'Afrique du Nord)' 같은 옛 위원회와 '해양 식민지연맹' 같은 다른 협회들은 '프랑스 식민화의 삼부회(États généraux de la colonisation française)' 그리고 드문 식민지 정기 간행물 중에서 어느 정도의 권위를 빠르게 획득한 『클리마(Climats)』를 기관지로 갖고 있는 '프랑스 연합과 프랑스 공동체 행동위원회(Comité d'action de l'Union

---

69) Charles-Robert Ageron et Catherine Coquery-Vidrovitch, *Histoire de la France coloniale*, T. III, *op. cit.*, p. 209.

française et la Communauté française)' 같은 새로운 조직들과 경쟁하면서 활동을 재개했다. 그러나 미래의 '프랑스 해외영토 중앙위원회(Comité central de la France d'outre-mer)'인 '프랑스 제국위원회(Comité de l'empire français)'는 가장 활동적이고 강력한 위원회로 자리매김했다.

제2차 세계대전 중에 식민지 무역을 대표하는 3개의 주요 협회(식민지 연합, 프랑스 식민지 연구소, 인도차이나 위원회)가 통합하여 탄생한 유명 인사와 사업가로 구성된 프랑스 제국위원회는 1945년에 프랑스 제국 공동체의 대명사로 등장했다. 실제로 약 400개의 상업 또는 산업 기업이 무엇보다 선전활동의 중심지였던 이 경제적 압력 단체에 분담금을 냈다. 프랑스 제국위원회는 프랑스 정부와 정치인들에게 해외영토의 정치 상황의 심각성을 알리고 반식민주의 선전의 유해성을 비난하기 위해 노력했다.

2차 대전이 끝나자마자 식민지 정당은 프랑스 정부에 조언과 의견을 배가시켰다. 1944년 10월부터 1946년 3월까지 18개월 동안 24건의 서면 개입이 기술적 문제뿐만 아니라 주요 헌법, 정치, 사회 문제에 초점을 맞추어 진행되었다. 이 식민지 압력단체는 생생한 어조로 주로 공개 성명과 선언문을 발표했다. 제목이 시사하는 바는 명확했다. "일관된 식민 정책을 위하여"(1946년 5월 23일) ; "프랑스 제국은 해체되지도 붕괴되지도 않을 것이다!"(1946년 7월 27일) ; "식민지는 프랑스의 핵심 요소이다"(1946년 10월 26일). 1946년 12월 23일, 새로운 선언문은 "프랑스 연합의 기반이 흔들리면 재앙이 될 것이다. 조국에는 정권에 치명타를 입히고 원주민에게는 퇴행을 초래하며 세계 경제에는 치명적인 손실을 입히는 동시에 외부세력의 욕구가 마침내 이익을 얻기를 기다리고 있다"고 발표했다.[70] 식민지 정당은 사실 반식민주의 캠페인에 직면한 프

---

70) Charles-Robert Ageron et Catherine Coquery-Vidrovitch, *Histoire de la France coloniale*,

랑스 본토의 권위와 정부의 태만함을 약화시킬 위험이 있는 헌법의 즉흥적인 측면에 대한 씁쓸함을 표현하고 있었다.

인도차이나 사건 초기에 프랑스 제국위원회는 자연스럽게 식민지 현상 유지를 옹호했다. 그 위원장인 샤를루(François Charles-Roux)는 "인도차이나 문제가 일으킨 반향은 우리의 모든 해외영토, 특히 북아프리카 전체에서 이미 발생했다"며 걱정했다. 실제로 그는 이전 프랑스 제국의 모든 민족에게 운동이 확대될 것이라고 예언했다. "진실은 프랑스 연합이 파멸을 향해 큰 발걸음을 내딛고 있다는 것이다!"[71] 인도차이나 프랑스 사업 보호 연합, 프랑스 인도차이나 전국 연합 또는 프랑스령 알제리 수호위원회와 같은 우호적인 조직과 협력하여 행동하면서, 프랑스 제국위원회는 베트민과의 협상을 거부하고 '바오 다이 해결책'[72]을 채택했다고 자랑했다. 그러나 실제로 이 협회는 이와 아무런 관련이 없으며 1947년 3월 18일 이후 인도차이나 고등판무관 볼라르트(Émile Bollaert)는 "우리가 카페에서 하는 것처럼 정치 활동을 했던 이 위원회의 유치한 주장"[73]을 경멸적으로 판단했다.

프랑스 제국위원회 위원장인 프랑수아 샤를루가 작성한 확신에 찬 선언문 중 어느 것도 실제로 건설적인 해결책을 제공하지 못했다. 제2차 세계대전 중 '비시주의'라는 의심을 받았던 이 식민지 연합은 해방 후 레지스탕스 운동의 결과 탄생한 정부, 언론 및 여론의 대다수로부

T. III, op. cit., pp. 361-362.
71) Charles-Robert Ageron, La décolonisation française, op. cit., p. 105.
72) 1947년 가을, 인도차이나전쟁이 한창이던 중, 프랑스 정부는 호치민과의 협상이 불가능하다는 점을 고려하여 전 베트남 황제 바오다이를 협상자로 선택했다. 프랑스인에게 있어 '바오다이 해결책'은 베트남에서 가장 유순한 베트남 보수세력에게 물질적 만족과 위신을 제공하면서 프랑스 입장을 다소 위장하여 수호하는 것을 목표로 했다.
73) Charles-Robert Ageron et Catherine Coquery-Vidrovitch, Histoire de la France coloniale, T. III, op. cit., p. 362.

터 신용을 얻지 못했다. 실제로 1946년 7월까지 프랑스 해외영토 중앙위원회는 '이념적 언론'이라고 부르는 곳에서는 자신의 메시지를 전달할 수 없었다. 『레포크(L'Époque)』, 『로드르(L'Ordre)』, 『라 데페쉬 드 파리』 및 『로로르』만이 반응했다. 이러한 맥락 속에서 1952년에 샤를루는 "파리의 일간지들은 베트민이 전달한 정보를 신뢰하며 소개하지만 우리는 우리의 관점을 전달하는 데 가장 큰 어려움을 겪고 있다"고 언급했다. 1946년부터 1956년까지 62개의 정치 선언문을 발표한 프랑스 해외영토 중앙위원회는 1955년에 수단의 부족으로 인해 더 이상 여론에 직접적으로 영향을 미칠 수 없다는 점을 인정했다. 그것은 "출판사가 있는 반식민주의의 본거지에 대항하는" [74] 방어 정책을 추구하는 데에만 국한했다. 이는 곧 자신의 실패를 인정하는 것이었다.

 1946년에는 대부분의 정치적 논쟁은 옛 프랑스 제국의 미래에 초점을 맞추었다. 1946년은 식민지 압력단체의 진정한 공세의 시기라 말할 수 있다. 이 분야의 정점이자 가장 눈에 띄는 조직은 '프랑스 식민화의 삼부회'였다. 1946년 7월 30일부터 8월 24일까지 '검은 아프리카', 북아프리카 지역인 마그레브(Maghreb), 인도차이나 출신의 프랑스 농장주, 상인, 정착민들의 모임이 파리에서 열렸다. 이 회의는 정계를 뒤흔들었고 정부에 도전했다. "프랑스 주권의 신성한 원칙'을 수호하기를 포기한 정부에 도전했다. 논의의 대부분은 "제3공화국이 제국의 모든 영토에서 성취한 훌륭한 업적"[75]을 찬양하는 것이었다. 이 모임은 "해외 자녀들이 없는 작은 프랑스는 노예 상태에 처한 불쌍한 존재일 것" 혹은 "식민지 없는 프랑스는 아주 작은 나라로 전락한 가난한 프랑스에 지나

---

74) Charles-Robert Ageron, *La décolonisation française, op. cit.*, p. 106.
75) 1946년 파리에서 프랑스 연합 연구 위원회(Comité d'études de l'Union française)가 발행한 소책자.

지 않을 것"이라는 점을 단언했다.[76]

 이 회의 이후 식민지 단체들은 공동으로 활동하고 서로 다른 서명을 받아 집단적인 정치 선언문을 배포하는 경향이 있었다. 국회의원 선거일인 1946년 11월 10일 직전에, 식민지 조직들의 첫 번째 '대규모 집단 선언'이 이뤄졌다. 프랑스 아프리카, 프랑스 아시아, 프랑스 오세아니아, 프랑스 제국, 식민지 과학 아카데미 위원회, 해양 및 식민지 연맹, 『주르날 드 라 마린 마르샹드(Journal de la marine marchande)』 및 『마르셰 콜로니오(Marchés coloniaux)』는 해외영토에서 프랑스의 지위를 보호해 달라는 호소에 서명했다. "이 호소문에 서명한 단체들은 때로는 부당하게 비난을 받은 것처럼 이기적인 이익이 아니라 무엇보다도 국가적 이익을 대변한다는 인식을 가지고 있었다. 그들은 유권자들이 선출한 대표자들에게 해외영토에서 프랑스의 지위를 수호할 권한을 부여하기를 바랐으며, 역할의 연속성과 문명화 과제 추구를 보장하고, 개혁을 실행하는데 있어 모든 관련자들을 위한 절제와 정의의 정신을 가져오기를 희망했는데, 그렇지 않으면 그 결과는 외국의 강대국 말고는 누구에게도 도움이 되지 않을 것이다".[77] 이어진 선언문에서도 전달하려는 메시지는 뚜렷했다. "프랑스 연합의 기반이 흔들리면 국가에는 재앙이 되고, 정권에는 치명적인 타격이 되며, 원주민에게는 퇴보가 되고, 세계 경제에는 치명적인 손실이 될 것이다". "현재 해외영토 중 어느 곳도 우리의 지원과 지시 없이는 우리와 떨어져 독립적으로 자체적인 수단으로 자체적인 개발을 계속할 수 있는 위치에 있지 않다".[78]

 1946년 말 인도차이나에서 적대행위가 재개된 후 식민지 단체들은

---

76) Charles-Robert Ageron, "La survivance d'un mythe", *op. cit.*, p. 392.
77) "Les colonies, élément vital pour la France", *Le Monde*, 3-4 novembre 1946.
78) Charles-Robert Ageron, *La décolonisation française, op. cit.*, p. 104.

더욱 목소리를 높였다. 인도차이나에서 프랑스 활동을 방어하는 데 전념하는 조직들은 보도 자료와 팸플릿을 통해 "프랑스 연합의 미래는 인도차이나에서 펼쳐지고 있다"고 설명했다. 식민주의자라는 용어를 거부하면서 인도차이나 위원회 의장은 "정부는 우리 군대에 누를 끼치는 이 실망스럽고 부당한 설화를 종식시켜야 한다"고 요구했다. 프랑스령 인도차이나 전국협회의 경우 "공공 및 민간 투자 비용이 프랑스 본국보다 인도차이나인들에게 더 많은 혜택을 주었다"는 점을 증명했다.

그러나 이들 친식민주의적 단체들은 모두 정권과 여론에 큰 영향력을 미치지 못했다. 전반적으로 그들은 제안과 변화의 세력으로서 무력하고 비효율적임이 입증되었다. 정치적, 경제적 조치를 고무시키는 데에는 성공하지 못했지만 특정 계획을 저지하는 데 성공했다. 샤를로베르 아즈롱에 따르면 이러한 실패는 한편으로, 저명 인사들의 단체로 구성된 식민지 조직이 일반인들보다는 국가의 엘리트를 더 겨냥했으며, 다른 한편으로, 라디오와 영화관을 거의 사용하지 않거나 잘못 활용했다는 사실로 설명될 수 있다. 자금의 부족으로 주요 언론 또한 잘 활용하지 못했다. 가장 많이 배포된 그들 기관지의 발행 부수는 『클리마(Climats)』 50,000부, 『마르셰 콜로니오』 15,000부, 『주르날 드 라 마린 마르샹드』 15,000부 등 적은 편이었으며, 심각한 적자를 기록했다. 프랑스 해외영토 중앙위원회의 새로운 해외영토 잡지는 1950년부터 1958년까지 559명의 구독자와 1,800부가 발행되었다. 식민지 협회들이 정기적으로 지방 신문에 정보를 제공했고, 심지어 무료 기사도 보잘 것 없는 신문에 싣고자 했던 것도 사실이다. 프랑스 해외영토 중앙위원회는 무력감을 한탄하는 후원자들을 설득하지 못한 채 1952년에 200만 명 이상의 독자를 1955년에는 거의 300만 명의 독자를 확보하게 된 것

을 자축할 뿐이었다.[79]

(3) 젊은층의 관심

프랑스 해방과 종전 이후 젊은이들 사이에서 식민지 소명과 일종의 식민지로부터의 부름이 증가하는 것을 목격할 수 있다. 식민지 행정관을 양성했던 옛 식민지 학교(École coloniale)였던 프랑스 해외영토 국립학교(École nationale de la France d'outre-mer)의 지원자는 1940년 355명에서 1941년 381명, 1942년 485명, 1943년 479명, 1944년 462명으로 늘어났다. 해방 직후에는 일반지원자는 620명, 추가지원자는 700명에 이르렀다. 1947년 4월, 이 학교 입학을 준비한 학생들은 식민 행정관직 지원자 650명 중 단 35개의 자리만 제안되었기 때문에 불만을 표시하기도 했다. 식민지 경제청(Agence économique des colonies)의 경우 1945년에 784개 일자리에 대해 18,693개의 구직 지원서를 받았다. 민간 행정직 30개 부서에는 4,400명이 지원했다.[80] 이러한 수치를 접하며 해외영토에 대한 젊은이들의 열광적인 이유가 무엇인지를 질문하게 된다.

젊은이들 사이에서 제국주의 사상이 발전한 것은 우선 일종의 정신적, 지적 명령으로 설명할 수 있다. 더욱이, 이전에 최초의 프랑스 식민지 정착민을 자국 밖으로 몰아낸 것은 '금전욕' 때문만은 아니었다. 실제로 식민지 행정가 교육에 관심이 있는 많은 젊은이는 완전히 새로운 나라에서 자신의 진정한 자아를 실현할 수 있을 것이라고 생각했다. 생각보다 드물지 않은 다른 이들은 일종의 세속적인 사도직에 대한 열

---

79) *Ibid.*, pp. 106-107.
80) Charles-Robert Ageron et Catherine Coquery-Vidrovitch, *Histoire de la France coloniale*, T. III, *op. cit.*, p. 206.

망이 있었다. 그리고 이 최고의 희생을 치르지 않고도 행정관이라는 직업은 자신을 바칠 수 있는 모든 기회를 제공할 수 있다고 그들은 생각했다.

행동에 대한 갈망과 '영웅주의에 대한 취향'도 젊은층의 식민지 개념의 진화에 중요한 역할을 했다. 1937년부터 1946년까지 프랑스 해외영토 국립학교 교장인 들라비네트(Robert Delavinette)는 예를 들어 『식민지 저널』에서 다음과 같이 말했다. "일부 학교 지원자는 더 미묘하고 동시에 더 강한 감정에 순종한다. 그들은 1~2년 동안 항독 무장지하단체와 레지스탕스 운동에 참여했다. 돌아온 평화는 그들의 영웅적 꿈에 일종의 실망감을 안겨주었다. 따라서 행동에 대한 갈증을 해소할 수 있는 더 넓은 지평을 향한 상당히 이해하기 쉬운 출발점이 여기에 있다".[81]

그런데 프랑스 해외영토 국립학교 교장에 따르면, 프랑스 해외영토 국가 중에서 인도차이나는 전후 젊은이들에게 가장 강한 매력을 발휘했던 것 같다. 그것은 아마도 매우 찬란한 옛 문명을 접하고 싶은 욕망과 "맹렬한 반발에도 흥미로 가득찬 완전한 진화의 세계에 침투하고 싶다"[82]는 욕망 때문이었을 것이다. 식민지 행정관이라는 직업에 가장 관심이 많았던 이들은 교사의 자녀들이었던 것 같다. 어쨌든 이러한 사회적 배경 출신들이 프랑스 해외영토 국립학교 학생 중에서 가장 많은 수를 차지했다. 이 방향에 대한 본 연구는 "상대적으로 짧고 부분적"이었으며, '엘리트 청소년'에만 관심을 두었기 때문에 우리의 조사 분야가 매우 제한적이었다는 점을 인정해야 한다. 그럼에도 불구하고 '식

---

81) 자크 봉데(Jacques Bondet) 기자의 로베르 들라비네트와의 인터뷰. *Climats*, 23 novembre 1945.
82) *Ibid.*

민주의 부활'은 해방 이후 거의 일반적이고 광범위한 현상이었고, 청소년들은 학교 교육과 정부의 식민 정책에 큰 영향을 받았음에 틀림없다고 단언할 수 있다.[83] 또한 젊은층이 식민주의 이념의 지지자인 별도의 사회적 범주를 구성한다고 생각할 수 있는 것이다.

3) 호의적인 여론

해외영토에서 프랑스의 주권을 수호하기 위한 식민 정책 역시 대다수 여론의 동정과 지지의 수혜를 입었다. 이러한 여론 상황, 즉 '거리의 사람들'의 반응을 알아보기 위해 본 저서에서는 여론 조사 기관의 설문 조사 결과를 사용하였다.[84] 그러나 전쟁 직후 실시된 조사 건수가 적었기 때문에 우리는 도지사 보고서 또한 참조하게 되었다.[85] 그것은 우리가 식민지 문제에 관한 주민들의 입장에 대한 접근을 시도할 수

---

83) 예를 들어, 국립행정학교(ENA: École nationale administration)의 '사회'와 '경제 및 금융' 분야의 첫 입학생들은 식민지로 가서 첫 번째 견습기간을 보내게 되었는데, 이는 낯선 풍경에 적응함과 동시에 '위험에 대한 정복'이라는 목적을 지니고 있었다. Paul Carrière, "Les apprentis fonctionnaires vont faire des stages aux confins du Sahara", *Le Figaro*, 26 juillet 1946.
84) 본 연구에 사용된 대부분의 설문 조사는 프랑스여론연구소의 잡지인 『송다주(Sondages)』에서 발췌한 것이다.
85) 본 연구를 위해 국립문서고(Archives nationales)와 각 도의 문서고에서 보관하고 있는 도지사 보고서들을 참조했다. 각 도의 인구 구성(연령층, 이민자 수 등), 특징(도시 혹은 농촌, 주 경제활동 등)과 정치적 성향 등을 고려하여 프랑스 전역에 걸쳐 35개 도에서 작성한 보고서를 참조했다. 그 목록은 다음과 같다. 바스알프(Basses-Alpes), 아리에즈(Ariège), 오브(Aube), 부쉬뒤론(Bouches-du-Rhône), 샤랑트(Charente), 셰르(Cher), 코레즈(Corrèze), 코트도르(Côte-d'Or), 도르도뉴(Dordogne), 드롬(Drôme), 피니스테르(Finistère), 갸르(Gard), 오트갸론(Haute-Garonne), 지롱드(Gironde), 앵드르(Indre), 이제르(Isère), 쥐라(Jura), 루아르(Loire), 로제르(Lozère), 망쉬(Manche), 마른(Marne), 마이엔(Mayenne), 뫼르트에모젤(Meurthe-et-Moselle), 노르(Nord), 파드칼레(Pas-de-Calais), 퓌드돔(Puy-de-Dôme), 오랭(Haut-Rhin), 손에루아르(Saône-et-Loire), 센에마른(Seine-et-Marne), 센앵페리외르(Seine-Inférieure), 되세브르(Deux-Sèvres), 솜(Somme), 보클뤼즈(Vaucluse), 방데(Vendée), 오트비엔느(Haute-Vienne).

있게 해주었다. 실제로 이 자료가 갖는 '결함'[86]에도 불구하고 도지사 보고서는 특정 문제에 대한 '보통 사람들'의 태도와 행동을 측정하는 데 오랫동안 필요하고 유용한 도구로 사용되었다.

해방 이후 프랑스 여론은 일반적으로 식민화의 정당성과 지속 가능성을 확신했다. 인도차이나의 경우에 있어서도 마찬가지였다. 이 문제와 관련된 여러 도지사 보고서에 따르면 여론은 인도차이나에서 프랑스의 입지를 유지하거나 심지어 강화하는 데 찬성했다. 이처럼 1945년 3월의 일본의 무력 쿠데타 이후 드롬(Drôme) 도지사는 "일본을 물리쳐야 한다"고 두 차례에 걸쳐 강조했다. "대중은 프랑스와 미국 정부가 우리 병사들에게 부족한 증원군과 장비를 매우 신속하게 보낼 수 있기를 희망한다"(1945년 3월) ; "대중은 일본과의 싸움에 프랑스가 최대한 광범위하게 참여해야만 극동지역에서 우리의 지위를 유지하고 강화하는 데 기여할 수 있다는 것을 알고 있다"(1945년 5월).

마찬가지로, 특정 부분의 수정이 필요함에도 불구하고, 단순한 프랑스의 식민지로 남게 될 인도차이나의 새로운 지위에 대해 기술한 샤를 드골의 1945년 3월 24일 선언은 대중의 호의와 만족을 이끌어냈다고 평가되었다. "프랑스령 인도차이나에 대한 드골 장군의 라디오 연설은 여론에 의해 만족스럽게 받아들여졌다"(손에루아르(Saône-et-Loire), 1945년 3월) ; "인도차이나에서 일어난 사건과 이 주제에 관한 드골 장군의

---

[86] 장자크 베케르(Jean-Jacques Becker)는 자신의 책에서 도지사 보고서의 한계와 결함을 명확하게 설명했다. "도지사들은 일반적으로 정부가 듣고 싶어 하는 것, 또는 적어도 그들이 믿고 있는 것을 정부에 말하는 경향이 있다. 특히 중앙 행정부가 그에게 책임을 전가하는 것을 볼 위험이 있기 때문에 행정관료는 자신의 지역의 문제점을 지나치게 주장하진 않는다. 이 모든 것이 도지사 보고서를 원하는 것보다 덜 격렬하고, 덜 대조적이고 보다 회색빛으로 만드는데 기여한다. 또한 지역 전체의 심리 상태를 몇 줄로 보고하면 뉘앙스가 모호해진다는 점도 고려해야 한다." Jean-Jacques Becker, *Comment les Français sont entrés dans la guerre, op. cit.*, pp. 260-261.

연설은 대중의 호의적인 평가를 받고 있다. 프랑스인들은 식민 제국을 유지하기를 열망하는 것 같다"(보클뤼즈(Vaucluse), 1945년 3월).

1945년 8월 일본의 항복으로 극동지역에서 전쟁이 끝나자 인도차이나에 주둔하고 있던 일본군이 항복했다. 이 작전 지역에 프랑스군이 없었기 때문에 이 나라를 점령한 것은 영국군과 중국군이었다. 이러한 상황은 프랑스의 주권 회복을 어렵게 만들었다. 제2차 세계대전 중 인도차이나에서 주민들의 인식의 변화를 이해하지 못하고 일본의 항복 이후 인도차이나의 실제 상황을 알지 못한 프랑스 여론은 이 멀리 떨어진 옛 식민지가 여전히 프랑스에 충성할 것이라고 믿었다. 실제로 베트남에서 혁명적 움직임이 한창이던 중에, 그리고 식민지 체제가 철폐된 지 6개월 만에 인도차이나의 운명에 대한 한 여론조사에 따르면[87] 프랑스인의 63%가 아시아 식민지가 "프랑스에 맡겨질 것"이라고 생각했다. 단지 12%만이 그것을 의심했고 25%는 의견을 표명하지 않았다. 나이가 들수록 이에 대한 자신감이 증가했는데, 20세에서 34세 사이 62%, 35~49세 63%, 50~64세 64%, 65세 이상 66%로 나타났다. 이는 직장인(69%)과 자유직 종사자(65%)보다 연금 수령자 및 퇴직자("예"라는 응답: 70%)에서 더 높았다. 놀랍게 보일 수도 있는 이 비율은 그럼에도 불구하고 논리적이었다. 프랑스인의 상대적인 다수가 "인도차이나에서의 소요에 책임이 있는 사람은 일본인"이라고 생각했기 때문이다(36%). 응답자의 5%만이 인도차이나인들이라고 생각했다. 조금 더 구체적으로 살펴보면, "인도차이나의 소요에 대한 책임이 누구에게 있다고 생각하시나요?"에 대한 답변은 다음과 같다. 일본인 36%, 영국인 12%, 중

---

[87] "당신은 인도차이나가 프랑스에 남겨질 것이라고 생각하는가?". 프랑스 여론조사 기관(IFOP)이 1945년 9월 10일부터 15일 사이에 조사한 질문. *Sondages*, No. 4, 1er octobre 1945, p. 182.

국인 9%, 미국인 6%, 인도차이나인 5%, 프랑스 5%, 기타 응답 12%, 무응답 30%. 합계가 100%보다 큰 이유는 여러 사람이 동시에 두 가지 답변을 했기 때문이다.

이러한 낙관주의, 식민주의 이념에 대한 이러한 집결은 대부분의 도지사 보고서에서도 발견되었다. 부쉬뒤론(Bouches-du-Rhônes) 도지사는 "여론은 희생을 감수하더라도 극동에 있는 우리 식민지를 되찾기 위한 군사 작전이 필요하다고 생각하는 것 같다"라고 기술했다.[88] 드롬 도지사는 "인도차이나는 제국의 필수적인 부분입니다"라고 반복해서 언급했다.[89] 앵드르(Indre)와 센에마른(Seine-et-Marne) 도의 의견도 같은 확신을 표현했다. "대부분의 의견은 극동지역에서 프랑스의 영향력이 약화되지 않기를 바란다".[90] "여론은 우리 군인들과 개척자들이 피를 흘리며 획득한 소유물에 대한 우리의 권리에 대해 이의를 제기할 여지가 없다고 믿는다".[91] 되세브르(Deux-Sèvres)에서는 인도차이나의 재정복이 프랑스 경제에 유익하다고 믿었다. "인도차이나가 다시 프랑스 영토가 될 시점에 있다는 것과 우리에게 꼭 필요한 고무와 쌀을 그곳이 제공한다는 사실은 우리 도민들에게는 의심의 여지가 없는 것이다".[92]

그러나 모든 지역이 '프랑스령 인도차이나'의 미래에 대해 낙관한 것은 아니었다. 어떤 이들에게는 걱정과 의심이 지배적이었다. 지롱드(Gironde) 도지사의 보고서 제목은 "인도차이나의 최종 운명에 대한 우

---

88) A.N.(Archives nationales) F^{lC}III(Rapports des préfets sur l'esprit public, la vie économique et la vie politique(fin 1944-1945-1946)) 1210, octobre 1945.
89) A.N. F^{lc}III 1217, septembre 1945.
90) A.N. F^{lc}III 1218, Indre, septembre 1945.
91) A.N. F^{lc}III 1227, Seine-et-Marne, septembre 1945.
92) A.N. F^{lc}III 1229, septembre 1945.

러"였다.[93] 앵드르 도지사는 "인도차이나 문제는 이 영토에 대한 우리의 주권이 완전히 인정되지 않는다는 인상을 갖는 여론을 다소 걱정케 한다"라고 불평했다.[94] "우리 인도차이나가 프랑스 본국으로 완전히 복귀하는 것에 대해서는 여전히 의문이 남아 있다".[95] "인도차이나의 민감한 문제는 많은 우려를 불러일으켰고 우리는 프랑스가 가장 아름다운 식민지에서 축출되는 것을 두려워한다".[96] 시간이 지나면서 의심은 점점 더 커졌고, 그 어조는 더욱 경각심을 불러일으켰다는 것을 알 수 있다. "우리는 이미 심각하게 훼손된 우리의 명성이 침몰할 위험이 있는 민감한 상황에 직면하고 있다고 믿는다".[97] "제국의 운명, 미래, 국가의 존립 자체가 위태로워졌다!".[98]

그러나 우리가 알아야 할 것은 특정 지역의 우려가 실제로 인도차이나에 대한 애착을 반영한다는 것이다. 대부분의 여론은 정부의 확고한 식민 정책을 통해 프랑스가 인도차이나를 보존하기를 바랐다. 이처럼 우리가 연구한 도지사 보고서와 설문 조사에 따르면, 프랑스 해방 직후 프랑스가 인도차이나로 귀환하는 데 있어서의 어려움에도 불구하고 여론은 어떤 대가를 치르더라도 프랑스의 정치적 주권을 유지하기를 원한다는 데 거의 만장일치로 동의했다는 것이다.

---

93) A.N. F¹ᶜIII 1218, septembre 1945.
94) A.N. F¹ᶜIII 1218, août 1945.
95) A.N. F¹ᶜIII 1219, Isère, septembre 1945.
96) A.N. F¹ᶜIII 1227, Seine-et-Marne, 15 septembre 1945.
97) *Ibid.*, 12 mars 1946.
98) A.N. F¹ᶜIII 1229, Somme, novembre 1946.

2. 새로운 식민 정책을 향하여

　대다수의 프랑스인들이 '식민주의 이념'을 지지하고 있음에도 불구하고 '제국의 선의(善意)'는 부족하지 않았다고 프랑스인들은 생각했다. 종전 훨씬 이전에 프랑스 정부의 틀 내에서 프랑스 민족해방위원회와 프랑스 공화국 임시 정부는 새로운 제국주의 정책을 개발하여 식민지인들을 만족시키려 시도했다. 사실, 1940년의 독일에 대한 군사적 패배와 이로 인해 해외영토 주민 사이에 초래된 위신의 상실로 인해 프랑스 관리들은 필연적으로 제국을 위한 새로운 법적 제도와 새로운 구조를 모색하게 되었다. 국제사회의 계획을 무력화하고, 식민지 민족주의자들의 동요를 진정시키며, 식민지 군대를 자유 프랑스로 집결시키기 위해 드골 장군은 새로운 기반에서 식민지 정착민과 식민지인들 사이의 상호 관계를 정립하겠다는 의지를 어느 정도 선언해야 했다.

　이러한 맥락에서 프랑스 민족해방위원회는 1943년 12월 8일 알제에서 새로운 프랑스 정부의 인도차이나 정책이 무엇인지를 발표했다. 프랑스 공동체에 대한 인도차이나 주민들의 충성심과 애착을 언급한 후, 드골은 인도차이나에 새로운 정치적, 경제적 지위를 부여하겠다는 의도를 밝혔다.

　　자신의 민족적 감정과 정치적 책임감을 주장할 수 있었던 이들에게 프랑스는 프랑스 공동체 내에서 새로운 정치적 지위를 부여할 계획이다. 이에 따라 연방 조직의 틀 내에서 다양한 연합 국가의 자유가 확대되고 부여될 것이고, 인도차이나 문명과 전통의 특징을 잃지 않으면서 제도의 자유주의적 성격이 강조될 것이고, 인도차이나인들은 마침내 모든 국가 업무와 지위에 접근할 수 있게 될 것이다. 이러한 정치 개혁은 관세 및 조세 자율성을 바탕으로 한 프랑스 연합의 경제 개혁과도 부합될 것이며, 번영을 보장하고 이웃 국가의 번영에도 기여할 것이다."[99]

1944년 7월 10일 워싱턴에서 열린 기자회견에서 드골 장군은 또다시 다음과 같이 선언했다. "프랑스는 이번 전쟁(2차 대전) 이후 세계 속에서, 특히 인도차이나의 프랑스 조직 형태는 우리가 겪은 참사 이전과 같지 않을 것이라고 확신한다. 나는 프랑스 국기가 휘날리는 각 영토는 프랑스도 그 일부가 되고 모든 사람의 이익이 반영될 수 있는 연방 체제 내에서 대표되어야 한다고 믿는다".[100]

사실 '프랑스 연방(Fédération française)'[101]은 자유 프랑스가 제안한 새로운 표현이자 방식이며 전체의 결속을 보장하는 수단이었다. 이처럼 드골은 개혁 정책에 개방적이었지만 제국의 온전함을 보존하는 데 열중했다. 그의 목표는 어떤 대가를 치르더라도 인도차이나로 돌아가는 것이었다. 1943년 12월 8일자 문서에도 "프랑스는 인도차이나 민족과 자유롭고 친밀한 관계를 맺고 태평양에서 책임지는 임무를 수행할 계획"이라고 밝혔다. 이러한 생각으로 독일이 항복한 후 일본이 인도차이나를 점령하게 될 것을 두려워한 드골은 1944년 2월 인도차이나의 내부 저항 책임자에게 특별히 인도차이나인들과 연합하는 가운데 이에 대비할 것을 요청했다.

그러나 이 '진일보한 정책'은 베트민의 요구를 충족시키지 못했다. 자신의 목표를 명시하면서 베트민은 1943년 12월 8일의 선언을 거부했

---

99) Charles de Gaulle, *Mémoires de guerre*, T. II, *L'unité(1942-1944)*(Paris: Plon, 1956), p. 609.
100) Charles de Gaulle, *Discours et messages*, T.1: *Pendant la guerre, Juin 1940-Janvier 1946*(Paris: Plon, 1970), p. 418.
101) 이와 관련해선 Philippe Devillers, "Avant les négociations de Fontainebleau, la conférence franco-vietnamienne de Dalat", *Le Monde*, 25 juin 1946을 참조하라.

다. 1944년 6월 4일, 선전 전단에서 베트민은 독일의 지배에 맞서 싸우는 프랑스인들이 다른 민족에 대한 자신들의 지배를 유지할 것이라고 주장했다.

> 우리 인도차이나 공산주의자들은 알제 위원회의 일관성 없는 언행에 대해 가장 강력하게 항의한다. 알제 해방위원회는 인도차이나 국민이 아첨과 보증, 약속에 만족한다고 믿는 것은 잘못된 것이다. 우리는 우리의 자유를 온전히 원한다. 연합군은 드골의 지지자들에 의해 이 멍에가 인간적이고 완화되었다 하더라도 다른 민족에게 어떠한 멍에를 씌울 권리도 없는 것이다.[102]

한편, 전쟁 중에 아프리카의 상당 부분이 저항군에 집결하게 되면서 프랑스는 감사의 빚을 지게 되었다. 또한 프랑스 식민 질서에 대한 미국의 비판을 잠재우고 유엔의 신탁통치를 막기 위해 드골과 그의 위원회는 전반적인 식민지 정책을 정의할 필요성을 느꼈다. 그들은 1944년 1월 30일부터 2월 8일까지 콩고 공화국의 브라자빌(Brazzaville)에서 아프리카 회의라고 할 수 있는 프랑스 고위 식민 관리들이 프랑스와 '검은 아프리카' 사이의 새로운 관계에 대한 개념을 권고 사항으로 마련한 대규모 식민지 회의를 개최했다. 두 가지 지침을 중심으로 회의가 진행되었다. 첫 번째는 교육, 보건, 노동, 정의 등의 분야에서 지역 사회를 위해 더 많은 일을 하는 것이었고, 두 번째는 해외영토 국가의 독립을 방지하기 위한 방식을 정의하는 것이었다.

우선 개회사에서 프랑스 임시정부 수장인 드골은 프랑스의 '검은 아프리카'에 대한 식민화는 자유주의적 진화의 길을 지향한다는 점을 밝

---

102) Paul Isoart, *Le phénomène national vietnamien, op. cit.*, pp. 321–322.

했다. "우리 깃발 아래 살고 있는 모든 사람은 자신들의 영토에서 스스로 국가 경영에 참여할 수 있는 수준으로 점차 향상되어야 한다".[103] 몇몇 개혁적인 구상이 이 회의에서 표명되었다는 점을 주목할 수 있다. 실제로 회의는 제국의 틀 내에서 이론적으로 재확인되었는데, 향후 의회에서 대규모 식민지 대표의 참여, 연방 의회 창설, 새로운 작업 체제 및 설비시설의 발전을 권장했다. 그러나 이러한 모든 의도는 해방적이라기보다 더 자유주의적인 것이었다.

더구나 브라자빌 결의안은 프랑스 본토와 식민지 사이의 연결을 느슨하게 하기보다는 강화하는 경향이 있었다. 여기서 제안된 관점은 식민지 해방과 정반대라고 말할 수도 있다.

르네 플레뱅 식민지 운영위원은 처음부터 이렇게 경고했다. "위대한 식민주의적인 프랑스에서는 해방할 사람도 없고, 폐지해야 할 인종차별도 없다. 프랑스의 독립 이외의 어떤 독립도 경험하고 싶지 않은 사람들이 있을 뿐이다"라고 처음부터 경고했다.[104] 드골 자신은 개회 연설에서 프랑스와 식민지 사이의 '확실한 연결'을 상기시켰다. 진보적인 권고안 역시 "자율성에 대한 어떤 생각, 프랑스 제국 블록 외부로의 진화 가능성, 멀리 떨어져 있더라도 식민지에서 자치 정부를 구성할 수 있는 가능성"을 거부했다.[105] 이처럼 브라자빌 회의는 독립 국가 창설이나

---

103) "Discours prononcé par le général de Gaulle, Président du Comité français de la libération nationale, à l'ouverture de la conférence africaine française, le 30 janvier 1944", in *La Conférence africaine française: Brazzaville(30 janvier 1944-8 février 1944)*(Alger: Commissariat aux colonies, 1944), p. 28.
104) "Discours prononcé par M. Pleven, commissaire aux colonies, le dimanche 30 janvier 1944, à l'ouverture de la conférence africaine française", *Ibid.*, p. 22.
105) Marc Michel, "Y a-t-il impréparation de la France à la décolonisation?", in *Enjeux et Puissances: pour une histoire des relations internationales au XX siècle*(Paris: Publications de la Sorbonne, 1986), p. 186.

내부 자치에 대한 모든 전망을 공식적으로 비난했다. 그러나 여론에 따르면 프랑스령 해외영토는 프랑스 본토에 피해를 입혀 가며 힘을 얻고 있었고 권력의 균형도 바뀌고 있었다. 사실 여론은 브라자빌 회의를 당시 프랑스가 구상한 탈식민지화의 출발점으로 잘못 생각했다.

어쨌든, 브라자빌은 신중하면서도 실제적인 '식민지 개혁주의'의 최초의 '위대한' 표현이었으며, 이러한 경향은 앞으로도 지속될 것이었다. 그러나 회의를 주도한 자들이 믿었던 것과는 달리 이전에 비해 혁명적인 것은 아무것도 없었다. 첫 번째 권고 사항이 식민지 자치에 대한 아이디어를 배제했을 때 어떻게 그렇지 않을 수 있겠는가? 요컨대, 브라자빌 아프리카 회의는 프랑스 당국이 전통적인 식민화 원칙을 포기하도록 요구하는 새로운 상황의 결과이기는 했지만, 동시에 일종의 전쟁 선포, 특히 대서양 헌장에 성문화된 앵글로색슨 해방 교리에 근본적으로 등을 돌린 과거로 돌아가는 방식이기도 했다.[106]

따라서 프랑스 해방 이전에는 드골이 여러 해외영토에서 전개한 개혁운동은 매우 제한적이었다. 연방 형태 하에 그는 소위 식민 정책을 식민지 주민과의 연합 정책(politique d'aasociation)으로 전환하기를 원했지만 결코 탈식민지화나 해방을 구상하지는 않았다. 그것은 단지 자율성, 제국 구조의 조정, 제도의 일종의 '자유화'에 관한 문제였다. 자유 프랑스 정부는 "다른 익명의 기관과 공유하지 않고"[107] 해외에서 책임을 계속 수행하기를 원했다. 드골의 망명 정부는 의심의 여지없이 적어도 전쟁이 끝날 때까지 제국을 상실한다는 것을 받아들이기에는 제

---

106) Henri Bangou, *Le Parti socialiste français face à la décolonisation*(Paris: L'Harmattan, 1985), pp. 131-132.
107) "Discours prononcé par M. Pleven, commissaire aux colonies, le dimanche 30 janvier 1944, à l'ouverture de la conférence africaine française", *op. cit.*, p. 22.

국이 너무나도 필요했던 것이다. 하지만 종전 이후 프랑스 제국의 미래는 어떻게 되었을까? 불가피하다고 여겨지는 변화에 직면하여, 전후 프랑스의 식민 논의는 이전보다 더 혁명적이었을까? 프랑스 여론은 특정 순간에 먼 나라의 '급진적 변혁'을 준비할 준비가 되어 있었을까? 우리는 전후 프랑스의 식민담론 연구를 통해 이러한 모든 질문에 답하고자 한다.

1) 종전 후의 식민지 논의

종전 직후부터 프랑스 식민제국의 탈식민지화는 프랑스 정치지도자들과 여론이 잘 인지하지 못한 채 시작됐다. 그들은 프랑스의 영향력이 사라질 것을 두려워했고, 식민지인의 인식과 현실적 변화로 인해 식민지 상황에 필요한 조정을 할 준비가 되어있다고 선언했다. 그러나 그들은 단지 프랑스의 패권과 그 이익의 영속성을 유지하는 범위 내에서 이러한 개정을 구상했다. 따라서 정치지도자들은 개혁정책을 수행하면서 탈식민지화를 피하거나 지연시키려고 노력했다.

1945년 1월 초 미국 버지니아주의 핫스프링스(Hot-Springs)에서 열린 회의에서 아시아 태평양 유럽 식민지의 미래는 가장 논쟁의 여지가 있는 문제 중 하나였다. 프랑스 대표 나지아(Paul-Emile Naggiar)는 식민 행정 헌장인 '신탁통치 헌장(charter of trusteeship)'을 지지하는 미국의 제안을 거부하고 브라자빌 회의의 원칙을 언급했다. 그는 "프랑스 정책은 인도차이나 국민이 프랑스 공동체의 틀 내에서 스스로를 통치할 수 있도록 정치적, 문화적 발전을 가져오는 데 있다"고 언급했다.[108]

---

[108] *L'Année politique. Revue chronologique des principaux faits politiques économiques et sociaux de la France, de la Libération de Paris au 31 décembre 1945*(Paris: Éditions du Grand siècle, 1946), p. 100.

일본의 무력 쿠데타가 있은 지 며칠 후, 파리는 전쟁 후 인도차이나에서 프랑스의 정책이 될 주요 노선의 윤곽을 설정했다. '인도차이나 연방'에 대해 언급한 1945년 3월 24일의 문서 역시 브라자빌 회의의 원칙이 극동지역의 식민지에도 적용될 것임을 명시적으로 드러냈다. 선언문에는 프랑스가 일본의 패배 이후 인도차이나의 지위를 바꾸는 것을 매우 심각하게 고려하고 있다고 적혀 있다. 그것은 인도차이나인 삶의 모든 측면에 대한 프랑스 행정부의 체계적인 통제를 종식시키고 '인도차이나 시민권'에 대한 존중이 필요하다는 점을 상기시켰다. 심지어 향후 프랑스인과 인도차이나인으로 구성된 '고유의 연방정부'를 세우겠다는 이야기도 나왔다. 그러나 선언문은 이 '연방정부'가 파리가 임명한 '총독부(gouvernement général)'에 의해 지휘되고 통제된다는 점을 강조하기도 했다. 실제로는 식민화의 특정 측면을 수정하고 '원주민'의 새로운 권리를 인정하려는 진정한 욕구, 즉 식민 개혁주의, 프랑스 존재 유지에 대한 명확한 확인, 그리고 궁극적으로 독립에 대한 모든 구상에 대한 거부가 있었다. 그러나 당시 이 선언은 일본 쿠데타로 프랑스 주권이 소멸되고 일본이 인도차이나 독립을 선언한 이후에 나타났기 때문에 이미 쓸모없게 되었다. 이러한 맥락에서 3월 24일 선언은 무엇보다도 편의에 따라 지시된 행위, 더욱이 정치적으로 시대에 뒤떨어진 행위로 나타날 수밖에 없었다.

어쨌든 이 계획은 두 가지 중요한 측면에서 인도차이나 민족주의자들의 저항에 직면하게 될 것이었다. 먼저 인도차이나를 프랑스가 형성한 공동체와 이전 식민 제국의 영토를 지칭하기 위해 프랑스 법률 용어에 처음으로 등장한 '프랑스 연합'이라는 엄격하고 결정적인 틀 안에 포함시켰다. 선언문에 따르면 "인도차이나 연맹은 프랑스 및 다른 공동체 내의 국가들과 함께 '프랑스 연합'을 형성할 것이며, 그 외부의 이익은 프랑스가 대표하게 될 것이다. 인도차이나는 이 연방 내에서 고유한 자유를 누릴 것이다".[109] 따라서 이 프로젝트는 베트남의 두 가지 기본 요구 중 하나인 국가 독립의 인정에 반대했다. 이어 인도차이나의 5개 국가(라오스, 캄보디아, 통킹, 안남, 코친차이나)를 언급하며 "연방을 구성하고 문명, 인종, 전통으로 서로 구별되는 5개 국가는 연방 내에서 그 고유한 성격을 유지할 것"이라고 단언했는데, 이러한 프랑스 정부의 선언은 베트남의 통일을 부정하는 것이었다. 그런데 베트남 민족주의자들은 베트남이 세 지역(Nam Ky/Bô: 코친차이나, Trung Ky/Bô: 안남, Bac Ky/Bô: 통킹)으로 분할된 것이 모든 식민지 문제의 근원이고 역사적 현실이나 민족이 결여된 것이라고 끊임없이 비난해 왔다. 선언문의 이 부분은 아마도 베트남에서 가장 큰 고통과 원한을 불러일으킨 부분일 것이다.

프랑스의 인도차이나인들은 3월 24일자 선언문을 단호히 거부했다. 1945년 4월 29일 파리에서 조직된 회의가 끝나고 배포된 전단지를 통해 인도차이나 대표단은 "이 텍스트에 내포된 환상에 대해 여론에 경고하는 것이 의무"라고 생각했다.

> 3월 24일 정부 선언은 절대 받아들일 수 없고 프랑스의 가장 진정한 이익에도 반하는 권위주의적인 체제의 복구를 선언한다. 인도차이나는 제국주의 파시즘의 첨예한 형태를 대표하는 일본의 지배를 거부하지만, 그것이 식민 통치의 가증스러운 멍에 아래 다시 놓이게 되는 결과를 가져오지는 않는다. 프랑스 정부의 프로그램은 모든 인도차이나 사회에 깊은 실망을 안겨 주었다. 이를 적용한다면 인도차이나 주민들의 적대감을 불러일으키고 프랑스 체제에서 영구적으로 멀어지게 할 것이다.[110]

---

109) "Délaration du gouvernement en date du 24 mars 1945 relative à l'Indochin", *Journal Officiel de la République française. Lois et Décrets*, 25 mars 1945, p. 1606.
110) Indochine Nouveau Fonds(N.F.) 1333 : État d'esprit, 1945 : Note de Lén Pignon,

1945년 3월 24일 선언에서 드골 장군은 식민지 지위를 개선하여 일정한 행정적, 경제적 자율성을 제공하면서도 프랑스 식민지 체제에 대해서는 의문을 제기하지 않았다. 이는 일본 패망 직후에 확증되었다. 1945년 8월 17일 인도차이나 주재 프랑스 고등판무관의 기능을 확립하는 법령은 제1조에서 그가 "인도차이나 총독의 권한을 행사한다"라고 명시했다. 며칠 후 1945년 8월 25일 워싱턴에서 열린 기자회견에서 드골은 여전히 프랑스 식민지의 미래는 "각 식민지가 프랑스의 도움으로 최대한 발전할 수 있는 프랑스 연합이고 프랑스 공동체라고 언급했다".[111]

프랑스의 '인도차이나 재정복' 이후 식민지인, 특히 인도차이나인의 해방을 위한 운동은 프랑스 관료들을 걱정시킬 정도로 추진력을 얻고 있었다. 따라서 1946년 동안 프랑스는 망설임과 불확실성을 안고 이들의 민족주의 운동을 저지하기 위해 필요한 조치를 취해야 했다. 사실 1946년에는 두 가지 정책이 서로 대립했다. 하나는 필립 르끌레르와 생트니(Jean Sainteny)로 상징되는 호치민과의 협상이었고, 다른 하나는 티에리 다르장리외로 대표되는 모호한 방식으로 식민지 형태의 지위를 유지하는 것이었다.

1946년 3월 6일과 7일 하노이에서 다르장리외 제독의 사절이자 당시 인도차이나 고등 판무관이었던 장 생트니가 서명한 예비 협정 및 부속 협정에 따라 프랑스는 호치민과 공산주의자들이 통치하는 베트남 민주 공화국 정부를 인정했다. 실제로 이 협정은 "정부, 의회, 군대 및 재정을 갖춘 자유 국가"로서 베트남 공화국의 존재를 인정했으며,

---

gouverneur gééal de la France d'Outre-Mer, sur le climat actuel des milieux indochinois en France, Centre des Archives d'Outre-Mer(C.A.O.M.), Aix-en-Provence.

111) Charles de Gaulle, *Discours et messages*, t. 1., *op. cit.*, p. 606.

"인도차이나 연방과 프랑스 연합의 일부"로서 광범위한 자치권을 보장했다. '자유' 또는 '독립'으로 번역될 수 있는 베트남어 'Doc Lâp'은 따라서 프랑스 연합의 일부인 인도차이나 연방 내의 베트남의 '자유 국가'라는 문구 속에서만 유효했다. 결과적으로 1946년 3월의 협정으로 1945년 9월 이후 지속된 적대적인 상황이 종식되었고 프랑스군이 통킹에 상륙하여 그곳의 중국군을 대체하기 시작했다.

1946년 4월 베트남 남부 달랏(Dalat)에서 회의가 열렸으나 3개 지역 문제에 대해서는 합의에 도달하지 못했다. 베트남은 통킹, 안남, 코친차이나 3개 지역의 통합을 요구했으나 프랑스는 이에 반대했다. 사실, 고등 판무관인 티에리 다르장리외와 사이공의 프랑스인들은 코친차이나를 베트민의 영향에서 벗어나게 하려고 시도하고 있었다. 3월 26일에 '코친차이나 공화국 임시정부의 수장'이 임명되었고, 1946년 6월 1일에 그 지역 주민들의 의견을 반영하지 않은 가운데 코친차이나 공화국이 선포되었다. 이 소식은 베트남 측에 격렬한 분노를 불러일으켰다. 베트남 외무부 장관은 당시 프랑스 공화국 임시정부 수장인 조르주 비도에게 항의했다. 그는 전체 베트남 국민의 강한 분노에 대해 언급하고 프랑스의 결정은 "이미 달성된 어느 정도의 우호적인 분위기를 유지할 수 없는 성격을 띠었으며, 필요하다면 평화협정을 체결할 것"을 제안했다.[112]

그동안 식민지 대중의 일상생활에 매우 중요한 수많은 원칙이 채택되었다. '원주민'에 대한 행정처벌제도 폐지(1945년 12월 22일, 1946년 2월 20일 법령) ; 결사의 자유 인정(1946년 3월 13일 및 4월 16일 법령) ; 강제노동 폐지(1946년 4월 11일 법) ; 집회의 자유 인정(1946년 4월 11일 법령) ; 프

---

[112] *L'Anné politique*, 1947, p. 201.

랑스 '본국' 형법을 아프리카에 적용(1946년 4월 30일 법령) ; 경제 및 사회 발전을 위한 투자기금(FIDES) 창설(1946년 4월 30일 법) ; 해외영토의 모든 국민의 국민 지위 인정(1946년 5월 7일 법) 등과 같은 법령이 채택되었다.[113]

    1946년 초 대부분의 프랑스 국민은 평등주의적인 정치 개혁을 받아들일 준비가 되었다고 선언했다. 1946년 3월, 프랑스 여론기관이 실시한 조사에서 응답자의 63%가 식민지 주민에게 프랑스 시민과 동일한 권리를 부여하는 데 찬성했다. 하지만 22%는 반대했고, 15%는 의견을 표명하지 않았다.[114] 여성과 농민은 '관대한 정책'에 대해 더 주저했다(17%와 25%). 반면, 근로자, 직장인과 공무원은 프랑스 시민권 연장에 찬성하는 비율이 가장 높았다(72%와 70%). 대중들 결정의 주요 이유는 다음과 같다. 일부는 매우 긍정적이었는데, "그들은 우리와 동등하다" ; "그것은 인권선언문의 공정한 적용일 뿐이다" ; "그들은 우리와 함께 싸웠고, 그들은 프랑스 시민이므로 의문의 여지가 없다" 등의 답변을 제시했다. 일부는 원칙을 받아들였지만 다음과 같은 제한을 두었다. "특정 식민지, 북아프리카, 인도차이나에만 해당된다" ; "특정 범주의 사람들, 지식인에게" 혹은 "문명인과 기독교인에게"만 동등한 권리를 부여해야 한다는 제한을 두었다. 반면에 어떤 사람들은 아직 때가 이르지 않았고 기다려야 한다고 생각했다. "아직 생각하기에는 너무 이르다" ; "정치 교육이 부족하다". 이 생각에 적대적인 소수의 일부 사람들은 다음

---

[113] 그러나 이러한 법률의 적용 측면에서 프랑스는 종종 원칙을 무시하고 여러 가지 중요한 제한 사항을 도입했다. 예를 들어 프랑스 시민권에 관한 법률의 범위는 참정권 제한이나 이중 선거인단 설치(알제리, 프랑스 적도 아프리카, 카메룬, 마다가스카르)로 인해 상당히 축소되었다. Grégoire Madjarian, *La question coloniale et la politique du Parti communiste français, 1944-1947*(Paris: Maspero, 1977), p. 152.

[114] *Sondages, op. cit.*, 1er avril 1946, pp. 84-85.

과 같이 과격하게 표현했다. "나는 원주민에게 동등한 권리를 부여하는 것이 불가능하고 위험하다고 믿는다"; "우리가 그들에게 정치적 권리를 주면 우리는 다수의 흑인과 황인종의 지배를 받게 될 것이다".

그러나 1946년 5월에 실시된 또 다른 조사에서는 '프랑스인의 관대함'의 한계가 강조되었다. "우리는 주로 프랑스의 이익을 위해 식민지를 관리해야 합니까, 아니면 특히 원주민의 이익을 위해 관리해야 합니까?"라는 질문에 31%는 본질적으로 프랑스의 이익을 위한 식민지 경영에 찬성했다. 28%는 원주민의 이익을 위해, 25%는 프랑스와 원주민 모두의 이익을 위해 찬성했다.[115] 성별에 따른 의견 차이는 거의 없었으나, 연령에 따른 차이는 현저했다(표 1). 가장 나이 많은 사람은 "프랑스의 이익을 위해"라고 대답했고, 가장 젊은 사람은 프랑스 식민지가 원주민의 이익을 위해 관리되어야 한다고 선언했다. 농민들은 무엇보다도 사업자들과 무역업자들과 마찬가지로 "프랑스의 이익을 위해"라고 답변했다. 다른 전문 분야에서는 조금 더 자주 반대 의견을 표명했다.

질문 : "우리는 주로 프랑스의 이익을 위해 식민지를 관리해야 합니까, 아니면 특히 원주민의 이익을 위해 관리해야 합니까?"

표 1. 성별, 나이, 직업 범주에 따른 의견

	프랑스의 이익을 위해	원주민의 이익을 위해
20~34세	28%	34%
35~49세	30%	25%
50~64세	33%	30%
65세 이상	42%	20%
농부	41%	19%
상인과 직공	35%	25%
노동자	29%	32%
피고용인과 공직자	25%	35%

---

115) *Ibid.*, 16 juin 1946, p. 146.

표 2는 프랑스 식민지 관리에 대한 의견과 정치적 선호의 관계를 보여준다.

표 2. 정치적 선호에 따른 의견

	프랑스의 이익을 위해	원주민의 이익을 위해	둘 모두의 이익을 위해
공산주의자	15%	46%	23%
사회주의자	24%	38%	26%
급진사회주의자(Radical-socialiste)	42%	21%	23%
인민공화운동(MRP)	38%	20%	26%
자유공화당(PRL)[116]	50%	17%	22%

이처럼 프랑스 여론은 전반적으로 식민지인 인식의 변화에 맞게 식민화 정책을 조정할 필요성은 자각했지만, 탈식민지화 정책도, 진정한 연대적인 노력을 암시하는 동화 또는 연합 정책도 받아들일 준비가 되어있지는 않았다. 확실히 전후 식민주의적 논의는 과거의 식민전통과 비교해서는 관대했지만, 당시 진행 중이던 탈식민지화 과정에 의해 금방 압도당하게 되었다. 인식의 진화와 힘의 균형에 대한 무지와 과소평가로 인해 프랑스는 전쟁 직후 자신에 종속된 이들의 독립을 받아들이지 않았다. 역사가 드빌레르(Philippe Devillers)가 지적한 것처럼, 아마도 더욱 심각한 것은 연설이나 공식적 행위에서 이것이 일시적인 상황이 아니라는 점을 암시하는 그 어떤 것도 존재하지 않았다는 것이다.[117] 그렇다면 새 헌법 내에서 '프랑스 연합'의 구상이 장기적으로 해외영토 주민들의 요구에 부응할 수 있었을까?

---

116) Parti Républicain de la Liberté.
117) Philippe Devillers, *Histoire du Viêt-nam de 1940 à 1952, op. cit.*, p. 55.

2) 헌법적 대응 : 프랑스 연합(Union française)의 불가능성

프랑스의 정치계와 여론이 프랑스 식민제국을 새로운 형태로 보존해야 할 필요성을 그 어느 때보다 확신하고 있던 시기에 제헌의회가 선출되어 미래의 헌법에 대한 작업을 시작했다. 그런데 새로운 의원들의 임무 중 하나는 미래의 프랑스 연합에 헌법적 기반을 제공하는 것이었다. 1945년 10월 21일 선거를 통해 선출된 국민의회는 프랑스 역사상 가장 좌파적인 의회였다. 즉, 공산당과 사회주의 정당이 함께 절대 다수를 차지했다.

이 좌파 다수는 식민주의의 지속을 비난하는 해외영토 출신 의원들의 제안을 대체로 지지했다. 1946년 4월 19일 좌파 정당들만이 채택한 최초의 헌법 초안은 309대 249로 "자유롭게 합의한 연합"(제41조)이라는 개념을 매우 명확하게 설명하여 해외영토 출신 의원들의 큰 만족을 얻었다. 그것은 '구 식민 체제'를 종식시키고 싶다는 인상을 주었다. 그러나 5월 5일 국민투표를 통해 이 헌법 초안은 프랑스 유권자 대다수의 적대감에 더해진 식민지 정착민들의 적대감으로 인해 거부되었다.

따라서 또 다른 헌법 초안을 제정하기 위해 즉시 두 번째 제헌의회 선거를 진행해야 했다. 선거에 앞서 후보자들은 자신들의 강령과 정견을 발표했다. 1946년 6월 2일 선거 이후 선출된 의원들의 선거 프로그램과 공약을 모아 놓은 『바로데(Barodet)』[118]라는 자료집에서 미래의 의원들이 해외영토 문제에 특별한 중요성을 부여하지 않았다는 사실을 주목할 수 있다. 이 문제를 다룬 20개 도에서 사회주의자들이 9번, 자유공화당(PRL : Parti Républicain de la Liberté)이 6번, 인민공화운동이 4번,

---

118) 바로데(Barodet)는 19세기말 이 모음집을 만든 전직 의원, 데지레 바로데(Désiré Barodet)의 이름이다.

공화좌파연합(RGR : Rassemblement des gauches républicaines)이 3번, 그리고 공산주의자들이 단 한 번만 매우 간략하게 인용했다. 프랑스가 차기 해외영토 헌법을 규정하는 결정적인 순간에 정치인들은 이 문제에 대해 소극성과 무관심을 드러냈다.

  6월 2일 선거는 5월 5일 국민투표에 대한 부정적인 반응을 확인한 약간 오른쪽으로 기울어진 특징을 지니고 있었다. 모든 헌법, 특히 해외영토의 헌법에 대한 의문이 제기되었다. 6월 16일부터 헌법 문제에 대한 자신의 생각의 중요한 기준이 되는 바이외(Bayeux) 연설에서 드골 장군은 "시간이 흐르면서 점차 명확해지겠지만 우리의 새 헌법이 시작점이 되고 개발을 담당하게 될 연방 형태의 조직"에 찬성하는 입장을 취했다.[119] 법학 교수이자 드골주의 연합(Union Gaulliste)의 창립자인 카피탕(René Capitant) 의원은 『연방 헌법을 위하여』라는 제목의 팸플릿에서 "프랑스 연합은 연방이 될 것인지 혹은 그렇지 않을 것인지"라는 문구를 통해 프랑스의 중요성을 확실히 보장하는 법안을 제시했다. 프랑스 식민지 삼부회 역시 정부와 의회에 해외영토에서의 활동을 위태롭게 하지 말 것을 촉구했다(1946년 8월 3일). 에리오(Édouard Herriot), 코스트 플로레(Paul Coste-Floret), 테트젠(Pierre-Henri Teitgen)과 같은 일부 급진파 의원들도 옛 식민 질서로의 복귀를 위해 행동했다. 사회주의자들의 경우, 선출된 의원들은 해외영토 위원회 내에서 입장을 바꾸어 다수가 민족자결의 원칙을 거부하는 쪽으로 기울었다. 사회당의 '중도파'의 주요 대변인인 마리우스 무테, 오리올(Vincent Auriol), 폴 라마디에는 당 동지들이 민족주의 물결에 맞서 단호한 입장을 취하도록 설득하는 데

---

119) Charles de Gaulle, *Discours et mémoire*, *T. II, op. cit.*, pp. 24-25 et 30.

가장 적극적이었다.[120] 인민공화운동의 조르주 비도가 책임을 맡고 있는 정부는 호치민이 이끄는 베트남 민주공화국 대표단과 퐁텐블로에서 협상을 벌였으나 프랑스-베트남 관계에 대한 실질적인 합의에 도달하지 못했다. 9월 14일의 타협안(modus vivendi) 서명으로 가려진 이 회의의 실패는 인도차이나 문제의 평화적 해결에 대한 희망을 무산시킬 것이다.

1946년 9월 28일 채택된 헌법 본문에 따라 제2차 제헌의회는 식민지인 의원이 제시한 자결권과 자치권에 대한 요구를 최종적으로 거부했다. 그 의회는 식민지 내 유럽 소수민족의 권리와 권력을 보호하기 위해 해외영토에 두 개의 선거인단을 설립했다. 식민지에서의 실망감은 컸다. 앙티유 제도 의원인 에메 세제르는 프랑스 연합이 '신중함의 기념물'로 기획되었다고 말했고, 알제리 정치인 아바스(Ferhat Abbas)는 그것이 "기초도 없고 아무것도 보호해주지 않는 지붕"이라고 단언했다.[121] 반면에 프랑스의 '식민지계' 의원들은 만족했다. "우리는 더 이상 탈퇴를 성문화하지 않는다"고 우방기샤리-차드(Oubangui-Chari-Chad) 의원인 말브란트(Bastid Malbrant)가 언급했고, 센(Seine) 도(道) 인민공화운동 의원인 장자크 쥐글라스는 "우리는 독립이란 단어를 제거한다"라고 반복했다. 손에루아르(Saône-et-Loire)의 급진파 의원 폴 드비나도 "이것은 프랑스의 사임에 대한 전주곡이 아니다. 프랑스는 수호자와 안내자의 역할을 유지하며 소수자들은 억압받지 않을 것"이라고 말했다.[122]

1946년 10월 13일, 프랑스는 매우 적은 찬성으로 제4공화국 헌법을

---

120) Michel Devèze, *La France d'outre-mer: de l'empire colonial à l'Union française, 1938-1947*(Paris: Hachette, 1948), pp. 274-275.
121) Binoche-Guedra, Jacques, *La France d'outre-mer, 1815-1962*, op. cit., pp. 274-275.
122) *Ibid*.

비준했다. 찬성표 900만표, 반대표 800만표, 기권 800만표였다(표 8). "유권자의 3분의 1이 승인하고, 또 다른 3분의 1이 거부하고, 마지막 3분의 1이 무시한"[123] 이 헌법은 10월 27일 공포되었으며, 이는 제4공화국의 제도적 틀이 되었다. 우리가 최소한 말할 수 있는 것은 새 헌법이 제도를 쇄신하는 국가에서 기대할 수 있는 열정을 불러일으키지 못했다는 것이다. 전체 유권자는 무관심이나 반대를 통해 이 헌법이 자신들을 만족시키지 못한다는 점을 분명히 표명했다. 어쨌든 식민제국 건설 이래 처음으로 해외영토를 고려한 헌법이 제정되었다. 그것은 프랑스와 이전 식민지와의 관계에 매우 명확한 법적 형식을 부여했다.

헌법 서문 말미에는 프랑스 공화국의 보완물로서 프랑스 연합이 언급됐다. 그러나 이 서문은 다음과 같이 선언했기 때문에 탈식민지화에 유리한 발전을 승인하는 것처럼 보였다. "전통적 사명에 충실한 프랑스는 책임을 맡은 국민이 스스로 관리할 자유를 누리고 자신의 업무를 민주적으로 경영할 수 있도록 이끌려고 한다. [...] 자의성에 기반한 식민화 시스템을 배제함으로써 공적 기능에 대한 모든 평등한 접근과 위에서 선언하거나 확인한 권리와 자유의 개별적 및 집단적 행사를 보장한다".

의회는 제3공화국의 임무와 프랑스에 맡겨진 주도적 역할을 부정하지 않은 채 프랑스 의회는 겉보기에 식민지 시대의 종말을 법적으로 인정했다. 사실 헌법을 제정했던 이들에게 서문은 앞으로의 목표에 대한 선언이자 '미래의 시각'을 반영한 것에 불과했다.

그러나 실질적인 부분은 「프랑스 연합에 대하여」라는 제목의 헌법 제8장(제60조부터 제82조)에 삽입되었다. 이 8장은 프랑스에 의존하는 국

---

123) Charles de Gaulle, discours d'Epinal, 29 septembre 1946, in *La France sera la France. Ce que veut Charles de Gaulle*, (présenté par le R.P.F.), (Paris: imp. F. Bouchy, 1950,) p. 47.

가의 정치적 자율성을 막으려는 보수적 경향의 확고한 욕구를 표현했기 때문에 전문의 원칙과는 모순되었다. 헌법 제75조는 "프랑스 공화국과 프랑스 연합 구성원 각각의 지위는 변경될 수 있다"고 규정했지만, 입법자의 생각으로는 이것이 반드시 자율성의 의미에서 이루어져서는 안 된다는 것이었다. 그리고 모든 경우에 그것은 점진적이어야 했고 오로지 프랑스 의회의 결정에 따라야만 했다.[124] 실제로 프랑스 연합에 관한 기사는 두 가지 주요 특징을 강조했다.

첫째, 통합에 대한 우려가 표명되었다. 해외영토 도(道)(départements d'Outre-Mer)(마르티니크, 과들루프, 가이아나, 레위니옹)와 해외영토(territoires d'Outre-Mer)(기타 이전 식민지)는 공화국의 구성 요소(제60조)이며 제1조는 "분리될 수 없음"을 선언했다. 국제연맹으로부터 물려받은 위임 통치국(토고, 카메룬)을 포함한 '연합 영토(territoires associés)'는 프랑스 연합의 일부일 뿐 공화국의 일부는 아니었지만 1946년 12월의 신탁통치 협정에 따라 프랑스는 이 지역을 자국 영토의 일부로 관리할 수 있었다. 보호령(Protectorat)에 해당되는 '연합 국가(États associés)' (구 프랑스령 인도차이나 국가: 코친차이나, 안남, 통킹 세 지역으로 이루어진 베트남과 라오스, 캄보디아)만이 프랑스 영향력에 통합되지 않았다. 따라서 1944년 이후 권장된 연방주의는 매우 제한된 적용 범위로 축소되었다.

둘째, 프랑스의 명백한 우월성이 강조되었다. 프랑스 연합의 세 가지 중앙 기관(대통령, 고등 평의회, 의회)은 단지 연방 조직의 거짓된 외관일 뿐이었다. 사실, 대통령은 당연히 프랑스 공화국의 대통령이었으며 '연합 국가'가 대표되지 않은 프랑스 의회에서만 선출되었다. 프랑스 정부 대표단과 연합 국가 대표로 구성된 고등평의회는 "프랑스 연합의 운영

---

124) Xavier Yacono, *Les étapes de la décolonisation française*(Paris: Presses Universitaires de France, Coll. "Que sais-je?", 1971, p. 69.

에 있어 정부를 지원"하는 보조적 역할만을 수행했다. 프랑스 연합의 입법부는 순전히 자문 역할을 맡은 반은 프랑스 국민, 반은 해외 도, 해외영토 및 연합 국가의 대표로 구성된 의회가 아니라 프랑스 의회와 정부였다. 프랑스 식민화 삼부회의 요청에 따라 "프랑스 주권의 신성한 원칙"이 잘 보존되었다. 헌법 제62조에 따르면 "정책의 직권"이 공화국 정부의 손에 남아 있기 때문에 어떤 식으로든 프랑스 연합 조직의 위협을 받을 수 밖에 없었다.[125]

실제로 프랑스 연합의 기관은 확대된 프랑스 공화국의 기관과 거의 완전히 혼용되었다. 어휘의 변화와 '프랑스 연합'이라는 표현의 창안에도 불구하고, 제4공화국 헌법을 지배하는 것은 여전히 '프랑스 블록' 또는 '제국 블록'이라는 개념이었다. 새로운 해결책에 대해 극도로 분열되어 있고, 탈식민지화 문제에 대해 자신들의 생각을 명확하고 구체적으로 정의할 수 없었던 프랑스 정당들은 해외영토에 대한 프랑스의 미래의 역할에 관한 자신들의 정치적 의지가 부족한 것을 숨기기 위해 과장되고 낡은 표현 뒤에 숨어 있었다. 전문과 8장, 두 텍스트 사이의 불일치와 관대함이 담긴 의도 선언과 정치적 행위의 현실 사이의 깊은 차이는 실제로 10년 이상 동안 제4공화국의 태도를 특징지었다.

프랑스 연합을 창설함으로써 프랑스의 정치인들, 심지어 자유주의자들도 자신들이 관대한 일을 했다고 믿었다. "인종 차별의 철폐, 원주민 신분의 폐지, '원주민'에게 시민권 부여, 징용 노동의 폐지, 지방 의회의 설립, 이는 우리가 자랑스러워할 만한 성과이다"라고 1946년 10월 3일 프랑스 해외영토부 장관 마리우스 무테가 언급했다. 공화국 대통령 뱅상 오리올도 1947년 3월 14일에 "헌법은 이제 막 프랑스 연합을 창설

---

125) Henri Grimal, *La décolonisation, 1919-1963, op. cit.*, p. 199.

했다. 위대하고 유익한 참신함! 그것은 정의되고 살아 있어야 한다"[126] 라고 지적했다. 그들에게 프랑스 연합은 "역사를 종결시키는 수단"이자 최종적 성과물이었다.

하지만 일각에서는 프랑스 연합이 '분리주의 연합'으로 될 것을 우려하기도 했다.[127] 급진당의 파리 의원이자 도덕 및 정치 과학 아카데미 회원인 폴 바스티드에게 그것은 '독립의 대기실'로 보였고 법무부 장관인 피에르앙리 테트젠에게는 '출구 현관'으로 보였다.[128] 폴 라마디에 수상은 1947년 5월 19일자 『타임(Time)』지의 성명에서 "1,100만km²의 다이너마이트 위에 앉아 있는 것은 편안한 상태가 아니다"라고 한탄했다.

이러한 회의론에 직면한 프랑스 연합의 옹호자들은 이에 대응했다. 프랑스 제국위원회는 1946년 7월 16일에 "불행히 제4공화국의 등장이 이 귀중한 전체의 붕괴와 동시에 이루어진다면 프랑스는 국가와 역사 앞에서 특별히 막중한 책임을 맡게 될 것이다"라고 주장했다. 8개의 식민지 협회가 서명한 엄숙한 호소문은 "식민지는 프랑스의 필수 요소이다!"라는 점을 분명히 했다. 1946년 7월 프랑스 정부에 보낸 편지에서 식민지 과학 아카데미는 "빠른 복귀가 없다면 우리 제국의 붕괴와 우리들의 추방은 몇 달 안에 끝날 것이다"라고 선언했다.[129] 또 다른 선언문에는 다음과 같이 명시되어 있다. "다시 한 번 프랑스 연합의 기초가 흔들리는 것은 조국에 재앙이 될 것이며 정권에 치명적인 타격이 될 것이고 원주민과 국민 모두에게 퇴보가 될 것이며, 외국의 탐욕이 마침내

---

126) Vincent Auriol, *Journal du septennat*, T. I(Paris: Armand Colin, 1947), p. 141.
127) Rémy Roure, *Le Monde*, 28-29 juillet 1946.
128) Charles-Robert Ageron, "La survivance d'un mythe", *op. cit.*, p. 397.
129) *Le Monde*, 28-29 juillet 1946.

이익을 찾기를 기다리는 동안 세계 경제에 큰 손실을 입히게 될 것이다".[130]

프랑스 연합은 해외영토 엘리트들의 기대를 크게 실망시켰다. 이 정치인들은 기대를 저버린 희망에 상응하는 일종의 분노를 가지고 이 이상한 작품을 식민지인의 진화를 받아들이지 못하는 프랑스의 무능함을 보여주는 증거라고 말했다. 1956년 6월의 데페르(Deferre) 법[131]이 제정되기 전에는 헌법 제8장을 개정하려는 제안이 늘어났지만 효과는 없었다. 이후 벌어질 비극은 프랑스 연합의 조항이 법적 틀을 넘어서는 국가 독립에 대한 열망과 충돌하면서 전개될 것이었다.

인도차이나에서는 프랑스 주둔군에 대한 공격과 최초의 유럽인 살해에 대응하여 1946년 11월 23일 프랑스 군부가 전략적 항구인 하이퐁(Haiphong)에 폭격을 가해 약 6,000명의 사망자가 발생했다. 12월 19일 베트남 인민군과 자위 민병대가 하노이(Hanoi)에서 프랑스군을 공격해 200명 이상의 희생자가 발생했고, 다른 지역에서도 프랑스 주둔군을 상대로 동시에 공격이 이뤄졌다. 호치민은 은신처로 돌아가 프랑스군을 "모든 수단을 동원하여" 몰아내야 한다고 선언했다. 레옹 블룸 수상은 프랑스 지원군의 파견과 파멸로 이끄는 악순환을 전개하기로 결정했다. 이제 군사적 승리가 있기 전에는 협상도 없었다. 이처럼 프랑스는 인도차이나전쟁에 빠져들게 되었다.

프랑스의 권력과 책임을 수호하는 데만 관심을 둔 제헌의회는 식민

---

130) Manifeste du 23 décembre 1946.
131) 1956년 6월, 사회당 의원 데페르(Gaston Defferre)는 탈식민지화를 촉진하는 프랑스 서부 아프리카(AOF)와 마다가스카르(Madagascar)에 대한 중요한 기본법 초안을 작성했다. Georgette Elgey, "Gaston Defferre fait adopter la loi-cadre sur l'évolution des territoires d'outre-mer (Paris, 29 février‑19 juin 1956)", Célébrations nationales 2006, Ministère de la Culture, 2006

지인이 염원하는 방향으로의 전망을 충분히 열어두지 않은 채 정치적 관계를 헌법적 굴레 안에 가두었다. 프랑스의 일방적인 창조물인 프랑스 연합은 이전 식민지를 프랑스에 통합하고 이전 제국의 다른 국가들에게 가상의 연합을 제안했다. 그것은 더 이상 자유롭게 동의한 연합이 아니라 제헌의회가 승인한 헌장이었다. 그것은 자유롭고 평등한 사람들이 공동의 운명을 합의하여 함께 만들어가는 공동체라기보다는 서열화되고 중앙집권화된 연방이었다. 프랑스는 "협력"과 "균등한 권리"를 언급하면서 충분한 민주적 전망을 제공한다고 전반적으로 확신했다. 그러나 완전한 주권에 대한 민족주의적 주장을 인정하는 것은 고사하고, 궁극적인 결과를 받아들일 준비가 되어 있는 사람은 거의 없었다. 이러한 식민지인들의 열망은 자신의 강대국으로서의 '지위'를 유지하기 위해 싸워야 했던 프랑스에게는 위험한 분리주의자의 배은망덕한 행동으로 느껴졌다.[132] 법적인 타협과 부분적인 혁신을 통해 식민지 문제를 프랑스가 만족할 만큼 해결할 것이라고 믿었던 프랑스인들은 결국 미래에 대한 어떤 해결책도 제시하지 못했다.

3. 식민지 의식의 위기

우리가 이미 검토한 바와 같이, 제2차 세계대전이 끝날 무렵, 프랑스에는 거의 모든 정치적 경향과 여론이 공유하는, 제국을 온전하게 복원하고 보존하려는 국민적 열망이 있었다. 이러한 '보수적인 프랑스'와 질서의 가치의 맹공격에 직면한 '진보적인 프랑스'는 '변화'의 가치를 지닌 채 해외영토에 대한 생각도 표출했다. 이들의 반식민주의 선전과 '진

---

132) Marc Michel, "Y a-t-il impréparation de la France à la décolonisation?", *op. cit.*, p. 201.

복 운동(mouvements subversifs)'의 전개는 미래의 프랑스 연합을 어느 정도 위험에 빠뜨리고 있었다.[133] 그러나 매우 소수인 이러한 목소리는 무시할 수는 없더라도 프랑스 여론에서 커다란 반향을 불러일으키지는 못했다.

이 여론은 '식민주의적 프랑스(France colonial)'에 대한 거의 무조건적인 지지에도 불구하고 해외영토에 대한 애착을 매우 조심스럽게 표현했다. 꽤 머나먼 거리에서 식민지 상황이 전개되는 과정을 지켜보는 일반 여론은 사실 정치적 문제에 별 관심이 없었다. 실제로 프랑스 여론은 해외영토에는 동의했다. 그것은 '프랑스 정세(paysage français)'의 일부였다. 그것은 프랑스 인식의 집단적 개념에 통합되었다. 그러나 식민주의 옹호자들이 헛되이 대중들 사이에서 불러일으키려고 시도했던 이러한 열정적 표명은 없었다. 이처럼 제2차 세계대전 종전 이후 반식민주의의 '작은 움직임'과 프랑스인들의 확실한 무관심으로 인해 식민주의 의식은 첫 번째 위기를 경험하게 된다. 나중에 이 두 가지 요인은 인도차이나전쟁에 직면한 프랑스 당국을 심각하게 불안하게 만든다.

1) 식민주의 이념의 반대자들

유럽에서의 전쟁이 끝났을 때 프랑스는 식민지 해방에 대한 가정을 받아들일 준비가 되어 있지 않았다. 매우 드문 몇몇 그룹만이 식민주의적 관계와 모든 종류의 종속 및 착취 구조를 깨뜨리려는 의도를 가졌을 뿐이었다. 그들은 독립을 지지했고, 적어도 첫 번째 단계에서는 프랑스 통제의 점진적인 완화를 선호했다. 그들은 프랑스가 역설적이게

---

133) Raoul Girardet, "Le problème colonial face à l'opinion publique française de 1870 à nos jours", *op. cit.*, 115-116.

도 점령 기간 동안 진행된 폭정, 불의, 파시즘에 맞서 그들이 싸웠던 것과 같은 맥락에서 진행되었던 해외영토에서의 해방 운동을 억압하고 있다고 믿었다.

1945년에 소수에 속하는 극좌 혁명 그룹, 특히 제4인터내셔널의 트로츠키주의자들만이 '위대함을 추구하는 프랑스 제국주의'[134]를 조롱한 유일한 그룹이었다. "급진화된 식민지 대중은 독립을 위한 투쟁을 강화하고 있다. 프랑스의 군사력은 그 자체로 약해졌지만 여전히 프랑스와 식민지의 통합을 유지할 능력이 없다. 경쟁국들은 여전히 짖어대지만 더 이상 물 수 있는 이빨이 없는 하수인들을 어려움 없이 제거한다". 그들은 또한 "노동계급을 배반하는 전문가"로 여겨지는 사회당과 프랑스 공산당을 비판했다. "프랑스 사회당 기관지 『르 포퓔레르』는 프랑스와 인도차이나 및 북아프리카 국민의 권리를 '고립'시키는 행위를 묵인하고 있다. 인도차이나 인민의 해방투쟁을 일본제국주의의 소행으로 소개하며 냉소적으로 비방하는 것이다. 프랑스 공산당은 지금까지 프랑스 노동자들의 구체적인 활동을 배제하면서 언론을 통한 위선적인 항의의 단계를 넘어서지 못했다".[135]

'사회주의 정치 주간지'인 『리베르테(Libertés)』는 1946년 2월 22일자 기사에서 "슬프게도 노동자 정당은 식민지에서 프랑스의 복귀를 지지했다. 어떤 상황에서든 프랑스인들은 제국이 너덜너덜해진 이후로 이같이 많은 식민주의적 감정을 느껴본 적이 없을 것이다!"라고 언급했다.

동시에 국제주의 공산주의자들은 자신들의 투사들에게 "제국주의에

---

134) 마르크(N. Marc)가 제4인터내셔널 유럽 집행위원회 기관지인 『제4인터내셔널(*Quatrième Internationale*)』에서 쓴 기사 제목, N. Marc, "L'impéialisme francais en quête de grandeur", *Quatrième Internationale*, No. 20-21(juillet-août 1945), pp. 5-20.

135) *Quatrième Internationale*, No. 22-24(septembre-novembre 1945), pp. 4-5.

실제로 맞서 싸우고 있는 도시 소부르주아지와 농민의 민족적 혁명 운동과 상황에 따른 동맹을 맺으면서 식민지 인민의 해방투쟁을 적극적으로 지지할 것"을 촉구했다.[136] 이러한 동맹의 목표는 "공동의 적에 대해 공동으로 타격을 가하는 동시에 그들의 전체 프로그램을 비판하고 폭로할 권리를 유보하는 것"이었다. 모든 식민지 주민들의 즉각적인 자결권을 인정하는 입장을 취하면서 그들은 또한 마르세유 부두 노동자들과 프랑스 철도 노동자들에게 인도차이나 민족과의 전쟁을 위한 전쟁물자 적재와 군인 수송을 거부할 것을 요청했다.[137] "전체 프랑스 노동계급 전체의 지지를 받는 항만 노동자와 선원들은 국내외적으로 프랑스 제국주의 인도차이나 원정에 대한 보이콧을 조직해야 한다. 이는 적대행위의 즉각적인 중단, 인도차이나 전역에서 프랑스군 철수, 베트남의 완전한 독립 인정을 요구하기 위함이다". 1947년 2월, 국제공산당 중앙위원회는 "프랑스 연합에서 노예가 된 모든 민족에게 자유를 되돌려줌으로써 프랑스 연합을 파괴"하려는 열망을 다시금 명확히 드러냈다.[138]

반식민주의에 일관적으로 충실한 이러한 트로츠키주의 흐름과는 별도로 소수의 지식인들도 해외영토의 독립을 위한 운동을 벌였다. 말로(André Malraux), 비올리(Andrée Viollis), 베르트(Léon Werth), 주르댕(Francis Jourdain) 및 게랭(Daniel Guérin)의 이름은 프랑스 패권에 맞서는 반식민

---

136) "La conféence internationale d'avril 1946 de la IVᵉ Internationale", *Quatrième Internationale*, avril-mai 1946, p. 35.
137) 오로지 '식민지 문제'만을 다룬 『제4인터내셔널』의 1945년 9월-11월호에서 우리는 "식민지 인민에 대항하는 어떠한 군인도, 어떠한 총도 존재해서는 안된다!", "제국주의를 타도하라! 식민지 혁명 만세!", "모든 식민지의 완전하고 즉각적인 독립!"과 같은 구호를 발견할 수 있다.
138) Charles-Robert Ageron, "La survivance d'un mythe", *op. cit.*, p. 395.

주의 선전활동과 연관되어 있다. 특히 인도차이나 민족주의자들을 옹호함으로써, 그들은 프랑스가 세계에서 대표하는 것과 완전히 모순되는 낡은 식민 방식을 깨뜨림으로써만 극동 반도에서 영향력을 유지할 수 있다고 믿었다.[139] 1946년 6월, 이들 지식인들은 무니에(Emmanuel Mounier), 폴 리베, 비올레트(Maurice Viollette), 오릭(Georges Auric), 피카소(Pablo Picasso), 슈만(Maurice Schumann), 모리악(François Mauriac), 프라숑(Benoît Frachon) 등 다양한 인물들을 하나로 결집시킨 '프랑스-베트남 협회(Association France-Viêt-Nam)'를 창설했다. 이들 창립 멤버들의 명단[140]은 당시 정치계와 지식계에서 폭넓은 합의가 팽배했음을 충분히 입증한다. 협회의 목표는 "프랑스와 베트남 국민의 화해와 평등한 권리에 대한 존중을 통한 유익하고 신뢰하는 협력"이었다. 그러나 협회의 기관지인 『프랑스-베트남. 회보(France-Viet-Nam. Bulletin d'information)』의 창간호에서 볼 수 있듯이 이러한 우정은 프랑스 연합 내에서 확립되어야만 했다. 베트남사 전문가 알랭 뤼시오가 지적하듯이, 이러한 태도는 식민지 문제에 직면한 프랑스 좌파의 역사에서 결함이라 할 수 있는 '우애주의(franternalisme)'의 성격을 띠었다.[141] 사실, 프랑스-베트남 협회

---

139) "La crise indochinoise vue de la méropole", *Le Monde*, 1ᵉʳ novembre 1945.
140) 프랑스-베트남 협회 창립 멤버 명단은 다음과 같다. 회장 : Justin Godart, 부회장 : Georges Paillet, le Général Petit, André Tollet et Andrée Viollis, 사무총장: Francis Jourdain,, 사무부총장: Madeleine Gilard, 회원: Claude Aveline, Georges Auric, Albert Bayet, Pierre Bloch, Madeleine Braun, Jean Cabannes, Jacques Chapelon, André Cholley, Gustave Cohen, Marcel Cohen, Pierre Cot, Aimé Cotton, Eugénie Cotton, Charles Désirât, Robert Debré, Benoît Frachon, Stanislas Fumet, Alfred Jolivet, Frédéric Joliot-Curie, Irène Joliot-Curie, Antoine Lacassagne, Paul Langevin, Pierre Le Brun, Jules Marouzeau, François Mauriac, Claude Morgan, Emmanuel Mounier, Joë Nordmann, Jean Orcel, François Perrin, Pablo Picasso, Henri Piéron, Marcel Prenant, Paul Rivet, Louis Saillant, Maurice Schumann, Marie-Claude Vaillant-Couturier, Vercors (Jean Bruller, dit), Charles Vildrac, Maurice Viollette, Henri Wallon, Léon Werth.
141) Alain Ruscio, "Les intellectuels français et la guerre d'Indochine: une répétition générale?",

는 1949년까지의 존재 기간 내내 베트남 문제에 대한 프랑스의 이해관계를 오히려 표명했다. 그러나 중요한 것은 1946년 프랑스 지식계와 정치계의 상당 부분이 이번 기회에 베트남을 발견하고 평화적 해결에 대한 약속을 제시했다는 점이다.

퐁텐블로에서 프랑스-베트남 협상 개시 직전에 프랑스의 입장을 밝히기 위해 프랑스-베트남 협회는 1946년 6월 27일 소르본에서 학술회의를 기획했다. 이 협회의 부회장이자 대학 교수인 파이예(Georges Paillet)는 프랑스와 베트남의 관계가 어떠한지를 설명했다. 그는 특히 코친차이나가 베트남의 온전한 일부임을 보여주며 이 지역의 문제를 강조했다.[142] 9월 프랑스-베트남 협회와 반인종주의 연맹(Alliance antiraciste)의 후원으로 마르세유에서 열린 회의에서 파이예 교수는 다시 한번 "해외영토에서의 특권과 이기적 이익을 옹호하려는 식민주의 정신"을 공격했다.[143] 회보 2호와 3호에서 협회는 또한 『식민주의, 인권의 나라 프랑스의 수치』라는 제목으로 "프랑스-베트남의 우정을 파괴한 자들이 베트남 민주주의 발전과 함께하는 프랑스의 진정한 이익을 배신했다"고 비난했다. 이 회보들에서 식민주의를 비난하는 내용을 엿볼 수 있는 『과도한 세금』, 『인종 차별적 비열함』, 『토지 약탈』, 『농민의 빈곤』, 『아편 및 알코올 관리국의 스캔들』과 같은 제목을 발견할 수 있다.

1946년 12월 8일, 프랑스-베트남 협회의 사이공 위원회와 마리우스 무테 사이의 회의에서 협회는 프랑스 해외영토부 장관에게 결의안

Cahiers de l'IHTP, No. 34(juin 1996), p. 117.
142) "Une conféence d'information sur la France et le Viê-Nam", *France-Viêt-Nam. Bulletin d'information*, 24 juillet 1946.
143) *France-Viêt-Nam*, 15 novembre 1946.

을 제출했다. 프랑스-베트남 협회(사이공 위원회)(Association France-Viêt-Nam(Comité de Saïgon)), 인권연맹(Ligue des Droits de l'Homme), 프랑스 사회당, 마르크스주의 문화그룹(Groupe culturel marxiste), 베트남 전국연합(Union Nationale du Viêt-Nam), 코친차이나 인민운동(Mouvement populaire cochinchinois), 연합주의 언론(Presse Unioniste)과 같은 단체들이 채택한 이 결의안은 적대 행위를 즉시 중단하는 것이 인도차이나의 파멸을 막고 프랑스의 이익을 보호할 수 있는 유일한 방법이라고 판단했다. 그러므로 그들에 따르면, "하노이에서 일어난 사건에 대해 기쁨을 감출 수 없었고 식민주의적 억압을 다시 확립할 것으로 기대"[144]했던 인도차이나의 프랑스 사회에서 일반적으로 받아들여지는 입장과는 거리를 두었다. 이들 단체는 고등판무관과 그의 주요 협력자들의 교체, 이전 합의 존중, 특히 코친차이나 자치공화국 정부의 해산을 요구했다. 그들은 또한 광범위한 권한을 갖추고 민주적 자유, 특히 표현의 자유의 회복을 위한 유리한 분위기를 조성할 수 있는 국민투표를 준비하기 위해 정치적 성격을 지닌 공동위원회를 임명할 것을 제안했다. 마지막으로 그들은 관련 국가의 연방 지위가 채택될 것을 바라면서 소위 연방 기관의 자의적 권한을 제한할 것을 제안했다.

프랑스-베트남 협회의 지속적인 활동 외에도 프랑스의 반식민주의 지식인은 당시 가장 참여적인 언론인 『에스프리(Esprit)』, 『레탕모데른(Les Temps Modernes)』, 『테무아냐주 크레티앵(Témoignage chrétien)』에서 자신들의 입장을 표명했다. 프랑스의 가장 큰 두 지적인 잡지인, 에마뉴엘 무니에를 중심으로 한 『에스프리』와 사르트르(Jean-Paul Sartre)가 창간한 『레탕모데른』은 식민주의에 반내하는 분명한 입장을 취한 최

---

144) *France-Viêt-Nam*, 21 janvier 1947.

초의 저널이었다.

1945년 10월 초, 프랑스 군 사법부는 파리에서 약 50명의 인도차이나인을 체포했다. 법원은 프랑스 국가가 권한을 행사하는 지역에서 프랑스 국가의 안보를 위협했다고 비난했다.

『레탕모데른』은 1946년 2월호에서 "프랑스어로 작성되어 프랑스에 배포되고 프랑스 여론이나 국제연합에 전달되는 전단지가 실제로 인도차이나에서 프랑스 행정부의 안보를 위협할 수 있는가"를 자문했다.[145] 동시에 사르트르의 잡지는 "인도차이나인의 존재에 대한 절대적인 권리", 다시 말해 독립에 대한 인도차이나인의 권리를 지지하는 강력한 입장을 취했으며, 프랑스 내 인도차이나 대표단의 지도자 중 한 명이자 유죄 판결을 받은 전단지의 저자인 쩐득타오(Tran Duc Thao)에게 칼럼의 대부분을 맡겼다.

아마도 덜 논쟁적일 수도 있지만 식민주의 이념의 공식적인 정당화에 단호하게 반대했던 언론은 에마뉘엘 무니에와 도메나크(Jean-Marie Domenach)를 중심으로 결집한 『에스프리』였다. 프랑스 연합을 "새로운 유기체, 세계적인 조직, 새로운 삶의 방식"으로 옹호한 식민 학교(École coloniale) 교장인 들라비네트(Robert Delavinette)의 기사[146]를 제외하고는 1945~46년 해외영토 문제를 다룬 세 편의 기사[147]는 프랑스 제국 정책을 비난했다. 이 기사들은 프랑스가 아프리카인들에게 저지른 '엄청난 죄악'에 대해 이야기하고, 해외 민족들과의 평등한 협력을 요구하며, 안

---

145) *Les Temps modernes*, No. 5(février 1946), p. 878.
146) Robert Delavignette, "L'Union française à l'éhelle du monde, à la mesure de l'Homme", *Esprit*, No. 112(juillet 1945), pp. 214-236.
147) Léopold Sedar Senghor, "Défense de l'Afrique noire", No. 112(juillet 1945), pp. 237-248 ; Henri Davenson, "Nuages sur l'Indochine", No. 115(octobre 1945), pp. 680-681 ; Joseph Rovan, "La France devant l'Indochine", No. 116(novembre 1945), pp. 830-835.

남 민족의 해방을 요구하고, 식민주의의 비인도적인 입장을 비난했다. "언젠가는 안남족의 해방을 향한 젊은 열망을 받아들여야 한다고 생각한다. 그러나 우리는 가능한 한 잔혹한 기한을 넘기면서 그들의 열망을 지연시키고 있으며, 식민주의의 비인간적 입장을 차근차근 옹호하고, 오른손이 주는 척했던 것을 왼손이 빼앗아 버린다".[148]

1941년 11월 리옹(Lyon)에서 비밀 연구지(誌)(Cahiers) 형태로 창설된 『테무아냐주 크레티앵』 역시 매우 일찍부터 인도차이나의 독립을 지지하는 입장을 취하고 민족 해방 운동을 지원했다. 이 기독교 좌파 주간지는 총독과 장관들이 극동의 민족들과 나라들이 변하고, 민족주의 사상이 확산된다는 사실을 인지하지 못하며, 반세기가 넘은 정치, 행정 체제를 변화 없이 그대로 유지하려는 것이 어처구니가 없다는 사실을 이해하지 못하는 것을 아쉬워했다. 1945년과 1946년에 인도차이나 문제를 다룬 14개의 기사를 통해 『테무아냐주 크레티앵』은 인도차이나와 완전하고 공정한 관계를 맺을 것을 끊임없이 요청했다.

그러나 이 주간지가 2차 대전 종전 직후 이들 민족의 해방에 동의했다면 그것은 오히려 그러한 인정이 프랑스의 물질적, 문화적, 종교적 이익을 보호할 것이라고 생각했기 때문이었다.

> 프랑스의 가톨릭 신자들이 안남인들의 독립을 위한 대의를 지지하지 않는다면, 그들은 그들의 정당한 열망을 이용할 기회를 엿보고 있는 반기독교 이데올로기를 조장하는 국가나 정당으로 서둘러 갈 것이다.[149]
> 사실 우리는 마지막 갈등으로 인해 불가피해진 식민지 민족의 해방에 반대하려는 것이 이제 헛된 것이라고 믿는다. 인도차이나반도에서 우리의 문

---

148) Joseph Rovan, "La France devant l'Indochine", *op. cit.*, p. 832.
149) Robert Barrat, "Quand finira la bataille d'Indochine?", 1er mars 1946.

화적, 심지어 경제적 영향력을 보호하는 가장 좋은 방법은 반대로 상호 신뢰와 존중 속에서 이러한 해방을 촉진하기 위해 가능한 모든 일을 하는 것 같다.[150]

인도차이나에서 우리가 직면한 유일한 권위는 호치민 정부의 권위이다. 이 권위를 인정하는 것이 우리가 인도차이나에 남을 수 있는 유일한 기회이다.[151]

일부 투쟁적인 잡지뿐만 아니라 지식인을 위한 '진지한 저널'에서도 표현된 이러한 모든 활동과 비난에도 불구하고, 반식민주의의 설계자들은 바람직하거나 치명적인 발전으로 여겨지는 탈식민지화 현상에 대한 여론을 준비하는 데 적어도 단기적으로는 성공하지 못했다. 아마도 종전 이후 그들은 소명도 없었고 프랑스인 다수를 동원할 가능성도 없었던 것 같다.

2) 프랑스인들의 무관심

프랑스 국민은 유럽 전쟁의 종식, 독일에 억류된 200만 프랑스 국민의 귀환, 대숙청의 우여곡절, 그리고 폐허와 인플레이션, 물자 부족으로 일상생활의 어려움에 사로잡혀 있었기 때문에 해외영토 문제에는 거의 관심이 없었다. 1945년과 1946년 동안 이 문제는 여론의 주요 관심사가 아니었으며, 소수의 전문가와 지식인들만이 이 주제에 관심을 가졌다.

마찬가지로, '식민제국의 정화(精華)(fleuron de l'empire colonial)'인 인도차이나의 미래가 당연히 임시정부와 식민지 단체의 관심사였다면, 프

---

150) "France et Viêt-nam vont-ils s'entendre?", 5 juillet 1946.
151) Robert Barrat, "La sang français coule en Indochine, à qui la faute?", 6 décembre 1946.

랑스 여론도 그랬다고 말할 수는 없다. 사실 1945년에 인도차이나에서 무슨 일이 일어나고 있는지에 대해 관심을 갖는 사람은 거의 없었다. 여론조사 기관에서 '무관심(indifférents)' 혹은 '의견 없음(sans opinion)'으로 분류된 비율이 꽤 높았다. 인도차이나에 대한 재정복이 시작된 1945년 9월, 프랑스 국민의 4분의 1은 프랑스여론연구소가 묻는 "인도차이나의 운명은 어떻게 되겠는가?"[152]라는 질문에 어떠한 대답도 하지 못했다. 프랑스 극동원정군(CEFEO : Corps expéditionnaire français d'Extrême-Orient)의 출정은 머나먼 땅에서 진행되는 프랑스 해방의 연속으로 보였다. 1945년 9월 조사 대상자의 63%가 인도차이나가 프랑스로 남을 것이라고 생각했기 때문에 미래를 확신한 가운데, 여론은 일상생활과 당장의 삶과 관련된 다른 더 걱정스러운 근심거리를 가지고 있었다.[153]

도지사 보고서 또한 여론의 무관심과 수동성 및 반응 부족을 강조했다.[154] 이처럼 1945년 6월 15일자 보고서에서 바스알프(Basses-Alpes) 지사는 "여론이 극동에서의 작전에 대해 피상적인 관심만 보일 뿐이다"라고 지적했다.[155] 같은 맥락에서 "인도차이나 문제는 여론을 자극하지 않는다"[156] ; "대중은 인도차이나와 태평양 영토에서 우리가 방어해

---

152) *Sondages*, No. 4(septembre 1945), *op. cit.*, p. 182.
153) 실제로 1945년 9월 조사에 따르면 프랑스 공화국 제도의 가능한 가장 빠른 재구축, 임금과 가격의 정상화, 행정 기구의 완화, 공급품의 개선이 모든 프랑스 계층의 가장 주요한 문제였다.
154) 대부분의 도지사 보고서에서 인도차이나 문제, 심지어 식민지 문제는 경제 문제에 비해 최소한의 비중만을 차지했다. '정치적 상황(Situation politique)' 난에서는 국내 문제가 우선적으로 나누어졌다. 게다가 '대외정세(Situation extérieure)' 부분에서도 '해외(outre-mer)' 문제는 '평화(Paix)' 문제 다음 순위로 밀려났다. 우리가 참조한 1945년부터 1946년까지의 35개의 도지사 보고서 중 19개만이 인도차이나 문제를 다루었다.
155) A.N. F¹ᶜIII 1206, Basses-Alpes, juin 1945.
156) A.N. F¹ᶜIII 1210, Bouche-du-Rhônes, septembre 1945.

야 하는 이익의 중요성을 완전히 이해하지 못하는 것 같다"[157] ; "여론은 절차의 복잡성으로 인해 접근하기 어려운 퐁텐블로 회의 관련 내용을 주의 깊게 살펴보지 않는 것 같다"[158] ; "우리는 더 이상 어떤 열정도 느끼지 않는다"[159] ; "인도차이나 사건은 논란이나 관심을 불러일으키지 않는다"[160]와 같은 보고서를 접할 수 있다. 결과적으로 부슈뒤론과 드롬 지역의 지사는 프랑스 해외영토부 장관에게 인도차이나 지역에서 프랑스의 식민지화 및 문명화 작업을 여론에 알리기 위한 선전활동을 주도해 줄 것을 강력히 요청했다.

그러나 여러 지역에서는 일종의 비관론과 함께 무관심에 대해 이야기했다. "여론은 극동에서 계속되는 전쟁에 부차적인 관심만을 갖고 있는 것 같다. 그러나 전쟁이 끝날 때 우리 인도차이나의 운명이 어떻게 될지 걱정된다"[161] ; "프랑스는 의심할 바 없이 이 식민지를 보존하는 데 큰 어려움을 겪을 것이다"[162] ; "현재 프랑스가 인도차이나에서 직면하고 있는 어려움은 불안하게 보인다"[163] ; "여론은 극동지역의 국제 문제에 대해 상당히 무관심한 것 같지만 그럼에도 불구하고 여전히 우려하고 있다".[164]

반면에 센에마른(Seine-et-Marne) 도의 경우 이러한 무관심은 긍정적이고 낙관적으로 평가되었는데, 이는 '걱정 없는 자신감'에 기인했기 때

---

157) A.N. F^{lc}III 1217, Drôme, juin 1945.
158) A.N. F^{lc}III 1218, Indre, juin 1946.
159) A.N. F^{lc}III 1227, Seine-et-Marne, 15 janvier 1946.
160) A.N. F^{lc}III 1229, Somme, septembre 1945.
161) A.N. F^{lc}III 1212, Charente, juin 1945.
162) *Ibid.*, septembre 1945.
163) A.N. F^{lc}III 1224 Haut-Rhin, 9 octobre 1945.
164) A.N. F^{lc}III 1229, Deux-Sèvres, 13 décembre 1945.

문이라고 볼 수 있다. "극동 문제는 더 이상 여론을 차지하지 않는다. 이 먼 땅에서 일어나고 있는 일에 대한 분노가 폭발한 후, 우리는 그것이 주요 일간지 기자들이 보도한 모순된 투쟁의 현장이 아니라는 것을 쉽게 상상하며 인도차이나의 우리 군사 및 정치 대표자들을 신뢰하는 데 만족한다".[165]

인도차이나 문제에 대한 프랑스의 무관심 현상에 대해 론(Rhône) 지사의 1945년 7월 보고서는 고려해 볼 만하다. 극동에서의 전쟁이 끝나고 결과적으로 프랑스가 인도차이나로 돌아올 가능성이 있는 상황에서 론 지사는 이러한 종류의 무력감에 대한 이유를 훌륭하게 분석했다.

> 내가 이 보고서를 쓰는 동안 일본의 항복과 그에 따른 전쟁의 종식은 이제 막 이루어졌다. 그에 대한 반응은 거의 일어나지 않았다고 말할 수 있다. 그 원인은 종전이 너무 늦게 이루어져서 그런 걸까? 독일이 패망한 이후 프랑스와 일본 간의 원거리에서의 전쟁, 즉 간접적인 갈등이 진정한 국가의 전쟁으로 간주되지 않았기 때문일까? 모든 것에 지친 대중, 심지어 좋은 소식이 일반적인 수준에서 제시될 때에도 개인적이고 즉각적인 이익만을 고려하기 때문일까? 이 세 가지 이유는 의심할 여지없이 결합되어 국가가 관심을 갖는 일반적인 문제에 대한 대중의 정신 상태를 특징짓는 일종의 무감각과 거의 무관심을 정당화한다.[166]

이러한 질문에 대한 여론의 무관심은 프랑스 해방 이후 깨뜨리고 싶지 않은 환상과 행복의 순간을 경험했다는 사실로도 설명된다. 이제는 포로와 수감자들의 귀환의 시기였다. 그런데 왜 프랑스인들은 전쟁이라고 이야기할 수조차 없는 그런 '사소한 문제'에 관심을 두어야 한

---

165) A.N. F^{Ic}III 1227, Seine-et-Marne, 31 décembre 1945.
166) A.N. F^{Ic}III 1225, Rhône, juillet 1945.

단 말인가! 지난 5년의 참상을 떠올리게 하는 모든 것은 밀어내야 했다.[167]

　마지막으로, 대중의 일종의 무감각은 무관심으로 오인될 수도 있었다. 정보가 부족하거나 불충분하고 정치적 이데올로기에 의존하는 경우가 너무 많았기 때문에 여론은 충분한 관심을 가지고 전개된 사건들을 따라가지 못했다. 역사가 다벤손(Henri Davenson)은 이미 "우리가 인도차이나로 돌아갈 때 직면하게 될 주목할 만한 어려움에 대해 프랑스인들에게 충분히 알리지 못했다"고 지적했다.[168] 그 결과 오해가 생겼고, 이는 또 새로운 어려움을 낳았다. 인도차이나에서 돌아온 프랑스 국민, 군인, 민간인들은 고통스럽고 알려지지 않은 원정 기간에 치른 그들의 노력, 상황, 희생에 대한 관심이 거의 없는 것에 너무 자주 놀랐고 때로는 분개했다.[169]

　이러한 설문 조사와 도지사 보고서를 통해 우리는 궁극적으로 목적이 제대로 정의되지 않고, 일상적인 문제와 거의 관련이 없는 머나먼 곳에서 벌어진 갈등에 대한 프랑스인의 집단적이고도 대대적인 무관심을 지적할 수 있다. 결국 이 먼 나라들과 매우 멀리 떨어져 있던 프랑스인에게는 그 어떤 것도 중요하지 않았다. 이로부터 무지, 몰이해, 불필요한 인식, 심지어 '이국정서'에 기반한 차이에 대한 피상적인 취향이 생기기도 했다. 따라서 프랑스 여론의 경우 식민주의 이념에 대한 이론적 고수는 실질적인 무관심과 밀접하게 연관되어 있었다고도 볼 수 있는 것이다.

---

167) Michel Bodin, *La France et ses soldats. Indochine, 1945-1954*(Paris: L'Harmattan, 1996), p. 150.
168) Henri Davenson, *De la connaissance historique*(Paris: Le Seuil, 1954), p. 680.
169) Rémy Roure, "Union française ou abandon", *Le Monde*, 18 avril 1946.

1부 결론

제2차 세계대전이 끝난 후에도 프랑스는 여전히 식민지의 운명을 통제할 수 있었다. 확실히 변화가 불가피하다는 것은 인식했지만, 식민지에서의 프랑스 존재는 열광을 불러일으키지 않은 가운데 일반적으로 대중에 의해 받아들여졌다. 일반 사람들이 프랑스가 해외에서의 활동을 자랑스러워할 수 있다고 생각했다면, 사실 이들은 이전 제국에 관심이 없었었다. 더욱이, 프랑스인들은 식민제국의 명백한 종말과 2류 세력으로서의 상황을 받아들이기는커녕 스스로 독립을 선언했던 인도차이나에 대한 주권을 회복할 것을 주장했다. 식민 문제에 전혀 무관심하다고 평판이 났으면서도 역사적 상황이 식민제국을 비난하는 것처럼 보이는 시기에 식민제국을 방어하기로 결심한 프랑스인들의 이 역설을 어떻게 설명할 수 있을까? 이후의 사건에서 알 수 있듯이 식민주의 의식은 매우 피상적인 상태로 머물러 있었다.

실제로, 프랑스의 영토 해방, 즉 2차 대전 종전부터 인도차이나전쟁이 시작될 때까지 프랑스인들은 몇몇 드문 경우를 제외하고는 오래된 사고와 행동의 틀 속에서 살았다. 이 기간은 무엇보다도 커다란 무지로 특성시켜졌다. 프랑스 본토에서는 심지어 호치민이라는 이름도 알지 못했고, 베트민의 성격에 대해서도 전혀 몰랐다. 두 번째 특징은 많은 프랑스인이 제2차 세계대전이 식민지 상황에 아무런 영향을 미치지 않은 에피소드에 불과했다고 진심으로 생각했다는 사실이다.[170] 그들은 인도차이나 사람들의 의식에 일어난 변화의 깊이를 측정하지 못했다. 소수의 정치인과 그보다 적은 프랑스 일반인들만이 인도차이나가 프랑스의 통제에서 벗어날 수 있다고 생각했다. 극소수의 그룹, 특히 트로츠키주의자들만이 진정한 반식민주의적 신념을 표명했다.

단호함과 협상 사이에서 선택하는 방법을 명확하게 알지 못했고, 2차 대전과 식민지의 민족적 상황에서 비롯된 새로움의 결과를 이끌어내지 못하고 세계속의 프랑스의 영향력에 대한 드골주의 유산을 이어받았으며, 식민지 현장에 프랑스 민간인과 군 대표에 대한 복종심을 가져오는 것에 무능한 가운데 프랑스 공화국은 자신들이 피했다고 주장했던 전쟁에 휘말려들게 되었다.[171] 프랑스 본토와 전 세계에서 '머나먼 더러운 전쟁'이 될 이 인도차이나전쟁은 식민주의 지지자들과 반대자들 사이의 격렬한 충돌의 첫 번째 장을 열게 되었다.

---

170) Alain Ruscio, "L'opinion française et la guerre d'Indochine, 1945-1954: sondages et témoignages", *Vingtième Siècle. Revue d'histoire*, No. 29(janvier-mars 1991), p. 42.
171) Jean-Pierre Rioux, *La France de la Quatrième République. 1. L'ardeur et la nécessité (1944-1952)*(Paris: Éd. du Seuil, Coll. "Point Histoire", 1994), p. 138.

2부

'머나먼' 인도차이나전쟁

서문

　1946년 이래 인도차이나에서의 상황은 진정한 전쟁국면으로 인식되었다. 실제 "우리는 전쟁 중이다!"라는 문구가 1946년 말 프랑스 의회에서 처음으로 인용되었다. 1946년부터 1949년까지 인도차이나전쟁은 전적으로 프랑스-베트남 간의 식민지 전쟁으로 이해되었다. 베트남의 보 응우옌 지압 장군이 '호랑이와 코끼리의 전쟁'이라고 묘사했던 전쟁의 초기 프랑스의 목표는 식민지 재정복이었다. 1949년 말까지 프랑스인들은 베트남 전역에 자신들의 지배권을 확립하고자 했으며, 인도차이나에서의 분쟁은 본질적으로 식민지 전쟁으로, '프랑스 연합' 내에서 해결해야 할 문제로 인식되었다.

　반면에 1950~1954년 동안 인도차이나의 첫 번째 위기는 전혀 다른 맥락에서 정점에 이르렀다. 일련의 사건들, 즉 장제스의 중국 국민당에 대한 중국 공산당의 승리, 마오쩌둥(Mao Zedong) 군대의 인도차이나 북쪽 국경선에의 접근, 프랑스에 의한 베트남의 옛 황제 바오 다이의 베트남국의 승인, 공산권 국가들에 의한 호치민 정부의 승인, 서방국가에 의한 바오 다이 정부 승인, 한국전쟁의 시작 등으로 인한 국제정세의 변화는 전쟁의 성격을 근본적으로 탈바꿈시켰다. 냉전의 논리가 지배적인 상황에서 프랑스 정치지도자들은 인도차이나전쟁을 동남아시아에서 '공산주의의 위협'에 대항하는 서방국가의 십자군 전쟁으로 소개하며 주의를 끌고자 했다. 공식적인 연설에서 '프랑스 주권의 회복'은 '국제 공산주의의 억제'로 대체되었다. 그러나 부차적인 것이 되었다 할지라도 인도차이나전쟁의 식민주의적 측면이 완전히 사라진 것은 아니었다. 베트민은 프랑스 식민주의와 미국 제국주의의 결합을 비난했다. '자유세계의 보병' 프랑스는 프랑스 연합의 유지를 위해서도 역시 싸우고 있었다.[1]

하지만 프랑스인 다수는 극동지역에서 벌어지는 일들에 대해, 의회에서의 논쟁과 복잡하게 얽혀있는 혼란한 상황에 대해 잘 이해하지 못했다. 그들은 이 머나먼, 그리고 이해할 수 없는 전쟁에 지쳤고 무관심했다. 그들의 눈에 인도차이나에서의 분쟁은 새롭게 건설되고 있는 국가의 재정에 영향을 미친다는 측면에서만 중요성을 지녔다. 사실 직업군인과 식민지 보충병에 의해 수행되고 있는 인도차이나전쟁은 여론을 집결시키지 못했다.

인적 희생과 프랑스에 부과된 막대한 군사비에도 불구하고 왜 인도차이나전쟁은 모든 프랑스 국민에 의해 국가적 전쟁으로 간주되지 않았을까? 프랑스인들은 왜 이 먼 아시아 식민지에 관심이 없었을까? 인도차이나는 왜 그리고 어떻게 전쟁터가 되었으며, 어떤 이들에게는 '자유 세계'의 지지자들과 '공산주의 독재'의 지지자들을 대결시키는, 또 다른 이들에게는 '서구 제국주의자들'과 '베트남 애국자들'을 대립시키는 전쟁의 무대가 되었을까? 베트남 민족주의와 프랑스 제국 권력 사이의 대결이 새로운 국제 환경으로 특징지어진 전쟁 후반기에, 프랑스인들은 왜 아시아에서 프랑스의 주둔을 유지하려는 옛 이상을 단호하게 거부하지 못했을까? 시간이 흐르면서 정당과 지식인의 입장은 어떻게 변해

---

1) Jacques Dalloz, *La guerre d'Indochine, 1945-1954, op. cit.*, p. 274.

갔는가? 전쟁 중 발생한 '사건들(affaires)'은 여론 진화에 어떤 역할을 했는가? 이러한 모든 질문에 대해 여론조사, 도지사 보고서 및 다양한 정기 간행물의 분석을 통해 전쟁에 상대적으로 무관심한 프랑스의 반응을 보다 잘 측정할 수 있고, 소수의 활동가들이 자신들의 대의에 대한 진정한 열정을 불러일으키지 못한 이유를 이해할 수 있을 것이다.

3장

여론의 변화

확실히 정계(政界)는 인도차이나전쟁 기간 이 사건에 열정적으로 관여했고 서로 분열되기도 했다. 하지만 프랑스 전체도 그만큼 이 문제에 관심을 표명했는가? 이 질문에 대한 답변은 긍정적이지 않다. 1950년대 보통의 프랑스 사람들에게 인도차이나전쟁은 목적이 분명치 않은, 일상적 문제와 유리된 '머나먼 전쟁'이었다. 참전군인의 가족이나 지인들처럼 전쟁에 직접 관련된 사람들을 제외한 프랑스인 대부분은 이 문제에 대해 큰 관심을 갖지 않았다. 무관심과 무지는 1946~1954년 시기 모든 여론조사와 도지사 보고서를 통해 드러났다.[2]

비록 다수의 프랑스인이 무관심했지만, 일부는 자신들의 입장을 표명했다. 이들은 전쟁에 대한 특정한 입장을 지니고 있었고, 정부의 정책에 대해 평가했으며, 식민지 문제에 대한 자신의 신념을 표출했다. 이들은 그들의 감성과 직접적인 이해관계에 따라 다양한 방식으로 반응했다. 이 장에서는 인도차이나 사건에 대한 프랑스 여론에 대해 알아보고 그들의 행동에 대해 분석해보고자 한다.

---

2) Jae-Won Lee, *Les Français et l'idée coloniale, op. cit.*, pp. 158-178.

1. 전쟁의 첫 번째 국면 : 식민지 재정복 활동

1945년 9월, 6개월 전에 축출된 프랑스 식민지 정착민들은 인도차이나에 다시 발을 들여놓기 시작했다. 호치민 정권은 창설부터 전쟁에 돌입했다. 그러나 1년 이상 협상과 무력 사용을 오가며 '역사'는 머뭇거렸다. 마침내 1946년 12월 19일에 적대행위가 발발했다.[3]

1949년말 까지 프랑스인들은 인도차이나 전 지역에 걸쳐 그들의 주권을 회복하려고 노력했다. 이 시기의 전쟁은 본질적으로 '식민지 전쟁(guerre coloniale)'이었으며, 2차 대전 후 프랑스가 구(舊)식민지와의 관계 개선을 위해 마련한 프랑스 본국과 구식민지 여러 지역의 연합체인 '프랑스 연합'의 틀 속에서 해결해야 할 문제로 인식되었다. 프랑스 원정군의 극동지역으로의 출정은 2차 대전 막바지부터 진행된 프랑스 해방(Libération)의 연장선상에서 이해되었다.

프랑스 국내적으로 볼 때, 인도차이나전쟁은 정치권에 영향을 미쳤지만 여론을 동요시키지는 못했다. 일반 국민에게 있어서는 무엇보다도 2차 대전 후의 복구의 문제, 정치·경제·사회에 있어서의 국가 재건의 문제, 봉급과 물가의 안정 문제가 우선이었던 것이다. 또한 군인들 대부분이 구식민지인 해외영토에서 충당되었고, 상대적으로 소수의 프

---

3) 1946년 11월 20일 무기 수입을 통제할 수 있는 세관 관할권을 둘러싸고 베트남 북부 항구도시 하이퐁(Haiphong)에서 프랑스군과 베트남 민주 공화국의 주체 세력인 베트민 사이에 무력 충돌이 발생했다. 11월 23일 프랑스는 하이퐁 항을 공습한 후 점령하고, 12월 초 전투는 하노이까지 확산되었다. 12월 19일 밤 베트민은 하노이의 발전소를 파괴하고 시내 곳곳에서 프랑스군을 공격하면서 인도차이나전쟁의 막이 올랐다. 프랑스군은 우세한 화력을 앞세워 공격을 막아내고 다음날에는 하노이 중심지를 장악하기에 이르렀다. 20일 하노이를 탈출한 베트민 정부의 주석인 호치민이 21일 베트남인들에게 최후까지 투쟁할 것을 호소하고, 프랑스군이 23일 북부와 중부의 북쪽 지대에 계엄령을 선포하자 사태는 걷잡을 수 없이 확대되었다.

랑스인만이 그들의 가족을 전쟁에 보냈기에,[4] 프랑스 사람들은 인도차이나전쟁을 '그들의 전쟁'으로 생각하지 않았다. 프랑스인들의 눈에 인도차이나전쟁은 '머나먼 전쟁'이었고, 목표도 제대로 설정되지 않았으며, 현실과는 동떨어진 것이었다.

지구 저쪽 끝에서 진행되는 전쟁에 대해 국가는 지속적인 관심을 기울이지도, 일관된 정책을 수행하지도 않았다. 전쟁 발발 직후, 폴 라마디에 정부의 출범과 함께 시작되는 프랑스 제4공화국은 전쟁이 종결되는 1954년 7월까지 무려 13번의 정부가 교체되는 정치적으로 불안정한 시기를 보낸다. 이러한 상황에서, 2차 대전의 아픈 기억으로부터 벗어나 새로운 각오로 국가 재건에 힘쓰는 국민들에게 전쟁 상황을 알리고, 국민의 동의하에 일관되고 체계적인 식민지 정책을 수행하기란 쉬운 일이 아니었다.

1) 여론의 동향

전쟁이 시작되자 프랑스는 무력 사용을 불가피하게 받아들였고 인도차이나 문제의 복잡성과 그 불확실성을 점차 깨달았다. 그러나 인도차이나에서의 분쟁은 '거리의 사람들'에게 무엇을 의미했을까?

프랑스인들의 인도차이나 문제에 대한 전반적인 무관심에도 불구하고 '인도차이나의 미래'에 대해서는 프랑스인들 다수가 낙관적인 입장을 보였다. 전쟁 초인 1947년 1월, 프랑스 여론연구소는 "인도차이나가 프랑스 연합에 남을 것이라고 생각하십니까?"라는 1945년의 여론조사 때와 같은 질문을 던졌다. 58%의 긍정적인 응답은 15개월 동안

---

[4] 그나마 파견된 프랑스 출신의 군인들은 모두 지원병이었으며, 그 수는 전쟁 기간 내내 7만 명을 초과하지 않았다.

의견이 거의 변하지 않았음을 보여주었으며, 프랑스인의 5%만이 이전의 '낙관론'을 상실했다. 인도차이나에서의 프랑스의 미래를 믿지 않는 사람들의 비율은 12%로 변하지 않았다. 노동계급 내에서 인도차이나를 유지하는 것에 대해 가장 낙관적인 사람은 상인(commerçants)과 직공(industriels)(66% "예", 대 13% "아니오") 그리고 자유직 종사자(professions libérales)(66% 대 19%)였다. 정치적 성향에 따른 의견은 그다지 차이가 나지 않았다. 공산주의 유권자의 52%는 인도차이나가 프랑스 연합에 남을 것이라고 확신했고, 사회주의자와 급진주의자는 64%, 자유공화당(PRL)은 65%, 인민공화운동은 67%가 인도차이나의 미래를 낙관적으로 전망했다. 전체적으로 보았을 때, 응답자의 58%가 인도차이나가 프랑스 연합의 일원으로 계속 남아 있을 거라 대답했고, 12%만이 반대의 의견을 보였다.[5] 이와 같은 낙관론은 영국과 미국 언론인들을 놀라게 했는데, 예를 들어, 1947년 1월 22일자 『뉴욕 타임즈(New York Times)』는 프랑스가 "아시아에서 무력으로 식민지를 유지하려고 시도한 유일한 유럽 국가"라고 언급했다.

　같은 여론조사의 또 다른 질문인 "(인도차이나에서) 어떤 정책을 취해야 할 것이라고 생각하는가?"에 대해서는 의견이 정확히 양분되었음을 볼 수 있다. 한편에서는 정부가 단호한 입장을 취할 것을 요구했고, 다른 한편에서는 상황이 악화되는 것을 막기 위해 합의점을 모색할 것을 권고했다. 실제로 조사 대상자의 37%가 무력 사용이 필요하다고 생각했으며, 22%가 반대로 베트남의 독립을 승인할 것을 요구했고, 15%가

---

5) "Pensez-vous que l'Indochine restera dans l`Union française?", *Sondages, op. cit,*, mars 1947. 그러나 인도차이나에 대한 관심과 지식의 부족으로 질문에 대답을 못하는 30%나 되는 '의견 없음(Sans opinion)'이 보여주듯이, 어느 정도의 낙관론에도 불구하고, 인도차이나 문제는 전쟁 초기부터 여론의 관심을 끌지는 못했다.

베트남과 협상해야 한다고 주장했다. 또한 5%는 협상 전에 치안을 유지해야 된다는 의견을 제시했고, '다른 대답들' 3%, '의견 없음' 18%로 조사됐다. 이처럼 프랑스는 처음부터 분열되었고, 두 정책 사이에서 결정하지 못하면서도 정부에 대한 신뢰는 유지했다.

두 달 후 전쟁의 책임을 묻는 질문에 대해서는 다음과 같은 결과가 나왔다(표 3).

표 3. 누가 전쟁에 대해 책임이 있다고 생각하는가? (1947년 3월 질문)

베트남-인도차이나인들	18%
베트남의 소수의 미치광이 ; 호치민과 그 도당 ; 토착 지식인	
프랑스 정책	11%
프랑스 제국주의 ; 행정 태만 ; 선동가들을 자유롭게 내버려둔 프랑스의 식민정책 ; 잘못된 정책을 한 프랑스	
공산주의자들의 선전활동	10%
일본 8% ; 소련 5% ; 국제 자본주의 5% ; 프랑스 군 책임자 4% ; 앵글로색슨인	3%
프랑스, 베트남 양측 모두의 책임	2%
다른 의견들	5%
의견 없음	29%

가장 높은 비율이 전쟁 발발의 책임을 베트남과 인도차이나인들에게 돌렸고, 그 뒤를 이어 프랑스의 정책과 공산주의자들의 선전활동을 들었다. 질문에 대한 응답 부재는 인도차이나에 대한 프랑스인의 무관심과 주저함을 나타냈다. 게다가 위의 입장은 정치적 선호도에 따라 매우 가변적이었다(표 4).

표 4. 정치적 선호도에 따른 인도차이나 분쟁의 책임

	공산주의자	사회주의자	공화좌파연합 (RGR)	인민공화운동 (MRP)	자유공화당 (PRL)
베트남, 인도차이나인들	6%	16%	21%	28%	37%
프랑스 정책	21%	11%	11%	6%	10%
공산주의자들의 선전활동	--	7%	19%	19%	24%
일본	6%	9%	6%	10%	3%
소련	--	4%	8%	7%	8%
국제 자본주의	15%	4%	--	--	--
프랑스군 책임자	14%	4%	3%	--	--
앵글로색슨인	5%	4%	2%	3%	2%

공산주의자들에게 있어 전쟁의 책임은 프랑스에 있었다. 사회주의자들은 베트남과 인도차이나인들에게 책임을 돌렸지만, 프랑스 정책의 문제점 역시 지적하는 데 주저하지 않았다. 유권자들은 "급진파와 인민공화운동, 그리고 자유공화당은 인도차이나의 공산주의를 비난했다.

1947년 3월, 인도차이나에서 프랑스 정책에 대한 의회 토론 이후 프랑스 대중의 대다수(55%)는 베트남 정부와 협상이 필요하다는 의견을 갖고 있었고, 29%는 전쟁을 계속하기를 원했으며, 16%는 자신의 의견을 표명하지 않았다.[6] 이러한 입장의 차이는 정치인을 대하는 태도에서도 나타났다. 즉각적인 협상을 요구하는 사람들은 드골 장군의 복귀에 반대했지만, 전쟁 지속을 선호하는 사람들은 종종 이를 원했다. 마찬가지로 호치민과의 대화를 선호하는 사람들은 이에 반대하는 사람들보다 더 레옹 블룸의 복귀를 원했다. 프랑스인들은 프랑스 해외영토

---

6) *Sondages*, 1er mai 1947(1947년 3월의 여론조사), p. 90.

부 장관인 마리우스 무테의 정책에 대해 논평하는 것을 대체로 주저했는데, 이는 전반적으로 전쟁의 지속이나 즉각적인 협상 어느 쪽에도 만족하지 못했기 때문이었다.

인도차이나전쟁이 진전되면서 일종의 비관론도 등장했다. 인도차이나 사건에 더해 마다가스카르 반란이 추가되면서, 1947년 4월부터 프랑스 연합의 미래 자체가 의문시되었다. 여론조사에 따르면, 프랑스인의 35%는 "프랑스 연합의 모든 국민이 결국 프랑스와 연합했던 모든 관계를 끊게 될 것"이라고 생각했다. 프랑스 연합의 지속가능성을 믿는다는 응답자는 37%에 불과했고, 응답하지 않은 이들은 28%였다.[7]

1947~1948년에 걸쳐 군사적 해결책을 찾지 못한 프랑스는 정치적 해결을 모색하게 되었다. 1948년 6월 호치민의 베트민 정부에 대항하는 민족주의 정권을 수립하여 이와 협상하고자 했는데, 이때 등장하는 것이 응우엔(阮) 왕조의 마지막 황제인 바오 다이를 주석으로 하는 친프랑스 정부를 세우려는 이른바 '바오 다이 해결책(solution Bao-Daï)'이었다. 프랑스인들은 이제 어느 정도 해결의 실마리를 찾았다고 생각했으며, 아마도 이러한 낙관론의 영향인 듯, 1948년 11월의 여론조사에 의하면 인도차이나 문제가 프랑스인들 관심사의 맨 말미를 차지하게 된다.

그러나 전쟁이 계속되고 상황이 호전되지 않자 회의적 태도를 보이는 자들이 많이 늘어났다. 1949년 7월에 실시된 조사를 통해 여론의 중요한 변화를 목격할 수가 있다.(표 5)[8]

---

7) "L'avenir des territoires d'outre-mer", *Sondages*, 1er juin 1947, pp. 119-120.
8) "Que faut-il faire en Indochine?", *Sondages*, 1er septembre 1949, pp. 75-76.

표 5. 인도차이나에서 어떤 정책을 취해야 할 것이라고 생각하는가?

전쟁을 중단할 것 33%
  전쟁 선포에 서명한 사람은 이유가 무엇이든 간에 범죄자이다. ; 모든 군사적 개입을 중단하라. ; 우리 아이들의 죽음을 피하기 위해 가능한 한 빨리 평화협정을 맺어라.

전쟁을 계속할 것 19%
  지원군을 보내어 그들을 병력에 배치하라. ; 계속하시오. 힘들게 얻은 식민지를 잃지 마시오. ; 바오 다이를 우리가 배치했으니 그를 지지하라. ; 우리는 공산주의자들과 거래하지 않는다.

인도차이나를 포기할 것 11%
  평화조약에 서명하고 우리 군대를 다시 불러오라. ; 군인들을 송환하고 쓸데없이 사용되는 수십억 달러를 절약하라. ; (우리들 상황이) 충분히 고려되는 가운데 명예롭게 떠나라. ; 어떤 식으로든 우리는 강제로 떠나게 될 것이다.

인도차이나에 자유를 부여할 것 5%
  그들을 평화롭게 놔두어라. ; 인도차이나를 스스로 통치하게 하라. 우리의 역할은 여기까지이다.

이익을 취하며 화해할 것 5%
  전쟁을 멈추고 식민지를 지켜라. ; 독립을 주되 경제적 (이익을 취할 수 있는) 출구를 마련하라. ; 원주민과 합의하고 프랑스와 협력하는 정부를 구성하라. ; 모든 분야에서 평화와 프랑스의 영향력을 회복하라.

가능하면 인도차이나에 머무를 것 2%
  권위를 주장하거나 물러나라. ; 전격전을 벌이거나 쫓겨나기 전에 가능한 한 빨리 떠나라.

다른 의견들 2%
  우리의 이익을 보호하기 위해 미국인에게 (인도차이나를) 넘겨라. ; 선거를 실시하고 유권자의 의견을 따르라. ; (수상) 라마디에를 전투 조직의 중사로 파견하라. ; 인도차이나인들을 착취하는 프랑스인 정착민을 몰아내라. ; 호치민을 제거하라.

의견 없음 23%

이제는 적대행위를 계속하자는 의견이 전쟁 종결의 열망 앞에 자리를 양보하게 된다. 전쟁지지자들은 19%에 불과하게 된다. 1947년 1월에 37% 였던 '평화주의자들'이 1949년에는 49% 이상으로 늘어난 것이다. 프랑스인들은 이제 인도차이나전쟁이 엄청난 재정적 손실과 인명피해를 야기할 것을 두려워하기 시작했다. 그들은 정부의 식민지 정책에 동의하지 않았고, 대다수가 그것이 위험하고 비싼 대가를 치러야 한다고 판단했다.

지금까지의 조사를 통해 우리는 몇 가지 사실을 지적할 수 있다. 먼저, 프랑스인들의 무관심과 무지에 놀라게 된다. 제시된 질문에 많은 이들이 답변을 회피했는데, 이것은 곧 인도차이나 문제에 대한 관심과 지식의 부족에서 비롯되었다고 볼 수 있다. 무엇보다도 이들은 국내문제에 관심을 갖은 반면 멀리 극동에서 벌어지는 상황에 대해서는 주의를 기울이지 않았던 것이다. 실제로 전쟁의 전반기에 프랑스인들은 인도차이나 문제를 그들 관심사의 맨 마지막 서열에 항상 위치시켰다.[9]

두 번째로 주목할 점은 전쟁 초기 프랑스인들이 프랑스 주권의 유지와 평화적 해결책 사이에서 갈등한다는 사실이다. 1947년의 조사가 보여주듯이 전쟁 지지자와 반대자의 비율은 정확히 반반이었다. 하지만 2년 사이에 프랑스 원정군이 전쟁에서 승리하리라는 믿음이 사라져 갔다. 사람들은 더 이상 무력에 의해 식민 체제가 유지되리라고 믿지 않았던 것이다.

세 번째 특징은, 무력을 통한 승리에의 확신이 점점 감소되는 추세임에도 불구하고, 프랑스 여론이 1946년 말부터 프랑스 연합이라고 불

---

9) *Sondages*, 1947년 2월; *Sondages*, 1948년 1월; *Sondages*, 1947년 11월의 조사 결과. 비단 인도차이나뿐만이 아니라 다른 해외영토에서도 프랑스인들의 무관심과 무지는 여실히 드러났다. 1949년 11-12월에 걸쳐 전국적 규모로 행해진 프랑스 여론연구소의 조사에 따르면, 과반수 이상인 52%나 되는 이들이, 전혀 부끄러움 없이, 해외영토에서 일어나는 상황에 대해 관심이 없다고 답변했으며, 53%가 프랑스 연합에 대한 정확한 정의를 내리지 못했고, 32%가 프랑스 연합에 관한 어떠한 정보도 갖고 있지 않다고 답변했으며, 19%가 해외영토 중 단 한 곳의 이름도 알지 못했다.

리기 시작한 '프랑스 제국'의 유지에 부정적이지 않았다는 사실이다. 오랫동안 이들은 이러한 견해를 표명했는데, 인도차이나의 경우도 마찬가지였다.[10] 프랑스인들이 무력 사용에 대해 점점 더 반대의 의견을 취하고, 그들의 평화적 입장이 꾸준히 확산되긴 했지만, 인도차이나 국가들이 프랑스로부터 멀어지는 것에는 반대했던 것이다. 1949년 7월 여론조사에서 나타났듯이, 전쟁의 종결에 대해 33%가 찬성하긴 했지만 -이는 앞에서도 잠시 설명했듯이, 프랑스가 베트남인민들의 독립운동에 공감하고 그것을 지지해서가 아니라 인도차이나전쟁이 가져다주는 엄청난 재정적 손실과 인명피해를 줄이기 위해서 전쟁에 반대했다고 이해해야 할 것이다- 11%만이 인도차이나를 포기하고, 5%만이 독립을 인정할 준비가 되어 있었던 것이다.

2) 도지사 보고서(rapports des préfets) 분석

도지사가 각 도의 정신 상태를 내무부 장관에게 보고하는 정기 보고서를 연구하면 인도차이나전쟁에 대한 프랑스의 입장을 상당히 잘 알 수 있다. 그럼에도 불구하고 도지사가 습관적으로 상황을 어둡게 하기보다는 꾸미는 경향이 있기 때문엔 확인된 사실은 더욱 심각할 수 있다.[11]

먼저 대부분의 도지사 보고서에서 인도차이나 문제가 매우 작은 부분을 차지하고 있는 것으로 나타났다. 1947년부터 1949년까지 우리

---

10) 심지어 인도차이나를 상실한 이후에도, 45%나 되는 프랑스인들이 해외영토가 프랑스와 계속 관계를 맺는 것이 '매우 중요'하다고 판단했으며, 27%가 '중요하다', 11%가 '별로 중요하지 않다'고 생각했다. (*Sondages, op. cit.*, No. 3(1956), p. 32.)

11) Jean-Jacques Becker, *La France en guerre, 1914-1918. La grande mutation*(Bruxelles: Éd. Complexe, 1988), p. 118.

가 참고한 35개의 도지사 보고서 중 11개만이 인도차이나 문제를 다루고 있다(바스알프, 부쉬뒤론, 도르도뉴(Dordogne), 지롱드, 이제르(Isère), 쥐라(Jura), 노르(Nord), 파드칼레(Pas-de-Calais), 퓌드돔(Puy-de-Dôme), 센앵페리외(Seine-Inférieure), 솜(Somme)). 전쟁 첫 3년 동안 대부분의 지사에 따르면 물질적 생활 조건, 특히 가격과 임금 문제만이 대중의 관심을 끌었다.

실제로, 분쟁이 발생한 첫해부터 프랑스인들은 매우 빠르게 무관심을 드러냈다. 지롱드(Gironde)에서는 "인도차이나의 상황은 더 이상 언급되지 않으며 프랑스와 인도차이나 두 영토에 가족이나 전투원이 있는 사람들만이 소식에 관심을 기울인다".[12] 이 짧은 논평 이후, 1947년 중반부터 1년 반 동안 극동지역과 관련된 프랑스 외교 정책의 가장 심각한 질문은 지사의 보고서에서 완전히 사라졌다. 1949년 초 파드칼레의 여론은 이 문제와 완전히 분리되지 않은 채 "그 문제에 영향을 받지 않은 것으로 보였다".[13] 쥐라 지역에서는 이 사건으로 인해 "희생에도 불구하고 프랑스의 영향력이 사라질 수 있다는 사실"[14]을 여론은 우려했다. 그러나 4개월 후, 인도차이나 문제가 대부분의 쥐라 주민들의 마음속에 거의 존재하지 않았지만, 그 문제를 떠올리면 반드시 "피곤함의 반응"[15]을 불러일으켰다.

도지사 보고서의 두 번째 분석 결과는 전쟁이 시작될 때 프랑스 여론은 이 문제에 대한 상대적인 무관심에도 불구하고 정부 정책을 신뢰했고 확고한 입장을 권고했다. 이처럼 1947년 1월 솜 지사의 보고서는

---

12) A.N. F^{lc}III 1272, juillet 1947.
13) A.N. F^{lc}III 1307, janvier 1949.
14) A.N. F^{lc}III 1278, 4 mai 1949.
15) *Ibid.*, 5 septembre 1949.

"우리는 이제 더욱 확고하고 명확한 행동 방침을 채택해야 할 때라고 생각한다"[16]고 언급했다. 오트갸론(Haute-Garonne)은 "프랑스의 이익을 보호하기 위한 조치가 매우 일반적으로 승인되었다"[17]고 평가했다. 유일하게 바스알프에서 전쟁은 인도차이나에 가족이 있거나 그곳을 떠날 위험에 처한 사람들뿐만 아니라 "이 분쟁으로 인한 상당한 군사비로 인해 전체 인구"[18]를 걱정케 했다.

따라서 지사의 보고서를 통해 우리는 인도차이나전쟁 소식을 접하는 당시 주민들의 정신 상태에 대한 접근을 시도할 수 있다. 그러나 우리는 이러한 분석을 검증해야 하며, 좀 더 심층적인 의견을 참조하여 결과의 사실성에 의문을 제기해야 한다. 이는 또한 해당되는 경우에 도지사의 '진실하지 않은' 낙관주의에 기인할 수 있는 주장을 수정할 수 있도록 해준다.[19] 도지사에게 전달된 부도지사 보고서와 공안 경찰(renseignements généraux) 보고서는 우리의 분석을 개선하고 완성하는 데 도움이 될 것이다. 왜냐하면 본질적으로 이러한 보고서는 지사의 보고서보다 덜 형식적이고 더 '정직'하기 때문이다. 우리가 이용할 수 있는 보고서는 현 보고서에 설명된 것과 약간 다른 프랑스인의 입장을 보여준다.

우선, 이 먼 지역에서의 분쟁이 시작될 때 특히 되세브르와 지롱드의 주민들 사이에 의견 차이가 나타났다. 이 두 지역 모두 1946년 11월 국회의원 선거 이후 우파 다수당을 보유하게 되었음에도 불구하고, 일부는 이 문제가 협상을 통해 확실하게 해결되어야 한다고 주장했고,

---

16) A.N. F^{lc}III 1325.
17) A.N. F^{lc}III 1269, juillet 1947.
18) A.N. F^{lc}III 1240, octobre 1949.
19) Jean-Jacques Becker, *Comment les Français sont entrés dans la guerre, op. cit.*, p. 317.

다른 이들은 처음부터 상당한 군사력을 사용하여 이 나라를 확실히 평정하는 것이 적절하다고 생각했다. 실제 한편으로 이곳 주민들은 '프랑스령 인도차이나'를 선호했으며 확고한 정책이 실행되는 것을 보고 싶어했다. 1946년 말 호치민이 프랑스에 대한 국민적 저항을 촉구하기 시작했을 때 되세브르에서는 "주민들이 확고한 정책을 추구해야 한다는 의견을 일반적으로 표명하였다. 프랑스 연합은 이 지역에서는 더 쉽게 받아들여지고 인정되었을 것으로 보여졌다".[20] 1년 후, "특정 집단에서는 프랑스가 인도차이나 군대에 상당한 자원을 제공했어야 했고 그럴 경우에 이 문제가 신속하게 해결될 수 있었다고 느꼈다".[21] 지롱드의 주민들 또한 인도차이나 사건이 무력을 통해서만 해결될 수 있다고 확신했다. 그들은 프랑스 정부가 "언젠가는 이러한 봉기의 주동자들을 상대하는 데 몰두하지 않기를" 바랐다. "많은 사람들은 우리나라가 다른 식민지 민족들에게 프랑스의 명성이 훼손되지 않도록 확고한 태도를 보여야 한다고 믿었다".[22] 두 달 후, 이 지역의 대다수 의견은 비록 전쟁에 적대적이긴 했지만 여전히 "정부는 우리에게 유리한 결정을 내리고 인도차이나에서 일어난 사건이 우리 소유의 다른 지역에까지 확대되는 것을 피하기 위해 가능한 모든 조치를 취해야 한다"는 의견이었다.[23]

반면에, 이 두 지역의 주민들은 회담 재개와 전쟁을 종식시킬 신속한 합의를 원했다. "수많은 인명 희생과 프랑스가 감당하기 힘든 막대

---

20) Archives Départementales(A.D.) des Deux-Sèvres, 1417 W 5 : Rapports des renseignements généraux au Préfet, décembre 1946
21) *Ibid.*, janvier 1948.
22) A.D. de la Gironde, sc 1640 : Rapports mensuels et bi-mensuels des chefs de service et des sous-préfets au préfet, du préfet au ministre de l'intérieur, février 1947.
23) *Ibid.*, sc 1642, avril 1947.

한 비용이 없이는 순전히 군사적 결정이 이뤄질 수 없다는 지적이 나왔다. 또한 폭력에 굴복하지 않겠다는 의지를 보여줄 수 있다면 협상의 길은 가능하다고 생각했다".[24] "이곳 사람들의 일반적인 의견은 우리가 갈등 해결을 향해 나아가고 있으며 타협을 통해 이 문제를 해결할 수 있을 것이라는 생각이다".[25] 되세브르 주민들에 따르면, 프랑스군이 겪은 손실 외에 평화를 지지하는 가장 일반적으로 언급된 주장은 프랑스에서 멀리 떨어진 인도차이나의 고립성으로 인해 프랑스군이 "인도차이나의 모든 지역에서 지속적으로 질서를 유지한다고 주장할 만큼 충분한 기동력을 갖지 못했다"는 것이다.[26] 지롱드에 위치한 랑곤(Langon)시 부도지사에 따르면, 1947년 3월 티에리 다르장리외 제독을 소환하고 볼라르트(Émile Bollaert)를 인도차이나 주재 프랑스 고등 판무관직에 임명한 것은 타협을 통한 조속한 타결을 원하는 프랑스 정부의 의지의 표현으로 여겨졌다. "이 해결책은 좌파 집단과 현재 인도차이나에서 싸우고 있는 많은 군인 가족들로부터 만족스럽게 환영받을 것이다".[27]

본 연구에서 두 번째로 주목할만한 사실은 지사의 보고에서 알 수 있듯이 인도차이나의 운명에 대한 우려가 있었지만, 다양한 프랑스 정부의 인도차이나 정책에 대한 일반인들의 의견은 분명히 도지사 보고서가 주장한 것보다 덜 관대했다는 것이다. 되세브르의 공안 경찰 보고서는 여러 차례 인도차이나에 대한 두려움이 커지고 있음을 표현했다.[28] 1948년 1월 초에 그 보고서는 "사람들은 매우 걱정하고 있으며

---

24) *Ibid.*, sc 1640, février 1947.
25) A.D. des Deux-Sèvres, 1417 W 5, *op. cit.*, janvier 1948.
26) *Ibid.*, mars 1947.
27) A.D. de Gironde, sc 1642, *op. cit.*, avril 1947.
28) A.D. des Deux-Sèvres, 1417 W 5 (1945-1948), 1417 W 6 (1949-1951): Rapports des renseignements généraux au Préfet.

언론은 이러한 걱정을 진정시키기 위한 조치를 취하지 않고 있다"고 한탄했다. 1949년에는 특히 인도차이나 문제에 대한 중국의 간섭에 의혹이 있었다. 그해는 실제로 중요한 사건들이 발생했는데, 연초에 중국의 상황은 결정적으로 바뀌었다. 1월에 베이징은 공산주의자들의 손에 넘어갔으며, 그들이 베트남 국경에 도착하는 데 몇 달이 걸릴 것이라는 데 더 이상 의심의 여지가 없을 정도였기에 중국 민족주의 대열은 혼란에 휩싸였다. "주민들은 이 문제가 가능한 한 빨리 해결되어야 한다고 믿는다. 왜냐하면 중국이 공산주의 통제하에 놓이게 되면 이 식민지의 상황이 어려워질 것이기 때문입니다"라고 1949년 1월 보고서는 이미 경고했다. 중국 공산주의자들의 상당한 진군 이후, "중국의 개입이 명백해진다면 인도차이나를 방어하는 것은 불가능해 보인다"고 평가했으며, "중국의 위협이 너무 명백해지기 전에 이제 최종 해결에 도달해야 한다. 우리는 또한 그곳을 방어할 이해관계가 있는 모든 세력으로 구성된 단체의 형성을 권고해야 한다"(1949년 5월)고 언급하기도 했다. 1949년 10월 1일 중화인민공화국의 선포와 통킹 국경에 중국 군대의 도착은 궁극적으로 주민들이 '프랑스령 인도차이나'의 미래에 대해 회의적인 정당한 이유를 제공했다. "이곳 주민들은 우리 군대가 마오쩌둥의 물질적 지원을 받아 호치민과의 싸움을 오랫동안 유지할 수 있을 것이라고 생각하지 않는다"(1949년 12월). "상황은 거의 절망적이고 극동지역에서 프랑스의 영향력은 급격히 감소할 것" (1950년 1월)이라는 사실이 일반적으로 받아들여졌다.

인도차이나의 어려운 상황에 대한 우려와 근심으로 인해 프랑스인들은 자연스럽게 잇달아 등장한 여러 정부를 비난했다. 지롱드의 랑곤 부도지사에 따르면, 1947년 3월 국회에서 인도차이나에 대한 토론이 진행되는 동안 "프랑스가 만장일치의 목소리를 내야 할 시기에 불화의 모습을 세상에 보여주는 것은 전혀 도움이 되지 않는다"[29]고 생각하는 사람들에 의해 여러 의회 그룹의 의견 차이는 엄중하게 평가되었다. 실제로 랑곤 지역의 여론은 유사한 사건이 재발하고 다시 한 번 장관들의 결속이 위태로워질 것을 두려워했다. 되세브르에서는 "이 식민지에서 취한 정책으로 인해 수년 동안 아무런 가시적인 성과도 얻지 못한 채 수많은 인명 희생을 초래했다"[30]고 안타까워했다. 그 후 몇 달 동안 비판은 더욱 커졌다. "여론은 특히 전쟁 수행이 느리고 결과가 좋지 않아 충격을 받았다".[31] "주민들은 특히 갈등 해결에 실패한 종전 이후의 정책을 비판하는 것에 만족해했다".[32]

따라서 본 연구가 특정 지역에 국한된 것이라 할지라도 프랑스인들의 입장을 보다 면밀히 조사한 후에 조심스럽게 다음과 같은 잠정적 결론을 내릴 수 있다. 프랑스인 중 상당수가 처음에는 사회면 기사보다 더 많은 관심을 기울이지 않았던 인도차이나 문제는 프랑스 모든 지역에서 온 젊은 병사들의 죽음과 군비 지출의 증가로 인해 매일 사람들의 마음속에 조금씩 더 많은 자리를 차지하게 되었다. 그러나 인도차이나에서 일어난 사건은 여론에 자주 언급되지 않았는데, 무엇보다 사건의 실체가 잘 이해되지 않았기 때문이었다. 결과적으로 프랑스 국민은 인도차이나 정책에 대한 입장을 취하는 것을 전쟁 초기에 매우 주저하게 되었다.

---

29) A.D. de Gironde, sc 1642, *op. cit.*, avril 1947.
30) A.D. des Deux-Sèvres, 1417 W 6, *op. cit.*, mars 1949.
31) *Ibid.*, avril 1949.
32) *Ibid.*, mai 1949.

2. 전쟁의 두 번째 국면 : 냉전의 중심지 인도차이나

1945년, 미국, 소련, 영국의 서구 열강 3국이 얄타와 포츠담에서 회담하는 이미지가 국제 관계를 지배했다. 이는 평화롭게 '대동맹(Grande Alliance)'을 확장하려는 그들의 열망을 나타내는 것처럼 보였다. 이듬해부터 전쟁의 승자인 미국과 소련 사이의 불일치는 계속해서 나타났고, 이념적 대립은 유럽의 분할로 구체화 되었다. 1947년 3월 12일, '트루먼 독트린(Truman doctrine)'[33]이 선포되면서 '냉전'이 공식적으로 시작되었고, 이 용어는 언론인 리프먼(Walter Lippmann)의 저서[34]로 대중화되었다. 대결은 각각 거대한 이데올로기 체계를 구현하는 두 초강대국 사이의 지정학적 경쟁의 양극화의 논리적 결과로 나타났다.[35] 1947년, 세계는 갑자기 양극화되었다. 서구 전체와 마찬가지로 프랑스 정부도 미국과의 연대를 선택했다. 경제적 필요, 유럽의 재건과 재정 회복을 위한 지원 계획인 '마샬 플랜(Marshall Plan)'의 소중한 지원이 자연스럽게 프랑스를 그곳으로 이끌었다. 국내외적 상황은 프랑스를 냉전의 혼란 속으로 몰아넣었다. 1947년 3월부터 공산주의 의원들은 (인도차이나)전쟁 신임(crédit de guerre)에 대한 투표나 인도차이나에 파견된 병사들에게 경의를 표하는 것에 주저하는 모습을 보였다. 소련의 냉전 담론을

---

33) 트루먼이 의회에서 선언한 미국 외교정책에 관한 원칙으로서 그 내용은 공산주의 확대를 저지하기 위하여 자유와 독립의 유지에 노력하며, 권위주의 세력의 위협을 받고 있는 모든 민주주의 국가에 미국이 정치적, 군사적, 경제적 지원을 제공한다는 것이었다. 트루먼 독트린은 미국 외교 정책의 방향을 미국과 직접 관련되지 않은 지역 분쟁에서 철수하는 일반적인 입상에서 벗어나 먼 분쟁에 효과적으로 개입이 가능하도록 방향을 바꾸었다.

34) Walter Lippmman, *The cold war, a study in U.S. foreign policy*(New York and London: Harper & Brothers, 1947).

35) Jean-Pierre Azéma et François Bédarida, *1938-1948. Les années de tourmente, op. cit.*, p. 981.

통해 공산당 의원들의 논평은 인도차이나에서의 전쟁과 프랑스의 모든 정책을 미국 정부가 주도하는 일종의 호전적인 시위로 해석했다. 5월 5일, 3당체제가 무너졌다. 경제 및 사회 정책에 대한 차이로 인해 공산당 각료들은 폴 라마디에 정부에서 축출되었다.

인도차이나전쟁은 그 성격을 달리해 가며 그 성격을 달리해 가며 약 8년을 지속했다. 다시 말해, 전쟁이 진행됨에 따라 전쟁에 대한 개념과 인식의 변화가 생기게 되는데, 이는 전쟁에 임한 프랑스 정부가 뚜렷한 목표와 전략 없이 전쟁을 수행했기 때문이라고도 볼 수 있을 것이다. 분쟁은, 이미 살펴 본 대로, 식민지 재정복을 위한 원정, 새 정치체제를 공고히 하는 '경찰작전(opération de police)'으로 시작되었다. 그러던 것이 1949년 말 중국에서 공산당이 정권을 잡고, 중국과 소련 등 공산권 국가들에 의해 호치민의 베트민 정부가 승인되며, 미국 등의 서방세계에 의해 '바오 다이 체제'가 인정되면서, 인도차이나전쟁은 반공산주의 운동으로 변하게 되었다. 이후, 1954년 7월 종전까지 인도차이나 지역은 서구진영과 공산진영 사이의 냉전의 전초기지로 변하며, 베트남인들 사이에서도 내전이 일어나게 되었다.

프랑스 정치지도자들은 프랑스가 더 이상 그들의 주권과 이익을 위해 싸우는 것이 아니라고 동맹국들을 설득했다. 하지만 반공산주의는 결국 핑계에 불과했다. 프랑스는 한 국가로부터 빼앗았던 주권을 되돌려줄 생각이 없었던 것이다. 비록 공식적으로는 '공산주의의 견제'가 '프랑스 지배권의 회복'이라는 주장을 대신했지만, 실제로 프랑스 정부는 1948년에 탄생한 '연합 국가(États associés)'라는 체제의 틀 속에 인도차이나 전 지역을 포함시키면서, 그들의 독립 요구를 거부하고 내부의 자유만을 인정할 뿐이었다. 이제는 부차적인 문제가 됐다고 할지라도 인도차이나전쟁의 식민지적 측면이 완전히 사라지지는 않은 것이다. '자유세계의 보병'인 프랑스는 '프랑스 연합'의 유지를 위해서도 싸웠던 것이다.

1) 여론의 동향

1949년 말 중국 공산당이 국민당에 승리를 거두자 전쟁 지지자들은 공산주의의 확대를 봉쇄하기 위한 지역으로서의 인도차이나의 전략적 중요성을 크게 부각시켰다. 그들의 노력은 결실을 보았다고 할 수 있는데, 왜냐하면 1950년 10월 전쟁의 성격을 묻는 질문[36]에 대해, 프랑스인들은 인도차이나전쟁이, 한국전쟁과 마찬가지로, 단순히 '프랑스 내부의 문제'[37]만은 아니라고 대답했다. 그것은 '아시아민족의 해방에 관한 문제'[38]인 동시에, 무엇보다도 '자본주의와 공산주의와의 투쟁의 성격'[39]을 띠었다고 대답한 것이다.

이러한 입장은 모든 정당의 유권자들 사이에서 발견되었다. 거의 만장일치인 공산주의자들의 입장은 더욱 명확했는데, "냉전의 일화(épisode)"는 32%, "아시아 민족해방의 일화"는 65%, 그리고 "순수한 프랑스 사건"은 1%에 불과했다. 대다수의 우파 유권자들은 인도차이나 문제가 본질적으로 동서양의 갈등이라고 생각했다. 인민공화운동 유권자의 47%, 공화좌파연합 유권자의 57%, 프랑스 인민연합 유권자의 59%. 그리고 자유공화당의 61%가 이러한 입장이었다. 그러나 인민공화운동과 프랑스 인민연합의 유권자 중에는 인도차이나전쟁이 순전히 프랑스의 문제라고 생각하는 상당수의 소수도 존재했다(인민공화운동의

---

36) *Sondages*, 1951, No 1, p. 16.
37) "식민지 본국과 해외영토가 서로 대결하는 양상을 보이는 순전한 프랑스 문제" : 9%.
38) "아시아에서의 서구 열강들의 지배에 대한 아시아 민족의 해방문제" : 24%.
39) "자본주의 대 공산주의의 전반적인 투쟁의 문제" : 44%.

19% 및 프랑스 인민연합의 16%).

프랑스 측에서는, 1950년 초부터 국내의 경제적 상황으로 말미암아 전쟁에 대한 부담을 도저히 혼자 감당할 수가 없었다. 인도차이나 전쟁이 더 이상 식민지 체제의 유지를 위한 것이 아니라고, 공산주의에 대항하는 세계적 차원의 투쟁의 성격으로 변했다고 미국을 설득하면서 점점 더 대대적인 지원을 요구하게 되었다. 여기서 잠시 미국의 인도차이나전쟁에 대한 군사적, 재정적 지원에 관해 살펴볼 필요가 있겠다. 당시 '도미노 이론'을 믿고 있던 미국의 정책 수립자들에게 인도차이나의 공산화는 바로 동남아시아의 공산화를 의미하는 것이었다. 여기에 더하여 한반도에서 6·25 전쟁의 발발은 공산주의에 대한 미국의 경각심을 한층 더 강화했다. 1950년 6월 말, 군수물자가 처음으로 사이공 공항에 도착하고, 곧이어 군사원조고문단(Military Assistance Advisory Group)이 구성됨과 동시에 인도차이나에 대한 군사원조가 급격히 증가했다.[40] 이후 매년 전쟁비용의 50%를 부담하다가 전쟁의 마지막 해인 1954년에는 총비용의 80%까지 지원하게 되었다.

인도차이나 전쟁에 대한 미국의 지원을 요구하면서도 프랑스는 인도차이나에서 프랑스의 주권을 침해할 수 있다고 생각하는 모든 종류의 개입은 단호하게 거부했다. 예를 들어, 1953년 1월의 여론조사에 의하면 프랑스인들은 미국이 인도차이나 문제에 개입하는 것에 대해 12%만이 동의했으며, 49%가 반대했다.[41] 같은 조사의 또 다른 질문인 "프랑스에 대한 미국의 영향 중 위협이 될 수 있는 측면이 있다면 그것

---

40) 유인선, 『새로 쓴 베트남의 역사』(이산, 2002), p. 378.
41) 질문: "(인도차이나) 전쟁이 발발한 이래 미국 정부가 (프랑스에) 호의적으로, 혹은 불리하게 행한 정책이 있는가? 있다면 어떤 것들을 들 수 있는가?" 또 다른 해외영토인 모로코(Maroc)에 대한 미국의 간섭에 관해서는 5%만이 찬성했으며, 63%나 되는 사람들이 못마땅하게 생각했다.

은 어떤 분야라고 생각하는가?"에 대해 응답자의 36%가 '프랑스의 경제적 자립' 분야라고 대답했고, 그 뒤를 이어 35%가 '식민지에서의 프랑스 주권의 유지'(아프리카 22%; 인도차이나 13%)라고 대답했다. 여기서도 알 수 있듯이, 우리는 전쟁의 명분이야 어쨌든 간에 프랑스인들이 외부의 간섭을 적극적으로 배제하면서 계속 과거의 식민지에 집착하고 있음을 알 수 있다.

인도차이나전쟁이 냉전으로 인식되기 시작하고, 랑손(Langson)과 까오 방(Cao Bang)에서의 프랑스군의 패배가 여론을 환기시켰던 1950년 10월에, "바오 다이와 호치민 중에서 누가 승리할 것이라고 생각하는가?"라는 물음에 대해 프랑스인들은 주저했다(표 5).[42]

표 6. 바오 다이와 호치민 중에서 누가 최후에 승리할 것이라고 생각하는가? (1950년 10월 질문)

	공산당 (PCF)	사회당 (SFIO)	공화좌파 연합 (RGR)	인민공화 운동 (MRP)	프랑스 인민연합 (RPF)	전체
바오 다이	4%	26%	33%	42%	48%	27%
호치민	73%	24%	16%	12%	16%	24%
미결정자	23%	50%	51%	46%	36%	49%

대중들의 반응은 자신들이 지지하는 정당의 입장에 따라 다르게 나타났는데, 공산주의자들은 주저 없이 호치민을 선택했고, 사회당 지지자들은 양분됐으며, 나머지 정당들은 바오 다이에 승부수를 띄웠다. 하지만 미결정자(Indécis), 즉 마음을 정하지 못한 사람들의 많은 수치가 보여주듯이, 1950년 10월에, 프랑스인들은 일반적으로 베트민 군대가

---

42) *Sondages*, 1951, No 1, p. 16.

프랑스군보다 우위를 점하고 있다고 생각했다. 이러한 견해는 '적과의 협상', 더 나아가 인도차이나를 포기해서라도 전쟁을 종결하자는 입장들이 확산되는 것을 의미했다.

1953년 5월, 프랑스여론연구소 조사에 따르면 신문 독자 중 30%만이 정기적으로 인도차이나에 대한 뉴스를 읽었고, 48%는 "가끔", 22%는 "전혀"로 응답했다(표 7). 특히 여성과 초등교육 수준의 사람들 사이에서 그 비율이 낮았다. 그것은 자신의 정치적 선호를 선언한 모든 사람 사이에서도 거의 같았다. 아마도 한편으로는 공산주의 동조자들 사이에서, 다른 한편으로는 프랑스 인민연합 지지층 사이에서 조금 더 높게 나왔을 뿐이다.[43]

표 7. 신문에서 인도차이나전쟁 소식을 읽는가?

	정기적으로 %	가끔 %	전혀 %
전체	30	48	22
남성	45	46	9
여성	17	50	33
무학 계층	20	29	51
초등교육 수준	20	50	30
중등교육 수준	45	42	13
고등교육 수준	44	45	11
공산당 유권자	46	42	12
프랑스 인민연합 유권자	34	54	12
기타 유권자	31	50	19

---

43) "Suivez-vous dans les journaux les nouvelles de la guerre d' Indochine?", *Sondages*, 1953, No. 3, p. 3.

이러한 결과는 이 '머나먼' 전쟁과 인도차이나 병사들에 대한 국가의 무관심을 드러냈다. 그런데 1953년, 반복되는 군사적 실패와 프랑스 공산당의 전쟁에 적대적인 저항 운동, 그리고 다양한 선전활동은 여론에 경각심을 불러일으켰어야 했다. 그러나 전쟁에 대한 이러한 무력감, 군사적 상황의 악화, 무력으로는 승리를 거둘 수 없다는 확신, 전쟁의 목적에 대한 의구심 등 모든 것이 1953년 봄, 프랑스 여론의 상당 부분에 협상을 통한 출구를 모색하도록 압력을 가했다. 1947년 7월, 응답한 사람 중 52%가 승리할 때까지 인도차이나전쟁을 계속하기를 원했으나, 1953년 5월에는 그 비율이 15%에 불과했다. 이처럼 프랑스 대중은 전쟁 말기에 끝없는 무력 충돌이 종식되기를 바라는 매우 강한 열망을 보여주었다.

표 8. 인도차이나에서 어떤 정책을 취해야 할 것으로 생각하는가?

	47년 1월 %	49년 7월 %	50년 10월 %	53년 5월 %	54년 2월 %
질서를 회복하고 증원군을 보낼 것	37	19	27	15	7
베트민과 협상할 것	15	—	24	35	42
전쟁을 중단하고 독립을 인정할 것	28	38	—	—	—
인도차이나를 포기하고 군대를 소환할 것	—	11	18	15	18
좀 더 단호해지던가, 아니면 포기할 것	—	2	3	4	2
UN이나 미국에 도움을 요청할 것	—	—	8	6	1
다른 의견	5	5	—	2	1
의견 없음	21	25	20	23	29

표 8은 "인도차이나에서 어떤 정책을 취해야 할 것인가?"에 대한 질문에 대해 1947년 1월 이후 나타난 여론조사의 결과를 정리한 것이다. 1947년부터 1954년까지 전쟁이 해결책 없이 계속되는 동안 베트민과의 협상과 적대행위 종식을 지지하는 사람들의 수는 계속 증가한 데 반해 전쟁 개입 확대를 지지하는 사람들의 수는 계속 감소했다. 이러한 추세는 1954년 2월에 더욱 강화되었다.

이 표를 통해 먼저 우리가 질문해 볼 수 있는 사항은, 1947년 5월 라마디에 정부로부터 축출된 이후 공산주의자의 활동이 여론 형성에 직접적인 영향을 미쳤는가이다. 물론 인도차이나에서의 전쟁을 원했던 초기의 여론이 점진적으로 전쟁의 종결을 원하는 쪽으로 기울어졌지만, 그것은 오랜 전쟁에 지치고 전쟁의 무용성에 대해 인식했기 때문이지, 공산주의자들의 입장을 반드시 지지해서는 아니었다. 프랑스인들은 냉전체제하에서 진행된 공산주의자들의 반전활동이 '순수한 의도'만으로 행해진 것은 아니라고 파악했던 것이다. 더불어 이 모든 수치들을 통해 우리는 몇 가지 사실을 발견할 수 있다. 먼저, 크고 작은 전투의 패배와 게릴라전에 대처하지 못하는 정부의 무능한 모습을 보면서, 사람들은 식민지 체제의 복구 가능성에 대한 희망을 접게 되었다. 다음으로, 프랑스인들의 의식 속에 "건질 수 있는 것은 건지자(sauver ce qui pouvait être sauvé)"라는 생각과 함께 평화에 대한 열망이 꾸준히 확산되었다. 마지막으로, 갈등이 지속되고 악화하지만 "의견 없음"의 사람들은 여전히 다수로 남아 있다. 그 비율은 20~30%에 이른다. 특히 1954년 2월에는 여론조사 참여자 중 29%가 전쟁에 대한 의견을 표명하지 않았고, 프랑스인의 3분의 1은 "인도차이나에 대한 뉴스를 전혀 읽지 않는다"라고 선언했으며, 45%는 "가끔"만이라고 말했다. 이러한 결과는 인도차이나전쟁이 한창일 때 프랑스인들이 "전쟁을 감내할 뿐 실제 경험하지는 않았다(La France subissait la guerre sans la vivre)"는 의미에서 시사하는 바가 크다 하겠다.

2) 도지사 보고서 분석

도지사, 일부 부도지사와 공안 경찰 보고서를 통해 우리는 여론의 현실, 즉 인도차이나 분쟁에 대한 여론을 더 잘 이해할 수 있다. 1950~1954년 기간에 대한 이 보고서를 읽으면 프랑스인의 마음 상태에 관한 몇 가지 특징이 드러난다. 우선 인도차이나 원정에 대한 관심이 높아지고 있다는 점을 지적할 수 있다. 이전 기간에 비해 우리가 확인한 도지사 보고서에서는 이러한 문제가 여러 번 언급되었다. 이들 보고서에 따르면, 1950년 이전에는 대중 여론이 거의 신경 쓰지 않았지만 그 이후에는 인구의 상당 부분이 인도차이나 문제에 대해 생각하고 '경험했다(viviait)'. 이유는 그것이 시사적이었고 그들과 관련된 상징적 중요성을 가지고 있었기 때문이었다.

그러나 이러한 관심의 증가는 전쟁 초보다 관심이 더 많았다는 측면에서 상대적이고 일시적이며 일화적(épisodique)이라는 점을 인정해야 한다. 디엔비엔푸(Diên Bien Phu) 전투의 패배 등 전쟁의 강렬하고 중요한 순간은 때때로 대중의 열정적인 반응을 불러일으켰지만, 나머지 기간에는 여론이 거의 드러나지 않았다. 프랑스 공산당의 언론을 통한 선전활동과 선동적인 구호의 확산에도 불구하고 눈에 띄는 반응이 거의 관찰되지는 않았다. 대다수의 인구는 일상적인 생활의 어려움으로 인해 인도차이나에 대해 지친 모습을 보였고[44] 지속적인 관심을 가질

---

44) 여러 도지사 보고서에서 이러한 프랑스인의 상태가 드러났다. Corrèze(1950년 10월), Deux-Sèvres(1951년 3월 9일), Jura(1952년 4월 5일), Nord(1954년 2월 6일), Puy-de-Dôme(1954년 2월 6일), Seine-et-Marne(1953년 12월 7일), Saône-et-Loire(1954년 3월 5

수 없는 것 같았다. 인도차이나에서의 군사 활동의 재개는 때때로 논평을 불러일으켰지만, '여론의 움직임(mouvement d'opinion)'을 말하는 것은 과장되었다고 볼 수 있다.

더욱이 인도차이나의 미래에 대한 의견은 일반적으로 비관적이었다. 실제로 조사한 보고서들은 여론조사 연구에서 밝혀진 것보다 프랑스인들 사이에서 더 많은 회의론을 보여주었다. 전쟁 후반기 내내 걱정과 두려움이 대부분 지역 사람들의 정서를 지배했다. 이는 부쉬뒤론(1950년 11월 5일 및 1953년 7월 8일), 도르도뉴(공안 경찰 보고서, 1953년 5월), 쥐라(1952년 1월 5일) 및 방데(Vendée)(1954년 1월 4일) 지역에서 관찰된 내용이다. 이러한 감정적 동요의 원인은 다양하다.

1950년 초, 의심할 바 없이 소련과 그 위성국가의 호치민 정부 승인은 프랑스인들에게 큰 충격으로 다가왔다. 그것은 쥐라 지역에 "진정한 불안"[45]을 불러일으켰으며, 모든 리무쟁 사람들에게 "심각한 비난"[46]을 받았고, 이 행위를 "비우호적"이라고 생각했던 되세브르 지역의 "여론을 놀라게 했다". 그러나 또한 "원칙적으로 우호 조약을 통해 항상 연결되어 있던 국가들로부터 우리나라의 결정이 더 이상 존중받을 가능성이 없었다"는 점을 유감스럽게 생각했다.[47] 많은 사람들은 인도차이나에서의 작전이 다소 장기적으로 '서구인'과 소련 사이의 실제 무력 충돌의 성격을 띠게 되어 세계적인 분쟁으로 변질될 것이라고 우려했다. 동시에 미국 대통령 트루먼(Harry Trumann)이 지시한 수소폭탄 제조는 이미 많은 사람들에게 잠재해 있던 전쟁 신경증(psychose de guerre)을 크

일), Haute-Vienne(1954년 4월).
45) A.N. F¹ᶜIII 1278, Jura, 3 février 1950.
46) A.N. F¹ᶜIII 1334, Haute-Vienne, janvier 1950.
47) A.D. des Deux-Sèvres, 1417 W 6, rapports des renseignements généraux, février 1950.

게 악화시켰다. 바스알프 지사는 "이미 주민들 사이에 팽배해있는 새로운 무력 충돌에 대한 두려움이 1949~1950년 1월 동안 상당히 증가했다"라고 언급했다.[48)]

'소련의 위험' 외에도 '중국의 위험'도 프랑스인의 마음을 두렵게 했다. 1949년 마오쩌둥의 승리와 그의 군대가 인도차이나 북부 국경에 도착하면서 베트민과의 전투의 규모와 성격이 바뀌었다. 그때부터 1,400km에 달하는 공동 국경을 따라 중국의 무기와 보급품이 아무런 방해 없이 유통될 수 있었다. 실제로 베트민이 중국이 제공한 현대적인 장비를 갖추었기 때문에 프랑스 여론은 "통킹에서 분쟁의 신속한 확산과 중국군의 개입"[49)]을 날마다 두려워했다. 따라서 피니스테르(Finistère)에서는 "중국인이 분쟁에 직접 개입하는 것에 두려움이 있었다".[50)] 또한 코트도르(Côte-d'Or)에서는 "원정대가 달성할 수 있는 성공은 결정적이지 않을 위험이 있다. 왜냐하면 이러한 성공은 외국, 특히 중국의 개입을 야기할 수 있기 때문이다"라고 일반적으로 추정했다.[51)]

중국에 의해 무장된 베트남 인민군은 1950년 9월에 처음으로 프랑스 군대에 심각한 타격을 입혔다. 중국-베트남 국경에 위치한 여러 프랑스 초소가 점령되고 많은 이들이 사망했다는 소식이 전해졌다. 프랑스인의 우려는 상당히 증가했다. 실제로 이러한 사건은 여러 지역에서 가장 비관적인 논평을 불러일으켰다. 드롬에서 여론은 1950년 10월 한 달 동안 통킹의 패배에 대해 "매우 우려"했다. 피니스테르에서는 여론이 "심각한 패배에 깊은 충격을 받았으며 두려운 마음으로 미래를 바

---

48) A.N. F^{lc}III 1241, Basses-Alpes, janvier 1950.
49) A.N. F^{lc}III 1322, Seine-et-Marne, 31 décembre 1950.
50) A.N. F^{lc}III 1268, Finistère, novembre 1950.
51) A.N. F^{lc}III 1278, Côte-d'Or, 3 janvier 1951.

라보고 있다. 즉각적인 반응은 베트남의 손실이 다소 임박했다고 확신하는 경향을 강화하는 것이었다"(1950년 10월). 오트갸론에서는 전반적으로 "대중은 침착함을 유지하고 진지하게 논평하지만 소식에 당황하지는 않았다"(1950년 11월). 셍앵페리외에서는 카오 방(Cao Bang)의 재난, 랑손(Langson)과 라오 카이(Lao Kay)의 포기는 "다시 한번 프랑스가 인도차이나에서 우리 군대를 유지하는 직접적인 이익에 대한 입장을 의심하게 만들었다"(1950년 10월). 방데 지역에서는 "이러한 유혈사태로 인한 좌절이 남긴 고통스러운 인상은 아직 사라지지 않을 것이다"(1950년 11월 30일).

몇 달 후, 한국과 인도차이나의 군사적 상황의 회복은 "이러한 분쟁이 신속하고 만족스럽게 해결될 가능성이 전혀 보이지 않는다"(1951년 2월)라고 생각한 코트도르(Côte-d'Or)의 여론을 안심시키기에 충분하지 않았다. 오직 쥐라에서만 "한국에서의 이러한 성공으로 인해 통킹에서 프랑스-베트남 군대가 겪은 좌절은 비극적이지 않았다. 그것은 현재의 힘의 균형을 수정한다는 측면에서 별 의미가 없는 지나가는 현상으로 간주되었다"(1950년 9월). 그러나 한 달 후, 같은 지역 도지사 보고서는 "우리 군대의 고통스러운 좌절과 광대한 영토의 철수 이후 통킹에서 우리의 위치가 매우 위태롭다는 것이 모든 사람들의 생각이다"라고 발표했다.

물론 이러한 우려는 군인 가족들 사이에서 지배적이었다. 인도차이나에 가족이 있거나 곧 소집될 예정인 가족이 있는 모든 사람은 "자신들에게 어떤 운명이 주어질지 괴로워하며 고민했다"(바스알프, 1950년 4월). 도르도뉴에서는 "대중이 처음에는 이 전쟁에 무관심했을지 모르지만, 전쟁 전의 식민지 원정과 유사하고 매우 먼 것처럼 보였던 이 분쟁에 이제 그들은 우려와 관심을 가지게 되었다. 왜냐하면 결국 (인도차이나전쟁은) 대부분의 가족에게 직간접적으로 영향을 미치게 되기 때문이다"(공안 경찰 보고서, 1953년 5월). 피니스테르에서는 전쟁에 참여한 군인 가족이 상대적으로 많았으며 "현재 베트민의 성공으로 인해 우려가 생겼다"(1954년 1월)는 점에 유의해야 한다.

도지사 보고서 연구에서 드러난 또 다른 특징은 인도차이나에서 프랑스의 주둔을 유지하는 데 찬성하는 의견을 거의 찾을 수 없다는 것이다. 5년 동안 논의된 35개 지역 중 이 입장은 4개 지역에서 단 6번만 표명되었다. 코트도르(1950년 12월 15일 및 12월 31일), 도르도뉴(1952년 10월 베르즈락(Bergerac) 부도지사 보고서, 1953년 5월 공안 경찰 보고서), 쥐라(50년 10월 10일)와 론(Rhône)(1951년 4월 10일). 따라서 우리는 전쟁 후반기 초부터 프랑스의 입장이 인도차이나를 프랑스 연합에 유지하는 데 호의적이지 않았음을 알 수 있다.

1950년 10월 패배 이후 첫 번째 혼란이 지나갔고, 프랑스는 인도차이나 원정에 점점 더 적대적이 되었다. 실제로 인구의 대다수는 갈등을 종식시키는 협상 원칙에 동의했으며, 그 해결책은 무기로는 얻을 수 없다고 생각했다. 여러 도지사 보고서를 통해 우리는 이러한 변화를 가늠할 수 있다. 바스알프에서는 "공산주의 선전 구호를 받아들이고 호치민과의 협상 개시를 위해 모든 노력을 다해야 한다고 믿는"(1954년 1월) 사람들이 인도차이나전쟁의 해결을 점점 더 요구했다. 도르도뉴의 사를라(Sarlat) 지역 주민들에게 원정군의 송환은 "불가피하고 심지어 바람직"했다.[52] 드롬 지사는 "인도차이나에서의 전쟁을 멈추는 것이 필요했으며, 이는 지금까지 프랑스가 극동에서 계속 싸워야 한다고 생각했던 매우 다양한 정치적 지평을 가진 사람들에 의해서도 마찬가지였다"

---

52) A.D. de Dordogne, 1 W 55 : Rapports mensuels du préfet, des sous-préfets et des chefs de service, février 1952.

라고 말했다(1953년 10월). 노르에서는 인도차이나에서 프랑스가 직면한 어려움이 커지면서 "진행 중인 분쟁의 신속한 종식을 원하는 사람들의 수가 늘어났다"(1954년 2월 6일). 1954년 초, 베트민이 라오스로 진군하고 보 응우옌 지압 장군의 군대가 메콩 강에 도착한 후 "이제르에서는 심지어 보수층에서도 반드시 원정군의 항전을 바라는 목소리는 거의 없었다"(1954년 1월 6일). 그리고 퓌드돔 주민들은 인도차이나에서 프랑스의 지위가 이제 완전히 상실되었다고 믿었고 "매우 짧은 시간 내에 가능한 모든 방법으로 분쟁을 종식시켜야 한다"고 생각했다(1954년 3월 6일). 방데 지역 사람들(Vendéens) 역시 "프랑스가 방어한 이익과 대의를 보장하고 원정군의 명예를 보호할" 휴전을 요구했다(1954년 1월). 평화 방법과 관련해선 부시뒤론의 많은 사람들이 "국제적 차원의 대화만이 이 비극적 상황을 해결할 수 있을 것 같다"고 생각했다(1954년 2월 18일).

대부분의 보고서에 따르면 이러한 전쟁 종식을 바라는 입장은 특히 상당한 군사비 지출과 분쟁으로 인한 인명 손실에 기인했다. 애국심이나 국가의 위상을 생각하기보다 경제적 부담이 컸기 때문인 것이다. 개인의 이익 또한 이러한 입장의 주요 요인이었는데, 비생산적인 지출의 갑작스럽고 상당한 감소로 인해 전반적인 생활 수준이 급속히 향상될 수 있다는 희망을 갖게 된 것이다. 이러한 맥락에서 코레즈(Corrèze)의 브리브(Brive) 부도지사는 "엄청난 부담, 특히 인명의 희생의 무게는 모든 사회집단에서 분쟁의 비인기를 야기할 수밖에 없었다"고 말했다.[53] 코트도르 지사 또한 다음과 같이 지적했다. "노동계급은 (분쟁의) 지속이 생활 조건 개선을 방해한다는 점을 점점 더 확신하고 있다. 농민들은 농촌의 설비 개발이 피해를 입고 있다고 믿는다. 여론 전체는 분쟁

---

53) A.D. de Corrèze, 302 W 10274 : Rapports mensuels du sous-préfet sur la situation de l'arrondissement, décembre 1953.

의 종식을 받아들일 준비가 되어있는 것 같다"(1953년 12월). 파드칼레에서는 1953년 10월부터 "인도차이나 원정대의 귀환이 점점 더 요구되었다. 왜냐하면 그것이 유럽의 군사 장비를 강화하기 위한 유일한 해결책이자 실제로 심각한 예산 절감의 유일한 원천으로 여겨졌기 때문이다".

이러한 맥락에서 인도차이나의 휴전을 위한 베트민의 평화 제안은 큰 희망을 불러일으켰다. 실제로 1953년 11월 호치민은 스웨덴 신문 『엑스프레센(Expressen)』과의 인터뷰에서 인도차이나의 평화를 위한 협상을 시작할 의지가 있음을 표명했고, 이는 프랑스 국민 전체로부터 호의적인 반응을 이끌어냈다. 이러한 선언은 이제르와 쥐라에서 "확고한 희망을 불러일으켰고", 퓌드돔에서 "주민 일부의 관심을 이끌어냈다". 그러나 일부 지역에서는 이 소식이 신중하고 의심하며 받아들여졌다. 피니스테르에서는 심각한 군사 공세를 동반한 호치민의 평화 제안이 "적대 행위가 언제 어떻게 끝날지 걱정하는 주민들을 당혹스럽게 만들었다". 코레즈의 브리브 부도지사는 도지사에게 보낸 보고서에서 다음과 같이 덧붙였다.

> 공산주의 선전을 인정하지 않은 채 여론의 상당 부분은 우리가 기꺼이 세금을 부과했던 바오 다이 황제를 비난하는 경향이 있으며, 호치민의 제안을 매우 진지하게 받아들여야 하는지 의심스럽다. 그러나 어떤 사람들은 우리가 이들 '지도자' 중 한 사람을 다른 사람보다 더 신뢰할 수 없다고 지적하고 호치민의 호소가 '베트남 평화를 위한 행동의 날'을 개최하는 공산주의 선전의 재발과 일치한다고 강조한다. 이는 베트민 지도자가 베트남 평화를 위한 선전활동을 전개하라는 지시를 받았지만 그의 의도가 솔직하지 않음을 시사할 수 있다고 본다.[54]

---

54) A.D. de la Corrèze, 302 W 10274, décembre 1953.

도르도뉴 공안 경찰 보고서는 "협상은 포기하는 것이 아니며 호치민의 선언이 진실되고 진지한 것으로 입증된다면 우리 군인과 국민의 안전을 보장하고 인도차이나 국민의 권리를 보호하는 것이 필요할 것이다"라고 요청했다.

본 연구에서 마지막으로 주목할 수 있는 점은 프랑스 대중이 프랑스와 미국 정부의 인도차이나 정책을 거의 인정하지 않았다는 사실이다. 수년간 지속되어 프랑스 전체를 황폐화시킨 인도차이나전쟁은 프랑스 제4공화국의 여러 내각이 추진한 식민정책에 대한 의문을 불러일으켰다. 프랑스인들은 전쟁 후반기 동안 연속된 프랑스 정부의 주저함, 불일치, 분열을 비판했다. 예를 들어, 증가하는 전쟁 위험에 직면하여 되세브르와 방데의 주민은 프랑스 정치의 우유부단함과 불안정성을 개탄했다.[55] 센에마른에서는 드 라트르 드 타시니(Jean de Lattre de Tassigny) 장군을 고등판무관으로 임명한 것이 일반적으로 호평을 받았지만, 일부 비판자들은 "이러한 고위직 인물이 너무 자주 교체되는 것에 대해" 우려의 목소리를 높였다(1950년 12월 31일). 퓌드돔에서는 "여론은 전쟁 내내 정부가 그들에게 정확한 진실을 말하지 않았다는 느낌을 받았다" (1954년 3월 6일). 그러나 피니스테르 지사가 지적했듯이 프랑스 측의 이러한 우유부단함은 실제로 "대부분의 프랑스 국민의 우유부단함을 반영"하는 것이었다(1953년 12월).

전쟁의 진행과 함께 프랑스는 미국에게 더 많은 군사적 지원과 더 적은 직접적인 개입을 요구했다. 도르도뉴(Dordogne)의 베르즈락(Bergerac) 부도지사에 따르면 "여론은 미국이 우리 상황을 더 잘 이해하고 그들의 '식민주의' 개념에 맞지 않은 모호한 선언과 약속에 만족

---

55) A.D. des Deux-Sèvres, 1417 W 6, février 1950 ; A.N. F^{k}III 1332, Vendée, 30 novembre 1950.

하지 않기를 바랐다"(1952년 10월). 드롬에서는 "우리가 그곳(인도차이나)에서 공산주의에 대항하는 싸움을 주도하고 있다고 믿는 모든 사람은 특히 미국이 이번 전쟁에 기울인 우리의 노력을 충분히 고려하지 않는 것 같다는 사실에 실망했다"(1953년 10월). 이제르(Isère)에서는 "프랑스에 대규모 외부 지원이 제공되지 않으면 불행하게도 전투의 운명이 결정될 것으로 모든 사람은 생각하는 것 같았다. 이것은 한국과 인도차이나 분쟁을 분리시켰다고 비난받는 미국인들의 행동을 무엇보다도 겨냥한 경악과 비통함, 분노의 표현이었다"(1954년 1월 6일).

도지사 보고서에 따르면 1950년부터 1954년 전쟁이 끝날 때까지 인도차이나의 소식은 계속해서 프랑스 여론을 근심케 했다. 여론은 이러한 우려감을 부분적으로는 정보가 부족하고 불확실한 결과와 결정되지 않은 전쟁 목표 때문이라고 생각했다. 상황의 혼란스러운 측면은 프랑스인들 사이에 회의주의의 물결을 일으켰고 이러한 감정은 곧 비관주의로 변모하게 되었다. 이러한 맥락에서 대다수의 프랑스인이 인도차이나에서 적대 행위의 종식을 점점 더 요구하는 것은 자연스럽고 필연적이었다.

4장
인도차이나 분쟁 속의 식민주의 이념

    4장에서는 인도차이나전쟁이 야기한 문제에 대해 프랑스 여론의 시각은 무엇이며 그것은 어떻게 진화했는지를 살펴보고자 한다. 인도차이나 사건에 대한 대중들의 반응과 분석은 어떠했는가? 여론은 이 전쟁을 요구하거나 지지했는가? 만약 그렇다면 왜 이러한 입장을 선택했는가? 프랑스인의 집단의식 속에 식민주의를 거부하거나 혹은 유지하는 과정에서 정당과 언론의 역할은 무엇이고, 지적 담론의 지위는 어떠했는가? 프랑스인들은 미국인이나 프랑스 거주 인도차이나인과 같이 전쟁에 관심이 있는 다양한 행위자들에게 어떠한 시선을 보냈는가? 그들은 전쟁 관련 다양한 사건과 행위자들의 '이미지'를 어떻게 창조하고, 정당화하고, 때로는 왜곡했는가? 요컨대, 탈식민지화 시기, 이 머나먼 전쟁 중에 프랑스 식민주의 이념은 여전히 존재했는가? 이 모든 질문과 이에 대한 답변을 통해 인도차이나전쟁 당시 프랑스인의 식민주의 인식을 더 잘 이해할 수 있다.

1. 정치계의 입장

2차 대전 이후 전개되는 10여년의 기간 동안, 인도차이나전쟁에 대한 다양한 성향의 프랑스 정치계의 견해와 활동을 살펴보는 것은 분명 연구자들에게 유익하고 흥미로운 일이 될 것이다. 우리는 여기서 민족해방운동과 프랑스 정치 세력 사이의 충돌을 보게 된다. '독립을 위한 민족들의 투쟁'이라는 거대한 시대적 흐름 앞에서 지금까지 당연시되었던 식민지 지배 질서와 그에 대한 인식이 도전받았을 때, 프랑스 정당들은 어떻게 반응하였을까? 탈식민지화의 거대한 흐름을 프랑스 정치 세력들은 수용했는가? 혹은 거부했는지? 누가 수용을 하고 누가 거부를 했는가?

그런데 우리가 여기서 주목할 점은 베트남의 민족 운동은 단지 반(反)식민주의적 성격만을 지닌 것은 아니었다는 사실이다. 프랑스와의 전쟁 기간 이 운동은 무엇보다도 지배당하고 억압받는 나라의 공산주의자들의 영향을 받았다. 베트남은 민족해방투쟁의 선두에 공산당이 자리하고, 곧이어 정권을 장악한 유일한 프랑스의 구(舊)식민지였다. 호치민과 그의 동료들이 주도한 해방전쟁은 현대의 역사가 '냉전(Cold war)'이라는 이름으로 기억하는 국제적인 긴장이 최고조에 달한 시기에 이루어졌던 것이다. '중립주의(neutralism)'의 선택은 정치적으로 주변부에 속하는 것을 의미하며, 프랑스뿐 아니라 전 세계가 자본주의와 공산주의 사이에서 각자의 진영을 선택해야만 했던 시기에, 공산주의자들에 의해 베트남의 민족운동이 주도되었다는 사실은 프랑스의 정치 세력들이 자신들의 입장을 세우는 데 결정적인 역할을 했다. 프랑스의 역사학자인 그로세르(Alfred Grosser)는 "(프랑스의) 제4공화국이 20세기 중반기에 경험한 두 개의 중요한 갈등, 즉 공산주의와 반공산주의의 갈등과, 과거 제국주의 열강과 식민지 해방을 경험한 신생 국가 사이의 갈등을 내부적 분열로서 경험한 지구상의 유일한 국가"라고 기술했다.1) 이러한 맥락에서 볼 때, 베트남의 독립전쟁에 대한 프랑스 정당들의 반응은 민족해방운동이라는 현상에 대한 입장과 공산주의에 대한 입장이 끊임없이 연관된 가운데서 나타나는 것이라고 판단할 수 있는 것이다.

그렇다면 당시 프랑스 정치 세력은 뭐라고 이야기했는가? 인도차이나 사건에 대한 그들의 분석은 무엇이었는가? 공개적으로 발표된 정책의 목표는 무엇이었는가? 1947년부터 1954년까지 각 정당의 연설은 어떻게 구분할 수 있는가? 다양한 정당의 유권자, 당원, 간부, 국회의원은 어느 정도까지 정부 정책과 연관되거나 분리되어 있었는가? 일부 당 지도자들은 어느 정도 의문을 제기했는가? 정치계가 공개하고자 했던 연설에서, 물론 이 연설에 대해 어느 정도의 비판적 거리를 두고, 내부 담론과 실제 실천을 비교하면서, 이제 우리는 인도차이나 분쟁에 직면한 다양한 프랑스 정당의 입장과 식민주의 개념을 보여주려고 노력할 것이다.

1) 불일치, 망설임과 모순

1946년 12월, 하노이에서 전쟁이 발발했을 때 파리에서는 인도차이나에 대해 우려하지 않았다. 그곳에서 발생한 일은 사소한 사건으로 치부되었다. 무엇보다 국내 정치 상황이 프랑스인의 관심을 독점했다. 1946년 11월 10일 국회의원 선거가 실시되어 '3당 체제'가 지배하는 새

---

1) Alfred Grosser, *La IV République et sa politique extérieure*(Paris: Armand Colin, 1972), p. 9.

로운 의회가 탄생했다. 사회당은 해외영토 의원 포함하여 26석을 상실했고, 프랑스 제1당이 된 공산당은 득표율에서 약간의 증가세를 유지했고, 인민공화운동이 그 뒤를 따랐다. 무엇보다도 부활한 우파와 급진파가 총 27%의 득표율을 보였다. 프랑스의 해외영토 정책은 이로부터 지속적인 영향을 받았다.

레옹 블룸은 1946년 12월 12일 단일한 사회당 정부를 구성하도록 임명되었으며, 12월 18일에 취임하였다. 이는 1947년 초 공화국 대통령 선거를 앞두고 있는 임시 정부였다. 레옹 블룸 정부(1946년 12월 16일~1947년 1월 16일)는 해외영토부 장관 마리우스 무테의 보고에 확신을 갖고 프랑스-베트남 관계의 파열에 대해 베트민을 비난하고 질서 회복을 우선시했다. 실제로 마리우스 무테 장관과 육군 사령관 르클레르 장군을 인도차이나로 파견한 후 레옹 블룸은 1946년 12월 23일 의회에서 다음과 같이 단언했다. "정복을 통해 소유하고 강제로 유지하며, 정복된 땅과 민족을 착취하는 경향이 있었던 옛 식민지 체제는 이제 과거의 일이 되었다. 우리 공화주의 교리에서 식민지 소유는 그것이 중단되는 날, 즉 식민지 국민이 완전히 해방되고 스스로 통치할 수 있게 된 날에만 최종 목표를 달성하고 진정한 정당성을 발견할 것이다. 이 위기가 극복되면 우리의 목표는 항상 동일하게 유지될 것이다. 그것은 중단된 작업, 즉 프랑스 연합과 자유롭게 연합한 인도차이나 연합에서 자유로운 베트남을 조직하는 작업을 충성스럽게 재개하는 문제이다. 그러나 무엇보다도 계약 이행의 기초가 되는 평화적 질서가 재정립되어야 한다".[2] 그러나 1947년 3월, 인도차이나전쟁을 위한 군 예산 증액에 반대했던 프랑스 공산당은 물론 사회딩조치 호치민과이 대화 재개

---

2) *L'Année politique: revue chronologique des principaux faits politiques, diplomatiques, économiques et sociaux de la France*, 1947, p. 546.

를 요구했다.

1947년 1월 16일 뱅상 오리올이 공화국 대통령으로 선출된 후 레옹 블룸은 헌법에 따라 사임했다. 1월 21일, 폴 라마디에가 수상으로 취임했다. 그는 3당으로 정부(사회당 9명, 공산당 5명, 인민공화운동 5명)를 구성하고 외교부 장관으로 조르주 비도를, 마리우스 무테를 여전히 프랑스 해외영토부 장관으로 임명했다. 신임 의회 의장인 라마디에는 취임선언문에서 "안남 세 국가의 연합"을 언급하고 '독립'이라는 단어를 삭제했지만 "프랑스 연합과 인도차이나 연방의 틀 내에서"라는 제한적인 조건을 붙였다. 정부 내에서는 베트남 문제에 대한 이데올로기적 불화가 매우 강했다. 어떤 이들은 특히 프랑스 군인들이 겪는 손실과 베트남 당국에 대한 확고한 정책의 필요성에 대해 강조했으며, 다른 이들은 화해를 위한 모든 노력이 시도되기를 원했다. 그리고 소수의 사람들이 일관되게 베트남의 편을 들었다. 결과적으로 폴 라마디에 수상은 인도차이나에 대해 잘 규정된 정책을 채택하지 않았다. 이처럼 분쟁 기간 내내 프랑스 국내 정치는 인도차이나에 관한 결정에 끊임없이 영향을 미치게 되었다.

(1) 사회당의 주저함

1947년 3월 19일과 20일에 "포기도 없고 과거 식민주의로의 복귀도 없다"는 주제로 프랑스 연합 전국 협의회를 마친 사회주의자들은 두 정책 사이에서 항상 망설이는 것처럼 보였지만 결코 선택에 있어 성공하지 못했다. 실제로 전국위원회와 전당대회 같은 주요 당 기구에서는 사회당 장관들의 관행에서 거의 찾아볼 수 없는 강력한 반식민주의가 표현되었다. 전투적인 표현과 정부 현실 사이의 이러한 간극은 제4공화국

의 상당 기간 특징이 되었다.[3]

인도차이나 사건에 대해 프랑스 사회당은 의견의 일치를 보지 못했다. 한편에서 국정을 담당하고 있는 폴 라마디에와 마리우스 무테, 다른 한편에서 다수의 사회당 의원과 당원들의 입장 차이는 점점 커지고 있었다. 서로의 입장을 조화시키려고 노력하면서 1947년 3월 19일과 20일에 열린 전국위원회는 인도차이나에 대한 포기와 강압적인 정책 모두를 거부했다. 그것은 군사 작전을 지배하는 재정복 정신을 비난했으며, 일부 '고위 관리들'의 반민주적 관행을 규탄하고 이들의 출당을 요구했다. 그리고 결국에는 '진정한 인도차이나의 대표 정부'와의 협상을 권고했다.[4] 그러나 당 사무총장 몰레(Guy Mollet)와 전 수상이자 사회당 기관지 『르 포퓔레르』 편집장인 레옹 블룸에게는 협상이 지체나 조건 없이 이루어져야 했다. 이러한 입장은 프랑스 공산당과 매우 유사했는데, 이는 각료회의에서 마리우스 무테의 연설과는 충돌하는 것이었다. "프랑스는 인도차이나에 머물러야 한다. 이 결과는 무력이나 선의의 합의를 바라지 않는다는 것을 증명한 현 베트민 정부와의 합의에 의해서는 달성되지 않을 것이 확실하다. 이는 우리가 이러한 요소들 중 그 어느 것도 고려하지 않는다는 의미가 아니라, 진정으로 안남 인민을 대표하고 선의를 얻을 사람들과 논의할 것이라는 의미이다".[5] 이 질문에 대해 뤼시(Charles Lussy)는 1947년 3월 20일 의회에서 당을 대표하여 "우리는 그 어떤 이름도 강요되거나 제외되는 것을 인정하지 않을 것이다"라고 선언했다.

---

3) Jacques Dalloz, *La guerre d'Indochine, 1945-1954, op. cit.*, p. 117.
4) Roger Quilliot, *La S.F.I.O. et l'exercice du pouvoir, 1944-1958*(Paris: Fayard, 1972), p. 220-221.
5) *Ibid.*, p. 319-320.

'제3세력(troisième force)'[6] 내에서 인민공화운동의 파트너인 사회당은 처음에는 호치민과의 접촉이 단절된 것을 개탄했다. 1947년 9월 24일 운영위원회는 "확실히 라마디에와 무테는 9월에 계획된 프랑스 공세를 저지했지만 둘 다 호치민을 상대하고 싶어 하지 않았다. 사회당 주도의 정부가 이런 식으로 이끌어 가는 것을 보는 것은 비극적이다"라고 말했다. 여러 전당 대회에서도 "베트남 국민의 대표자들"과의 협상 개시를 정기적으로 요구했다. 이처럼 1949년 1월 17일 당 운영위원회는 정부가 호치민과 다시 협상할 것을 요구했다. 사회당 사무총장인 기 몰레는 수상인 퀘이유(Henri Queuille)에게 보낸 장문의 편지에서 "우리가 평화를 원한다면, 전쟁을 벌이는 자들을 상대해야지, 반대 진영에서 아무것도 대표하지 않는 자들을 상대해서는 안 된다"고 언급했다.[7] 1949년 4월 13일, 베트민 대표와의 접촉 임무를 마치고 인도차이나에서 막 돌아온 프랑스 연합 고문 사바리(Alain Savary)는 운영위원회에서 "저항군과 접촉하는 것이 전쟁을 멈추고 합의에 도달할 수 있는 유일한 방법이다"라고 결론을 내렸다. 1949년 5월 보고서에서 1946년 호치민과 프랑스 사이에 화해 역할을 했던 인도차이나에서 사회당의 핵심 인물이었던 카퓌(Louis Caput)는 '바오 다이 해결책'은 '기괴하다'고 평가했고, "한 민족 전체에 적대적인 행위가 공화국 정부에서 나왔고 프랑스 사회주의자들은 지지는 아니더라도 그것을 수용했다는 점을 생각할 때 이 모든 것이 충격적이다"고 주장했다.[8]

---

6) 제3세력은 프랑스 공산당과 드골의 프랑스 인민연합 두 정당 모두에 반대하며 연합한 프랑스 제4공화국의 정부 정당 그룹을 지칭한다.
7) 당 운영위원회 위원인 로젠펠트(Oreste Rosenfeld)가 작성한 이 편지는 1949년 3월 10일 『프랑티뢰(Franc-Tireur)』에 의해 공개되었다.
8) Jacques Dalloz, "Alain Savary, un socialiste face à la guerre d'Indochine", *Vingtième siècle. Revue d'histoire*, No. 53(janvier-mars 1997), p. 45.

그러나 사회주의자들이 인도차이나전쟁에 항상 적대적인 것은 아니었다. 1951년 말까지 그들은 역대 정부의 인도차이나 정책과 연대를 유지했다. 사회주의 의원들은 1952년까지 인도차이나 분쟁을 위한 모든 예산에 투표했다. 냉전의 가장 심각한 단계에서 사회주의자들은 대다수가 인도차이나에서 프랑스의 군사 행동을 공개적으로 정당화했고, 소위 십자군 정신을 수용했다. 의회 내 사회당 대표인 다니엘 마이에는 "그것은 자유를 누리고자 하는 모든 사람과 그들을 노예로 만들고 싶어 하는 모든 사람간의 국제적 분쟁이다"라고 토로했다.[9] "한국, 티베트, 인도차이나에서의 전투는 동일한 성격의 분쟁이다. 프랑스의 이탈은 동남아시아, 시암(Siam), 말레이시아, 버마, 심지어 인도에 대한 소련 제국주의의 통제를 의미할 것이다. 우리는 이것을 알고 있으며 이것이 인도차이나에 남아 있는 주요 이유 중 하나이다"라고 사르트(Sarthe)의 의원이자 당 운영위원회 위원인 피노(Christian Pineau)도 주장했다.[10] 당 내 가장 반공산주의적인 세력의 영향을 받아 사회당은 심지어 공식 문서에도 이 표현을 채택했다. 따라서 1951년 5월 제43차 전당대회의 발의안은 호치민과 그의 동지들이 이끈 투쟁을 다음과 같이 신랄하게 비판했다. "인도차이나는 이제 제국주의적 스탈린주의에 맞서 싸우는 국제 전선에 있으며, 그 작전 무대는 모든 동남아시아와 인도의 안보를 보장하기 위해 자유 국가 방어에 기여한 프랑스에 부여되었다. 요구되는 노력의 규모가 크더라도 극동지역의 모든 문제가 해결될 때까지 (그 노력은) 지속되어야 한다".[11]

---

9) Daniel Mayer, discours du 19 octobre 1950 à l'Assemblée nationale, Journal officiel (*J.O.*). *Débats parlementaires* (*D.P.*), p. 7002.
10) Christian Pineau, intervention à l'Assemblée nationale, 22 novembre 1950. *J.O. D.P.*, p. 8036.
11) *Bulletin intérieur*, No. 60(avril 1952).

전쟁 마지막 단계에서 사회당의 입장은 다시 한 번 변했다. 바오 다이 해결책의 실패는 명백해졌으며, 군사적 결과는 보이지 않았다. 더욱이 1951년 6월 17일의 입법 선거는 의회를 보수 우파쪽으로 이동시켰고, 피네(Antoine Pinay) 정부의 구성(1952년 3월) 이후 사회당은 정부와 거리를 두면서 노골적으로 반대의 목소리를 높였다. 1952년 4월 9일, 전쟁 개시 이후 처음으로 사회주의자 그룹은 데페르(Gaston Defferre)의 다음과 같은 정당화와 함께 전쟁 비용 증액 관련 투표에서 기권했다. "우리의 기권의 의미는 정부가 분쟁을 종식시키기 위해 그 어떤 경우도 놓치지 말라고 요청하는 것이고, 평화 회복을 위해 모든 분야에서 모든 주도권을 행사할 수 있기를 바라는 것이다".[12] 1952년 11월, 당 전국위원회는 적과의 협상 개시를 지지한다고 선언하고 국회에서 인도차이나에 대한 논의를 요구했다. 1953년 3월, 사회당은 마침내 군 예산 증액에 반대표를 던졌다. 1953년 4월 사회주의자였던 뱅상 오리올 대통령도 프랑스의 공식적인 인도차이나 정책에 반대 입장을 표명했다. "인도차이나전쟁이라는 출혈을 계속 내버려두는 것은 프랑스에 대한 범죄라고 믿는다"라고 대통령에게 말하는 아시아에서 돌아온 우파 공화주의자이자 노르 도의원인 레이노(Paul Reynaud)에게 오리올 대통령은 실제로 다음과 같이 대답했다. "나는 귀하의 의견에 전적으로 동의하며 내가 변호하지 않기로 확실한 결정을 내렸다면 그것은 나 역시 정부에 동의하지 않기 때문이다. 하지만 지금은 말할 수 없고 나중에 이야기하도록 하겠다".[13] 1954년 3월 20일, 디엔비엔푸 전투가 격화되는 동안 사회당은 다시 군사 비용 관련 투표를 거부했다.

---

12) Jacques Dalloz, *La Guerre d'Indochine, 1945-1954, op. cit.*, pp. 222-223.
13) Vincent Auriol, *Mon septennat, 1947-1954* (notes de journal présentées par Pierre Nora et Jacques Ozouf)(Paris: Gallimard, 1970), p. 518.

궁극적으로 사회주의자들은 이전 식민지에서 제국주의 권력을 유지하고 군주제를 재건하기 위한 정책을 사실상 지지하는 데 있어 매우 불편함을 느꼈다. 그들은 프랑스 정부가 취한 정책이 막다른 골목으로 이어질 것이라는 사실을 알고 있었다. 그들은 때때로 그렇게 말했지만 실제로는 정부 참여 기간과 그 이후에 사회당이 전쟁 수행에 대해 무거운 책임을 졌다는 것이 분명하다. 결국, 그들의 정책은 다른 분야에서와 마찬가지로 인도차이나 정치에서도 모든 사람이 '자신의 진영을 선택'해야 하는 시대에 제3의 길을 찾는 것이었다고 말할 수 있을 것이다.

(2) 정부 내의 인민공화운동

레옹 블룸의 사회당 정부 하에서 시작된 인도차이나전쟁은 인민공화운동이 공식적으로 참여하지 않은 피에르 망데스 프랑스 내각 하에서 끝났다. 이 두 번의 짧은 기간을 제외하고 연립정부내의 인민공화운동은 인도차이나 분쟁 기간 전반에 걸쳐 국정에 참여했다. 모든 정치 단체 중에서 인도차이나 정치에 가장 많이 관여한 것은 바로 '기독민주당(parti de la démocratie chrétienne)'이었다.[14]

인민공화운동 출신 장관의 정책은 자신들 덕분에 인도차이나가 버림받지 않았다는 점을 여러 차례 강조한 당 지도자들에 의해 정기적으로 옹호되어 왔다. 1946년 11월 28일 정부에서 사임한 직후 인민공화운동의 '창립 의장'인 조르주 비도는 "프랑스는 선택의 여지 앞에서 과도한 노력을 쏟아붓거나 혹은 인도차이나에서 철수하는 선택을 행해

---

14) Jacques Dalloz, "L'opposition M.R.P. à la guerre d'Indochine", *op. cit.*, pp. 106-107.

서는 안된다"고 자신이 소속된 당의 입장을 표명했다.[15] 1946년 12월 12일에 발행된 팸플릿에서는 "모든 여론의 지지를 받는 만장일치로 단결된 프랑스 정부는 인도차이나에서 프랑스의 주둔을 존중하려는 열망을 보여줄 것"을 요구했다.[16] 1946년 11월과 12월의 사건 동안 당시 당 대표였던 모리스 슈만은 당 기관지인 『로브(L'Aube)』의 사설을 통해 당이 확고함을 보여주었다. 그는 한편으로는 "실제 목표는 프랑스 연합 그 자체였다"는 것과 다른 한편으로는 "명예가 요구되는 상황에서 '항복 정신'에는 끔찍한 논리가 있기 때문"에 프랑스가 포기할 수 없다는 것을 보여주고자 했다.[17]

전쟁이 시작될 때 사회주의자들과 공산주의자들은 여전히 협상 개시를 선호했지만 인민공화운동과 우파 정치인들은 '12월 19일의 하노이 사건'을 언급하며 호치민 정부와의 대화를 거부했다. 1947년 1월 1일에 발행된 『엠에르페 아 락시옹(행동하는 인민공화운동)(M.R.P. à l'action)』은 1946년 12월 19일의 공격이 계획되었음을 입증하는 문서를 공개했다.[18] 1947년 1월 5일자 같은 일간지에서 모리스 슈만은 "군사적 결정이 협상 재개를 허용하는 날에만 민주주의의 내부 규칙에 충실한 파트너들과 거래하는 것"이 적절하다고 생각했다. 공산당 장관들이 해임된 후, 1947년 4월 26일부터 5월 3일까지 인도차이나를 방문한 전쟁부 장관 폴 코스트 플로레도 총사령관 발뤼(Jean Valluy)에게 "호치민과 협상하려는 (인도차이나 고등판무관) 에밀 볼라르트를 만류하기 위한 모든

---

15) Georges Bidault (sous la présidence de), Le Comité de l'Indochine du 10 décembre 1946,
16) Stein Tønnesson, *1946: Déclenchement de la guerre d'Indochine*, op. cit., p. 144.
17) Marc Michel, "Y a-t-il impréparation de la France à la déolonisation?", op. cit., p 199.
18) A.N. 350 A.P. (archives du M.R.P.) 119.

조치를 취하라"고 요청했다.[19]

1947년 11월, 정부가 바뀌면서 인민공화운동의 인도차이나에 대한 입장이 강화되었고, 로베르 슈만(Robert Schuman)이 수상이 되었으며, 폴 코스트 플로레가 사회주의자 마리우스 무테의 뒤를 이어 프랑스 해외영토부 장관이 되었다. 조르주 비도와 함께 공산주의자 베트민과의 투쟁을 열정적으로 지지했던 코스트 플로레는 바오 다이 해결책의 설계자가 되었다. 그는 프랑스가 공식적으로 호치민과의 논의 가능성을 배제한 1947년 12월 23일 정부 성명의 배후자였다. 다음날 당 기관지인 『로브』는 처음으로 호치민의 공산주의를 공격했다. 1947년 12월 28일 당 전국위원회에서 프랑스 연합의 고문인 앙드레(Max André)는 "베트남 문제는 잘 해결되고 있는 것 같다"고 언급하며 프랑스 정책의 발전을 자축했다.[20] 게다가 당의 인도차이나 위원회에서 코스트 플로레는 1949년 1월 4일 호치민과의 협상 거부는 12월 19일의 사건이 아니라 "모스크바와의 관계"에 근거한 것이라고 선언했다 (제7차 위원회 보고). 이 모든 사례는 실제로 조르주 비도의 정당이 프랑스에서와 마찬가지로 인도차이나에서도 모든 협상에서 공산주의자들을 제거하기로 결정했음을 보여주었다.

1949년부터 전쟁이 악화되자 프랑스는 인도차이나를 포기해야 할지, 호치민과 협상하고, 중국과 거래하고, 유엔에 의지하고, 미국인에게 맡기고, 베트민과 바오 다이에게 문제를 해결하라고 놔두고 떠나야할지를 자문했다. 인민공화운동의 지도자들은 이 모든 관점을 거부했다. 그들은 공산주의 '봉쇄 정책(policy of containment)'의 이름으로 미국의 지

---

19) Philippe Devillers, *Histoire du Viêt-Nam, op. cit.*, p. 387
20) A.N. 350 A.P. 58.

원을 얻고 베트남을 전쟁에 점점 더 많이 참여시켜 전투를 계속할 계획이었다. 외무부 장관이 된 로베르 슈만은 1949년 말 인도차이나전쟁의 냉전으로서의 성격을 주장하면서 앵글로색슨인의 이해와 지원을 요구했다. 중국과 소련의 호치민 정부의 인정과 한국전쟁의 발발은 프랑스의 주장에 신빙성을 부여했다. 미국의 지원이 도착하기 시작했으며, 슈만은 이제 "어제는 몰랐고, 오늘은 이해되고, 내일은 지원되는" 전쟁에 대해 언급했다.[21] 이런 맥락에서 인도차이나를 포기하는 것은 당연히 있을 수 없는 일이었다. "우리에게는 싸움을 포기할 권리가 없다. 우리가 인도차이나를 떠나는 것은 국제적으로 무력함을 인정하는 것이며, 프랑스 연합의 완전성을 훼손하고 코민포름에게 귀중한 확장 가능성을 제공하는 것이다"라고 인민공화운동의 연합 국가(États associés) 장관인 르투르노(Jean Letourneau)는 『르몽드』 칼럼에서 주장했다.[22]

인도차이나 분쟁이 냉전의 일환으로 이해되었던 시기에 인민공화운동의 지도자들은 자유 세계의 방어를 언급하며 전쟁의 지속을 정당화했다. 그러나 프랑스 연합이라는 용어는 완전히 사라지지 않았다. 우리는 끊임없이 스스로에게 이렇게 질문했다. "이제 시작도 안 된 이 연약한 건축물이 사슬의 고리 하나를 놓으면 무너지지 않을까?"를 끊임없이 자문했던 것이다. 이런 맥락에서 조르주 비도는 생테티엔(Saint-Étienne)의 당 기관지인 『라 데페쉬(La Dépêche)』에 "연합된 공동체를 상상하고 원했던 이 논리는 프랑스 연합이 하나의 블록이며 위험이 있는 곳에서는 전적으로 방어되거나 버려진다는 결론으로 이어진다"라고 기

---

21) Jacques Dalloz, "Le M.R.P. et la guerre d'Indochine", *op. cit.*, p. 64.
22) André Ballet, "Un débat animé sur l'Indochine. ≪Nous n'avons pas le droit d'abandonner la lutte≫ déclare M. Letourneau", *Le Monde*, 24 novembre 1950.

술했다.[23] 1952년에도 인민공화운동의 식민 정책을 기념하는 선전 팸플릿이 나왔다. "조르주 비도의 개입으로 프랑스 연합의 미래에 위험한 내용을 배제할 수 있게 된 헌법이 제정된 이후 프랑스 연합의 최고의 설계자 역시 인민공화운동이다. 또한 공산주의에 대항하여 동남아시아를 방어하는 역할이 점점 커지고 있는 상황에서 프랑스 연합 내에서 베트남 자유국(États libre du Viêt-Nam) 창설을 설계한 이도 폴 코스트 플로레와 장 르투르노라는 두 명의 인민공화운동 장관들이다".[24] 『라 데페쉬』 기자인 라(Georges Ras)에 따르면, 프랑스는 인도차이나에서 프랑스의 미래와 세계에서의 위치를 놓고 싸우기에 전쟁을 계속해야 했다. "프랑스 연합이 인구 4,200만 명으로 줄어들면 프랑스는 더 이상 존중받을 수 없다. 우리가 굴복한다면, 그 무엇도 우리를 치명적인 경사면에서 멈추게 할 수 없을 것이다. 그러면 우리는 다른 나라의 속국이 될 것이다".[25]

그러나 1949년부터 당 내에는 지도자들의 인도차이나 정책에 의문을 제기하는 반대 흐름이 존재했다. 드니(André Denis)는 이미 1949년 5월 전당대회에서 두각을 나타냈다. 그는 인도차이나에 대한 코스트 플로레의 의회 발의에 반대했으며, 1950년에 특히 그의 신문 『라 가제트 뒤 페리고(La Gazette du Périgord)』에서 자신의 입장을 더욱 강력하게 주장했다. 그는 1950년 2월 4일에 "인류의 가장 큰 위험과 분쟁을 치명적으로 확대할 위험을 감수하기 전에 우리가 중재와 직접적인 대화를 받아들인다는 점을 확인함으로써 사실상의 적을 벽에 밀어 넣는 것은 내 생각에는 굴욕적이지 않다"라고 썼다. 1950년 1월 인도차이나에 대한

---

23) *La Dépêche*, 27 juin 1952.
24) *Origines et mission du M.R.P.*(Paris: Forces nouvelles, 1952), p. 32.
25) *La Dépêche*, 9 août 1952.

토론에서 앙드레 드니, 아베 피에르(Abbé Pierre), 불레(Paul Boulet), 다라공(Charles d'Aragon)은 호치민과의 협상과 국제 감시 하의 선거를 요구했다.[26] 처음으로 당 일각에서 정부의 인도차이나 정책에 반대하는 입장을 국회에서 표명한 것이다. 그러나 이러한 반대는 주변적이거나 부차적일 뿐이었다. 당원 대부분은 당 출신 장관의 뒤에서 그의 정책을 지지했다. 그렇긴 하지만, 장관들에 대한 연대의식 때문에 또는 적 앞에서 프랑스의 입장을 약화시키고 싶지 않았기 때문에 몇몇 비판과 의심은 계속해서 공개적으로 표현되지는 않았다.

1953년 라니엘(Joseph Laniel)이 취임하고 한국전쟁이 끝났을 때, 협상을 통해 극동의 수렁에서 빠져나오겠다는 생각이 대부분의 정치계층을 사로잡았다. 그러나 동남아시아의 평정을 통해 문제를 해결하고자 하는 인민공화운동은 계속해서 직접적인 협상을 거부했다. 그들의 눈에 호치민은 자유세계에 대한 적군의 톱니바퀴에 불과했고, 그를 상대하는 것은 '악마를 상대하는 것'이었고 모스크바와 베이징에 승리를 안겨주는 것이었다.

그러나 이후로 인민공화운동 내부에서는 불만이 뚜렷이 드러났다. 1953년 5월 당 대회에서는 처음으로 많은 비판이 쏟아져 나왔다. 셰르(Cher) 도의원인 부아동(Daniel Boisdon)은 "나중에 바오 다이를 성공시키기 위해 우리가 부여한 것의 절반을 1946년 호치민에 부여했다면 인도차이나에서는 전쟁이 없었을 것이라고 확신한다"고 말했다. 몇 달 동안 다소 은밀하게 인도차이나 정책을 공격해왔던 코트뒤노르(Côtes-du-Nord) 도의원 부레(Henri Bouret)는 "우리는 승리가 유일한 해결책이라고 생각하는 사람들만큼 국익을 생각하고 있다고 주장한다"고 선언

---

26) J. O. Débats parlementaires, Assemblée nationale, 27 janvier 1950.

했다.[27] 1953년 10월 국회는 인도차이나 문제를 논의했다. 안드레 드니 도르도뉴(Dordogne) 도의원도 27일 연설에서 "단 하나의 해결책은 적과 협상하는 것이다"고 단언했다.[28] 공화 국회(Conseil de la République)에서 인민공화운동 상원 의원 그룹의 부회장인 아몽(Léo Hamon)은 정부에 반대표를 던진 유일한 인민공화운동 의원이었다. 그는 연설에서 특히 미국이 프랑스가 적과의 타협을 추구하는 것을 막은 반면에 한국 전쟁에서 그들은 협상을 통해 빠져나온 것을 비난했다.[29]

분쟁의 마지막 해에 인민공화운동은 의심에 시달리고 있었다. 일부 지도자들은 의심의 대상이었다. 대다수의 유권자와 활동가들은 이들이 추구하는 정책에 동의하지 않았다. 그러나 당 출신의 대부분의 국회의원들이 계속해서 정부에 투표했다는 사실이 그들이 정부의 조치를 강력하게 지지한다는 의미는 아니었다. 그들은 적을 강화하지 않기 위해 또는 유럽방위공동체(EDC: European Defence Community)를 비준할 것으로 예상되는 내각을 난처하게 하지 않기 위해 장 르투르노 및 조르주 비도와 연대할 수 있었다. 전체적으로 볼 때 반대의 목소리가 1949년부터 1954년까지 진행되었다면 그것이 당의 단결에 대해 실제로 의문을 제기한 것은 아니었다. 따라서 이론의 여지가 없는 당의 지도자인 조르주 비도는 점차 그의 권위가 약화되는 것을 목격했지만 인민공화운동은 인도차이나전쟁 중에 당의 창립자와의 결속을 깨뜨리지는 않았다.[30]

---

27) Jacques Dalloz, "L'opposition M.R.P. à la guerre d'Indochine", *op. cit.*, pp. 112-113.
28) J. O. *Débats parlementaires, Assemblée nationale*, 27 octobre 1953.
29) J. O. *Débats parlementaires, Conseil de la République*, 12 novembre 1953.
30) Jacques Dalloz, "L'opposition M.R.P. à la guerre d'Indochine", *op. cit.*, p. 118.

(3) 드골과 프랑스 인민연합

공산당 장관들이 해임되기 한 달 전에 드골 장군은 프랑스 인민연합(RPF : Rassemblement du peuple Français)의 창설을 발표했다. 수년 동안 이 당의 리더이자 사상적 지도자로서 그는 당원들의 행동과 사고를 지도하는 동시에 반공주의, 민족주의, 해외영토를 소유한 프랑스의 위대함과 같은 그의 주요 이념 중 일부를 많은 프랑스 시민과 군인에게 소개했다. 1947년부터 인도차이나전쟁이 끝날 때까지 드골이 행하거나 집필하거나 개최한 연설, 선언문, 발표 및 기자 회견을 종합하면 한 가지 개념이 분명하게 드러난다. 그것은 드골 장군이 베트민에게 은밀하게 양보하는 것을 절대적으로 거부했다는 사실이다. 그는 항상 프랑스의 영향력을 유지하는 데 찬성하는 사람들을 지지했으며, 포기를 말하는 사람들을 항상 저주했다. 인도차이나의 프랑스 주권은 그에게 항상 손 댈 수 없는 신성한 원칙이었다.[31] 창립자이자 당 대표인 드골처럼 활동적인 프랑스 인민연합 당원들 또한 바오 다이 정부에 대한 그 어떤 양보도 반대하고 인도차이나 영토에서 프랑스의 정치적, 경제적, 사회적 지위를 완전히 유지하는 데 찬성했다.

잠재적인 국제 전쟁 상황에서 드골은 프랑스가 프랑스 연합의 통제권을 유지할 수 있기를 원했다. 그때부터 그는 대중을 선동하고 동요시키며 분열시키는 모든 것들, 특히 자결의 원칙을 거부했다. 그는 1948년 4월 17일 마르세유에서 당 동료들에게 다음과 같이 선언했다. "우리는 프랑스 연합이 프랑스를 중심으로 구성된 연방 전체를 구성하고 이를 위해 어떤 경우에도 프랑스가 외부 대표, 국방 및 공동 경제 조항을

---

31) Alfred Georges, *Charles de Gaulle et la guerre d'Indochine*, op. cit., p. 118.

보장하는 것이 필요하다고 생각한다. 이는 인도차이나에 적용된다".[32] 드골은 인도차이나 국가들의 법적 자격을 약속하지는 않았으며, 프랑스 연합의 방식을 적용하는 것이 적절하다는 점에 동의하면서 프랑스가 인도차이나에 대한 노력을 완화해서는 안 된다고 주장했다.

1948년 11월 17일 기자회견에서 드골은 다시 한번 인도차이나에 대한 프랑스 인민연합의 입장을 명확히 했다. 그곳에서 권장할 정책에 대해 그는 다음과 같이 대답했다. "확립되어야 할 해결책은 프랑스의 적이 아닌 인도차이나를 진정으로 대표할 수 있는 모든 이들과 교섭하는 것이다. 언젠가는 그 안에 인도차이나 연방이 구성될 수 있는 조직에 도달하는 것이 중요하며, 다양한 인도차이나 국가는 이 체제 내에서 자유롭고 독립적이 될 것이다. 연방은 프랑스 연합의 일부가 될 것이다. 이는 영토 방어, 외교 정책, 전반적인 경제 상황에 대한 책임을 프랑스에 맡기는 것을 의미한다".[33] 1949년 2월 28일 당 집행위원회에서 드골은 여전히 다음과 같은 태도를 고수했다. "인도차이나 문제 해결의 조건은 프랑스와 베트남 간의 관계를 결론짓고, 이전 조약을 대체하는 조약을 체결하는 것이다. 이 조약은 프랑스 연합의 온전한 일부로서의 베트남의 독립을 확립하고, 프랑스 연합은 프랑스의 중대한 책임 하에 단 하나의 외교 정책과 공동의 외부 방어만을 가질 수 있다".[34]

그러한 조건을 베트민이 수용하기는 어려웠다. 베트민은 자신의 외교 정책을 마르크스주의에 기반하지 않은 국가의 손에 맡길 수도 없었고, 그의 군대와 외교가 소위 '자본주의' 국가의 원격 지도를 받는 데

---

32) Charles de Gaulle, *Discours et messages*, T. II, *op. cit*., p. 179.
33) *Ibid*., p. 236.
34) *Ibid*., p. 266.

동의할 수도 없었다.[35] 게다가 드골은 협상에 또 다른 장애물을 제기할 것이라고 생각했다. 실제 드골은 '유효한 대담자' 목록에서 베트민 지도자들을 제거하려고 했다. 1947년 4월 24일 기자 회견에서 드골 장군은 인도차이나 공산주의자들에게 그들의 움직임이 "통킹과 안남의 대표적인 요소들 중에서 장기적으로 베트남 국민들에게서 찾을 수 있는 실질적인 지지와 일치하지 않는 곳"을 취한 것이라고 의심했다.[36] 마찬가지로, 1949년 2월 28일 드골 장군이 작성한 성명서는 프랑스인들에게 "우리가 인정할 수 있는 권력에서 근본적으로 우리에게 적대적이며 그 행동이 거대한 외국의 위협과 연관되어 있는 공산주의 세력을 배제했다"고 분명하게 알려주었다. 그에게 공산주의 호치민과의 협상은 '항복'이자 '인도차이나에서 프랑스가 이룬 업적의 파괴'였다. 그는 "프랑스와 협력할 것이라고 확신할 수 있는" 베트남 정부와 거래하기를 원했다. 국회 연단에서 프랑스 인민연합의 팔렙스키(Gaston Palewski) 또한 다음과 같이 말했다. "(베트민과의) 협상으로 가는 길은 항복으로 가는 길이다. 그것은 아시아의 뮌헨으로 가는 길, 마오쩌둥에서 호치민으로 이어지는 길이다. 감히 그 이름을 말하지 못하는 잠재적인 철수이다".[37]

1949년 10월 27일 조르주 비도가 정부를 구성한 후, 드골은 인도차이나전쟁과 관련하여 다음과 같은 보다 명확한 입장을 취했다. "프랑스는 인도차이나에 남아 있어야 한다. 인도차이나를 위해 그곳에 남아 있어야 하는데, 프랑스의 주둔과 지원 없이는 인도차이나의 독립, 안보, 발전이 위태로워질 것이기 때문이다".[38] 1950년 3월 16일 기자 회견

---

35) Alfred Georges, *Charles de Gaulle et la guerre d'Indochine*, op. cit., p. 123.
36) *Ibid*.
37) *J. O. Débats parlementaires*, *Assemblée nationale*, 28 décembre 1951.
38) 1949년 11월 14일 오르세이 궁정(palais d'Orsay)에서의 기자회견 내용. Charles de Gaulle, *Discours et messages*, T. II, op. cit., p. 331.

에서 드골은 같은 어조로 동남아시아의 상황과 공산주의의 중국 장악과 미국의 지원 가능성에 대해 자신이 생각하는 바를 다음과 같이 표현했다. "프랑스와 프랑스군이 인도차이나를 떠난다고 가정해보자. 중국에서 일어난 일과 아시아의 전반적인 분위기를 고려하면 호치민이 승리할 것이다. 따라서 프랑스와 프랑스군은 인도차이나에 남아 있어야 한다. [...] 인도차이나와 관련된 외부 지원에 관해 이야기할 때 이 지원은 프랑스를 통해 프랑스와 함께 이루어져야 한다. 그렇지 않다면 지원이 없는 것이 더 나을 것이다. 왜냐하면 (프랑스가 아닌 다른 외부의 지원은) 우리의 책임에 반하는 것이며 누구도 우리를 대신할 수 없기 때문이다".[39] 파리 근교 생망데(Saint-Mandé)에서 개최된 1951년 11월 4일 프랑스 인민연합 전국 협의회 폐막식에서 행한 연설에서 드골은 "우리가 인도차이나에서 벌이고 있는 전쟁은 자유의 전쟁이다. 우리는 고통을 감내해야 하고 아시아를 놓지 말아야 한다. 우리는 인도차이나에 남아 있어야 한다"고 말했다.[40] 마지막으로 1954년 4월 7일, 디엔비엔푸 전투가 진행되고 있는 동안 행한 기자 회견에서 드골은 '미국의 음모'를 경계하면서 다음과 같이 선언했다. "프랑스의 명시적이고 공식적인 요청과 프랑스의 지휘를 받는 경우를 제외하고는 프랑스 연합 외부의 어떤 군대도 인도차이나 작전에 참여할 수 없는 것은 당연하다. [...] 언젠가 국제 협상을 통해서든 다른 방식으로든 어떤 해결책을 얻든 간에 프랑스의 주둔은 인도차이나에서 유지되어야 한다. 이는 비록 이 특별한 경우에 대한 방식을 확장하는 것이 적절해 보일지라도 인도차이나 독립 국가가 프랑스 연합에 속한다는 것을 의미한다".[41]

---

39) *Ibid.*, pp. 354-355.
40) *Ibid.*, p. 470.
41) *Ibid.*, p. 614.

그러나 이러한 고집은 때때로 무너졌고 드골은 인도차이나에 또 다른 정책이 부과될 수 있으며 군사적 열정은 아무 소용이 없을 것임을 인식하게 되었다. 그러나 그는 그것을 매우 은밀하고 사적으로 표현했다. 이와 관련해선 역사가 라쿠튀르(Jean Lacouture)가 언급한 두 가지 사례를 인용할 수 있다. 1953년 유럽으로 돌아온 통킹과 안남 지역의 판무관인 장 생트니는 『실패한 평화의 역사(Histoire d'une paix manquée)』라는 제목으로 호치민과의 협상 시도에 관한 책을 썼다. 그는 그것을 드골이 거하고 있던 콜롱베(Colombey)로 보냈다. 드골은 책을 읽고 전화를 걸어 "생트니, 당신이 옳았어!"라고 말했다. 몇 달 후, 디엔비엔푸 전투의 패전 다음 날, 호치민과의 협상 재개와 전쟁 종식을 수년간 계속 요구해온 피에르 망데스 프랑스가 정부의 수장이 되었다. 전쟁 중과 전쟁 후에도 장관이었던 드골에게 깊은 애착을 가지면서 그는 드골의 추종자들, 특히 자크 수스텔, 샤방 델마스(Jacques Chaban-Delmas), 쾨니그(Marie-Pierre Koenig) 장군 및 푸셰(Christian Fouchet)에게 그의 정부에 합류 할 것을 제안했다. 자크 수스텔 만이 거절했고, 나머지 세 사람 모두 장군의 명백한 동의를 받아 전투를 종식시키기 위해 호치민과 협상하고 베트남의 독립을 인정하는 주요 임무를 맡은 망데스 프랑스 정부에 합류했다.[42] 이처럼 우리는 드골이 전쟁의 마지막 몇 년 동안 몇몇 추종자들을 통해 인도차이나의 평화 정책에 힘을 쏟았다고 조심스럽게 말할 수 있다.

드골과 그의 정당인 프랑스 인민연합은 프랑스의 극동지역에 대한

---

42) Jean Lacouture, "De Gaulle et l'Indochine", in *La Politique étrangère du général de Gaulle* (textes réunis par Elie Barnavi et Saül Friedländer)(Genève: Publications de l'institut universitaire de hautes éudes internationales, 1985 ; Paris: Presses Universitaires de France 1985), pp. 144-145.

"미지근한 태도"와 "미진한 조치"에 대해 매우 비판적이었지만 인도차이나에 충분한 중요성을 부여하지는 않았다. 아마도 프랑스 군인들의 희생에 영향을 받았을지는 모르나 그들은 주도하여 일을 단행하지도 않았고, 분쟁을 주요 관심사로 만들지도 않았다. 이러한 입장과 태도는 인민공화운동과 다른 우익 정당들의 경우에도 마찬가지였다. 따라서 프랑스 인민연합은 인도차이나에 관한 회의를 주재하지도 않았으며, 다양한 관련 단체가 모이는 동안 전쟁은 논의된 주제 중 하나일 뿐이었고 지도자들은 이 사건을 거의 언급하지 않았다.[43]

2) 공산주의자들의 반대

인도차이나 문제와 관련하여 정부에 속한 프랑스 공산당의 입장은 다른 정당들에 비해 온건하고 덜 단호하다고 볼 수 있다. 독립을 주장하는 베트남의 민족주의자들에 대해 공산주의자들은 일부 다른 정치 세력들이 사용하는 극단적인 언어나 표현을 삼가하였다. 1945년 9월, 베트남 민주공화국이 탄생한 이후부터, 공산당 정치국은 다른 정당들이 베트남 정부의 대표자로 인정하기를 거부했던 호치민과의 협상을 권고했다. 2차 대전 후 몇 안 되는 반(反)식민주의 단체 중의 하나인 '프랑스-베트남 협회'[44]가 1946년 창설되었을 때 구성원의 대부분은 공산주의자들이었다. 1945년에서 1947년 사이, 공산당은 프랑스의 주요 정당 중 유일하게 베트남의 탈식민지화를 주장하기도 하였다.

---

43) Alain Ruscio, *La Guerre française d'Indochine*, op. cit, p. 99.
44) "프랑스와 베트남 두 민족의 친목과 동등한 권리하에서 상호 신뢰에 바탕을 둔 협력"을 목적으로 1946년 6월, '반식민주의'를 지향하는 정치인들과 지식인들에 의해 창설되었다. 그러나 협회 기관지 창간호에서 언급했듯이 이러한 친선은 '프랑스 연합'의 틀 안에서 이루어져야 했다. *France-Viet Nam. Bulletin d'information*, 20 août 1946.

실제 인도차이나전쟁 기간 공산주의자들의 지속적인 반식민주의적 성격을 보면, 당시 프랑스의 어떤 정당보다도 잘 조직화 되었고, 당의 명령에 복종하며, 활동적인 프랑스 공산당은 식민지 문제, 특별히 인도차이나 문제에 많은 노력을 기울였다. 1945년 직후 영향력 있는 정당으로 발돋움한 공산당은 인도차이나전쟁에 반대하는 선전활동을 주도했으며, 베트남의 독립을 지지하였다. 적어도 1950년까지는 유일하게 공산당과 그 당의 영향을 받는 혹은 관리하에 있는 몇몇 조직들, 예를 들면 프랑스 공화청년연합(UJRF : Union des jeunesses républicaines de France), 노동총연맹(CGT : Confédération générale du travail), 평화운동(Mouvement de la Paix), 프랑스 여성연합(UFF : Union des femmes françaises) 등과 같은 조직들이 활동적이고 지속적인 방식으로 인도차이나에서의 전쟁에 반대하였다.

하지만 전쟁 초기에 모리스 토레즈의 정당은 극동지역에서의 프랑스의 존재가 다른 제국 열강과 비교해 '최소한의 해악'이라고 평가하며 옹호하였다. 실제 공산당은 '프랑스 연합'의 틀 안에서 옛 식민지와의 자유로운 협력을 권장하였는데, 그것이 프랑스와 식민지 주민 모두의 이익에 부합한다고 생각하였기 때문이었다. 이 같은 맥락에서 공산당은 "프랑스 연합이 노동 계층과 프랑스인들의 도움으로 여러분들의 열망을 실현할 수 있는 가장 유리한 체제가 될 것"[45]이라고 끊임없이 해외 영토의 주민들에게 설명하였다.

인도차이나에서 분쟁이 발발했을 때, 당황한 공산당 기관지 『뤼마니테』는 독자들에게 불안감을 심어주지 않으려 했다. 1946년 12월 20일, 하노이에서의 프랑스와 베트민 사이의 충돌은 신문 한쪽 면을 차지

---

45) 1947년 6월 25일부터 28일 사이에 스트라스부르그에서 열린 프랑스 공산당 제9차 전당대회에서의 파종(Etienne Fajon)의 연설.

할 뿐이었다. 나흘 후 국제면 담당부장인 쿠르타드(Pierre Courtade)의 글을 통해 공산당 신문은 "유일한 해결책은 평화적인 질서가 회복된 후의 협상"이라고 언급했다. 1947년 1월부터, 공산당은 베트민의 지도자인 호치민과의 즉각적인 대화를 주장했다. 그럼에도 불구하고 공산당은 이 아시아의 영토가 프랑스에 속해 있기를 원했다. 1947년 1월 14일 국회에서의 연설에서 공산당의 원로인 카셍(Marcel Cachin)은 "1946년 3월 6일 협정에 기반 하여 베트남과의 협상을 풀어나가기에는 늦지 않았다"라고 평가했다. "우리가 준비해야 할 것은 프랑스 연합과 연결된 '인도차이나 연합' 하에서의 자유로운 베트남의 조직이다".[46]

군 예산 증액과 관련된 투표에 적대적이었던 공산당은 그러나 이 문제로 인해 정부와의 관계를 악화시키고 싶지는 않았다. "국회의 공산당 그룹은 당의 원칙에 충실하면서 투표에 기권하였으며, 공산당 소속 장관들은 다른 장관들과의 연대를 파기하지 않으면서 얼마나 공산당이 국가의 이익과 맡은 바 책임에 대해 걱정하고 있는지를 보여주었다"[47]라고 국회의 공산당 그룹의 대표인 뒤클로(Jacques Duclos)는 강조하였다.

사회당의 폴 라마디에 정부로부터 의회의 부의장인 토레즈를 포함한 5명의 공산당 소속 장관들이 1947년 5월 5일 축출되고, 전 세계적으로 냉전의 기운이 감돌기 시작할 즈음부터 '공산주의적 라벨'을 보다 분명히 감지할 수 있게 된다. 1946년 봄, 헌법의 기초문제를 둘러싸고 처음으로 균열이 나타난[48] 3당 체제는 오래 지속되지 못했다. 1947년

---

46) "L'allocution de M. Cachin soulève quelques incidents", *Le Monde*, 16 janvier 1947.
47) Jacques Duclos, "Notre politique", *Cahiers du communisme*, No. 2(1947. 2), p. 108.
48) 공산당의 안(案)을 따라서 제4공화국의 헌법초안이 작성되자 인민공화운동과 샤를 드골은 투표인들에게 부표를 던지도록 권유했다. 1946년 5월 국민투표는 그 헌법안을 부결시켰으며, 1946년 10월 31일의 국민투표로 마침내 프랑스는 새 헌법을 가지게 되었지만, 찬성은

5월 4일, 르노(Renault) 자동차 공장에서의 파업에 뒤이어 공산당계 의원 및 각료들이 정부의 봉급 동결 정책에 반대하며 연립정부에 반대표를 던지자, 정부의 수반인 사회당의 라마디에는 헌법이 보장한 자신의 권한을 사용하여 1947년 5월 5일 법령으로 공산주의 장관들을 해임하였다. 공산주의자들은 조속히 권좌에 되돌아오기를 희망하였으나 전 세계적으로 냉전체제가 도래하고 모스크바의 압력을 받자 1947년 가을부터 체제를 근본적으로 비판하며 반대하게 되었다.

1947년의 트루만 독트린과 코민포름의 탄생, 1948년의 베를린 봉쇄, 1949년 북대서양조약기구(NATO)의 창설과 중국에서의 공산주의자들의 승리, 1950년 시작된 한국전쟁 등과 관련된 일련의 냉전 상황은 프랑스 내의 정치적 이해관계에도 심각한 영향을 미쳤다. 3당 체제 이후인 1947~1952년에 좌파인 공산당과 우파인 드골주의자들로부터 제4공화정을 지키려는 '제3세력'이라는 정치 세력이 등장하게 된 것이다. 사회당, 인민공화운동, 급진당, 온건파 등 사회주의자들로부터 온건한 우파까지 두루 포함한 이들 다수파의 지도자들은 반공주의를 노골적으로 내세웠다. 미국과의 유대가 강화되었으며 프랑스는 미국 핵우산의 보호를 받았고 소련의 위협에 대항하기 위해 1949년에 창설된 북대서양조약기구에 군사기지와 참모부를 제공하기도 하였다. 그 대가 중의 하나로 미국은 프랑스가 수행하는 인도차이나전쟁 비용의 50% 이상을 제공하였는데, 바로 공산주의에 대한 투쟁을 위한다는 명분 때문이었다. 이제 프랑스 정계는 공산당과 그에 반대하는 나머지 정당 간의 이데올로기의 대립 구도 하에서 베트남 문제를 포함한 국내외적인 문제를 해결해야 하는 상황에 직면하게 되었다. 당시의 냉전 상황에서 공

단지 900만 표에 불과했고 반대가 779만 표, 기권(드골이 권유했던)이 777만 5,000표에 이르게 되었다.

산당을 제외한 대부분의 프랑스 정당들은 베트남에서의 전쟁을 지지하였다. 프랑스 지배권의 회복이라는 전쟁 초기의 목표가 냉전체제 하에서 공산주의의 견제라는 주장으로 대체되면서 인도차이나전쟁은 정당성을 확보할 수 있었고, 공산주의에 대항하는 세계적 차원의 투쟁의 선봉에 선 '자유세계의 보병'으로서 프랑스는 미국으로부터 전쟁 수행을 위한 군사원조를 계속 받을 수 있었다.

정부에 속함으로 인해 강제되었던 많은 제한에서 벗어난 공산당은 이제 냉전이라는 상황 속에서 '두 진영의 이론(thèorie des deux camps)'[49]을 바탕으로 인도차이나전쟁에 반대하는 맹렬한 선전활동을 전개해 나갔다. 여기서 공산주의자들이 말하는 두 진영이란, 소련의 지도하에 프랑스 공산당이 속해 있는 '평화와 민주주의 진영'과 미국이 주도하며 프랑스의 다른 모든 정당이 속해 있는 '전쟁과 반동의 진영'을 의미했다. 이후로는 이러한 시각에서 베트남에서 전개되고 있는 전쟁이 프랑스 공산당 서기장인 모리스 토레즈와 그의 동료들에 의해 이해되고 평가되었다.

1949년 7월 1일 공산당 중앙위원회에서 센에마른 도(道) 국회의원인 카사노바(Laurent Casanova)는 "인도차이나전쟁은 이제 그 본모습을 드러내었는데, 그것은 단순히 반동적이고 식민지 착취자들의 이기적인 이익을 변호하는 전쟁일 뿐 아니라 세계를 위협하는 양키 제국주

---

[49] 1947년 9월 22일부터 27일 사이, 폴란드에서 소련을 비롯한 동구권 6개국(폴란드, 헝가리, 불가리아, 루마니아, 유고슬라비아, 체코슬로바키아)의 공산당과 프랑스와 이탈리아의 공산당이 비밀리에 회합을 가졌다. 이 모임에서 소련 측 대표였던 즈다노프(Andrei Jdanov)에 의해 제출된 보고서에 의해 유럽 9개국의 공산당 및 노동자당이 서로 정보와 경험을 주고받을 것을 목적으로 코민포름(Cominform: Communist Information Bureau)이 탄생했다. 이 '즈다노프 보고서'는 향후 10여 년 동안 공산주의 국가들이 수행해야 될 정책의 기틀을 제공하기도 하는데, 이 보고서에 의해 동서 두 진영의 형성과 그 사이의 긴장화를 내용으로 하는 '두 진영의 이론'이 소개되었다.

의의 음모를 드러내는 전쟁이다"라는 입장을 표명하였다.[50] 당시 프랑스 공산당은 전쟁과 식민지 국가들에 대한 억압행위들이 그들의 이권을 잃지 않으면서 동시에 새로운 이권을 얻으려는 식민지 기업들의 이익을 위해서 자행되었을 뿐 아니라, 사회주의국가들에 대항하는 '미제국주의자들'이 계획하고 있는 제3차 세계대전에 대한 준비라는 목적하에서 행해졌다고 보았던 것이다. 1949년 9월, 공산주의 기자인 기용(Jean Guillon) 역시 이러한 맥락에서 프랑스 공산당 중앙 위원회 잡지에 "인도차이나전쟁은 미제국주의를 위한 식민지 재정복을 위한 전쟁이다"[51]라는 요지의 기사를 투고하였다. 이러한 생각은 1949년 말, 베트남 국경 근처에 중국 군대가 포진하고 중국대륙에서 장제스에 대해 마오쩌둥이 승리한 이후에 더욱 탄력을 받았다. 1950년 4월, 프랑스 공산당 제7차 위원회에 제출된 보고서에서 모리스 토레즈는 "지금부터 베트남의 평화를 위해 투쟁을 하는 것, 프랑스로부터의 독립에 대한 권리까지 포함하는 베트남 민족의 자결권을 적극적으로 지지하는 것은 3차 세계대전의 발발에 대항하여 투쟁하는 것을 의미한다"라고 선언하였다.[52] "프랑스 프롤레타리아의 관심은 베트남 국민들이 프랑스 제국주의자들, 프랑스 식민주의자들, 그리고 그들의 지배자인 미국의 제국주의자들을 처부수는 것이다"라고 셴(Seine) 도의원인 마티(André Marty) 역시 주장하였다.[53] 1951년 공산당 중앙위원회도 "인도차이나전쟁이 아시아에서 미 참모부의 전략적 기지를 강화하는 것을 목표로 한다"라

---

50) *L'Humanité*, 2 juillet 1949.
51) Jean Guillon, "La lutte contre la guerre du Viet Nam", *Cahiers du communisme*, No. 9(1949. 9), p. 1121.
52) Maurice Thorez, rapport présenté devant le XIIe Congrès du P.C.F., Gennevilliers, 2 avril 1950. Brochure P.C.F., s.d., p. 46.
53) Jae-Won Lee, *Les Français et l'idée coloniale, op. cit.*, p. 201.

고 고발했다.[54]

　물론 공산주의자들은 신문이나 잡지에 투고한 기사들과 당 중앙위원회에서 발표한 선언문 등을 통해 저항하는 것에 만족해하지 않았다. 그들에게 전쟁에 반대한다는 것은 행동이 뒤따르지 않을 경우 아무 의미도 없는 것이었다. 이러한 맥락에서 인도차이나전쟁을 고발하기 위해 매우 구체적인 행동방침을 마련한 앙드레 마티의 공헌은 매우 크다 하겠다. 1949년부터 실제로 '더러운 전쟁(sale guerre)'[55]에 대한 반대와 '베트남에서의 평화(Paix au Viet Nam)'라는 명제하에 행해진 선전활동은 점점 그 규모가 증가하며 공산당의 논조에 일반적으로 찬성하지 않은 계층에까지 확산되게 되었다.

　1949년 5월부터, 공산주의자들은 "인도차이나전쟁에 한 명의 사람도 (보내지 말고)!, 한 푼의 비용도 (사용하지 말자)!"라는 구호를 외치기 시작했다.[56] 전쟁 반대 서명운동이 행해졌고, 항만노동자들에게는 행동에 참여해 줄 것이 요구되었고, 연말에 이르면 극동지역으로 향하는 전쟁물자의 선적을 거부하는 움직임이 늘어났다. 1949년 12월 공산당 지도부는 평화를 위한 투쟁을 발전시킬 방안을 강구하기 위하여 소집되었는데, 공산당 언론 사무국장인 에티엔 파종에 의해 소개된 보고서 서문은 "현시점에서 가장 본질적인 과업인 평화를 위한 투쟁은 모든

---

54) Jacob Moneta, *La politique du Parti communiste français dans la question coloniale, op. cit.*, p. 172.
55) '더러운 전쟁'이라는 구호는 공산주의자들에 의해 처음 사용되지는 않았지만 그들에 의해 대중화되었다. 이 표현을 처음 사용한 사람은 미국의 순회대사인 벌리트(William Bullitt)로 추정되며(1947년 12월 29일자 『라이프(Life)』 지에서), 프랑스에서는 『르몽드』 편집국인 보브메리(Hubert Beuve-Mery)가 1948년 1월 17일자 『한 주의 세계(Une semaine dans le monde)』라는 주간지에서 처음으로 인용하였다. 공산당이 이 표현을 처음으로 사용한 것은 원로 국회의원인 마르셀 카셍의 1947년 1월 21일자 『뤼마니테』 기사를 통해서였다.
56) Alain Ruscio, *La guerre française d'Indochine, op. cit.*, p. 119.

민주 세력들의 의무이다"라는 점을 명백히 밝혔다.[57] 처음으로 중앙위원회의 모임에서 전쟁물자의 제조와 운송과 적재에 반대하는 투쟁이 공산당의 가장 중요한 임무처럼 소개되었던 것이다. 몇 주내로 이러한 당 지침은 실행에 옮겨지게 될 것이었다.

항만노동자들은 이제 전쟁물자를 싣는 것을 거부하였고, 철도 종사원은 그것을 운반하지 않았으며, 야금공들은 무기의 생산을 중단하였다. 이와 더불어 공산당은 프랑스 원정군의 '잔학행위'를 비난하고, 베트민을 도왔던 디엔(Raymonde Dien)이나 베르제(Jeanne Bergé)와 같은 인물들을 찬양하며, 전쟁을 반대한 이유로 감금된 '그들의 영웅', 앙리 마르탱(Henri Martin)의 석방을 위해 온 힘을 쏟게 되었다. 특히 앙리 마르탱의 석방운동은 인도차이나전쟁 기간 행해진 공산당의 활동 중 가장 지속적이고 다양한 형태로 표출되었다. 그것은 냉전 시대를 통틀어서 실질적으로 유일하게 공산당으로 하여금 일반적인 그의 동반자들의 범주를 넘어 장 폴 사르트르, 레리스(Michle Leiris), 프레베르(Jacques Prévert), 바쟁(Hervé Bazin), 장송(Francis Jeanson) 등과 같은 인물들이 여러 활동에서 공산주의자들과 행동을 같이하는 계기를 마련한 사건이기도 했다.[58] 여기에 덧붙여 인도차이나에 대한 군사기밀이 베트민의 손에 넘어간 '장군들 사건'[59]이나, 인도차이나 화폐 피아스트르(piastre)가 베

---

57) *L'Humanité*, 12 décembre 1949.
58) '앙리 마르땡 사건'과 관련해서는 다음과 같은 서적들을 참고할 수 있다. Henri Delmas et Claude Martin, *Henri Martin: la célèbre pièce de la troupe des 'Pavés de Paris'* (Paris: Comité de défense Henri Martin, 1951) ; *Henri Martin: marin de la liberté* (Paris, Ed. Regardes, 1952) ; Hélène Parmelin, *Matricule 2078* (Paris: Ed. Français Réunis, 1953) ; Jean-Paul Sartre (commentaire de), *L'affaire Henri Martin* (Paris: Gallimard, 1953) ; Jean-Marc Théollyre, "L'affaire Henri Martin", *in Ces procès qui ébranlèrent la France* (Paris: Grasset, 1966).
59) '장군들 사건과 관련해서는 다음과 같은 서적들을 참고할 수 있다. Claude Guillaumin, "L'affaire des généraux", *in Les Grandes énigmes de la IV République*, t. 2(présentées par

트남과 프랑스에서 각각 다른 환율로 거래되는 것을 이용하여 프랑스의 정치인 등 주요 공직에 있는 인물들이 전쟁 중에 부를 축적했던 '피아스트르 암거래 사건'[60] 등과 같은 전쟁과 관련된 추문들은 공산당의 선전활동에 더욱 힘을 싣는 역할을 하게 되었다.[61]

1948년 이래 전 세계의 공산권 국가와 단체들은 '미제국주의'와 그 동맹국들에 대항하여 소련과 소련권을 방어하기 위한 새로운 전술의 일환으로 '평화운동'을 전개해 나갔다. 프랑스에서도 '평화를 위한 투쟁'은 수년에 걸쳐 공산당의 핵심 문제로 자리하게 되었으며, 이러한 틀 속에서 프랑스 공산당과 그 추종 단체들은 '더러운 전쟁'에 반대하며 '베트남의 평화'를 위한 적극적인 선전활동을 진행해 나갔다. 결국 국제적인 냉전 체제하에서, 프랑스 공산당의 베트남에서의 '식민지해방전쟁'에 대한 지지는 반식민주의적 성격과 더불어 반공주의 세력들을 분쇄키 위한 운동의 일환으로도 진행된 측면이 강하다는 것을 우리는 알 수 있는 것이다.

결론적으로, 인도차이나전쟁 기간에 전국 차원의 정당들 가운데서 공산당만이 유일하게 반식민주의를 그들의 요구와 행동의 핵심에 위치시켰다. 식민지의 민족해방운동과 프랑스 본국의 혁명 정당과의 연합이라는 명제를 가지고, 공산당은 식민지 세력을 위협하는 정당으로서

Bernard Michal) (Paris: Saint-Clair, 1967), pp. 67-128 ; colonel Fourcaud, "L'affaire des généraux, *Historia*, hors-série, 1972, n° 24, pp. 140-151 ; Philippe Bernert, *Roger Wybot et la bataille pour la DST* (Paris: Presses de la cité, 1975).

60) '피아스트르 암거래 사건'과 관련해서는 다음과 같은 서적들을 참고할 수 있다. Jacques Despuech, *Le trafic des piatres* (Paris: Ed. des Deux Rives, 1953) ; Arthur Laurent, *La Banque de l'Indochine et la piastre* (Paris: Ed. des Deux Rives, 1955) ; Marc Meuleau, *Des pionniers en Extrême-Orient. Histoire de la Banque de l'Indochine, 1875-1975* (Paris: Fayard, 1990).

61) Jae-Won Lee, *Les Français et l'idée coloniale, op. cit.*, pp. 255-286.

대중의 행동을 이끌고, 전쟁에 반대하고, 불만을 표명하는 많은 프랑스인을 '의식화' 시켰으며, 프랑스 지도자들의 수구적인 정치를 궤멸시키는 정치 세력으로 행동하였던 것이다. 많은 연구를 통해 프랑스 제4공화국(1947~1958)이 호치민과 그의 동료들에 의해 주도된 '인민의 전쟁'에 대하여 비대중적인 전쟁이라는 방식에 의해서만 대항하였음을 알 수 있게 된다. 프랑스 공산주의자들이 이러한 상황을 창출한 것은 물론 아니지만, 그들의 행동이 적어도 어느 정도는 영향을 끼쳤음을 부인할 수는 없을 것이다.

2. 지식인의 행동

유럽에서 전쟁이 끝난 이후 우리는 프랑스의 특정 지식인, 작가, 특히 언론인 사이에서 식민지 문제에 대한 인식을 목격하게 된다. 인도차이나전쟁에 대한 이들 지식인의 입장은 무엇이었는가? 당시 저명한 인사들의 의견은 다른 프랑스인의 판단에 비해 어느 정도 독립성과 독창성을 갖고 있었는가? 그들의 개입 정도는 어느 정도였는가? 그들은 '정찰병(éclaireur)'의 역할 혹은 가장 중요한 비판적 역할을 했는가? 궁극적으로 이 8년간의 전쟁의 전개에 대한 그들의 정신적, 정치적 영향은 무엇이었는가?

당시의 프랑스 지식인들은 프랑스령 인도차이나에 대한 논의에 몰두했고 각자의 입장에 따라 분열되었다. 한편에서는 군사적 해결책의 선택과 정부가 채택한 몇몇 방식을 비난했고, 또 다른 한편에서는 프랑스의 사명을 포기하는 것으로 간주되는 것들에 저항했다. 그러나 지식인 사회는 다수가 인도차이나에서의 식민주의의 종식은 베트민과의 협상을 통해 그리고 프랑스 원정군의 철수를 통해 이루어져야 한다고 확신했다. 그들은 인도차이나전쟁이 전쟁으로 인한 희생자, 그리고 테러리즘과 혁명적 전쟁에 맞서 행해야만 하는 일부 군대의 전쟁방식 때문에 프랑스에 도덕적 부담일 뿐 아니라 수행할 능력을 넘어서는 경제적, 재정적 부담이라고 생각했다.

지식인에게 한 편의 기사나 선언문은 투쟁의 가치를 지닌다. 말이나 글은 행동으로 간주된다. 인도차이나전쟁에 직면한 프랑스 지적 운동의 입장과 참여를 분석하기 위해 우리는 특히 지적 발산의 가장 기본적이고 성격이 다른 두 가지 기구에 관심을 두고자 한다. 첫째는 사상의 흐름을 분석하는 귀중한 사이트이자 동시에 지적 소우주에 대한 선도적인 관측소인 언론이다. 둘째는 국민 의식을 관통하는 파도, 충격, 떨림을 탐지하고 측정하기 위한 좋은 지진계이기도 한 선언문과 청원서이다.[62]

1) 공산주의 지식인과 그들의 '동반자(compagnons de route)'

인도차이나전쟁에 대한 반전운동 참가자 가운데 먼저 공산주의 지식인을 들 수 있다. 프랑스 공산당의 일원으로서 그들은 특히 당 기관지 『뤼마니테』에서 두각을 나타냈다. 신문사 편집장 스틸(André Stil), 외교 정책 담당 피에르 쿠르타드, "노동자의 삶(La vie ouvrière)" 칼럼을 맡은 리포(Madeleine Riffaud), 그리고 2년 동안 매일 앙리 마르탱 석방 운동 관련 칼럼을 신문에 실은 파르믈랭(Hélène Parmelin) 등 당 내 유망한 젊은 인재들이 제4공화국의 식민 정책과 인도차이나에 대한 정책에

---

[62] Jean-François Sirinelli, "Les intellectuels", in René Rémond (dir.), *Pour une histoire politique*(Paris: Éd. du Seuil, 1988), p. 217.

반대하는 목소리를 높였다.

피에르 쿠르타드는 1953년에 출간된 그의 소설『검은 강(*La Riviée noire*)』에서 인도차이나전쟁을 비난하고 프랑스군이 자행한 고문을 규탄했다. 베트남 민주공화국의 동조자인 역사가 셰노(Jean Chesneaux)도 마찬가지로 열정적이었다.『악시옹(Action)』은 1950년 5월에 장 셰노의 증언을 발표했다.[63] 늘 그렇듯이, 공산주의 지식인들은 평화운동이나 전국적 차원의 선전활동에서 앞장서 나섰다. 피카소(Pablo Picasso)는 앙리 마르탱의 초상화를 그렸으며, 클로드 마르탱(Claude Martin)의 연극 〈툴롱의 비극("Drame à Toulon")〉은 2년 동안 프랑스 전역에서 공연되었다. 부두 노동자들은 앙드레 스틸의 소설『첫 번째 충격(Le premier choc)』[64]에서 주목을 받았다.

해방 이후 프랑스 공산당은 스스로를 "프랑스 지성의 정당"이라고 불렀다. 그 영향력은 참여적인 좌파 지식인들이 공산주의자들의 식민주의에 대한 전세계적 비판을 받아들이게 할 만큼 지속되었다. 사실, 공산주의자들은 인도차이나의 평화를 위한 운동을 그들의 '동반자들'에게 의지할 수 있었다. 공산당에 가입하지 않고도 지식인의 동맹자들은 공산주의 원칙과 대의를 옹호했으며 무엇보다도 공산주의자들의 좋은 평판을 보장했다. 이 공산주의자들의 동반자들은 결코 구조화되고 동질적인 운동의 모습을 취하지 않았다. 인도차이나전쟁 거부 입장을 표명한 것은 서로 지속적인 연결이 없는 다소 작은 언론 그룹이나 개인들이었다.

---

[63] Ariane Chebel d'Appollonia, *Histoire politique des intellectuels en France (1944-1954)*, T. II, *Le Temps de l'engagement*(Bruxelles: Éd. Complexe, 1991), p. 230.

[64] André Stil, *Le Premier choc*, T. 1, *Au Château d'eau* ; T. 2, *Le coup du canon* ; T. 3, *Paris avec nous*(Paris: Les Éditeurs français réunis), 1951-1953.

이처럼 식민지 문제는 적어도 1949년까지 기독교 지식인의 잡지 『에스프리』와 특히 이 잡지의 창업자인 라크루아(Jean Lacroix)의 영향을 받은 공산주의자들 사이에 상호접근의 기반이 되었다. 『레탕 모데른』에 글을 쓴 대부분의 지식인들뿐만 아니라 『롭세르바퇴르(L'Observateur)』의 중립주의자들도 마르크스주의나 도덕적 전제에 기초한 반식민주의 담론을 펼쳤다. 따라서 루(Jean Rous)와 같은 활동가 언론인들은 좌파 집단과 식민지 주민들 사이에서 예상치 못한 청중을 확보했다. 자신의 지적 중요성을 바탕으로 장 폴 사르트르는 식민주의의 해악을 입증하는 데 그치지 않고 '신의 권리에 따라(de droit divin)' 식민주의자들을 경멸하며 비난했다.[65]

1941년 12월 지하에서 창간된, 오랫동안 공산주의자들과 가까운 것으로 여겨졌던 파리의 일간지 『프랑 티뢰르(Franc-Tireur)』또한 이 장에서 언급할 수 있다. 이 신문이 식민지 문제에 부여한 중요성과 그 문제를 다루는 방식은 의심할 바 없이 당시 일간지에서는 이례적인 것처럼 보였다. 실제로 『프랑 티뢰르』와 협력한 기고가들은 편집장인 알트만(Georges Altman)과 푸리에(Marcel Fourrier), 변호사 이자르(Georges Izard), 페쥐(Marcel Péju), 롱삭(Charles Ronsac), 프란시스 제라르(Francis Gérard)로 불렸던 로젠탈(Gérard Rosenthal), 국제주의 공산당 전 당원인 루세(David Rousset), 루(Jean Rous) 등 모두가 확고한 반제국주의자들이었다. 이 활동가 포럼은 당파적이지 않고 즉시 역대 정부의 식민 정책에 반대하는 목소리를 냈다.

인도차이나전쟁 초기에 『프랑 티뢰르』는 공산주의자들과 함께 호치민과의 협상을 최초로 지원한 이들 중 하나였다. 1947년 1월 프랑스

---

(65) Charles-Robert Ageron et Catherine Coquery-Vidrovitch, *Histoire de la France coloniale*, T. III, *Le déclin, 1931 à nos jours, op. cit.*, p. 322.

해외영토부 장관 마리우스 무테가 "모든 협상에 앞서 오늘 군사적 결정을 내려야 한다"라고 선언했을 때 "(인도차이나 고등판무관이자 육군 총사령관인) 다르장리외 제독은 마리우스 무테의 항복을 받아냈다"라는 제목의 기사가 『프랑 티뢰르』의 헤드라인을 장식했다. 마리우스 무테의 선언이 "협상 방해 공작"에 해당한다고 판단하면서 마르셀 푸리에는 "식민주의 패거리인 인도차이나 은행의 사람들을 만족시키기 위해 베트남 게릴라들을 수풀 속으로 몰아내지 않았는가? 그리고 '평화'를 가장하여 무자비한 억압에 가담하는 것은 우리에게 너무나 익숙한 피할 수 없는 과도한 행위이지 않은가?"라고 썼다. 1947년 3월 19일, 사회당의 프랑스 연합 관련 회의 때 『프랑 티뢰르』는 경비원이 프랑스 해외영토부 사회당 장관 사무실로 장군, 신부, 은행가를 안내하는 그림을 게재하며, "이들은 협상을 위해 오는 베트남 국민의 자격을 갖춘 대표자들이다"라는 제목을 달았다. 그림 외에도 사진은 전쟁을 비난하는 데에 사용되었다. "에밀 볼라르트씨가 사이공에 갈 것인가?"라는 제목과 함께 어린 소녀에게 기대어 있는 노파의 모습이 담긴 사진이 게재됐다. 뒷배경에는 군인들이 타고 있는 트럭이 있었다. 이 사진에 대해 "그들이 찢어진 눈과 노란 피부를 가지고 있기 때문에 베트남인, 민간인, 여성, 어린이의 고통이 어떤 대가를 치르더라도 식민지 전쟁을 치러야 된다는 이들에게 그토록 가벼워 보이고 멀게 느껴지는 것일까?"라는 설명문을 볼 수 있었다.[66]

---

66) Jean-Pierre Biondi et Gilles Morin, *Les anticolonialistes, 1881-1962* (Paris: Robert Laffont, coll. "Pluriel", 1992), pp. 266-267.

2) 사르트르와 『레탕모데른(Les Temps modernes)』

인도차이나전쟁에 맞서 항구적인 투쟁을 이끈 정기 간행물 가운데 『레탕모데른』 역시 언급할 수 있다.[67] 제2차 세계대전 이후 지식인의 참여 의무에 관한 이론을 창간호부터 공식화하고, 이론의 여지없이 당시 지식인의 최고의 참고 자료가 된 장 폴 사르트르가 창간한 『레탕모데른』은 즉각적으로 당시의 다른 어떤 출판물보다 더 엄격하고 격렬하게 모든 형태의 식민 지배에 맞서 싸웠다. 발행 부수는 적지만 풍부한 자료가 뒷받침된 진지한 기사와 인지도가 높아 영향력이 매우 큰 『레탕모데른』은 1946년부터 1954년 사이에 출판된 42개의 기사를 통해 인도차이나 문제에 대한 심층적인 지식을 전달하는 데 가장 많은 기여를 했다.

1946년 12월부터 하이퐁-하노이에서 일어난 사건에 직면하여 잡지는 푸이옹(Jean Pouillon)의 사설을 통해 즉시 반응했다. "우리가 정말로 전쟁에 휘말리게 된다면, 계속 싸울 것인지 아니면 떠날 것인지에 대한 선택만 있다면, 글쎄요! 떠납시다! 무력으로 인도차이나에 머무르는 것은 그 자체로 치욕이 될 것이며, 마침내 우리가 쇠락하면서 우리 자신이 스스로 약하다는 것을 깨달았기 때문에 그곳에 머무르는 것은 최악의 웃음거리가 될 것이다".[68] 잡지는 이 사건을 "가장 치욕스러운 전쟁, 곧 식민 전쟁"이라고 명명했지만, 파리 당국은 이를 정확히 부인했으며, 『레탕모데른』은 이 전쟁을 유럽에서 막 끝난 전쟁과 비교했다. "4년의 점령 기간이 끝난 후에도 프랑스인들이 오늘날 인도차이나에서 자신

---

[67] 『레탕모데른』의 편집위원회 위원 가운데에는 몇몇 인물만 인용하면 아롱(Raymond Aron), 보부아르(Simone de Beauvoir), 에티엔(René Étiemble), 레리스(Michel Leiris), 메를로 퐁티(Maurice Merleau-Ponty), 올리비에(Albert Olivier), 폴랑(Jean Paulhan) 등이 있다.

[68] Jean Pouillon, "Et bourreaux, et victimes…", *Les Temps modernes*, décembre 1946, p. 389.

의 본 모습을 인식하지 못하고, 그것이 프랑스에 있는 독일인들의 모습이라는 것을 깨닫지 못한다는 것은 상상할 수 없는 일이다".[69]

1947년 2월, 『레탕모데른』은 정신분석학자이자 철학가이며 작가인 퐁탈리스(Jean-Bertrand Pontalis)가 취재한 프랑스 원정군의 정신적 혼란 상태를 반영한 한 프랑스 군인과의 인터뷰 기사를 게재했다.[70] 다음 달, 사르트르의 잡지는 전쟁 전 앙드레 비올리의 유명한 저서에서 제목을 가져와『인도차이나 에스오에스(Indochine S.O.S.)』라는 제목의 자료집을 출간했다.[71] 베트남의 대의명분에 대한 그들의 입장을 분명히 표명하며 『레탕모데른』은 "상황을 바꾸는 것은 잡지 한 호가 아니다. 하지만 그것은 최소한 정치적 인식을 높이는 역할을 한다"라고 명시했다.[72] 인도차이나전쟁에 관한 이 파일은 특히 남부지역의 재정복 과정에서 나타난 잔학행위를 비난한 퀴지니에(Jeanne Cuisinier)의 보고서[73]와 트로츠키주의 사회학자 르포르(Claude Lefort) 프랑스 주재 베트민 대표 쩐득타오 사이의 대화를 엿볼 수 있는 일련의 연구였다. 비록 당시에는 어느 정도 신중한 입장을 보였지만 이 자료집의 영향은 분명히 사르트르의 참여활동에 기인한 것이었다.

1949년 1월, 인도차이나 고등판무관이 에밀 볼라르트에서 피농(Léon Pignon)으로 교체되면서 전쟁 지속에 대한 프랑스 정부의 입장

---

69) *Ibid.*, 우파 지식인인 프랑수아 모리악은 『르 피가로(*Le Figaro*)』지(紙)에서 이러한 의견에 대해 "진심으로 경악했다"라고 표현했다.
70) Jean-Bertrand Pontalis (témoignage recueilli par), "Un Soldat français en Indochine", *Les Temps modernes*, février 1947, pp. 895-905.
71) Andrée Viollis (préface d'André Malraux), Indochine S.O.S.(Paris: Gallimard, 1935, p. 255 이 책은 일반적으로 식민주의에 대한 공격이라기보다는 프랑스인이 저지른 학대에 대한 비난이었다.
72) "Indochine S.O.S.", *Les Temps modernes*, mars 1947, p. 1052.
73) Jeanne Cusinier, "Détails", *Les Temps modernes*, mars 1947, pp. 1115-1132.

이보다 선명하게 드러났을 때, 이 평론지는 가장 영향력 있는 일부 프랑스 지식인들이 서명한 긴 선언문을 발표했는데, 그것은 "베트남 전체 국민을 상대로 한" 식민지 전쟁을 비난하는 내용이었다. 이 선언문은 "새롭고 진정한 평화 협상을 위한 제안이 공개적으로 이루어져야 한다"고 요구했다. 청원자 목록을 통해 당시 좌파 지식인의 지형도를 살필 수 있는데, 다스토르그(Bertrand d'Astorg), 조르주 알트만, 부르데(Claude Bourdet), 브르통(André Breton), 보부아르(Simone de Beauvoir), 콕토(Jean Cocteau), 장마리 도메니크, 에마뉘엘(Pierre Emmanuel), 에티앙블(René Étiemble), 파르즈(Yves Farge), 퓌메(Stanislas Fumet), 줄리앙(Charles-André Julien), 망두즈(André Mandouze), 마시뇽(Louis Massignon), 메를로 퐁티(Maurice Merleau-Ponty), 에마뉘엘 무니에, 폴랑(Jean Paulhan), 아베 피에르, 폴 리베, 다비드 루세, 장 루, 장 폴 사르트르, 베르코르(Vercors) 등이 그들이다.[74]

저널리스트, 작가, 시인이자 조각가인 쇼네즈(Claudine Chonez)는 인도차이나를 여행한 후 1950년에 "공산주의자들이 한때 항의도 하지 않고 그런 일이 일어나도록 내버려두었고, 프랑스 인민연합은 '식민지'라는 낡은 개념을 옹호했고, 인민공화운동의 기독교인들은 그들의 양심에 거스르며 주저했고, 급진주의자들은 책임을 회피했으며, 사회주의자들은 그들의 원칙에 완전히 반대되는 전쟁에 투표"한 프랑스 정책의 위선의 무게를 견딜 수 없다고 생각했던 인도차이나 거주 프랑스인에 대해 증언했다.[75] 작가이자 저널리스트이며, 전 레지스탕스 투사이자 『롭

---

74) "Pour une paix au Viêt-Nam", *Les Temps modernes*, No. 39(décembre 1948-janvier 1949), pp. 122-125. 『에스프리』 역시 1949년 1월에 "Viêt-Nam"이란 제목으로 이 탄원서를 게재했다.

75) Claudine Chonez, "Petit réquisitoire indochinois", *Les Temps modernes*, février 1950, p. 1479.

세르바퇴르』의 공동 창립자인 스테판(Roger Stéphane) 역시 "우리 병사들을 불필요하게 희생시키는 차마 말할 수 없는 이해관계를 가진" 프랑스 지도자들의 정책을 비판했다.[76] 그에 따르면, 인도차이나의 온전한 해결책은 "1945년의 혁신에 대한 희망과 열망으로 되돌아가는 것"을 통해서만 가능했다. 결론을 내리기 전에 "변화하거나 아니면 모든 것이 어디로 가는지 확인하면서 계속하거나, 선택해야 한다"고 언급했다.

1953년 8~9월에는 베트남에 관한 17개의 기사가 포함된 특집호가 발행되었다. I. "부패한 전쟁", II. "자유 베트남", III. "전쟁에서 평화로"라는 3가지 주요 주제로 인도차이나전쟁을 다룬 『레탕모데른』은 특히 "더러운 전쟁"을 비판하고, 이 "제국의 진주"의 독립을 옹호하며 역대 정부의 식민 정책을 비판했다. 이 호 말미에 사르트르의 잡지는 결론을 통해 다음과 같이 엄숙하게 경고했다. "이 전쟁은 대중적이지 않다. 징집병을 논밭에 보내 죽게 하면 정부는 소멸될 것이다".[77]

창립자인 사르트르의 경우, 그는 공산주의자들과 함께 잠깐 동행하고자 했던 유일한 저명한 독립적인 지식인이었다.[78] 인도차이나 문제는 이러한 접근과 아무 관련이 없지는 않다. 실제로 사르트르는 공산주의 선전활동과 함께 인도차이나 분쟁에 맞서 투옥된 젊은 선원 앙리

---

76) Roger Stéphane, "L'Indochine. La discussion Mauriac-Bourdet", *Les Temps modernes*, mars 1950, p. 1724.
77) "Une guerre pourrie", *Les Temps modernes*, août-septembre 1953, p. 193.
78) 1950년부터 프랑스 공산당에 호의적이었던 사르트르는 1952년에 공산당을 위한 진정한 변론인 "공산주의자와 평화"라는 장문의 글로 『레탕모데른』의 통일성을 손상시켰다. 사르트르는 그의 비서인 카우(Jean Cau)와 함께 그의 측근인 시몬 드 보부아르, 푸이용(Jean Pouillon), 보스트(Jacques-Laurent Bost), 장 베르트랑 퐁탈리스, 장송(Francis Jeanson), 란츠만(Claude Lanzmann) 등의 충성심에 의존할 수 있었다. 하지만 4년 동안의 프랑스 공산당의 동반자로서의 여정은 카뮈(Albert Camus), 르포르(Claude Lefort), 에티엠블(René Étiemble), 메를로퐁티(Maurice Merleau-Ponty) 등과의 커다란 결별을 맞이하게 되었다. (Michel Winock, *Le Siècle des intellectuels*(Paris: Seuil, 1997), p. 495).

마르탱을 변호했다. 그는 1953년 갈리마르(Gallimard) 출판사가 간행한 『앙리 마르탱 사건(L'affaire Henri Martin)』의 실질적인 저자였다. 결론적으로, 전쟁 내내 인도차이나 독립에 대한 『레탕모데른』의 지지는 결코 의문의 여지가 없었다고 할 수 있겠다.[79]

3) 좌파 기독교 지식인

일반적으로 우리는 식민주의의 폭력과 부당함에 대한 저항에 있어 가톨릭과 프로테스탄트 교회의 신중함을 지적할 수 있다. 하지만 기존 권력과 질서의 유지에 충실한 교계제도 너머에서 다수의 기독교 지식인들이 기독교 가치에 대한 억압과 혼란에 맞서 복음주의적 정신을 표출했다. 사실 식민화된 국가의 해방을 위한 기독교인의 사회참여는 2차 대전 후 가볍게 볼 성질의 운동은 아니었다. 대체로 프랑스 공산당의 적극적인 동조자였던 소위 '진보적인' 기독교인들은 식민화와 연관된 부당함에 맞선 투쟁에서 적극적이었는데, 그 이유는 그들이 억압받는 식민지에서 '순교자 그리스도'의 모습을 보았기 때문이었다. 특별히 인도차이나에서의 전쟁은 지식인 일부에게 프랑스 기독교민주당 정당인 인민공화운동이 가장 큰 책임을 지고 있는 식민지 정책에 반대하는 운동을 전개하게 했다.

인도차이나에서의 전쟁의 발발은 프랑스의 기독교 지식인들로 하여금 인도차이나, 더 나아가 식민지의 미래에 대해 숙고하게 했다. 식민화를 규정하는 교리(敎理)가 없었기에 기독교 지식인들은 인도차이나전쟁 당시 '정당한 전쟁에 관한 교리(Juste War Theory. 정의로운 전쟁론)'을 적

---

[79] 식민주의 전문 역사가 샤를로베르 아즈롱에 따르면, 식민 분야에서 사르트르는 뛰어난 사상가가 아니라 유럽의 종말, 프랑스 식민주의자들의 유죄, 제3세계의 승리만을 확신한 논쟁가였다. (Charles-Robert Ageron, *La Décolonisation française*, op. cit., p. 110).

용했다. 이 교리는 성 어거스틴(Saint Augustine)에 의해 제기되었고, 성 토마스 아퀴나스(Saint Thomas Aquinas)에 의해 체계화되었으며, 스페인의 프란시스코 드 비토리아(Francisco de Vitoria)와 예수회 신부 수아레즈(Suarez)에 의해 16세기에 완성된 것이었다.[80] 이 교리에 따라 전쟁의 정당성은 전쟁의 목적이나 수단과 관련하여 일정한 조건을 충족했을 때만 인정되었다. 전쟁은 정당한 권력기관의 권한 하에서 수행되어야 했고, 전간기 시기에 '공격적인 정의로운 전쟁'이라는 개념이 폐기된 이후로는 정당방위 상황과 관련된 정당한 명분이 있어야만 했다. 전쟁은 또한 올바른 의도에 의해, 다시 말해 평화와 정의를 구축하려는 목적하에서 수행되어야 하며 화해를 위한 모든 시도가 실패한 이후에 최후의 방책으로 고려되어야만 했다. 사용방식과 관련해서는 무고한 이를 살상해서는 안 되며 가장 심각한 피해를 초래해서도 안 되었다.[81]

가톨릭 지식인들은 이 원칙들에 대해 잘 알고 있었다. 인도차이나 전쟁이 정당한 혹은 정의로운 전쟁에 부합되지 않는다는 사실을 알고 있었지만 전쟁 기간 동안 바티칸과 프랑스 교구는 전쟁과 베트남인들의 독립요구에 대해, 심지어 전쟁의 폭력성에 대해 어떠한 공식적인 입장도 표명하지 않았다. 식민화의 문제점을 지적하고 식민지의 민족해방을 옹호했던 교황청과 프랑스 교회는 유독 인도차이나 문제와 관련해서는 침묵했다. 그 이유는 인도차이나전쟁을 식민지 전쟁이 아니라 냉전의 일환으로 이해한데서 기인했다고 볼 수 있다. 공산주의의 세

---

80) 정의로운 전쟁론에 대해서는 Richard Benson, "The Just War Theory: A Traditional Catholic Moral View", *The Tidings*, August 25, 2006, pp. 41-42 ; James F. Childress, "Just-War Theories: The Bases, Interrelations, Priorities, and Functions of Their Criteria", *Theological Studies*, No. 39(1978), pp. 427-445 ; Paul Ramsey, *The Just War*(New York: Scribners, 1969)를 참조할 수 있다.
81) Paul Ramsey, *The Just War*, op. cit., p. 22.

력 확대를 경계하며 반공주의로 무장한 바티칸과 프랑스 기독교계는 베트민 공산주의자들보다는 '자유세계의 보병' 프랑스의 편을 들어주었다.[82] 유일하게 파리 교황선교사업(Oeuvres Pontificales Missionnaires de Paris) 전 책임자이자, 후에 앙제(Anger) 주교가 될 샤플리(Chappoulie) 만이 프랑스 주교단의 이름이 아니라 개인의 이름으로, 제를리에(Gerlier) 추기경과 교황대사 롱칼리(Roncalli) 등과 함께 사회적 문제를 논의하기 위한 기독교인들의 모임인 '리옹의 사회주간(Semaine sociale de Lyon)'에서 인도차이나의 상황에 대한 우려를 표명했다. 1948년 7월에 열린 이 순회대학에서 다룬 주제인 "해외영토 주민과 서구 문명"에 대해 발언하면서 샤플리 신부는 식민지인의 독립에의 요구의 정당성을 인정했고 그들의 정치적 해방을 옹호했다. 그러나 탈식민지화의 목적을 제대로 이해하지 못한 가운데 가톨릭 지식인들은 인도차이나 문제를 전쟁의 맥락에서 이해했다. 그럼에도 불구하고 이러한 '양심적 참여'는 실질적으로 기독교 지식인들의 첫 번째 참여를 야기한 인도차이나전쟁에서 그들이 사용한 나름의 저항수단이었다.

인도차이나전쟁을 식민지 해방이 아니라 전쟁의 맥락에서 인식했다는 사실은 탈식민지화를 위한 기독교인의 참여를 제한했다. 사실 1950년부터 인도차이나전쟁은 명백히 냉전의 맥락 속으로 들어갔고, 이와 같은 전쟁인식은 탈식민지화 문제에 대한 근본적인 성찰을 방해했다. 오직 진보적인 기독교인들만이 식민주의를 비난하며 '더러운 (인도차이나) 전쟁'에 반대하여 결집했다. 그들은 주로 프랑스 공산당의 적극적인 동조자들이었는데, 이들은 아렐(Paul Harel)이 창간한 『라 캥젠(La Quinzaine)』이나 가톨릭 노동 운동 단체인 인민해방운동(Mouvement

---

82) Marcel Merle (dir.), *Les églises chrétiennes et la décolonisation*(Paris: A. Colin, 1967), pp. 30–33.

de Libération du Peuple)의 잡지 『몽드 우브리에(Monde ouvrier)』를 중심으로 활동했다. 그들의 참여활동은 1950년 2월 19일, 150명의 기독교인들이 모인 이시레물리노(Issy-les-Moulineaux)의 집회에서부터 시작되었다. 이 모임은 다양한 성향의 기독교인들을 결집시켰는데, 어떤 이들은 가톨릭 행동(Action catholique) 소속이었고 또 다른 이들은 젊은 공화국(Jeune République), 기독교 사회주의(Christianisme social)[83], 새로운 삶(Vie nouvelle)과 같은 단체에 속했다. 특히 평화의 투사들(Combattants de la Paix)과 가까운 기독교 활동가들로 구성된 조직위원회를 중심으로 드 샹브룅(Gilbert de Chambrun), 세스노(Jean Chesneaux)와 같은 기독교 진보주의자 연맹(Union des chrétien progressistes) 회원들, 로디(Paul Rodi)와 같은 가족인민운동(Mouvement populaire des familles)의 구성원들, 마돌(Jacques Madaule)과 같이 인민공화운동 내에서 당론에 반대하는 이들, 노동자의 사명(Mission ouvrière)의 로베르(Joseph Robert) 목사, 기독교사회주의운동(mouvement du Christianisme social)의 로뇽(Rognon) 목사, 교회청년동맹(Jeunesse de l'Église)과 가까운 샤타네 등이 이 모임에 참여했다.[84] 이시레물리노에서의 모임은 전쟁의 평화적 해결과 항구에서 전쟁물품 적재를 거부한 공산주의자들과 노동총연맹 소속의 노동자들에 대한 지원을 촉구하는 최종적 결의에 합의했다. 이 모임은 노동자 계층과의 관계를 중시하고 공산주의 투사들과 현장에서 서로 협력하는 '연대참여(engagement de solidarité)'의 초석이 되었다. 그러나 이러한 행동은 공산주

---

83) 기독교 사회주의는 서구 기독교 역사에서 개인영혼의 구원을 중요하게 여기는 보수적 신학에 맞서 기독교인의 사회적 책임을 주장하는 진보적 신학으로서의 역할을 수행하였다. 기독교 사회주의에 대해서는 Klauspeter Blaser, *Le Christianisme social. Une approche théologique et historique* (Paris: Van Dieren Editeur, 2003)를 참조할 수 있다.

84) Dominique Borne et Benoît Falaize (dir.), *Religions et colonisation. Afrique-Asie-Océanie-Amériques (XVIe-XXe siècles)*(Paris: Éditions de l'Atelier, 2009), p. 278.

의자들의 헤게모니를 경계하는 모든 기독교인들의 참여를 제한하게 했다. 군대에 대한 충성심이 더해진 반공주의는 인도차이나전쟁에 대한 반대와 탈식민지화 문제에 대한 기독교인들의 제한적 참여를 설명하는 대표적인 요인이 될 것이다.

인도차이나에서 계속되는 전쟁과 모로코에서의 정치적 소요[85]는 협상을 통한 해결방안을 주장하는 몇몇 기독교 지식인들에게 보다 책임 있는 참여를 촉구하였다. 기독교 사회주의의 신교도들, 특히 보즈(Maurice Voge) 목사와 가톨릭교도들은 인도차이나전쟁 해결을 위한 조사행동위원회(Comité d'étude et d'action pour le règlement pacifique de la guerre d'Indochine)를 구성하였는데, 이 위원회는 군사적 상황이 프랑스 원정군에게 매우 불리해졌기에 인도차이나에서 평화를 위한 협상에 대한 구상이 점차적으로 힘을 받고 있던 때인 1952년에 창설된 정치, 학문, 문학, 예술계 인물들의 연합체였다. 위원회의 구성원들은 급진파에서 공산주의자들까지 매우 다양한 좌파 성향을 지닌 인물들이었다. 이 위원회에는 '평화운동'이란 단체와 관련된 프랑스 공산당의 적극적인 동조자들뿐 아니라, 그 시기에 좌파에게 새로운 방향을 제시하고자 했던, 공산당에서 사회당으로 전향한 작가이자 사회학자이며 정치가인 나빌(Pierre Naville), 통합사회당(PSU : Parti socialiste unifié)의 공동창시자 중 한 사람인 마르티네(Gilles Martinet) 등도 포함되어 있었다. 구체적인 정치적 해결책을 모색하고자 했던 이 위원회는 호치민과의 직접적인 협상을

---

85) 1952년 12월, 튀니지 노조위원장 페라 하시드(Ferhat hached)의 암살에 항의하는 모로코 카사블랑카에서의 파업은 대규모 소요사태로 번졌다. 경찰의 발포와 모로코의 프랑스인과 시위대의 충돌로 인해 1,000여 명의 사상자가 발생했으며, 수백 명의 시위대가 체포되었고, 민족주의 정당인 이스티클랄(Istiqlâl)당은 잠정적으로 활동이 금지되었다. Charles-André Julien, *L'Afrique du Nord en marche. Nationalismes musulmans et souvraineté française* (Paris: René Julliard, 1972), pp. 336-337.

권장했다.[86]

　기독교 지식인들, 특히 개신교도들이 행한 이와 같은 책임 있는 참여활동은 가톨릭 지식인들에게도 영향을 미쳤다. 1954년 1월, 인도차이나에서의 전쟁 수행에 대해 우파 기독교 지식인 프랑수아 모리악이 반대 입장을 표명하고 난 뒤[87] 몇 주 후에 리옹 지역의 지식인들은 『르몽드』에 한 기사를 게재했다. 이 기사는 리옹지역의 가톨릭 저명인사들, 그 중 대부분은 대학교수인 폴리에(Joseph Folliet), 라트레이(André Latreille), 장 라크루아, 비알라투(Joseph Vialatoux) 등에 의해 작성된 것이었다. 이 성명서는 리옹의 여러 주요 단체들을 결집시키는 역할을 했는데, 서명자들 중에는 프랑스 지식인 가톨릭센터(Centre catholique des intellectuels français)의 회장인 베다리다(Henri Bédarida), 가톨릭 평화운동 단체인 팍스 크리스티(Pax Christi)의 교구사제인 즐랭(Joseph Gelin), 그리고 『프랑스 사회시평(Chronique sociale de France)』과 『비 누벨(Vie Nouvelle)』의 집필진들이 포함되어 있었다. 이들은 베트남에서의 군사적, 정치적 상황을 대중들에게 알렸으며 '정의로운 전쟁론'에 비추어 상황을 분석했다. 인도차이나에서의 전쟁은 정당한 전쟁 기준에 더 이상 부합되지 않는다고 생각한 이들은 제네바에서의 협상이 지지부진한 시기에 "국민의 대표들은 적대관계의 즉각적인 중지 방향으로 그들의 노력을 기울어야 한다"는 바람을 표명했다.[88] 팍스 크리스티의 전쟁에 대한 매우 일반적인 입장표명에 실망한 이들 가톨릭 지식인들은 가톨릭교회 내에서 논의를 진전시키고자 하였지만 그들이 행동할 수 있는 여지는 제한

---

86) Dominique Borne et Benoit Falaize (dir.), *Religions et colonisation, XVIe–XXe siècle. Afrique–Amérique–Asie–Océanie*(Paris: Ed. de l'Atelier, 2009), p. 279.
87) François Mauriac, "La paix en Indochine, un voeu? non, une exigence…", *Témoignage chrétien*, 8 janvier 1954.
88) Dominique Borne et Benoit Falaize (dir.), *Religions et colonisation, XVIe–XXe siècle. op. cit.*, p. 280.

되어 있었고, 결과적으로 '신중한' 입장만이 표명되었다. 1954년 봄 급박한 정치, 군사적 상황은 교회 내에서 활동적인 지식인들로 하여금 더 이상 침묵할 수 없게 했고, 평화에 이를 수 있는 기회를 간과할 수 없게 만들었다. 기독교 지식인들의 가톨릭 교계 내에서의 사회참여는 인도차이나전쟁이 막바지에 이르러서야 비로소 식민지 문제에 대한 독자적인 입장표명을 가능하게 했다.

비록 소수이긴 했으나 기독교 지식인들은 다양한 집회와 위원회 활동을 통해 베트남에서의 평화를 요구하는 운동을 전개해 나갔다. 그러나 그 누구보다도 기독교 지식인의 대표 저널인 『에스프리』와 『테무아냐주 크레티앵』 주변에 결집된 이들은 자료에 기반한 반식민주의적인 글들을 간행하며 평화를 위한 호소를 증가해 나가고, 끊임없이 전쟁에 반대하며 '기독교인의 양심'에 호소했다.

(1) 『테무아냐주 크레티앵(Témoignage chrétien)』

독일 점령시기인 1941년 레지스탕스 운동으로부터 탄생한 『테무아냐주 크레티앵』은 식민지 정책 방향이 대체로 기독교민주당이길 원했던 인민공화운동에 의해 결정되었다는 측면에서 양적으로는 미약했지만 정치적으로 매우 중요성을 지닌, 전쟁에 반대하는 기독교인들의 대변지였다. 샤이에(Pierre Chaillet) 신부에 의해 비밀리에 발행되기 시작했던 이 주간지는 저항하는 식민지 민족주의에 대해 조건 없는 지지를 표명하며 1945년부터 "독립을 요구하는 모든 식민지 민족에 대한 해방의 의무"를 역설했다. '저항'과 '복음'이라는 잡지가 추구하는 이상에 충실하고자 했던 『테무아냐주 크레티앵』은 사실 인도차이나전쟁 초기부터 합의와 우호에 기반한 정치를 요구하며 이 문제에 적지 않은 지면을 할애했다.

　1945년 9월 2일 호치민에 의해 베트남 민주공화국이 건국된 직후에 베르나르(Bernard) 중령은 9월 7일자 신문에서 "우리가 인도차이나인들에게 완전한 자치를 허용하느냐 아니냐가 중요한 것이 아니라 어떻게 그들을 독립으로 인도하느냐를 고민해야 할 것이다"라고 주장했다.[89] 프랑스 군대에 의한 1946년의 하이퐁(Haiphong) 폭격 사건 직후에 인도차이나 사건에 대한 일련의 기사들을 마무리하며 부편집장인 바라트(Robert Barrat)는 잡지의 입장을 분명히 했다. "호치민 정부의 권위를 인정해야만 하고 천년의 역사를 지닌 민족의 해방을 이번에야말로 승인해야만 한다".[90] 전쟁 초에 『테무아냐주 크레티앵』은 전쟁 지지자들의 논의를 반박했고 전쟁을 '동족상잔'으로 규정했다.[91] 인도차이나의 해방을 거부하기 위해 '마르크스주의자들의 위협'이라는 논리를 앞세운 이들에 대항하여 이 기독교 주간지는 "(베트남인들의) 민족적 열망이 완전히 실현되지 않는 한 모스크바의 영향력은 계속 증가할 뿐"[92]이라고 역설했다. 더불어 잡지는 1949년 11월 25일과 12월 2일자 기사를 통해, 프랑스 언론으로서는 처음으로, 하이퐁 항의 폭격 사건을 프랑스에 책임이 있는, 전쟁을 발발시킨 요인으로 소개했다. 인도차이나전쟁을 종식시킨 제네바 협정 직후인 1954년 8월에는 '기독교 사회주의자' 조셉 폴리에가 베트남의 가톨릭교도들에게 보내는 '회개의 편지'를 게재하기도 했다. "프랑스 가톨릭의 이름으로 당신들에게 용서를 구합니다. 우

---

89) Jean-Pierre Biondi et Gilles Morin, *Les anticolonialistes, 1881-1962, op. cit.*, p. 295.
90) Robert Barrat, "Le sang français coule en Indochine. A qui la faute?", *Témoignage chrétien*, 6 décembre 1946.
91) Robert de Montvalon, "La guerre du Vietnam est une guerre gratricide", *Témoignage chrétien*, 28 mars 1947.
92) Jean-Pierre Biondi et Gilles Morin, *Les anticolonialistes, 1881-1962, op. cit.*, p. 295.

리는 당신들에게 그리스도를 선사했고 그것은 우리들의 자랑이었습니다. 하지만 우리는 종종 그 그리스도를 배신했고 그것은 우리들의 수치입니다. 우리들은 세속적이고 가끔은 추악한 이유로, 고무와 물질적 이익을 위해 그를 구속했습니다. 심지어 오늘날 얼마나 많은 프랑스의 가톨릭들이 당신들에 대해 책임감을 느끼는지 모르겠습니다".[93]

무엇보다도 『테무아냐주 크레티앵』은 인도차이나에서 프랑스 군대의 전쟁방식에 대해 비난한 첫 번째 부류에 속하는 잡지였다. 1930년대 이래 『에스프리』가 견지했던 반식민주의적 입장까지는 나아가지 않았고, 프랑스의 식민지 업적을 부정하지 않았으며, 식민자 주도의 탈식민지화 과정을 희망했지만, 『테무아냐주 크레티앵』은 프랑스 군대에 의한 고문 사용에 대해서는 반대했다.[94] 프랑스원정군이 자행한 폭력 남용과 테러리즘에 대해 반발하며 여론을 결집시키고자 했던 『테무아냐주 크레티앵』의 기사들, 특히 1949년 고문행위를 고발하는 기사들은 인도차이나전쟁에 반대하는 기독교인들의 사회·정치적 참여를 알리는 '출생신고서'로 기억되고 있다.

1949년 7월 29일자 1면은 「인도차이나에서의 고문. 타자기 옆에는 '자백을 받아내는 (고문)도구'를 포함한 집기들이 놓여 있다」[95]라는 제목의 기사를 통해 인도차이나에서 자행되고 있는 프랑스군의 '잔인함'

---

93) Frère Geniévre(pseudomyme de Joseph Folliet), "Lettre à une catholique du Vietnam", *Témoignage chrétien*, 13 août 1954. 가톨릭 지식인으로서 폴리에의 정치여정, 특별히 식민지 문제를 둘러싼 그의 입장과 활동에 대해서는 Antoine Deléry, *Joseph Folliet (1903-1972), parcours d'un militant catholique* (Paris: Le Cerf, 2003), 특히 chapitre IX: "Au coeur de la controverse coloniale", pp. 127-151을 참조할 수 있다.
94) Sabine Rousseau, *La colombe et le napalm, des chrétiens français contre les guerres d'Indochine et du Vietnam, 1945-1975* (Paris: CNRS-édition, 2002), pp. 29-30.
95) Jacques Chégaray, "Les tortures en Indochine. A côté de la machine à écrire, le mobilier d'un post comprend une machine à faire parler", *Témoignage chrétien*, 29 juillet 1949.

을 고발했다. 이 기사는 인민공화운동의 일간지『로브』의 기자인 세가레(Jacques Chégaray)에 의해 작성되었는데, 세가레는 탐방기사를 위해『로브』의 특파원 자격으로 인도차이나에 파견된 인물이었다. 전쟁에 대해 '긍정적인 기사'를 써줄 것을 기대했던 신문의 바람과는 달리 세가레는 베트민 포로에 대한 고문과 즉결처형이 자행되고 있다는 사실을 알리고자 했으며,『로브』가 기사의 출간을 거부하자『테무아냐주 크레티앵』에 그 기사를 게재하게 되었다. 모든 언론은 이 기사내용을 앞다투어 소개했고 정치인들은 의회에서 이 문제를 두고 격렬하게 논쟁했다.

  1949년 8월 12일자 신문에서 콜레주 드 프랑스(Collège de France) 교수이자 프랑스 해외영토 국립학교 교장인 폴 뮈는 7월 29일 르포기사를 진정한 양심에의 호소로 탈바꿈시켰다. 「안 돼, 그것만은 안 돼!」라는 제목의 이 장문의 변론은 고문문제를 다시금 공론화시켰다. "인도차이나에서의 고문에 대한 세가레의 끔찍한 기사에 단 한명의 프랑스인이라도 반응하길 바란다. 해방 이래 가장 중요한 이 외침은 우리들의 양심을 위한 것이다".[96]

  전문가의 조언을 곁들인 이 호소와 함께 폴 뮈는 인도차이나전쟁의 도덕적 측면에 대해 소개하고자 했다. 그는 프랑스인들의 감성에 호소하며『에스프리』에서 과거에 행했던 정치적 분석에 더하여 윤리적 측면을 첨가했고, 탈식민지화의 불가피성을 언급하며 기독교인의 양심을 깨우는 운동에 참여했다. 이 운동에 동참하고자 했던『테무아냐주 크레티앵』은 1950년 2월 3일자 기사를 통해 고문에 관한 내용을 다시금

---

96) Paul Mus, "Non, pas ça!", *Témoignage chrétien*, 12 août 1949.

확인시켜주는 프랑스 종군사제의 편지를 게재했다.[97]

'전쟁의 과오'에 대한 이러한 비판은 공산당이 주도하는 선전활동에 힘을 실어주었고, 지식인들에 의해 지지되었으며, 기독교계에 적지 않은 충격을 가져다주었다. 1953년 말, 여전히 타협을 통한 문제해결에 호의적인 입장을 표명하면서 이 기독교 잡지는 "협상을 거부하는 것이 베트남과의 완전한 단절을 준비하는 것은 아닌지"를 질문했다.[98] 피니스테르(Finistère) 지역의 인민공화운동 의원인 몽테이(André Monteil)는 같은 맥락에서 1953년 11월 27일자 사설에서 식민지의 유지를 위해 베트남과의 협상을 요구했다. 1953년 11월, 프랑스와의 협상의사를 내비친 호치민의 스웨덴 신문 『엑스프레센』과의 인터뷰 기사가 소개된 이후 『테무아냐주 크레티앵』은 휴전과 협상을 주장한 드 몽발롱(Robert de Montvalon)의 기사를 통해 "군사적, 정치적 상황의 호전을 위해 전쟁의 종결은 불가피하다"[99]는 입장을 표명했다.

전반적으로 볼 때 인도차이나전쟁에 대한 이 기독교 주간지의 적대감은 식민지 민족주의자들의 요구의 정당성이나 프랑스-베트남 관계의 단절은 인정하지 않는 가운데서 나온 것이었다. 그것은 두 나라의 연방 형태의 연합을 지지하는 입장에서 기인했다고 볼 수 있다. 『테무아냐주 크레티앵』은 2차 대전 종전 이후 '탈식민지화의 시기'에 평화적인 방법을 통해 인도차이나 문제를 해결하기 위해 협상의 재개를 주장한 최초의 잡지들 중 하나였다. 그러나 그러한 입장은 식민지인을 위한 '반식민주의'로까지 발전되지는 못했다. 사빈 루소(Sabine Rousseau)가 그

---

97) Jaewon Lee, *Les Français et l'idée coloniale*, op. cit., p. 215.
98) *Témoignage chrétien*, 20 novembre 1953.
99) Robert de Montvalon, "Après l'interview d'Ho Chi Minh, l'heure de la négociation", *Témoignage chrétien*, 4 décembre 1953.

의 저서에서 지적했듯이 『에스프리』의 '반식민주의(anticolonialisme)'와 『테무아냐주 크레티앵』의 '탈식민주의(décolonialisme)'는 분명히 구분되어야 할 것이다.[100] 더불어 『테무아냐주 크레티앵』의 '행동주의'는 프랑스인들의 관심을 유발하지는 못했으며, 공산당의 입지만 유리하게 할 뿐이라고 생각한 프랑수아 모리악과 같은 가톨릭의 대표적인 지성의 행동을 이끌어내지 못한 한계도 지녔다.

(2) 『에스프리(Esprit)』

'탈식민주의적 기독교주의'의 새로운 대변자 가운데 우리는 마리탱(Jacques Maritain)의 후원을 받아 에마뉴엘 무니에가 1932년 파리에서 창간한 잡지 『에스프리』에 중요한 지위를 부여할 수 있다.[101] 장 폴 사르트르의 『레탕모데른』과 더불어 당시 가장 명망이 높았던 이 월간지는 2차 대전 이후 창립자의 지도 아래, 뒤이어 1950년 무니에의 사망 후에는 장마리 도메나크의 주도하에 식민지 체제의 비판에 있어 단호한 입장을 견지해나갔다. '식민주의의 과오'에 비판적이었던 『에스프리』의 진정한 반식민주의는 인도차이나전쟁과 함께 시작되었다고 볼 수 있는데, 이 9년 동안 잡지는 이 주제와 관련하여 총 21개[102]의 특집기사를 게재하였다. 먼저 1947년 1월 『에스프리』는 프랑스 원정군의 한

---

100) Sabin Rousseau, *La colmbe et le napalm*, pp. 35-37.
101) 기독교 지식인의 잡지 『에스프리』의 '정치적 여정'에 관해서는 Michel Winock, *Histoire politique de la revue "Esprit", 1930-1950*(Paris: Seuil, 1975)을 참조할 수 있다.
102) 인도차이나에서 전쟁이 발발한 이후부터 이 문제에 관한 『에스프리』의 연도별 기사 수는 다음과 같다.

1946	1947	1948	1949	1950	1951	1952	1953	1954	합계
0	4	1	1	0	3	5	3	4	21

병사의 증언을 수록했다. "강력한 민족주의로 무장한 베트민 군대는 정신적으로 승리했다. 그들은 프랑스 정부로 하여금 베트남 국가의 존재를 인정하게 했고, 대단한 용기와 인내와 희생정신을 지녔지만 인도차이나에서의 프랑스 이익의 보존이라는 측면에 점점 더 의구심을 지니고 싸우는 프랑스 군대에 승리했다. [...] 그곳에 머무를 필요성이 더 이상 존재하지 않아 프랑스 원정군이 귀환하게 되었을 때 북아프리카에서도 유사한 상황이 재현될까 두려운 마음이다".[103]

다음 달 기사에서 '프랑스 식민정책의 모호함'을 비난하며 베르트랑 다스토르그 기자는 군대에 굴복한 민간인 권력을 회복시킬 수 있는 인물을 요구했고, 프랑스와의 협력을 이끌어낼 수 있는 호치민과의 협상을, 그리고 베트남 국가의 존재를 승인할 것을 요청했다. "프랑스 연합 내에서의 베트남의 통일을 수용할 수 있는 위대하고 관대한, 그러면서도 현실주의적인 정치를 부과할 능력을 가진 정부를 우리는 갖지 못했다. [...] 우리에 반대하는 혹은 우리와 함께하는 독립을 승인할 것인지, 우리가 배제된 혹은 우리가 포함된 (베트남의) 통일을 바랄 것인지, 이제는 결단해야 할 것이다".[104]

1947년 7월, 격화되어 가는 프랑스와 베트남 사이의 충돌은 『에스프리』로 하여금 인도차이나에서 행해진 '잔혹한 일'을 증언하게 했고 베트민과의 대화의 재개를 주장하게 했다. 하지만 이 주제를 다루기에 앞서 무니에의 잡지는 「프랑스-베트남 자료("Dossier France-Vietnam")」라는 평범한 제목 하에 앞에서 언급했던 다스토르그의 사설에 대한 독자들의 다양한 반응을 소개했다.[105] 프랑스 원정군 일원이었던 한 익

---

103) "Lettre d'Indochine", *Esprit*, janvier 1947, pp. 186, 189.
104) Bertrand d'Astorg, "Pour un Lyautey socialiste", *Esprit*, février 1947, pp. 197, 202.
105) 베르트랑 다스토르그의 기사에 대한 독자들의 다양한 반응을 소개함과 더불어 「프랑스-

명의 편지는 다스토르그가 비판한 인도차이나의 프랑스인들을 옹호했으며, 도미니크 수도회 소속 신부의 또 다른 편지는 전쟁에 대한 '책임의 공유'에 대해 설명하고 베트남과의 대화를 요구했다. '『에스프리』의 한 친구'는 2월호 사설의 미온적인 태도를 공격했다. 이 독자는 인도차이나의 프랑스인이 저지른 잔혹한 행위를 "파시스트적인 방식을 사용한 파시스트 전쟁"에 비유하며 "호치민 이외의 다른 이들과 협상하는 것은 미친 짓"이라고 규정했으며, 군사적 해결책이 더는 불가능하다고 전망한 가운데 평화적인 해결을 바라기에는 "너무 늦었다"고 결론지었다.[106] 이 자료를 마무리 지으며 장마리 도메나크는 베트남인들의 저항의 당위성을 강조했고, 프랑스 정책을 규탄했으며, 프랑스 정부가 호치민에 대항하기 위해 부과하려고 애썼던 '바오 다이 작전(opération Bao Dai)'을 비난했다. 『에스프리』에게 있어 유일한 해결책은 호치민과의 대화의 재개, 즉 "권좌에 오른 꼭두각시(바오 다이를 지칭!)에 의해 무력해지지 않으려는 깨어나기 시작한 한 민족의 진정한 대표"와 대화를 재개하는 것이었다.[107]

그러나 『에스프리』의 바람과는 달리 프랑스는 호치민과의 협상을 완강하게 거부한 가운데 인도차이나전쟁을 국내의 '경찰작전'으로 규정하며 적대행위를 계속해나갔다. 1951년 6월 편집장인 도메나크는 네이팜(napalm)탄 사용과 같은 비인간적인 전쟁방식을 고발했다. "한국에서 미 공군이 사용한 파괴방식에 항의해도 아무런 소용이 없을지 모른다. 하지만 우리는 여전히 우리를 통치하고 있는 인도주의적 기독교인들과

베트남 자료」는 세 편의 기사를 게재했다. Emmanuel Mounier, *Route noire*, pp. 66-89 ; Chris Marker, *Romancero de la montagne*, pp. 90-98 ; Marius Richard, *Les musiciens de la maubert*, pp. 99-138.

106) "Dossier France-Vetnam", *Esprit*, juillet 1947, pp. 31-65.
107) Jean-Marie Domenach, "Pour conclure", *Esprit*, juillet 1947, pp. 64-65.

사회주의자들에게 이 새로운 형태의 전쟁에 대해 책임을 질 것을, 그들이 내세우는 전통 앞에서 그러한 문제에 대해 분명히 인식할 것을 요구한다".[108]

고문, 불법처형, '불법무기' 사용 등과 같은 비도덕적인 전쟁방식에 대한 비판은 『에스프리』에 의해 이미 오래전부터 제기되었었다. 『르 프티 파리지앵(Le Petit Parisien)』, 『방드르디(Vendredi)』, 『스 수아(Ce Soir)』 등 여러 신문에서 활동했던 저명한 기자이자 작가인 앙드레 비올리는 1933년 12월 『에스프리』지에 인도차이나에서의 고문 행위에 대해 자세히 묘사했으며, 이는 독자들에게 큰 반향을 불러일으켰다.[109]

1951년 12월 28일과 29일 양일에 걸친 의회에서의 정치토론 때 급진파, 의회 무소속 정파인 독립파, 인민공화운동은 인도차이나전쟁의 의미에 대해, 그리고 빠져나올 방법에 대해 검토했다. 이 '때늦은 결정'에 기뻐하며 도메나크는 1952년 1월호 사설에서 전쟁의 즉각적인 중지를 요청했다. "진실이 한 걸음 나아갈 때까지 5년의 세월이 소요되었다. 하지만 더 이상 자백과 후회의 시간에 머무를 수 없다".[110]

인도차이나전쟁이 종식되는 순간까지 '반식민주의'는 『에스프리』의 가장 지속적이고 두드러진 싸움이 되었다. 『에스프리』는 프랑스인들에게 "베트남 민족에 대한 이해"를 요구했으며,[111] 온갖 약속과 선언에도 불구하고 베트남에 필요한 자치를 허용하기를 원치 않았던 프랑스 정치 지도자들을 비판했고,[112] "(프랑스) 대중들을 우롱한" 우파를 비난

---

108) Jean-Marie Domenach, "Napalm en Indochine", *Esprit*, juin 1951, p. 910.
109) André Viollis, "Quelques notes sur l'Indochine", *Esprit*, décembre 1933, pp. 401-448.
110) Jean-Marie Domenach, "Sur l'Indochine: premiers aveux", *Esprit*, janvier 1952, p. 254.
111) Paul Mus, "Sur la route vietnamienne", *Esprit*, mars 1952, pp. 337-351.
112) Robert Gerland, "Jaunissement au Vietnam", *Esprit*, avril 1953, pp. 580-585.

했다.[113] 결국, 『에스프리』는 "식민지 전쟁에 대항하는 휴머니즘"이라는 그의 역할, 비녹(Michel Winock)에 따르면 "정부의 무분별과 사회당의 공모, 인민공화운동의 고집 때문에 예지력은 있으나 아무도 믿어주지 않은 카산드라(Csssandra)의 역할"[114]을 충실히 수행했다고 볼 수 있는 것이다.

신앙의 전파를 위한 성성(聖省, 국가의 행정부 역할을 하는 성의회)인 프로파간도 피데(Propagando fide. 믿음의 전파)는 창립 초부터 선교사는 세속적 권력에 대해 그의 독립성을 간직해야 하고, 정치적 지배가 관여하는 곳에 신앙을 전파해서는 안 된다고 규정했다. "그들의 땅에 우리나라를 소개하지 말고 신앙을 소개하라. 이 신앙은 고유의 관습을 거부하거나 상처주어서는 안 된다". 17세기 초로 거슬러 올라가는 이러한 논지는 놀랍게도 '근대적'이지만 이후 200여 년 동안 식민지 사회에 실질적으로 적용되었다고 보기는 어렵다.[115] 식민지 사업과는 별개로 '선교적 사업'을 수행코자 하는 노력은 전간기가 되어서야 비로소 실현되었다고 볼 수 있다. 원주민을 사제로 세우는 일은 식민지 행정이 원주민을 활용하지 않는 것과는 정반대의 차원에서 이루어졌다. 1840년대에는 파견된 선교사들이 원주민들을 경계했으나 1880년대부터는 둘 사이에 은밀한 공모가 이루어졌고, 결국에는 협력이 이루어졌다고 볼 수 있다. 따라서 선교와 식민화의 공모에 대한 성급한 일반화는 분명 경계되어야 할 것이다. 같은 맥락에서 기존 지배질서의 유지나 폭력적인 사회혁명에 대한 반대라는 기독교의 수구적인 이미지의 틀 속에서

---

113) Philippe Devilliers, "Le dossier Indochine", *Esprit*, mars 1954, pp. 436-440.
114) Michel Winock, *Histoire politique de la revue "Esprit"*, *op. cit.*, p. 333.
115) Dominique Borne et Benoit Falaize (dir.), *Religions et colonisation, XVIe-XXe siècle*. *op. cit.*, pp. 34-46.

식민지의 민족해방운동이나 탈식민지화 현상을 이해해서도 안 될 것이다.

프랑스 최초의 탈식민지화 전쟁이라 할 수 있는 인도차이나전쟁 기간 당시의 기독교 지식인들은 이 논의에 몰두했고 각자의 입장에 따라 서로 다른 견해를 표출했다. 한 편에서는 군사적 해결책의 선택과 정부가 채택한 몇몇 방식을 비난했고, 또 다른 한편에서는 프랑스의 사명을 포기하는 것으로 간주되는 것들에 저항했다. 그럼에도 불구하고 기독교 지식인들 다수는 인도차이나에서의 식민주의의 종식은 베트민과의 협상을 통해, 그리고 프랑스 원정군의 철수를 통해 이루어져야 한다고 확신했다. 그들은 인도차이나전쟁이 프랑스에 있어 전쟁으로 인한 희생자 때문에, 그리고 테러리즘과 혁명적 전쟁에 맞선 일부 군대의 전쟁방식 때문에 도덕적 부담일 뿐 아니라 수행할 능력을 넘어서는 경제적, 재정적 부담이라고 생각했다.

그러나 인도차이나전쟁 초기에 몇몇 진보주의적 기독교인들과 『에스프리』, 『테무아냐주 크레티앵』 등과 같은 지식인을 위한 '진지한' 잡지들은 여론을 크게 변화시키지는 못했다. 전쟁의 진행과 함께 평화를 갈망하는 목소리는 늘어났지만 '프랑스 연합'을 유지할 필요성에 대해 의심하거나 식민화 사업은 폭력과 착취와 문명을 강제하려는 의지에 기반한다고 판단한 이들은 소수에 불과했다. 전쟁 후반기가 되어서야, 특별히 디엔비엔푸 전투에서의 패배 이후에야 프랑스인들은 "분노, 굴욕, 놀라움, 원한, 일종의 후회와 함께 쓰라린 감정"[116]을 경험하게 되었고, 안도하며 휴전조약을 받아들일 수 있었다. 그럼에도 불구하고 기독교 교회와 지식인들의 보다 참여적인 태도는 그때까지 식민지 상태

---

116) Georges Catroux, *Deux actes du drame indochinois : Hanoi, juin 1940-Dien Bien Phu, mars-mai 1954*(Paris: Plon, 1959), p. 115.

의 유지를 지지하는 이들을 포함하여 많은 프랑스 기독교인들을 자각시키는 중요한 역할을 수행했다고 볼 수 있다. 프랑스인 다수가 공화주의적 식민지 신화에 집착하고 있을 때, 민족해방운동의 억누를 수 없는 힘을 이해하지 못하고 그 영향과 결과에 반응하지 않을 때, 기독교 지식인들은 식민지의 저항운동을 지지했으며, 서서히 여론의 인식을 변화시켰고, 다수의 프랑스인에게 탈식민지화를 받아들이게 했다. 당시에 프랑스 사회에서 지배적이었던 식민지 이데올로기의 전복까지 나아가지는 않았다 할지라도 식민지 해방을 위한 그들의 행동주의는 서구 문명에 대한 전통적 믿음에 저항하는 문화적 상대주의를 대중들로 하여금 인식하게 하고, '식민주의의 죄악'이라고 부르는 것에 대해 죄책감의 콤플렉스를 드러나게 함으로써 탈식민지화에 유리한 토양을 제공해주는 역할을 수행하였다고 볼 수 있다.[117]

4) 클로드 부르데, 『투쟁(Combat)』『롭세르바퇴르(L'Observateur)』

인도차이나전쟁에 저항했던 좌파 지식인들 가운데 당시 『롭세르바퇴르』의 창립자이자 『콩바(Combat)』 편집장이었던 클로드 부르데 역시 주목할 만한 인물이다. 1909년 10월 28일 파리의 지식인 집안에서 태어난[118] 이 저명한 저항 투사는 저널리즘 덕분에 좌파 저항자의 정신적 지주가 되었다. 카뮈(Albert Camus)는 1947년 6월 『콩바』의 편집장 자리를 그에게 물려주었고, 부르데는 이 일간지를 쇄신코자 했다. 해외

---

117) Charles-Robert Ageron et Marc Michel (dir.), *L'ère des décolonisation*(Paris: Karthala, 1995), pp. 426-438.
118) 그의 아버지는 극작가 에두아르 부르데(Édouard Bourdet)였으며, 코메디 프랑세즈(Comédie Française)의 관리자였고, 그의 어머니는 발레리(Paul Valéry)의 친구인 시인 카트린 포치(Catherine Pozzi)였다. 의학 아카데미 회원인 그의 외할아버지는 도르도뉴 출신의 급진당 상원의원이었다.

영토에 대한 일련의 기사는 1947년 7~8월에 이 신문에 게재되기 시작했는데, 당시로서는 상대적으로 새롭고 논란을 불러일으킬 만한 주제인 '서구의 후퇴'를 논의한 프라디에(Georges Fradier)의 두 기사가 바로 그것이었다. 저자는 유럽이 더 이상 '문명(의 보루)'이라는 칭호를 주장할 권리가 없다고 주장하며 문화의 다양성을 옹호했다. 그 후 루아(Claude Roy)는 "제국은 파멸되고 있다"라고 언급하며 '유럽의 쇠퇴' 문제를 다루었다. "우리는 그것을 회복할 능력이 없고, 강대국들의 선두 무리에서 낙오되는 것을 원치 않음으로써 '스스로 사멸'하고 있다".[119]

클로드 부르데는 해외영토에서 폭력적 행위를 탄생시킨 사회당 정부와 라마디에-무테(Ramadier-Moutet)의 역할을 비난하고 절망에 빠진 피식민자들의 '반폭력'을 정당화했다. 1950년 초, 노조원들은 인도차이나로 향하는 무기 선적을 거부했다. 공화국의 대통령 뱅상 오리올은 이러한 파업이 전적으로 정치적 성향을 지니고 있기 때문에 위험이라는 점을 명확히 할 필요가 있다고 생각했다. 클로드 부르데는 『콩바』의 사설에서 다음과 같이 밝혔다. "무기 이전을 막음으로써 우리 병사들의 등에 칼을 꼽는 배신행위를 했다고 선언하는 감정적 협박을 통해서 이 전쟁을 프랑스의 전쟁으로 만들 수 없다. 자원병들이 전쟁에 참여하는 것은 그들이 선택할 문제이다. 노동자들이 무기 운송을 수락하는 것 역시 그들이 선택할 문제이다. 그러나 출정하기를 거부하거나 혹은 군대 무장에 협력하는 사람들은 매우 논란의 여지가 있는 (전쟁) 행위에 대해 그들이 결정할 권리를 지니고 있는 것이다".[120]

1950년에 클로드 부르데는 중립주의를 옹호하기 위해 질 마르티네,

---

119) Jean-Pierre Biondi et Gilles Morin, *Les anticolonialistes, 1881-1962, op. cit.*, p. 264.
120) Claude Bourdet, "Sabotages et grèves", *Combat*, 27 janvier 1950

로제 스테판과 함께 『롭세르바퇴르』를 창간했다. 1954년에 『프랑스 옵세르바퇴르(France-Observateur)』, 1964년에 『르 누벨 옵세르바퇴르(Le Nouvel Observateur)』로 잡지 이름을 변경한 이 주간지는 창간 이래로 한결같은 입장을 견지했다. 모든 형태의 식민주의에 대한 전적인 반대가 그것이다. 인도차이나전쟁은 두 가지 측면에서 비난을 받았다. 하나는 인도차이나 화폐 '피아스트르(piastre) 암거래'[121]를 시작으로 자행된 모든 종류의 밀거래와 출구 없는 군사적 해결책이었다. 신문은 발행되자마자 베트민과의 협상을 촉구했다. 1951년 7월 5일 클로드 부르데가 작성한 신문의 사설 제목은 "즉시 호치민 정부에 연락하시오"였다. 해마다 신문 내의 베트민과의 대화 지지자들은 권력자들의 위협과 신문 압수에도 불구하고 다시 자신의 자리로 돌아왔다. 1953년 3월, 부르데는 점점 더 확산되고 있는 여론을 반영하여, "어제처럼 오늘도 또 다른 정신 나간 정책을 통해 적과의 협상에 반대할 수 있다. 어제보다 오늘은 협상이 더 어렵고, 내일보다 오늘은 더 쉬울 수 있다"고 기술했다.[122] 1953년 말 디엔비엔푸에 대한 새로운 '낙하산 작전'이 진행되는 동안 부르데는 여전히 정부에 협상을 시작하고 성공적인 결론을 내릴 수 있는 절차를 고려하도록 요청했다. "양측 모두에게 허용 가능한 타협 기반이 존재할 수 있다. 타협이 실제로 성사될지 여부는 양측 모두의 상상력과 의지의 문제이다". 그리고 그는 다음과 같이 결론을 내렸다. "나는 이 타협에 대해서는 아무것도 할 수 없다. (하지만) 나는 저 타협에 기여하려고 노력했다".[123]

---

121) 이 주제와 관련해서는 5장, 2절 「'더러운 전쟁' 스캔들」에서 자세히 다루고자 한다.
122) Claude Bourdet, "Détuire le Viêt-Nam et la France", *L'Observateur*, No. 149(19 mars 1953), p. 7.
123) Claude Bourdet, "Comment négocier au Viêt-Nam", *L'Observateur*, No. 188(17 décembre 1953), p. 7.

5) 우파 지식인

그러나 저명한 지식인들이 모두 확신에 찬 반식민주의자는 아니었다. 권위 있는 몇몇 이름만 인용하자면 프랑수아 모리악, 로맹(Jules Romains), 클로델(Paul Claudel)은 인도차이나전쟁의 지지자였다. 이러한 보수적 지식인, 전통주의자 또는 민족주의자들은 프랑스가 극단주의자들에게 굴복해서는 안 되고, 그들에게 "(프랑스) 주권의 한 조각"도 포기해서는 안 되며, "자국민이 학살되는" 것을 허용할 수는 없다고 생각했다. 그들에게 독립을 요구하는 민족들은 프랑스의 적이자 반란자였다.[124]

(1) 프랑수아 모리악

대표적인 기독교 지식인이라 일컬어지는 프랑수아 모리악은 인도차이나전쟁을 지지한 우파 지식인이었다. 1933년 이래 프랑스학술원 회원이자, 1952년 노벨문학상 수상자이며, 1953년까지 우파 일간지 『르 피가로(Le Figaro)』의 고정 칼럼니스트였던 모리악은 인도차이나전쟁 마지막 연도를 제외하면 인도차이나에 대한 프랑스의 공식적인 개입에 찬성하는 입장이었다.

1950년 초, 오랜 침묵 끝에 그는 "프랑스 국민의 대다수는 아마도 인도차이나와의 전쟁을 느끼지 않을 것이다. 그러나 이런저런 잘못으로

---

124) 우파 지식인들은 또한 군사적 좌절, 외교적 양보, 해외영토의 민족주의자들과 타협하도록 프랑스 정부를 설득하려는 우방 세력의 압력이 국가적 자부심을 자극했다고 믿었다. 이와 관련하여 레몽(René Rémond)에 따르면 1954년은 전환점이었다. "디엔비엔푸의 몰락, 인도차이나의 상실과 알제리전쟁의 시작을 확인하는 제네바 협정은 우리에게 전쟁의 고조에 있어서 한 단계를 넘어서게 만들었다. 군사적 재난과 영토 포기에 대한 책임이 있는 정권에 대한 반대. 이러한 상처받은 자존감의 마음 상태는 소그룹의 확산을 야기했다". (René Rémond, *Les Droites en France*(Paris: Aubier, 1982), p. 251).

인해 그런 일이 발생했다는 사실은 이 암울한 사실에 아무런 변화도 주지 않는다"라고 주장하며 극동에서의 전쟁을 옹호했다.[125] 1950년 10월 『르 피가로』의 기사에서 그는 호치민이 1945년부터 1946년까지 화해할 준비가 되어있는 진심 어린 애국자였으며 의심할 바 없이 프랑스가 전쟁 발발에 어느 정도 책임이 있음을 인정했다. 하지만 모리악은 "'호치민 지도자'는 자신의 이익에 부합하는 한에서만 합의를 존중했다. 어쨌든, 우리는 전쟁에 참여했다. 세계 어디에서나 마찬가지로 인도차이나에서도 우리의 운명에 부응하도록 노력하자"며 후회하지 말자고 독려했다.[126]

모리악은 1950년에 자신과 마찬가지로 반스탈린주의자인 클로드 부르데와 조르주 알트만과 같은 다른 지식인들과 이 주제에 관해 논쟁하기도 했지만, 이들과는 반대로 정부의 인도차이나 정책을 옹호했다. 1950년 초 『프랑 티뢰(*Franc-Tireur*)』의 조르주 알트만이 "인도차이나에서의 미친 모험"에 대해 어떻게 생각하냐고 묻자, 모리악은 "당신의 신문이 그랬듯이 모스크바의 사람들로부터 '더러운 전쟁'이라는 용어를 빌릴 정도로 내 자신이 비굴해질 것이라고 기대하지는 마시오. 나는 민주주의 체제에서 언론의 자유는 보장되지만 국가의 운명이 위태로울 때마다 국가의 주권은 제한될 수 있다고 항상 믿어왔다"[127]라고 대답했다. 1950년 10월 『르 피가로』 기사를 통해 모리악은 호치민이 1945~1946년에 프랑스와 타협할 준비가 되어 있는 진심어린 애국자였다는 사실은 인정했지만 인도차이나에 대한 프랑스 지배의 정당성을

---

125) François Mauriac, "L'enfant qui est pour qu'on s'en aille …", *Le Figaro*, 30 janvier 1950.
126) François Mauriac, "La dure vérité", *Le Figaro*, 17 octobre 1950.
127) François Mauriac, "Le faux justes", *Le Figaro*, 23 janvier 1950. 조르주 알트망은 1950년 1월 24일 『프랑 티뢰르』에서 "이 가혹한 옛 식민주의 유산을 청산하는 데 있어서 국가의 운명은 문제가 되지 않는다"라고 반박했다.

주장했다. 며칠 후, 모리악은 『콩바』의 칼럼에서 철도 노동자들이 베트남으로 향하는 전쟁물자의 적재 거부를 찬성한 클로드 부르데를 비판했다. "당신이 기사를 쓰는 날, 『콩바』의 가장 높은 굴뚝에서 내뿜는 연기에 국가가 마지막 기회를 상실할 것을 희생하기를 바라지 마시오".[128]

인도차이나전쟁 종결 직전이 되어서야 모리악은 그의 입장을 변경했다. 1954년 1월부터 호치민과의 협상을 촉구했으며, "인도차이나의 평화는 강력한 요구 사항"임을 주장했고, "1954년은 정부를 변화시킬 수 있는 격렬한 외침, 절망의 외침의 한 해가 될 것"이라고 선언했다.[129] 과거 '기독교 민주당'이었던 인민공화운동의 입장에 가까웠던 모리악은 이제 당 출신 외무부 장관인 조르주 비도를 '멍청한 독재자'로 규정지으며, 프랑스 정부의 '절망적이고 끔찍한' 인도차이나 정책에 대해 비판했다.[130] 식민지에서 행해진 '부당함'에 특별히 민감했던 모리악은 냉전의 맥락에서 치러진 인도차이나전쟁이 공산주의자들의 승리로 끝나는 것을 원치 않았기에 프랑스의 전쟁 개입을 지지했다. 하지만 식민지와의 관계를 개선하고 평화와 우의 속에 그들을 독립에 이르게 하는 해결책을 제시하지 못한 정부의 무능함을 통탄하며 결국은 해결책이 보이지 않는 전쟁에서 빠져나오기를 원했다.

(2) 레이몽 아롱

인도차이나전쟁 관련 자신의 입장을 표명한 우파 지식인 중 레이몽

---

128) François Mauriac, "L'enfant qui est pour qu'on s'en aille …", *Le Figaro*, 30 janvier 1950.
129) Francois Mauriac, "La paix en Indochine", *Témoignage chrétien*, 8 janvier 1954.
130) François Mauriac, *Bloc-Notes, T. I: 1952-1957*(Paris: Ed. du Seuil, 1993 1958), p. 187.

아롱(Raymond Aron)도 주목할 수 있다. 프랑스가 아프리카를 유지하려면 인도차이나를 포기해야 한다고 말하는 '구 식민 제국의 붕괴'를 빠르게 파악하고, 오랫동안 그는 민주주의 국가의 위대함이 더 이상 식민지의 크기로 측정되지 않으며 '혁신할 용기'가 있어야 한다는 점을 자유주의자들 중에서 분명히 밝힌 유일한 사람이었다.

인도차이나전쟁 기간, 1946년 3월부터 1947년 5월까지 『콩바』에서, 1947년부터 1977년까지는 『르 피가로』에서 기고가로 활동했던 레이몽 아롱은 국가의 운명과 별로 관련이 없고 비용이 많이 들기 때문에 제국을, 특히 인도차이나를 포기할 것을 주장했는데, 이는 반식민주의자들의 고전적인 주장에 동조해서가 아니라 "제국을 감당해야 하는 부담이 2차 대전과 점령으로 빈곤해진 프랑스의 자원을 초과했다"는 이유에서였다.[131] 따라서 그는 식민 정책을 담당하는 사람들에게 프랑스를 부유하게 만드는 대신 경제적, 정치적으로 약화시키고 있는 제국을 버리기 위해 노력할 것을 요청했다. 식민지 착취가 수익성이 없다는 생각은 당시에는 받아들여지지 않았지만 아롱은 프랑스 정책의 수정을 다음과 같이 정당화했다.[132] "우리는 아무것도 포기하고 싶지 않았으며, 프랑스에서 12,000km 떨어진 지역을 양보하면 모든 것을 빼앗길 위험이 있다고 생각했다. 1954년 5월까지 '유지하라'는 자랑스러운 신조를 채택했던 극도로 눈먼 애국자들은 이렇게 추론했다. 스프링은 너무 팽팽하게 당겨져 있다. 느슨하게 하지 않으면 언젠가는 끊

---

131) 역사가 라울 지라르데에 따르면 식민 역사 전반에 걸쳐 프랑스인들은 이데올로기보다는 경제적 타산과 더 관련이 있는 이유로 프랑스의 해외 확장에 끊임없이 반대했다. 『프랑스의 식민주의 이념, 1871-1962』의 저자는 이러한 형태의 반식민주의를 "프랑스로의 후퇴(repli hexagonal)"로 묘사하며, 이와 관련된 대표적 인물로 레이몽 아롱을 지적했다.
132) Ariane Chebel d'Appollonia, *Histoire politique des intellectuels en France, 1944-1954*, T. II: *Le temps de l'engagement*(Bruxelles, Éd, Complexe 1991), p. 222.

어질 것이다".[133]

1946년 12월 하노이 봉기 이후 레이몽 아롱은 "폭력을 통해 스스로를 보존하는 것이 프랑스를 보존하는 것이 아니기 때문" 목표는 반드시 협상이어야 한다고 단언했다.[134] 그러나 그는 또한 "내일의 협상을 위해 무력행사는 불가피하다"는 점을 인정했다.[135] 사실 아롱에게 무력의 사용은 "종전 직후 우리 모두에게 활력을 불어넣은 희망을 위한 혹독한 실망, 쓰라린 실패"였다.[136]

1947년 드골 정당인 프랑스 인민연합에 가입하고 냉전이 시작되자 아롱은 자신의 진영을 선택해야 한다고 설명했다. 이후로 공산주의에 대한 주요 비평가 중 한 사람이 된『대분열(Grand schisme)』과『지식인의 아편(L'opium des intellectuels)』의 저자는 호치민을 "모스크바의 보병"으로 그의 군대를 "소련의 위성 부대"로 평가했다.[137] 동남아시아에서 공산주의 확장에 맞서기 위해 프랑스의 목표는 "민족주의와 공산주의를 분리하고, 민족주의자들에게 그들이 합법적으로 요구할 수 있는 모든 만족을 부여하여 공산주의자들이 더 이상 공동 대의의 대변자로 등장하지 않도록 하는 것"이 되어야 한다고 아롱은 언급했다.[138] 이처럼 아롱은 "전쟁 상태에 부합하는 모든 독립을 연합 국가(États associés) 정부에 부여하고 협상 가능성을 배제하지 말 것"을 프랑스 정부에 요청

---

133) Raymond Aron, *Espoir et peur du siècle*(Paris: Calmann-Lévy, 1957), p. 190.
134) Raymond Aron, "Maintenir", *Combat*, 22-23 décembre 1946.
135) 이와 관련하여 아롱은 "사르트르는 이 사설을 '부끄럽다'고 묘사했는데, 나는 별 부끄러움이나 후회 없이 다시 읽을 수 있었다"라고 언급했다.
136) Marc Michel, "Y a-t-il impréparation de la France à la décolonisation?", *op. cit.*, p. 200.
137) Raymond Aron, "Le Kominform en Asie", *Le Figaro*, 11 octobre 1948.
138) Raymond Aron, "Révolution en Asie. La décomposition des Empires coloniaux", *Le Figaro*, 12 janvier 1950.

했다.[139)]

레이몽 아롱은 경제적인 이유로 인도차이나를 포기하자는 견해를 지지했다. 군사적 부담이 너무 커서 전쟁 노력이 더 이상 프랑스 자원에 비례하지 않았다고 생각했다. 그는 "인도차이나에서 프랑스가 훨씬 더 심각한 시련을 겪고 있다"며 "미국이 한국을 위해 전쟁을 벌이는 것보다 우리나라가 치르는 전쟁이 훨씬 더 비싸기 때문에",[140)] 그리고 "1년 동안의 전쟁 비용이 투자된 총자본보다 크기 때문에"[141)] 훨씬 더 심각한 시련을 겪고 있다고 개탄했다. 더욱이 그의 눈에는 프랑스가 막다른 골목에 도달했으며, "승리를 쟁취하거나 적을 억누를 가능성이 없으며, 전진도 후퇴도 할 수 없는 상황에 직면했다".[142)] 이러한 상황에서 "모든 프랑스 국민은 진심으로 전쟁의 종식을 원했다". 그러나 아롱에 따르면 이러한 '실패'는 주로 프랑스 정책의 주저함 때문이었다. "우리는 베트남 세 지역의 통일을 어렵지 않게 수락한 것이 아니다. 프랑스 연합 내 자치 또는 독립의 정확한 의미는 오랫동안 모호하게 남아 있다. 오늘날에도 바오 다이와의 협정은 베트남의 외교적 대표성을 제한한다. 특정 군사 조항도 이의를 제기한다".[143)] 그리고 결론짓기를, "원칙적으로는 누구도 더 이상 반대하지 않지만 협상이 가능할지, 어떻게 가능할지는 알 수 없다".[144)]

식민지화 과정을 검토하면서 레이몽 아롱은 실제로 세(Jean-Baptiste

---

139) Raymond Aron, "Y a-t-il des solutions possibles?", *Le Figaro*, 13-14 juin 1953.
140) Raymond Aron, "L'impasse coréenne", *Le Figaro*, 12 mars 1952.
    Raymond Aron, "La tragédie d'Indochine", *Le Figaro*, 3 décembre 1953.
141) Raymond Aron, "L'impasse coréenne", *op. cit.*
    Raymond Aron, "La tragédie d'Indochine", *op. cit.*
142) Raymond Aron, "L'impasse coréenne", *op. cit.*
143) Raymond Aron, "Révolution en Asie. La décomposition des Empires coloniaux", *op. cit.*
144) Raymond Aron, "Révision de la politique étrangère", *Le Figaro*, 12 juin 1953.

Say), 바스티아(Frédéric Bastiat) 및 파시(Frédéric Passy)가 스승이었던 자유주의 학파의 횃불을 다시 들었다. 그는 이러한 경제학자들의 주장에 인도차이나전쟁으로 인한 끔찍한 인명 손실과 도덕적 대가라는 주장을 추가했으며, 또한 프랑스의 모든 국제 관계, 특히 유럽 파트너와의 관계가 계속되는 먼 나라에서의 전쟁으로 인해 잔인하게 고통받고 있다고 주장했다.[145] 레이몽 아롱은 이처럼 간접적으로 유럽의 방어를 약화시키는 인도차이나 분쟁을 비난했다. "우리는 중앙에서 약화될 만큼 많은 양의 자원을 주변부 전쟁에 투입해서는 안 된다. 이 규칙을 적용하지 않는 유일한 서방 국가는 프랑스이다. 프랑스는 인도차이나 원정으로 인해 유럽의 재무장을 마비시켰다".[146] 그러나 레이몽 아롱은 즉각적인 해결을 지지하지 않았으며 옛 식민지를 위한다고 하는 프랑스의 노력을 중단하도록 요구하지 않았다. 그는 단순히 현 상태 유지의 타당성에 대해 의문을 제기했을 뿐이다. 그러므로 우리는 레이몽 아롱을 혁명적인 식민지 청산자의 위치가 아니라 식민화의 성공 여부나 '문명화' 여부에 관계없이 식민화는 본질적으로 일시적이며, 그것이 모든 신중한 정치가에게 제기하는 문제는 그것이 끝은 아니더라도 적어도 변형이라는 사실을 결코 잊지 않은 명쾌한 관찰자의 자리에 위치시킬 수 있는 것이다.[147]

---

145) Dominique Chagnollaud, et Jean Lacouture, *Le desempire: figures et thèmes de l'anticolonialisme*(Paris: Denoël, 1993), p. 185.
146) Raymond Aron, "Europe et Asie", *Le Figaro*, 23 avril 1951.
147) Dominique Chagnollaud, et Jean Lacouture, *Le desempire: figures et thèmes de l'anticolonialisme, op. cit.,*, pp. 184-185.

(3) 쥘 로맹, 폴 클로델, 앙드레 지그프리드

1935년에 이탈리아 제국주의에 반대하는 반파시스트 지식인 경계위원회의 선언문을 쓴 프랑수아 모리악, 레이몽 아롱, 폴 클로델과 같은 프랑스 한림원(Académie Française) 회원인 쥘 로맹은 프랑스 식민화의 옹호자가 되었다. 인도차이나에 관해, 그는 1914년 이전이나 전간기에 표현되었을 법한 식민주의적 주장을 표명했다. 『선의의 사람들(Les Hommes de bonne volonté)』[148]의 저자는 1953년 사이공을 통과하면서 그곳에서 프랑스 땅을 발견한 기쁨을 다음과 같이 토로했다. "고풍적이지도 현대적이지도 않은 최근의 프랑스 ; 장엄함이 없을 수도 있지만 즐거움이 없지는 않을 것이다. 집과 상점은 놀랍게도 프랑스적이다. 적어도 75년 전으로 거슬러 올라가 장식된 집의 모습이다. [...] 이 프랑스의 한 조각은 거기에 있었고 아무것도 파괴하지 않고 성장했다"[149] ; "마주친 '베트남인들'은 탐욕스런 선전이 우리를 믿게 만드는 것과는 달리 자신들의 운명에 만족하는 것처럼 보였다". 쥘 로맹은 인도차이나에 대해 "우리는 프랑스인으로서의 만족감을 부정할 수 없다. 자만심의 증가는 경계해야 할 것이다. 그러나 우리나라 사람들은 여전히 이곳에서 훌륭하고 용감한 일을 해왔다"라고 결론지었다.

같은 이념적 그룹 가운데 폴 클로델도 발견할 수 있다. 그는 중국에 대한 애착이 강하고 인도차이나 식민지를 무시하지 않은 위대한 가톨릭 시인이었다.[150] 1944년에 그는 베트남인 시인 쩐반퉁(Tran Van Tung)의 단편집에 대한 편지 서문에서 다음과 같이 기술했다. "나는 당신의

---

148) Jules Romains, *Les Homms de bonne volonté, 27 Vols.*(Paris, New York, 1932-1946).
149) Jules Romains, "Indochine", *L'Aurore*, 29 octobre 1953.
150) 젊은 외교관이었던 그는 이미 1921년에 이곳을 돌아다니며 프랑스 과업에 대한 열정적인 증언을 전했다. Paul Claudel, "Mon voyage en Indochine", *Revue de Pacifique*, mai 1922.

나라와 우리나라 사이, 당신의 영혼과 우리 영혼 사이에 이루어진 연합의 아름다움과 신성함을 굳게 믿는다. 신이 짝지어 주신 것을 사람이 나누지 못할 것이다".[151] 몇 년 후, 이 "성스러운 연합"은 돌이킬 수 없는 대립으로 변할 위험에 처해 있었다. 클로델은 프랑스 활동의 지속에 대한 반대가 있는 것을 보고 분명하게 분노하며 1948년에 인도차이나의 공수부대원들, 즉 "기독교의 구원자들"에게 찬가를 바쳤다.[152] 거기에는 사실 군대의 역할을 고양하고 신이 프랑스에 맡긴 복음을 전하는 역할에 대한 확신이 뒤섞여 있었다.

온건 우파이자 당대 프랑스 지식인 가운데 가장 영향력이 컸고, 대중들로부터 커다란 신뢰를 얻었던 앙드레 지그프리드에게 있어 프랑스가 인도차이나에서 수호한 것은 "백인의 운명"이었다. 사실, 국제연합이 '비자치' 영토의 독립을 지지하기로 조처했을 때, 그는 1950년 1월 3일 『르 피가로』에서 기사의 제목이기도 한, "저돌적인 사람(Casse-cou)"을 외쳤다. 그는 당시에 "우리가 어떻게 극동지역에서 우리의 노력을 보지도 않고 비난할 수 있는가? 여기서 문제가 되는 것은 식민지 지위 자체가 아니라 세계 속 백인의 운명이고, 그것과 함께 백인이 책임자인 서구 문명의 운명이다"라고 말했다.

인도차이나 정책에 대한 그들의 의견과 참여를 보면 우리는 이 머나먼 전쟁에 대해 지식인들이 무관심하지 않고 프랑스 정치계를 뒤흔든 논쟁에 참여했다고 말할 수 있을 것이다. 그러나 실제로 인도차이나의

---

151) Lettre-Préface datée du 8 janvier 1944, in Tran Van Tung, *L'Annam, pays du rêve et de la poésie*(Paris: Éd. J. Susse, 1945).
152) Paul Claudel, "St. Michel Archange, patron du corps expéditionnaire d'Indochine", 16 juillet 1948, in *Œuvres complètes, Vol. 2*(Paris: N.R.F./Gallimard, 1952).

독립을 지지하거나 반대하는 운동을 벌인 지식인은 거의 없었다. 사실, 1954년 초까지 인도차이나 문제, 심지어 식민지 문제조차도 프랑스의 주요 사상가들 사이의 지적 논쟁에서 주요 쟁점은 아니었다. 종종 '진보주의자들(progressistes)'에 의해 비난을 받았지만, 그것은 한국전쟁의 경우보다는 덜했고, 프랑스 식민주의는 '미 제국주의'보다 덜 비판받았다. 결과적으로 프랑스 지식인의 입장은 여론에 큰 영향을 미치지 못했다. 그러나 그 영향력이 전혀 없었다고 간주하는 것은 심각한 오류를 범할 위험이 있다. 역사가이자 정치학자인 레몽(René Rémond)이 지적한 바와 같이, 그 영향력은 단지 다른 방식과 다른 속도로 진행되었을 뿐이다. "즉시 여론의 흐름을 뒤바꿀 수는 없었지만, 지식인의 영향력은 서서히 여론에 스며들면서 장기적인 선택을 준비했다."[153] 어쨌든 그들의 개입과 저술, 입장을 통해 프랑스 지식인들은 자신의 역할을 다했다. 그들은 정치 사회에 참여하는 지식인으로서의 사명을 계속해서 수행했다.

3. 프랑스 내 인도차이나 사회에 대한 인식

제1차 세계대전 이후 인도차이나인들이 프랑스에 거주하기 시작했다. 인도차이나전쟁 동안 이들에 대한 프랑스 당국의 시각과 여론은 어떠했는가? 시간이 지나면서 그것은 어떻게 변모해갔는가? 보다 구체적으로, 프랑스는 프랑스 내 인도차이나 노동자와 학생들의 특정 정치 활동에 대해 어떻게 반응했는가? 때때로 "신화를 창조하고, 동기와 행

---

153) René Rémond, "Les intellectuels et la politique", *Revue française de science politique*, Vol. 9, No. 4(décembre 1959), p. 880.

동을 정당화하고, 두려움과 환상을 쫓아낼 수 있었던"[154] 이 사람들의 이미지를 프랑스는 어떻게 '구축'했는가? 프랑스 내 인도차이나 집단에 대한 인식은 실제로 인도차이나전쟁 중 프랑스의 식민주의 이념을 측정하는 또 다른 척도가 될 수 있다.

1) 프랑스의 인도차이나인

인도차이나인들이 프랑스에 처음 도착한 것은 제1차 세계대전으로 거슬러 올라간다. 1914~1918년 전쟁 동안 100,000명 이상의 인도차이나인, 군인 또는 노동자가 프랑스 전쟁 노력에 참여하기 위해 유럽으로 건너왔다. 1939년 9월, 유럽에서 전쟁이 발발했을 때 식민지부(Ministère des Colonies)는 해외영토에 전쟁에의 참여를 요구했다. 식민지는 쌀, 유성물질, 커피와 전략적인 생산물(나무, 인산염, 고무, 니켈, 코발트), 그리고 '인력'을 제공해야 했다. 1차 대전 이래로 북아프리카와 인도차이나는 전쟁에 동원된 프랑스인들을 대신할 노동력의 보고(寶庫)로 인식되었다. 식민지부 장관인 망델(Georges Mandel)은 특별히 인도차이나에 두 가지 목표를 설정했다. "두 가지 목적을 위해 인도차이나의 물질적이고 정신적인 힘 전체를 동원한다. 즉 공격을 받을시 스스로를 방어할 수 있고, 본국의 전쟁 노력에 최상으로 기여한다".[155] 결국 제2차 세계대전이 시작되자 프랑스 정부는 군대에 동원된 프랑스 노동자를 대체하기 위해 다시 한번 약 20,000명의 인도차이나 노동자를 프랑스로 데려왔다.[156]

---

154) Robert Frank (dir.), "Images et imaginaire dans les relations internationales depuis 1938", *Les Cahiers de l'I.H.T.P.*, No. 28(juin 1994), p. 6.
155) Déclaration de Georges Mandel au général Catroux, in Georges Catroux, *Deux actes du drame indochinois: Hanoï, juin 1940, Dien Bien Phu, mars-mai 1954*(Paris: Plon, 1959), p. 17.
156) 원주민 보병들은 장기 계약을 맺고 프랑스에 도착했지만 감독을 받는 근로자인 원주민 노

이 인력의 3분의 1인 자원자들은 고용 계약을 맺고 있었고 나머지는 징발되었다. 이 사람들은 통킹, 안남 및 코친차이나 출신이었다. 그들 중 수백 명은 초등학교에 다녔거나 더 높은 단계의 교육 기관에 다녔다. 그러나 그들 중 대다수는 집을 떠나기 전에 직공이거나 농부로 일했다.[157]

남불의 마르세유(Marseille)에 상륙한 미숙련 노동자(ONS: Ouvriers non spècialisès)는 여러 수용소에 분산되었다. 마르세유에서 재조직된 이들 부대는 실제로 소르그(Sorgues), 생샤마(Saint-Chamas), 베르즈락(Bergerac), 푸아티에(Poitiers), 앙굴렘(Angoulême), 오를레앙(Orléans), 툴루즈(Toulouse)로 이송되었다. 그곳에서 그들은 1940년 6월까지, 연속적으로 번호가 매겨지고 같은 지역 출신의 200~250명의 근로자로 구성된 73개의 중대(compagnie)에 분산되었다. 이들 부대는 원주민 노동국(MOI: Main-d'oeuvre indigène)의 감독하에 놓였으며, 5개 군단으로 구성되었다. 그들의 감독은 퇴역 장교와 식민지 군대의 부사관이 담당했다. 종종 군인 출신인 인도차이나인들은 감독관, 통역사, 회계사, 간호사로도 일했다. 이들 조직이 와해될 때까지 인도차이나 미숙련 노동자는 군수 산업 기관에서 일했으며 그들의 기술과 유순한 성격으로 높은 평가를 받았다.[158]

1940년 6월 독일과의 휴전 당시 5,000명의 인도차이나인이 인도차이나로 송환되었다. 나머지는 프랑스 남부에 남아 있었다. 그들은 시민

동자(MOI: Main-d'oeuvre indigène)는 6개월 간의 갱신 가능한 고용 계약만 맺었다. 여기에 인도차이나 식민지의 경우 대부분 학생, 항해사 또는 무역업자로 구성된 '자유 인도차이나인(Indochinois libres)'을 추가해야 한다.

157) Maurice Rives, "1939-1954, les travailleurs indochinois en France", *Hommes & migrations*, No. 1175(avril 1994), p. 24.
158) *Ibid.*

단체의 감독을 받으며, 군단을 형성하는 중대들로 그룹화되어 다양한 업무를 담당했다. 2차 대전 종전 당시 상황은 다음과 같았다. 14,000명의 인도차이나인이 프랑스 남부의 마르세유, 툴루즈, 로데브, 베르즈라크의 4개 군단으로 편성되었으며, 이는 다시 46개 중대로 나뉘어졌다. 인도차이나인의 78%는 대부분 농부였으며 나머지는 장인이었다.

2) 프랑스의 인도차이나 대표단

2차 대전 종전 이후 정신적으로나 육체적으로 지친 인도차이나 노동자들이 '신탁통치 국가'와 맺었던 신뢰 관계는 적대적인 방향으로 전환되었다. 사실, 독일 점령 기간 내내 그들의 끝없는 유배, 전쟁 상황에 따른 끊임없는 동요, 비참한 생활 및 노동 조건, 정신적 고통 등으로 인해 많은 이들이 민족주의 테제를 고수하게 되었다. 1944년 12월 15일부터 17일까지 심각한 결과를 초래하는 매우 중요한 사건이 발생했다. 바로 남불의 아비뇽(Avignon)에서 '프랑스 인도차이나인 대회'가 개최된 것이다. 여기서 각 지역의 노동자, 프랑스 내에 거주하는 인도차이나 학생 대표, 지식인 및 안남 무역인 등은 그들의 이해관계를 대변해줄 '프랑스 내 인도차이나 대표단(Délégation des Indochinois en France)'을 탄생시켰다.

처음부터 이 지도자들은 자신의 목표를 숨기지 않았다. 끊임없는 요구로 프랑스 당국을 괴롭히는 것 외에도 그들은 인도차이나의 완전한 독립을 얻기 위해 모든 수단을 사용하기로 결심했다. 실제로 프랑스 내 인도차이나 사회에서는 회의와 대회의 증가, 지방 협회 창설, 전단지 배포를 통한 선전활동이 존재했다. 프랑스 인도차이나 대표단의 활동은 또한 인도차이나에 있는 프랑스 원정군에 군대 파견과 탄약 운송에 대한 영구적 반대와 프랑스 극동원정군 병사들에게 탈영을 권고하는 것이었다.

1945년 3월, 드골 장군이 인도차이나 해방을 위해 적용할 자유주의 조치를 발표했을 때, 프랑스의 인도차이나 대표는 이 조항에 대한 불신임 동의안에 투표했으며 "이 조항의 적용은 인도차이나 주민들의 적대감을 불러일으킬 것이며 프랑스 체제에서 영구적으로 멀어지게 될 것"이라고 힘주어 강조했다.[159] 일본이 항복한 다음 날, 이 대표단은 인도차이나의 완전하고 즉각적인 독립을 요구하는 청원서를 국제연합에 보냈다. 베트남 민주공화국의 독립이 선포된 지 며칠 뒤 기자회견을 통해 프랑스 인도차이나 대표단은 베트민의 프로그램을 채택했다고 선언하며 다음과 같이 명시했다. "베트민은 특별히 반프랑스적이지 않다. 그러나 프랑스의 식민지화로 인해 인도차이나 국민에게 가해진 고통은 자연스럽게 안남의 민족 정서를 프랑스에 반대하게 만들었다".[160]

인도차이나 수용소에서 노동자 위원회는 여러 사건을 조장했다. 1945년 11월부터 선원들의 공모로 인해 마르세유와 사이공 사이에 은밀한 접촉이 이루어지기 시작했다. 앙굴렘(Angoulême)에서는 미숙련 노동자(ONS)들이 연료가 부족하다는 이유로 그들에게 맡긴 노새로 운반할 행위를 거부했다. 그들은 "인도차이나에서는 프랑스인들이 사람들을 죽이는 폭격기에 사용할 휘발유를 가지고 있다"고 선언했다. 아쟁(Agen)에 있는 한 교회에서는 많은 청중 앞에서 베트남어로 매우 신랄한 설교가 행해졌다. 이곳에서 "나는 베트남 가톨릭 신자들이 그들의

---

159) C.A.O.M.(Centre des Archives d'Outre-Mer), N.F.(Indochine Nouveau Fonds) 1333 : État d'esprit, 1945 : Note de M. Pignon sur le climat actuel des milieux indochinois en France.
160) "Les Indochinois de France réclament l'indépendance de leur pays", *Le Monde*, 23-24 septembre 1945.

의무를 다하고 있음을 알고 있다. 그들은 조국을 사랑하는 사람들이다"라는 교황 비오 12세의 말씀을 전하며 인도차이나 주교 4명이 독립을 지지하는 입장을 길게 설명했다.[161] 1945년 12월 25일, 베르즈라크의 인도차이나 노동자들은 공산당과 노동총연맹(CGT)의 지원을 받아 르클레르 장군이 자신들의 조국을 평정한데 항의하기 위해 단식투쟁을 벌였다. 베트민에게 호의적인 베트남어로 쓰인 전단지가 한 달 동안 배포되었다.[162] 1945년 12월, 지롱드 도에 위치한 그라디냥(Gradignan) 수용소의 약 1,800명의 인도차이나인들이 인도차이나의 독립, 체포된 모든 인도차이나인의 즉각적인 석방, 본국으로 송환, 그들 가족을 폭격한 프랑스 비행기의 파견 중단, 이러한 요구 사항이 드골 장군에게 즉각적으로 전달할 것을 요구하며 파업에 들어갔다.[163] 한마디로 수용소의 분위기는 매우 긴장되었고, 사기는 매우 낮았으며, 프랑스의 인도차이나인들은 계속 연기되고 있는 그들 조국으로의 송환을 기다리고 있었다.

의심할 바 없이 이러한 끊임없는 소요 때문에 인도차이나 노동자들은 프랑스 국민들 사이에서 높은 평가를 받지 못했다. 1946년 4월 도르도뉴(Dordogne) 지사에 보낸 보고서에서 베르즈락(Bergerac) 부도지사는 크레세(Creysse)에서 아시아인들이 매일 의류, 신발, 담배, 침구 등의 밀거래에 종사하고 있으며, 그 중 일부는 밀거래, 절도, 배임 혐의로 법

---

161) Maurice Rives, "1939-1954, les travailleurs indochinois en France", *op. cit.*, p. 28.
162) A.N., F¹ᶜIII1217 : Rapports du préfet de Dordogne, janvier 1946.
163) A.D. de Gironde, sc 77/6 : Rapports du chef du service des renseignements généraux, 29 décembre 1945. 그러나 인도차이나 노동자들은 때때로 도발의 대상이 되기도 했다. 예를 들어, 1947년 1월 5일 이제르(Isère) 도에서 그들의 막사는 극동지역으로 떠나기를 기다리고 있던 군인들로부터 수류탄 공격을 받았다. (Maurice Rives, "1939-1954, les travailleurs indochinois en France", *op. cit.*, p. 28).

원에 회부되었다고 보고했다. 또한 "다큐멘터리 목적으로 사람들은 1인당 10,000~15,000프랑에 구매한 새 자전거를 타고 인도차이나인들이 하루 종일 여행하는 것을 보고 놀랐다"라고도 보고했다.[164]

3) 프랑스의 대응

(1) 온건한 대처

이러한 상황에 직면한 프랑스 책임자들은 무력했다. 미숙련 노동자 중대는 감독이 부족했고 일반적으로 석방된 전쟁 포로로 배정된 인원은 동남아시아의 문화와 관습에 대해 아무것도 몰랐다. 그럼에도 불구하고 대부분이 실업자인 그들의 처지를 개선하기 위한 몇 가지 조치가 취해졌다. 1946년 11월 1일, 안남어를 유창하게 구사하는 르 브리(Henry Le Bris) 장군은 프랑스 내의 인도차이나 조직의 조사관으로 임명되었다. 우선 그는 인도차이나인들이 표적이 된 선전활동을 무력화하려고 노력했고, 코친차이나와 우편물 교환을 재개했고, 사이공 지역에서 촬영한 영화와 함께 코친차이나 출판물을 배포했다. 그는 또한 직업 교육을 개발하고 다양화했다.

한편, 프랑스에서 인도차이나에 대한 베트민의 선전을 상쇄하기 위해 온건한 인도차이나 단체와 프랑스 정치 지도자들을 모아 소위 정부 및 민간 인도차이나 협회를 여러 개 설립했다(표 9). 그들의 목표는 인도차이나 출신 주민과 프랑스인 간의 동정과 연대의 유대를 강화하고, 인도차이나와 서구 문명에 대한 상호 지식과 상호 이해를 촉진하며, 대중에게 인도차이나의 진정한 얼굴, 그 지위 및 프랑스 연합에서 그 중

---

164) A.D. de la Dordogne, 1 W 1821 : Sous-préfecture de Bergerac, avril 1946.

요성을 알리는 것이었다.[165] 이 협회들은 실제로 유용한 연락을 취하고, 상호 지원 및 구호 서비스를 운영하고, 회의 또는 개인 행사를 조직하고, 협회의 목표 및 정신과 관련된 저작물이나 정기 간행물의 집필 및 출판을 장려하고 도울 수 있었다. 따라서 이들 협회의 소망은 "사회적이고 문화적"이 되는 것이었고, 이는 프랑스에 있는 인도차이나인들의 마음을 감동시킬 수 있는 가장 좋은 방법으로 보였다. 표 9는 인도차이나와 프랑스 내 인도차이나인에 관심이 있는 조직 및 협회 목록이다.

표 9. 인도차이나 및 프랑스 내 인도차이나인에 관심이 있는 조직 및 협회 목록[166]

공공 기관 및 조직(Services et organismes officiels)

1. "원주민에 대한 도덕적, 지적 지원을 위한 식민지 기관(Service colonial d'assistance morale et intellectuelle aux originaires)", (식민지부(Ministère des Colonies), 정무국(Direction des affaires politiques)).
2. "식민지 사회단체(Service social colonial)", (식민지부, 주소: 11, rue Tronchet, Paris).
3. "인도차이나 노동자 관리국(Direction des Travailleurs Indochinois)", (식민지부, 235, Faubourg St.-Germain, Paris).
4. "프랑스령 인도차이나 전국협회(Association nationale pour l'Indochine française)", 20, rue la Boëtie, Paris. 회장 : 르네 플레뱅.
5. "식민지 경제청(Agence économique des colonies)", 20, rue la Boëtie, Paris. 청장 : 프레보도(M. Prevodeau), 식민지 행정관(administrateur des Colonies).
6. "인도차이나 경제청(Agence économique de l'Indochine)", 20, rue la Boëtie, Paris. 청장 : 장 세딜(Jean Cédile), 식민지 총독(gouverneur des Colonies).
7. "수용 시설(Le centre d'accueil)", 8, rue Bossuet, Paris.
8. "장애인과 병사 식민지위원회(Comités coloniaux des mutilés et combattants)".

---

165) C.A.O.M., N.F. 1317 : Association des "Amitiés Indochinoises" (1945-1952).
166) CAOM, Haut-Commissariat de France en Indochine(HCI) : Fonds du Conseiller politique (CONSPOL) : Indo/HCI/CONSPOL 57 : Association France-Viêt-Nam, 1948.

민간 협회(Associations privées)

1. "인도차이나 프랑스인 우호복지협회(Association amicale et de prévoyance des Français d'Indochin)", 20, rue la Boëtie, Paris.
   회장 : 장 보스크(Jean Bosc), 명예 고위주재관(résident supérieur honoraire).
2. "인도차이나 추모사업(L'œuvre du souvenir indochinois)", 49, rue de la Bienfaisance, Paris.
3. "(학생 숙소라 불리는) 프랑스 해외영토 학생 국립센터(Centre national des étudiants de la France d'outre-mer (dit Foyer des étudiants))", 184, Bd. St.-Germain, Paris.
4. "프랑스 인도차이나인 지원협회(Société de l'aide aux Indochinois en France)", 41, rue de la Bienfaisance, Paris.
   회장 : 르 갈리앙(M. Le Galien), 명예 총독(gouverneur général honoraire).
5. "프랑스 상호원조 식민지위원회(Commission coloniale de l'entr'aide française)".
6. "극동 학생 숙소(Foyer des étudiants d'Extrême-Orient)", 16, rue Royer Collard, Paris.
7. "아프리카·아시아 학생 숙소(Foyer des étudiants africains et asiatiques)", Marseille.
8. "프랑스 군인 및 식민지 노동자 지원위원회(Comité d'assistance aux militaires et travailleurs coloniaux dans la métropole)", 23, rue Mitot, Paris.
   회장 : 뤼시앙 라카즈 제독(amiral Lucien Lacaze).
9. "보르도와 서남 지역의 인도차이나인 숙소(Foyer des Indochinois de Bordeaux et du Sud-Ouest)", Bordeaux.
10. "식민지 학생 숙소(Foyer des étudiants coloniaux)", Montpellier.
11. "프랑스 제국위원회(Comité de l'empire français)", 41, rue de la Bienfaisance, Paris.
    회장 : 샤를 루(Charles Roux), 대사(ambassadeur).
12. "식민지 연구소(Institut colonial)", 41, rue de la Bienfaisance, Paris.
    니스, 아브르(Havre), 마르세유에 자회사 존재(Filiales à Nice, au Havre et à Marseille).
13. "국제상공회의소 인도차이나 국립위원회(Comité national indochinois de la chambre de commerce internationale)", 4, rue de Presbourg, Paris.
14. "프랑스 아시아 위원회(Comité de l'Asie française)", 21, rue Cassette, Paris.
15. "구식민지 친목회(Amicale des anciens coloniaux)", 47, rue de Châteaudun, Paris.
16. "프랑스-아시아 상공회의소(Chambre de commerce franco-asiatique)", 97, rue St.-Lazare, Paris.
17. "태평양 위원회(Comité du Pacifique)", 54, rue de Varenne, Paris.
    회장 : 알베르 사로(Albert Sarraut).
18. "인도차이나 프랑스 수출인 연합(Syndicat des exportateurs français d'Indochine)", 25, rue du Général Foy, Paris.

19. "인도차이나 무역, 산업 및 농업 위원회(Comité du commerce de l'industrie et de l'agriculture de l'Indochine)", 96, boulevard Haussmann, Paris.
    회장 : 르 갈리앙(M. Le Galien), 명예 총독(gouverneur général honoraire).
20. "인도차이나 위원회(Comité de l'Indochine)", 41, rue de la Bienfaisance, Paris.
21. "식민지 및 해양 연구협회(Société des études coloniales et maritimes)", 134, rue de la Pompe, Paris.
22. "가장 위대한 프랑스의 집(Maison de la plus grande France)", 40, rue de Châteaudun, Paris.
23. "식민지 일반회사(Compagnie générale des colonies)", 282, Boulevard St.-Germain, Paris.
24. "인도차이나의 벗(Les amitiés indochinoises)", 51, rue de la Faisanderie, Paris.

인도차이나(임을 선언한) 협회(Associations déclarées indochinoises)

1. "파리 안남인 우호협회(Association amicale des annamites de Paris), 11, rue Jean de Beauvais, Paris.
2. "마르세유의 안남인 상호협회(Association mutuelle annamite à Marseille)", Marseille.
3. "마르세유의 인도차이나 선원 연합(Union des marins Indochinois à Marseille)", Marseille.
4. "안남 가톨릭인 협회(Association des catholiques annamites)", 5, cité Falguière, Paris.
5. "크메르 형제회(Fraternité kmer)", 3, rue Georges de Porto-Riche, Paris.

이 밖에도
1. "주택인 협회(Association des gens de Maisons) 혹은 주택인 친목회(ou Amicale des gens de Maisons)".
2. "인도차이나 또는 안남 여성 협회(Association des femmes indochinoises ou annamites)".
3. "베트남 연구 센터(Centre d'études vietnamiennes)", 142, Boulevard Lefebvre, Paris. 등도 존재했다.

(2) 인도차이나 단체의 감시

동시에 프랑스 당국은 인도차이나인들의 동요에 맞서기 위해 강력한 수단을 동원하는 데 주저하지 않았다. 이같이 인도차이나에 관한 모든 문제에 대한 정부 차원의 조정 기관인 인도차이나 위원회의 사무국은 이 문제에 관심이 있는 인사들을 매주 정기적으로 소집했다. 이는 프랑스에 있는 인도차이나인의 정신 상태와 행동에 대한 정보를 교환하고, 보고된 동요를 멈추기 위한 가능한 행동 계획에 필요한 관점을 교환하기 위한 것이었다.[167] 이곳에서 인도차이나 식민지를 감시하는 수단과 취해야 할 조치 과정이 논의되었다.

여러 공식 보고서에서는 또한 확고한 조치를 통해 프랑스 내 인도차이나 사회를 감시해야 할 필요성을 지적했다. 군사 문제 담당 국장인 브와소(Robert Boisseau) 중령이 식민지 군대국(Direction des troupes coloniales)에 보낸 보고서에는 특히 인도차이나 학생 집단에 대한 감시가 필요함을 역설했다.[168] 이 보고서에 따르면, 그들의 행동을 매우 면밀히 관찰해야 하는데, 왜냐하면 "프랑스에 대한 증오의 길로 이끌린 이 젊은이들이 인도차이나 군인과 노동자에게 미치는 영향은 인도차이나 연합의 미래와 보호국의 이익에 매우 큰 위험이 될 수 있기 때문이다". 결론적으로, 이 보고서는 이러한 집단의 활동에 대응하기 위한 몇 가지 가능한 조치를 제시했다. "a) – 선전 및 무선 전신(TSF: Télégraphie sans fils)을 통해 프랑스가 다른 어떤 국가보다 실질적인 물질적 이점을 트로츠키주의나 일본의 호의보다 더 그들에게 제공할 능력이 있다는 것을 인도차이나 대중에게 이해시킬 것. b) – 인도차이나 민족의 미래의 정치적 지위, 그들이 누릴 민주적 자유, 보호국과의 관계에 대해 원주민에게 알릴 것. c) – 크메르인이나 라오스인의 경우 인도의, 안남인의 경우 중국의 전통적 교육을 장려할 것. 동양의 인문학은 인도차이나의 젊은 지식인들이 더 깊이 있는 사고를 할 수 있게 하고, 나쁜 조언자의 증오를 피할 수 있게 해줄 것이다".[169]

---

167) C.A.O.M., N.F. 1577 : Surveillance et arrestaton d'Indochinois en France, 1945.
168) C.A.O.M., N.F. 1333 : État d'esprit (1945), 29 mars 1945.
169) *Ibid.*

1945년 5월, 프랑스 공동체로부터 인도차이나의 분리를 지지하는 '프랑스 내 인도차이나 대표단'의 적극적인 선전활동에 직면하여 식민지부 장관 폴 지아코비는 임시 정부 대통령에게 이 인도차이나 단체의 해산을 위한 법령 초안을 제출했다. 이는 특히 "국가 영토의 완전성을 훼손하는 것을 목표로 하는" 사실상의 집단의 해산을 규정하는 전투단체 및 민병대에 관한 1936년 1월 10일의 법률에 기초한 것이었다. 그 논거에 대해서는 다음과 같이 보고했다. "파리의 인도차이나 대표단 본부에서 기자회견이 열렸으며 대변인인 쩐득타오는 티에리 다르장리외 제독과 르클레르 장군의 프랑스 군대가 인도차이나에서 충격을 받을 것이라고 선언했다". "아주 최근에 이 협회는 프랑스 원정군을 인도차이나로 파병하는 것에 항의하고 이 나라의 질서를 재건할 책임이 있는 연합군에 맞서 싸우고 있는 반군과의 연대를 확인하는 전단지를 파리와 지방에 배포하는 데 주저하지 않았다. 이것이 귀하의 서명을 받고자 제출한 법령 초안을 정당화하는 이유이다".[170] 이 제안에 따라 프랑스 대통령은 이 조직의 해산을 선언했다.[171]

여러 인도차이나 노동자 수용소가 위치한 부슈뒤론 도지사의 수많은 보고에서는 '선동자'에 대한 적극적인 조치를 촉구했다. 이처럼 1945년 9월 지사는 "마르세유에 주둔한 다양한 중대의 분산을 고려하고 농업 노동자로부터 지식인 계층을 분리하는 것이 현명해 보인다"고 평가했다. 1년 후, 인도차이나 노동자들이 수많은 범죄와 위법 행위를 저지

---

170) C.A.O.M., N.F. 1333 : État d'esprit (1945), 4 mai 1945.
171) 1945년 12월 2일 마르세유에서 열린 전국대회에서 프랑스 인도차이나 대표단은 해산하고 Vet Kien Lien Minh(VKLM: 인도차이나 이민자 연합)으로 교체한다고 발표했다. 인도차이나 이민자 연합은 대표단의 활동을 재개하고 동일한 정치적 노선을 따랐다. 프랑스에서 인도차이나인의 통합; 완전한 독립을 위한 투쟁; 좌파 정당이 추구하는 목표에 동화시키며 좌파 정당에 의존한다.

르고 있으며 때로는 프랑스 정부의 결정 이행을 거부하고 있다는 사실을 경찰 행정 비서에게 보고하고, 도지사는 인도차이나 노동자들이 거주하는 수용소 주변은 물론 도시와 역에서 매우 엄격한 감시를 실시하고, 발견된 모든 위반 사항은 보고 및 제재 대상이 되게 해달라고 요청했다.[172] 실제로 그는 역이나 다른 장소에서 수시로 "심문, 신원 확인, 서류 가방 또는 소포 검색"을 수행하라고 명령했다. 1948년 5월, 내무부 장관에게 보낸 보고서에서는 "불만족하고 전복적인 선전활동에 의해 비밀리에 활동하는" 인도차이나인들을 감시가 더 쉽고 위험도 적은 도심에서 멀리 떨어진 수용소로 이송해야 할 긴급한 필요성에 대해 언급했다. 왜냐하면 이 보고서에 따르면 이 인도차이나인들이 마르세유 교외에 위치한 마자르그(Mazargues)와 콜게이트(Colgate)의 두 수용소에 배치되었다는 사실이 다소 심각한 사건을 일으켰기 때문이다.[173]

결국, 프랑스 당국과 여론에 따르면, 프랑스에 거주하는 인도차이나 군대 및 민간 집단의 정치적, 사회적 동요의 표출은 인도차이나 국가들과의 관계에서 정부의 조치를 방해하고 해를 끼칠 위험이 있었고, 심지어는 인도차이나 문제와 관련된 국제 관계에서도 마찬가지였다. 따라서 프랑스 당국이 내린 결정의 집행을 방해할 수 있다는 점을 프랑스 정부와 여론은 더 이상 참기 어려웠다. 사실, 프랑스인들에게는 이러한 불안에 맞서 싸우거나 그 영향을 제한할 기회가 프랑스 연합 내에서 필요해 보였다.

---

172) A.D. des Bouches-du-Rhône, 148 W 188 : Les Indochinois à Marseille, 2 août 1946.
173) *Ibid.*, 21 mai 1948.

4. 미국의 군사적 원조와 프랑스 여론

1945년부터 1954년 사이에 인도차이나 문제는 프랑스-미국 관계에서 점점 더 중요한 자리를 차지했으며 전쟁의 마지막 2년 동안 다른 모든 문제를 뒷전으로 밀어냈다. 실제로 1950년 이후 인도차이나전쟁에서 미국의 영향력과 역할은 전쟁의 부담을 떠안을 정도로 점점 더 중요해졌다. 무조건적이지 않은 미국의 군사지원에 프랑스는 어떻게 반응했는가? 그들은 미국인들이 부과한 조건을 기꺼이 받아들였는가? 아니면 베트남 독립주의자들의 요구에 귀를 기울이라는 미국의 요청을 단호히 거부했는가? 인도차이나에서의 식민주의적 관계 유지를 선호했던 프랑스인 대다수는 미국이라는 이 동맹국에 대해, 식민지인의 옹호자이며 국제적 관점에서 인도차이나에서의 프랑스 정책의 성공 여부가 바로 이 나라에 달려있는 국가를 어떻게 인식했는가?

인도차이나에 대한 미국의 정책은 세 단계로 구분할 수 있다. 먼저, 1945년부터 1949년까지 미국은 반식민주의적 태도를 충실히 유지했다. 두 번째로, 1950년부터 1952년까지 한국전쟁과 공산주의에 대한 공포로 인해 그들은 프랑스와 더욱 긴밀하게 연결되었다. 마지막으로 1953년과 1954년에는 권력을 되찾은 공화당 행정부가 재집권하고 인도차이나에서의 군사 작전의 방향을 주도하게 되었다.[174]

전후 첫해에 인도차이나는 미국의 눈에 우선순위의 문제는 아니었다. 그들은 프랑스의 정치적, 사회적 불안정과 서유럽의 안보 문제에 대해 훨씬 더 우려했다. 그럼에도 불구하고 루스벨트가 프랑스인들을 인도차이나에서 몰아내겠다는 자신의 열망을 명백히 표현한 알타(Yalta)

---

[174] Irwin Wall, *L'Influence américaine sur la politique française, 1945-1954*(Paris: Balland, 1989), p. 328.

이후로 대다수의 언론과 미국 지도자들은 체계적인 반식민주의를 실천했다. 1949년까지 그들은 프랑스에 '더러운 전쟁'을 종식하고 존중할 만한 민족주의와 경쟁한다고 비난받는 영토를 포기하라고 촉구했다. 그러나 냉전이 악화되면서 미국인들은 프랑스 연합이 옛 식민제국이 아니라 자유롭게 연합된 국가들로 구성된 새로운 독립체라는 것을 점차 확신하게 되었다. 그리고 워싱턴은 독립은 하였으나 프랑스 연합의 일원이고 바오 다이 황제가 다스리는 베트남의 허구를 점차 인정했다.

1949년, 통킹 지역이 중국의 공산주의 승리로 냉전의 전진 보루가 된 후, 미국은 정책의 전환점을 맞이하여 '바오 다이 해결책'에 힘을 모아 프랑스에 인도차이나전쟁에 대한 보조금을 지급했다. 실제로, 통킹이 전략적 위치를 차지하고 있는 동남아시아 전체를 위협하는 공산주의 침략 계획을 두려워한 워싱턴은 1950년 2월 바오 다이 정권을 공식적으로 인정하고 파리에 경제 및 군사적 지원을 제공했다.

이러한 지원에는 또 다른 이유도 있었다. 1949년 하반기부터 미국은 프랑스에게 반공 투쟁을 위한 유럽의 대규모 재무장 노력에 동의하도록 압력을 가해 왔다. 프랑스가 낙담하지 않도록 미국은 군사 자금을 지원해야 했다. 그러나 유럽에 관한 미국의 전략 계획의 목표는 '독립-연합 협정(accords indépendance-association)'[175)]이 예정한 인도차이나 국군(armée nationale d'Indochine)의 창설을 내포하고 있었다. "미국의 의사 결정자, 시민과 군인들은 점증하는 독립의 열망과 함께 연합 국가들이 '적색 위협'에 맞서 더욱 기꺼이 싸울 것이며 자유롭게 그들의 방어를 보장할 것임을 실제로 확신했다".[176)] 그 후 미국은 인도차이나에서의

---

175) 호치민과 통킹과 안남 북부지역의 고등판무관인 장 생트니가 체결한 프랑스-베트남 협정. 이 협정에 따라 프랑스는 프랑스 연합 내에서 베트남 민주공화국을 인정했다.

176) Laurent Césari, "Les États-Unis ont-ils hâté la décolonisation de l'Indochine?", in

전투와 유럽의 재무장을 계속할 목적으로 프랑스에 자금을 지원하는 동시에 인도차이나 민족주의자들에 대한 양보를 늘리도록 압력을 가했다. 사실 워싱턴은 반공 투쟁에서 프랑스를 돕고 싶었지만 프랑스가 모든 식민주의 잔재를 제거하기를 원했다. 리프만(Walter Lippmann)은 『뉴욕 헤럴드 트리뷴(New York Herald Tribune)』에서 "미국은 식민지 전쟁을 지지할 수 없다. 그렇게 되면 아시아 나머지 지역에서 모든 명성을 잃을 것이기 때문이다"라고 지적했다. 그리고 더 직설적으로 에이피(AP: Associated Press) 통신사의 로버츠(John Morris Roberts) 기자는 다음과 같이 경고했다. "미국은 모든 모호함을 해소할 계획이다. 프랑스가 인도차이나에서 패권을 유지하도록 돕는 것은 우리들의 의도가 아니다. 프랑스는 무기와 짐을 가지고 인도차이나를 떠나야 할 것으로 예상된다".[177]

그럼에도 불구하고 프랑스는 주권 포기 결정을 늦추기 위한 수단을 보유하고 있었는데, 이는 '독립-연합'의 승인에 상당한 시간이 요구된다는 것이었다. 실제로, 인도차이나 군대가 합법적으로 창설된 것은 1949년 12월 30일에 불과하므로, 이 젊은 부대를 교육하기 위해서라도 인도차이나에 프랑스군이 오랫동안 주둔해야 했다. 그리고 프랑스 군대가 인도차이나에서 꼭 필요한 군사적 기능을 계속 수행했기 때문에 프랑스는 미국에 이러한 사항을 고려할 것을 요청했다. 더욱이 미국 군사 당국이 인정한 인도차이나 군대의 경험 부족은 프랑스에 비해 이점을 제공할 수 있는 조항, 즉 미국이 연합 국가에 직접 군수품을 전달

Charles-Robert Ageron et Marc Michel (dir.), *L'ère des décolonisations*, Actes du colloque d'Aix-en-Provence(Paris: Éd. Karthala, 1995), p. 122.
177) Jacques Dalloz, *La guerre d'Indochine, op. cit.*, p. 179.

하는 것을 금지할 구실을 프랑스에 제공했다.[178]

1950년 6월, 한국전쟁이 발발하고 장 드 라트르 드 타시니 장군의 미국 방문은 워싱턴의 인도차이나 정책 방향은 아니더라도 적어도 분위기를 바꾸었고 미국인들이 더욱 적극적으로 참여하도록 이끌었다. 1950년 6월 27일, 미국의 극동 전략의 기초를 영구적으로 수립하는 선언에서 해리 트루먼 미국 대통령은 한국뿐 아니라 대만(Formosa)과 인도차이나도 방어하겠다고 밝혔다. "인도차이나에 있는 프랑스군과 연합국가에 대한 지원을 가속화하고 해당 지역에 군사 사절단을 파견하여 해당 군대와 긴밀히 협력해야 한다". 1950년 12월 말까지 350척의 배가 소형 무기와 탄약, 지프와 트럭, 탱크, 소형 전투함, 통신 장비, 포병 탄약, 병원 공급품 및 다양한 기술 장비를 인도차이나로 가져왔다. 관개 사업(travaux d'irrigation), 마을 건설 및 위생 장비에 대한 기술 지원도 '연합 국가'에 제공되었다. "어제는 인식하지 못했지만 오늘은 이해하고 내일은 돕는다"라는 로베르 슈만의 언급처럼, 인도차이나전쟁은 이제 완전히 '봉쇄 전략(stratégie du containment)'에 돌입했다.[179]

프랑스인의 경우, 그들은 인도차이나 분쟁이 전혀 식민 체제 유지에 관한 것이 아니라 전세계적 규모로 진행되는 투쟁의 일부라는 점을 현재 가장 뜨거운 두 지점인 한국과 인도차이나의 사례를 들어 워싱턴에 입증하고자 했다. 페로(Maurice Ferro)는 "인도차이나 원정은 더 이상 식민주의적 사업이 아니었고 공산주의에 대항하는 민주주의 국가들의 집단적 투쟁의 한 단계가 되었다"라고 기술했다.[180] 1950년 초부터 경제

---

178) Laurent Césari, "Les États-Unis ont-ils hâté la décolonisation de l'Indochine?", *op. cit.*, pp. 122-123.
179) Marc Michel, "De Lattre et les débats de l'américanisation de la guerre d'Indochine", *Revue française d'histoire d'outre-mer*, No. 268(3ᵉ trimestre 1985), pp. 321-322.
180) Maurice Ferro, "La conférence sur le Sud-Est asiatique ne saurait aboutir qu'à des

상황으로 인해 프랑스는 더 이상 인도차이나전쟁의 부담을 감당할 수 없게 되었고, 이제 프랑스가 지도자들과 대다수 대중을 위해 인도차이나에서 이기적인 이익을 방어하지 않는다는 것이 확실했기 때문에, 미국의 원조는 정상적이었고 심지어 매우 불충분했다.

그러나 이 원조는 '2등 국가(puissance secondaire)'로서의 자신의 위치를 인정할 수밖에 없었던 프랑스인들이 요청하고 받아들인 것이다. 1949년, 카오 방(Cao Bang)의 재앙 당시 뱅상 오리올 대통령의 반응은 이런 점에서 의미심장했다. "나는 현재 상당히 강한 반미 감정을 느끼고 있다. […] 우리가 공산주의에 맞서 이 나라를 방어한다고 말하면서 그들이 인도차이나를 위해 우리에게 주는 것은 우리를 버리는 것처럼 보이지 않도록 하기 위한 제한된 빚이다. 그러나 실제로는 우리가 완전한 독립 정책을 지지하도록 결집시키는 것이다. 그들은 우리에게 돈을 주고 우리는 독립의 일부를 지불한다. 그것은 끔찍하다".[181] 장 르투르노 연합 국가부 장관이 "인도차이나의 육군 장군, 고등판무관을 위한" 메모에서 미국인들에 대한 신뢰가 권장되지 않았다는 것을 발견했다.

> 인도차이나에서 우리의 정책은 아시아에서 앵글로색슨족의 정책과 밀접하게 연합되어 있으며, 무엇보다 프랑스가 우위에 있어야 한다는 사실은 명백하다. 프랑스는 반드시 워싱턴의 의견에 굴복해서는 안 된다. 연합은 순종이나 복종을 의미하지 않는다. 마지막으로, 중국의 개입이 분명해지면 진정한 동맹간 작전 무대가 열리기 전에 특히 미국 측에 너무 눈에 띄고 너무 활동적인 (우리의) 모습을 보이지 않는 것이 중요하다.[182]

'recommandations'", *Le Monde*, 11 janvier 1952.
181) Vincent Auriol, *Mon septennat, 1947-1954, op. cit.*, p. 295.
182) A.N. Papiers de Lattre, N 211 : Directives du ministre, 27 décembre 1950.

1951년 1월 말, 수상인 르네 플레뱅은 연합 국가 장관이 준비한 파일을 가지고 미국으로 떠났다. 실제로 장 르투르노는 프랑스가 이미 동의한 예상 금액과 실제 금액 사이의 '재정적 구멍'을 미국이 정말로 메울 의향이 있는지 알 필요가 있다고 주장했다. 장관은 또한 중국의 개입 시 미국의 태도와 프랑스 주권에 대해 명확히 밝히기를 원했다. 즉, 세계 이 지역에서 프랑스 연합의 영속성을 보장받기를 원했다. 전반적으로, 이 보고서는 미국에 대한 프랑스의 군사적 의존의 위험이 증가함에 따라 더욱 커진 정치적 주도권을 유지하려는 욕구를 반영했다.[183]

이 기간 동안 미국의 공식적인 개입은 흔히 '드 라트르의 해'라고 불리는 기간(1950년 12월~1951년 12월) 동안 배가되어 완전히 새로운 규모로 확대되었다. 1951년 가을 워싱턴을 방문하는 동안, 인도차이나 고등판무관이자 총사령관인 장 드 라트르 드 타시니는 미국에 투쟁의 본질적인 성격과 이에 대한 프랑스의 총체적인 무관심 때문에 여전히 주저하고 있는 미 행정부와 국방부를 설득하는 데 성공했다. 그는 또한 이 머나먼 땅에서 프랑스 정책의 정당성에 대해 미국 여론을 설득하고 미국 정부로부터 무조건적이고 구체적인 전쟁 참여의 약속을 받아내는 데 성공했다. 미국인들에게 그는 실제로 프랑스가 식민지 이익을 유지하는 것이 아니라 자유를 위해 싸우고 있다고, 연합 국가의 독립을 달성하기 위해 인도차이나에 왔다고, 그들의 몰락은 '적색 식민주의(colonialisme rouge)'의 영향하에 있는 동남아시아 전체의 몰락이 될 것이라고 설명했다. 이날부터 미국은 군사원정 비용과 물자 전달에 대한 지원금을 계속해서 정기적으로 증가시켰다.

---

183) A.N. Papiers de Lattre, N 221 : Jean Letourneau à René Pléven, 27 janvier 1951.

동시에 드 라트르는 전쟁을 '베트남화'하는 데 착수했다. 그는 실제로 '베트남 국군(armée nationale vietnamienne)'을 창설하겠다는 정부의 결정을 실행했다. 바오 다이가 모집하고, 프랑스군이 훈련하고, 장비와 무장을 갖추고 미국의 자금 지원을 받는 이 '베트남 군대'는 1952년 말 기준 20만 명에 달해 궁극적으로 공산주의 베트민과의 싸움에서 프랑스군을 대체할 계획이었다. 따라서 1951년은 인도차이나전쟁의 '미국화'와 '베트남화' 과정이 결정적으로 가속화된 해였다. 1950년, 여전히 매우 제한적이고 망설이며 원조를 했던 미국은 1951년 말에 다각적이고 대규모의 원조로 나아갔다. 미국의 지원 없이는 프랑스가 전쟁을 계속하고 전쟁을 '베트남화'할 수 없었다는 것이 명백해 보였다.

1952년 1월, 드 라트르 장군의 죽음은 워싱턴이 재정적으로나 군사적으로 점점 더 큰 부담을 느끼지만 프랑스의 역할은 감소하는 경향이 있는 세 번째이자 마지막 기간의 시작을 의미했다. 1953년부터 아이젠하워(Dwight D. Eisenhower) 신임 대통령이 이끄는 공화당 행정부가 출범한 이후 미국은 달러 유입에도 불구하고 현지 상황 악화를 점점 더 우려해 결과 없는 무기한 지급을 원하지 않았다. 따라서 새 행정부는 두 가지 영역에서 한 단계 더 변화된 노력을 요구했다. 프랑스는 전쟁 노력에 더욱 확고히 전념해야 했다. 그리고 앞의 사항과 연결되면서 파리는 바오 다이 베트남의 독립을 받아들일 수밖에 없었다.

실제로 아이젠하워 정부는 트루먼 정부와 마찬가지로 프랑스에게 유럽방위공동체를 비준하고 베트남 민주공화국에 승리할 때까지 인도차이나에서 군사 행동을 계속할 것을 촉구했다. 이 이중 목표는 1953년 워싱턴의 촉구로 작성된 '나바르 계획'[184]을 구체화한 분쟁의 '황화

---

184) 지금은 모두가 무모한 계획의 대표적 사례로 기억하는 '나바르 계획'은 프랑스 극동원정군

(jaunissement)'를 의미했다. 그러나 프랑스 극동원정군의 인도차이나 군인으로의 대체는 작전 참여 증가에 대한 보상으로 세 국가의 독립의 가능성 증가를 암시했다. 연합 국가의 정부들은 이를 매우 잘 이해하고 있었다. 그 때 프랑스는 '자신의' 베트남 민족주의자들이 그들에게 더 큰 재정적 이점과 함께 더 큰 독립을 약속할 수 있는 워싱턴으로 점점 더 눈을 돌리는 것을 보았다. 프랑스 연합을 탈퇴하려는 욕구가 사이공에서 점점 더 커지고 있는 것 같았다.[185]

전쟁 자금에 대한 부담을 완화하기 위해 프랑스는 점점 더 미국에게 인도차이나전쟁 참여를 요청했다. 1953년 9월 11일 프랑스 재무부 장관은 당시 미국의 지원을 담당했던 제섭(Philip Jessup) 박사에게 다음과 같은 메모를 전달했다. "인도차이나에 대한 미국의 지원이 없었다면 프랑스는 더 이상 현재 속도로 인도차이나에서 전쟁을 지속할 수 없었을 것이다". "연합 국가의 독립과 주권을 완성시키겠다"[186]는 프랑스 정부의 새로운 약속을 받은 후 워싱턴은 이미 계획된 4억 달러에 더해 3억 8,500만 달러의 추가 지원을 할당했다. 상원 재무위원회(Commission des finances du Sénat)에 따르면 미국의 전쟁 참여 비용은 아래 표와 같았다 (표 10).

총사령관 나바르 장군이 베트민 주력부대를 끌어내 격멸시키고 전쟁을 종식시키려는 계획이었다. 자세한 내용에 대해서는 Henri Navarre, *Agonie de l'Indochine, 1953-1954*(Paris: Plon, 1950)를 참조하라.

185) Philippe Devillers, "Indochine, Indonésie: deux décolonisations manquées", in Charles-Robert Ageron et Marc Michel (dir.), *L'ère des décolonisations, op. cit.*, p. 81.
186) Joseph Laniel, *Le drame indochinois: de Diên Biên Phu au pari de Genève*(Paris: Plon, 1957), p. 11.

표 10. 1952년부터 1954년까지 인도차이나전쟁 자금 조달 (단위는 십억 프랑)[187]

미국의 원조	1952	1953	1954
무기 공급	85	119	200
달러로 직접 지원	195	173	275
합계	280	292	475
전쟁 비용 총액	568	598	610
미국의 지원 비율	50%	50%	80%

1954년, 인도차이나전쟁은 미국이 80% 이상의 비용을 지원했기 때문에 미국은 프랑스에게 보다 지속적인 노력을 요청하는 동시에 전략 개발과 실행에 보다 긴밀히 참여할 것을 요구할 수 있는 위치에 놓여 있었다. 달러로 자금을 조달한 인도차이나전쟁이 그들에게 국제수지 적자를 해결하는 수단이 되었기 때문에 프랑스는 동맹국의 압력에 저항할 능력이 전혀 없었다. 그래서 그들은 아무런 열정도 없이 새로운 군사적 노력을 제공하고 이에 상응하는 미국의 지원을 요청할 수 있었다. 그러나 대부분의 프랑스 여론은 미국의 막대한 헌신으로 인해 전쟁이 끝나면 인도차이나에 남을 의도를 짐작할 수 있기에 프랑스가 추가로 기울인 노력은 더욱 쓸모없어 보였다. 프랑스는 계속해서 그 임무를 수행해야 했다.

프랑스인들은 1950년부터 인도차이나전쟁이 "서방의 안보에 필수적인 기여"였다고 믿었다. 그런 다음 그들은 전쟁 부담을 줄이기 위해 미국에 군사 지원을 요청했다. 그러나 그들에게는 프랑스 연합을 유지하는 것이 매우 중요했기 때문에 전쟁 비용의 일부를 미국이 부담하더라도 인도차이나 문제에 대한 미국의 간섭을 원하지 않았다.

---

187) Jacques de Folin, *Indochine(1940-1955). La fin d'un rêve*(Paris: Perrain, 1993), p. 320에서 인용.

5장

평화를 위한 선전활동

1948년 8월, 소련은 폴란드 브로츠와프(Wroclaw)에서 '평화를 위한 세계 지식인 대회'를 개최하였다. 이 회의에서 "각국의 공산당을 중심으로 세계 평화유지에 관심 있는 모든 양심적인 세력들을 규합"한 '평화운동'[1]이라는 단체가 탄생하게 되었다. 그것은 '미제국주의'와 그 동맹국들에 대항하여 소련과 소련권을 방어하기 위한 새로운 전술의 일환으로 탄생한 것이었다. 프랑스에서는 1948년 12월, '자유와 평화의 전사들의 운동(Mouvement des Combattants de la Liberté et de la Paix)'이 공식적으로 탄생했다. 이 단체는 과거 레지스탕스 운동에 참여했던 이브 파르즈, 다스티에(Emmanuel d'Astier) 및 졸리오 퀴리(Frédéric Joliot-Curie) 등을 중심으로 진보주의자, 공산당의 '동반자', 장마리 도메나크와 같은 좌파 기독교인 등 다양한 계층들이 참여하면서 구성되었지만, 얼마 지나지 않아 공산주의자들의 통제하에 놓이게 되었다. 그 순간부터 공산주의자들은 이 새로운 조직을 지원하고, 가입하고, 투쟁하도록 독려했다.

---

1) *Le mouvement de la paix, origines, histoire, objectifs, opuscule publié par le Conseil du Mouvement de la Paix*(Paris, 1968).

1949년 2월 프랑스 공산당 센(Seine) 지역 연맹 회의에 모인 대표자들 앞에서 당서기장인 모리스 토레즈는 평화에 관한 첫 주요한 연설을 발표했다.[2] 이후로 당 전체가 동원되기 시작하며, '평화를 위한 투쟁'은 수년에 걸쳐 공산당의 핵심문제로 등장하게 되었다. 공산당의 모든 선전활동은 원자폭탄의 금지(스톡홀름 선언), 독일의 재무장 거부(유럽방위공동체)와 같은 문제로부터, '평화적 공존의 존중'과 '더러운 인도차이나전쟁'에 대한 고발에 이르기까지, 이 주제와 연관되어 진행되었다. '평화'라는 용어는 공산주의자들의 의사를 전달하는 확실한 수단으로 이데올로기 차원을 넘어 많은 사람들을 동원하는 기능을 하게 되었다.

'평화를 위한 투쟁'이라는 틀 속에서 프랑스 공산당과 그 추종단체들, 특히 노동총연맹, 프랑스 공화청년연합, 평화의 투사들, 그리고 프랑스 여성연합 등이 인도차이나전쟁에 반대하는 운동을 전개해 나갔다. 1949년 5월부터 이미, 공산주의자들은 "인도차이나전쟁에 한 명의 사람도 (보내지 말고)!, 한 푼의 비용도 (사용하지 말자)!"라는 구호를 외치기 시작했다. 1949년 12월, 공산당 지도부는 평화를 위한 투쟁을 발전시킬 방안을 간구하기 위하여 소집되었는데, 공산당 언론 사무국장인 에티엔 파종(Etienne Fajon)에 의해 소개된 보고서 서문은 "현 시점에서 가장 본질적인 과업인 평화를 위한 투쟁은 모든 민주세력들의 의무이다"라는 점을 명백히 밝혔다.[3] 이 모임에서 처음으로 베트남에서의 전쟁에 사용될 전쟁물자의 제조와 운송과 적재에 반대하는 투쟁이 공산당의 가장 중요한 임무처럼 소개되었다. 결국, 1949년 이후부터 공산주의자들은 '더러운 전쟁'에 반대하며 '인도차이나의 평화'를 위한 적극적인

---

2) Maurice Thorez, "Union pour sauver la paix", 프랑스 공산당 발간 소책자, 1949.
3) L'Humanité, 1949년 12월 10일.

선전활동을 진행해 나갔다. 공산당은 부두 노동자들의 파업과 철도 종사원들의 투쟁을 선동하며, 전쟁물자 생산에 대한 태업을 종용하고, 물자수송을 방해하고, 부대의 출발에 반대하는 시위를 하며, 프랑스 원정군의 '잔학행위'를 비난했다. 그러한 가운데 전쟁 반대 유인물을 배포한 혐의로 체포된 젊은 공산주의자 선원인 앙리 마르탱의 석방을 위한 선전활동은 점점 더 그 규모를 더해가게 되었다. 이 운동을 통해 공산주의자들은, 비록 대규모 민중투쟁으로까지 승화시키지는 못했지만, 인도차이나전쟁에 반대하는 여론을 점점 더 결집시킴으로써 그들의 영향력을 어느 정도 확대해 나갈 수 있었다.

1. 앙리 마르탱 사건

인도차이나전쟁 5년 차인 1950년부터 3년여 동안 프랑스 공산주의자들의 주도로 시작되는 반전(反戰)활동은 전쟁을 비판한 행동으로 인해 감옥에 갇히게 된 한 젊은 선원의 경우를 프랑스인들에게 알리게 되었다. 그의 이름은 앙리 마르탱(Henri Martin)이었다. 1950년 10월과 1951년 7월, 2번에 걸친 재판을 통해, 전쟁에 반대하고 베트민 저항군에 공감을 표명한 행위로 유죄판결을 받은 이 공산주의자 투사에 대한 변호는 처음에 공산주의자들과 공산당 산하 노동조합인 노동총연맹이 떠맡았었다. 1947년 이후 전 세계적으로 냉전(冷戰)의 기운이 감돌기 시작할 즈음부터 베트남의 '식민지해방전쟁'을 지지하고 있었던 공산당과 그 추종단체들은 인도차이나전쟁에 반대하는 상징적인 인물로 앙리 마르탱을 선택했던 것이다. 그런데 앙리 마르탱에 대한 석방운동은 비단 공산주의자들뿐만이 아니라 당시 반전(反戰)운동에 앞장섰던, 공산주의와는 관계가 먼, 장 폴 사르트르와 다수의 좌파 지식인들, 그리고 이데올로기를 초월한 인권연맹(Ligue des Droits de l'homme)과 같은 단체 등에 의해서도 진행되었으며, 이들의 지지는 결국 1953년 8월 이 젊은 피고인의 석방을 가능하게 하였다.

1) '평화를 위한 투쟁'과 앙리 마르탱 석방운동

1927년 1월 23일, 셰르(Cher) 도의 로지에(Rosière)에서 공산당 당원인 기계조립공 아버지와 열성적인 가톨릭 신자인 어머니 사이에서 태어난 앙리 마르탱은, 제2차 세계대전이 한창인 1944년, 레지스탕스의 한 분파로 대부분의 구성원들이 공산주의자들인 프랑스 의용군(FTP: Francs-Tireurs et partisans)에 가담하여 부르주(Bourges) 해방과 로양(Royan) 공략에 참가했다. 1945년 6월 1일 '(독일의 동맹국이었던 일본에 대한) 반파시스트 운동을 계속할 목적'으로 5년 기한으로 해군에 입대한 그는 1945년 10월 17일, 소형 쾌속 전투함인 슈브뢰이(Chevreuil) 호(號)에 몸을 싣고 "일본인 잔당들과 약탈자들"[4]을 무찌르러 인도차이나로 떠났다.

인도차이나에서 앙리 마르탱은 조금씩 프랑스가 식민지 재정복을 위해 행한 전쟁의 실체와 마주했다. 그곳에서 그의 입대를 결심케 했던 동기와 현실 사이의 차이를 발견하면서 그는 세 번에 걸쳐 조국에 봉사하기 위해 맺었던 계약의 파기를 신청했다. 1948년 툴롱(Toulon) 항(港)의 병기고 연료시험장에 배치된 그는 1949년 11월 1일, 하사 계급의 기관사로 임명되었다. 이 기간에 앙리 마르탱은 프랑스 공산당 바르(Var) 도 연맹과 여러 공산주의자들 그리고 공산당의 동조자들과 접촉

---

4) 그의 가족에게 앙리 마르탱이 보낸 날짜가 명기되지 않은 편지 중에서. 앙리 마르탱 사건 관련해서는 Jean-Paul Sartre, *L'affaire Henri Martin* (Paris: Gallimard, 1953)과 Hélène Parmelin, *Matricule 2078* (Paris: Ed. Français Réunis, 1953)을 참조할 수 있다.

을 가졌다. 그는 인도차이나전쟁에 반대하는 전단을 선원들과 병기고에서 일하는 노동자들에게 배포하면서 반군국주의 선전활동을 행하게 되었다. 1950년 3월 14일, 그는 체포되고, 사법당국은 그가 1949년 7월부터 "베트남에서의 전쟁의 부당성을 밝힐 목적으로 여러 문건과 팸플릿을 작성, 배포하기 시작했다"[5]고 발표했다. 기소장에 의하면, 1년도 안 되는 기간 동안 앙리 마르탱에 의하여 직접 작성되거나 그의 사주에 의해 작성된 문건만 16건에 이르고, 선전활동에 사용한 다양한 장비들도 발견되었다고 했다. 또한 병기창에 이르는 도로와 벽, 심지어는 병기창 내부에 "베트남에 평화를"이라는 구호를 곳곳에 적어놓는 행위에도 앞장섰다고 했다. 이 같은 연유로 앙리 마르탱은 툴롱의 해군재판소로 소환되는데, 그의 죄목은 군대의 사기저하에 영향을 준 혐의, 그리고 항공모함인 딕스뮤드(Dixmude)호의 파손을 공모한 혐의였다.[6]

결국 툴롱과 브레스트(Brest)에서의 두 번의 재판 후에 앙리 마르탱은 5년형과 군사 강등을 선고 받았다. 선박의 파손에 대한 공범 혐의가 무죄로 판결된 상태에서 단지 전단을 배포했다는 이유로 5년형이 선고된 것은 지나치게 보였다. 이 같은 이유로, '앙리 마르탱 사건'은 반전의 내용을 담은 전단 배포에 대한 단순한 처벌 이상의 의미를 내포

---

5) Alain Ruscio, *Les communistes français et la guerre d'Indochine, 1944-1954*(Paris: L'Harmattan, 1985), p. 268.
6) 사건의 내막은 이러하다. 툴롱의 병기고 연료시험장의 수병장인 아임뷔르게르(Charles Heimburger)가 베트남으로 출항 예정인 항공모함 딕스뮤드호의 스크루받이에 다량의 모래를 뿌린 사실이 발각되었는데, 그는 사건의 공모자로 또 다른 수병장인 리에베르(René Liébert)와 앙리 마르탱을 지목하였다. 리에베르 역시 선박의 파손을 위한 사전모의 때 앙리 마르탱이 참가했다고 말하였으나, 앙리 마르탱은 이러한 사실을 몰랐으며, 이러한 '과격하고 직접적인 행동' 방식은 자신의 견해에 반(反)하는 것이기에 파손에 참여하지 않았다고 주장하였다. 결국 1950년 10월 툴롱의 재판에서 딕스뮤드 호의 파손 부분에 대해서는 앙리 마르탱의 무죄가 선고되었다. Jean-Marc Théolleyre, *Ces procès qui ébranlèrent la France* (Paris: Grasset, 1966), pp. 99~100.

했다고 이해되었다. 인도차이나전쟁에 반대하는 공산당과 그의 동조 세력들, 더 나아가 그로 인한 여론의 변화 가능성을 사전에 차단하려는 정부의 입장을 표명한 사건으로도 볼 수 있다는 것이다. 이러한 견지에서 혹자는 이후 전개될 앙리 마르탱에 대한 재판이 결국은 프랑스 공산당에 대한 재판을 의미하는 것이라고 주장하기도 했다. 다시 말해 전 세계가 자본주의와 공산주의 사이에서 각자의 진영을 선택해야만 했던 시기에, 미국 주도의 자본주의 진영을 선택한 프랑스의 입장에서는 '내부의 적'을 경계할 필요가 있었고, 국가가 주도하는 전쟁에 반대하는 세력을 제거할 필요도 있었다는 것이다.

앙리 마르탱의 체포 후, 그에 대한 석방운동이 공산당을 중심으로 전개되었다. 프랑스 공산당은 센 도의원인 앙드레 마티의 주도 하에 앙리 마르탱을 '순교자'로 삼고자 했다. 아마도 이 시기 공산당 지도부는 앙리 마르탱 사건이 당시 공산당이 행하고 있던 두 개의 중요한 투쟁 – 즉 베트남에서의 전쟁 반대와 정부의 탄압에 반대하는 투쟁 – 을 돕는 좋은 수단이 될 것이라고 전망했던 것 같다. 그렇다면 왜 앙리 마르탱인가? 라고 질문을 던질 수 있을 것이다. 정확히 같은 시기에 프랑스 도처에서 인도차이나전쟁에 반대하는 많은 '투사'들이 체포되었고, '평화의 전사들'에 대한 재판이 진행되거나 예정되어 있었는데 말이다. 이 같은 선택의 본질적인 이유는 앙리 마르탱의 경우가 다른 어떤 경우보다도 공산주의자들의 '선전'을 위한 좋은 사례가 될 수 있다는 믿음 때문이었다. 16세의 젊은 반나치(anti-nazi) 지하운동가였고, 어떤 위험도 두려워하지 않고 모든 전투에 자원하였으며, 아시아에서 반파시스트 투쟁을 계속하기 위해 지원하였으나 곧이어 프랑스가 자행한 '식민지 전쟁'의 실체에 역겨워하며 다시 귀환한 점과 그가 생각하는 이상과 자유를 위해 책임 있는 행동을 하는 '평화의 투사'로서 앙리 마르탱은 베트남에서의 전쟁에 반대하여 투쟁하는 영웅의 조건을 정확히 갖추고 있다고 공산당은 판단했던 것이다. 물론 공산당은 앙리 마르탱에 대해 어느 정도의 정치적인 확신을 갖고자 했다. 마르탱이 체포되기 이전에 이미 그가 태어났던 셰르 도와 반전활동을 전개했던 바르 도의 공산당 연맹 지도자들과 프랑스 공화주의청년연합의 사무국장인 메로(Jean Mérot)는 그와 함께 활동했고, 의견을 교환했다. 그들은 마르탱이 베트남에서의 전쟁 반대 투쟁을 발전시키는데 필요한 버팀대가 되기 위한 필요한 능력을 갖추고 있다고 판단했다.[7] 결국 프랑스 공산당은 마르탱에게서 인도차이나전쟁에 반대하는 투사이자 국민적 영웅이 될 소지가 있는 모든 요소들을 발견하게 되었다. 갸름하고 호감을 주는 금발머리의 잘생긴 청년에다, 이론적으로 잘 무장한 확실한 공산주의자였으며, 그를 이용한 공산당의 선전운동에 대해서도 흔들림 없이 잘 견뎌내리라 생각했던 것이다. 결국 프랑스 공산당 지도부는 당시 반전활동으로 감금된 모든 사람들 가운데 앙리 마르탱, '자유의 선원'을 표본적인 인물로 선택했다.

　1950년 4월 5일, 앙리 마르탱이 체포된 지 3주가 지난 후 처음으로, 『전위(Avant-Garde)』라는 제목의 공산당 청년 주간지의 일면 전체는 "툴롱의 일곱 명의 선원을 감옥으로부터 건져내자"라는 커다란 제목으로 채워졌다. 그것은 앙리 마르탱 석방운동의 서곡을 알리는 것이었다. 7월 중순에 이르러 이 운동은 전국적 규모로 확산되었다. 7월 13일 공산당 기관지인 『뤼마니테』는 앙리 마르탱의 석방을 위한 전국적 규모의 시위를 촉구했다. 7월 17일, 앙드레 마티의 기사[8]를 통해 처음으로

---

7) Alain Ruscio, *Les communistes français et la guerre d'Indochine*, op. cit., p. 271.
8) André Marty, "Il a bien agi contre la guerre au Vietnam. Sauvez-le!", *L'Humanité*, 1950년 7월 17일.

프랑스 공산당 지도부도 움직이기 시작했다. 8월에는 앙리 마르탱이 감금된 교도소 담장 앞에서 시위 집회가 열렸다. 1950년 9월, 공산당 서기장인 모리스 토레즈가 "감옥으로부터 레이몽 디엔(Raymonde Dien)[9]과 앙리 마르탱을 구출해내자"고 호소했다. 같은 달, 『뤼마니테』의 칼럼에 파르믈렝(Hélène Parmelin)의 탐방 기사가 게재되기 시작했다. 이 시기부터 앙리 마르탱이 석방되는 1953년 8월까지, 이 여기자는 매일 앙리 마르탱의 석방운동에 관련된 기사를 실었다. 1950년 10월 2일, 평화운동'의 지도부 인사인, 오브락(Lucie Aubrac), 에마뉴엘 다스티에, 이브 파르트, 샤를 티옹 등은 "툴롱의 검사들은 프랑스인들의 눈이 그들을 향해있다는 것을 알아야 할 것이다"[10]라고 경고했다. 재판이 있기 며칠 전, 모든 공산당 관련 언론들은 이 사건을 "베트남의 평화를 위한 위대한 투쟁의 순간"으로 삼자고 호소했다.

재판 기간 중에도, 프랑스 공산당은 당원들을 모집하여 선전활동을 지속했다. 강연, 유인물 배포, 신문 호외, 공공집회 등 이 해군하사에 호의적인 여론을 조성하기 위한 모든 방법들이 동원되었다. "앙리 마르탱을 석방하라!"는 격문과 그의 초상화가 프랑스 전역의 담벼락에 붙여졌다. '평화의 지지자들(Partisans de la Paix)'은 버스를 세내어 툴롱으로 데모대를 실어 날랐다. 공산주의 경향의 노동조합인 노동총연맹은 공장들마다에 파업을 종용했고, 그러한 지시는 어느 정도 효과를 거두었다. 또한 앙리 마르탱의 석방을 위한 선전활동은 야외 집회라는 새로운 형태의 모임을 창출해내기도 한다. '카페 테라스' 한 가운데 의자를 가져다 놓고 그것을 임시변통의 연단으로 사용하며 지나가는 행인들에

---

9) 인도차이나전쟁 물자 운송을 방해한 혐의로 구속된 공산당 여성 당원. 1950년 12월에 석방됨.
10) *L'Humanité*, 12 octobre 1950.

게 연설하기도 했다. 그러한 행위들은 경찰이 올 때까지 계속되었다.

공산당 지도부의 선전활동에 더하여, 베트남에서 사망한 병사들의 어머니들이 포함된 '프랑스 공산당 국민위원회'의 주도하에 '부당한 판결'에 반대하는 여러 위원회가 설립되었다. 당연하게도, 앙리 마르탱의 출생지역인 셰르 도에서 이 젊은 선원의 석방을 위한 '지역위원회'가 처음으로 탄생하였다. 1950년 9월에는, 재판이 열렸던 바르 도에서 '앙리 마르탱 지지와 무죄석방을 위한 통합위원회'가 설립되었다. 1951년 초가 되면 기존에 존재했던 많은 위원회들이 하나로 통합되어 부슈뒤론 도의 공산당 상원의원인 다비드(Léon David)를 의장으로 하는 '앙리 마르탱 지지 국민위원회'가 탄생했다. 비록 공산당이 결정적인 역할을 담당하기는 했지만, 이 위원회에는 정의가 실현되기를 원하면서 툴롱과 브레스트의 판결을 거부했던 다양한 정치적 견해를 가진 인물들도 포함되어 있었다.

거의 모든 저명한 공산주의 성향의 지식인들 역시 앙리 마르탱의 석방운동에 참여했다. 파블로 피카소, 뤼사(Jean Lurçat), 레제(Fernand Léger), 푸즈롱(André Fougeron) 등과 같은 화가들은 이 젊은 선원의 초상화를 그렸으며, 화가인 피뇽(Edouard Pignon)의 경우, 베트남 여인과 그의 아이가, 자신의 아이의 손을 잡고 있는 프랑스 여인과 나란히 서있는 모습을 그리기도 하였다. 이러한 작품들은 1952년 3월, 파리에서 열린 '앙리 마르탱을 위한 증언들'이라는 제목의 전시회에서 소개되었다. 이 중에서 가장 회자되는 피카소가 그린 앙리 마르탱의 초상화는 그의 석방에 호의적인 모든 언론에 의해 수차례에 걸쳐 반복해서 게재되기도 하였다. 여기에 덧붙여 앙리 마르탱에 바치는 수십 편의 시와 작품들이 당시의 인기 작가들과, 폴 엘뤼아르와 같은 명망이 높은 공산주의 지식인들에 의해 발표되었다.

공산주의와는 관계가 먼 저명한 지식인들과 유력 인사들의 석방 운동도 눈에 띄었다. 작가인 장 콕토, 시인인 자크 프레베르, 뱅상(Vincent), 프티(Petit), 비아르(Viard), 튀베르(Tubert) 등과 같은 육군 장성, 해군 장성 물랙(Moullec), 해군 대령 출신의 드 빌포스(Héron de Villefosse), 화가 마티스(Henri Matisse) 등과 같은 인물들이 앙리 마르탱의 무죄를 주장하며, 석방을 요구했다. 이들 중에서, 1952년부터 1956년 사이에 '공산당의 동반자'였던, 장 폴 사르트르는 가장 대표적인 인물로 손꼽힌다. 1952년, 그는 루아(Claude Roy)와 생트롱(Jean Chaintron)의 권유를 수락하고 앙리 마르탱 석방 운동에 참여하게 되었다. 탄원서를 작성하고 미팅에 참여하면서 그는 열정적인 활동을 펼쳤는데, 심지어는 공산주의자들과 함께 시위에 참가하기도 하고, 1953년 갈리마르(Gaillimard) 출판사에서 출판되는 앙리 마르탱을 옹호하는 내용의 『앙리 마르탱 사건(L'affaire Henri Martin)』이라는 공동저서에 참여하기도 했다. 이 책에서 사르트르는 인도차이나전쟁에 반대하며, 전쟁을 통해 이익을 취하고 있다고 생각하는 "장관들, 해군 장성들, 육군 장성들, 신문 편집장들, (인도차이나 화폐인) 피아스트르(pistres) 밀매자들, 부패하고 빌어먹을 모든 짐승 같은 인간들"을 비난했다. 사르트르는 또한 앙리 마르탱의 석방운동이 공산당만이 참여하는 선전활동에 불과하다는 일부의 비판을 부정하며 그것이 대중운동으로까지 승화되었다고 주장하였다.

    당신은 공산당이 언론을 통한 캠페인을 벌이지 않았다면 앙리 마르탱 사건은 존재하지 않았다고 말할는지 모른다. 어떻게 그럴 수 있는가? 공산당에 의해 앙리 마르탱 사건이 여론에 알려졌고, 공산당 신문과 공산당이 주도하는 시위를 통해 대중적인 분노가 표출되었다는 사실을 아무도 부정하지 않는다. 그래서 어쨌단 말인가? 바위에서 보리를 자라게 할 수는 없는 것이고, 무관심한 사람들로부터 분노를 표출시킬 수는 없는 것이다. 성공하고 있는 캠페인은 우리들 자신들로부터 나온 것이고, 우리들의 입장과 감정을 반영하는 것이다. 앙리 마르탱에 호의적인 캠페인은 프랑스에 수백만의 사람들이 그가 결백하다고 생각한다는 것을 의미하는 것이다.[11]

브레스트(Brest)에서의 최종판결이 있은 후에 저명한 지식인들은 뱅상 오리올 대통령에게 앙리 마르탱의 사면을 요청하기도 하였다. 전보와 탄원서, 대표단 등이 거의 매일 대통령궁인 엘리제궁에 도착했다. 이러한 시도들은 공산당으로부터 비롯되지 않았는데, 그들의 입장은 이 측면에서는 비타협적이고 완강했다. 죄인에 대해서만 사면을 요구하는 것인데, 프랑스 공산당은 마르탱은 무고하다고 생각했기 때문이었다. 1952년 1월 초, 앙리 마르탱의 사면을 요청하는 대표단을 이끈 아트만(Henri Hartmann)교수가 급작스럽게 사망하자 사르트르가 개인 자격으로 대통령을 면담한 자리에서 일단의 지식인들이 작성하고 서명한 편지를 전달하였으며, '앙리 마르탱 변호 대학위원회(Comité universitaire de défense d'Henri Martin)'의 의장인 부기뇽(Georges Bourguignon) 박사 역시 대통령을 면담했다.

이러한 전통적인 방식에 더하여, 앙리 마르탱의 석방운동은 관례적이지 않은 여러 다양한 형태의 문화적인 행위를 통해 이루어졌다. 1951년 5월, 센 도와 센에와즈(Seine-et-Oise) 도의 제련업자들로 구성된 노동총연맹연합(Union CGT)은 공산당 신문인 『리베라시옹(Libération)』의 후원 하에 '앙리 마르탱 배 자전거 경주대회'를 개최하였다. 경주가 있는 날 경찰들이 출동했으나, 노동총연맹 관련 신문들은, 그럼에도 불구하고, 경기는 열렸다고 자랑스럽게 보도했다. 언론 역시 새롭고 독창

---

11) Jean-Marc Théolleyre, *Ces procès qui ébranlèrent la France, op. cit.*, p. 114.

적인 방법을 동원하여 석방운동에 동참하였는데, 노동총연맹 기관지 『라 비 우브리에(*La Vie Ouvrière*)』와 공산당이 발간하는 월간지 『르갸르(*Regards*)』와 같은 정기간행물은 앙리 마르탱의 삶을 만화로 출간하기도 했다. 앙리 마르탱을 기리며 작곡된 노래들 역시 이 젊은 선원의 대중화에 기여했다. 종종 인도차이나전쟁에 반대하여 수감된 '공산당원 여전사'인 레이몽 디엔(Raymond Dien)과 연관되어 소개되는 앙리 마르탱은 문학적 가치는 대단하지는 않지만 그 파급력은 엄청난 많은 작품 속에서 영웅의 이미지로 묘사되었다. 당시의 목격자들이 아직까지도 기억하는 앙리 마르탱을 위한 대표적인 노래를 소개하면 다음과 같다.

> 앙리 마르탱, 레이몽 디엔 (반복)
> (그들은) 우리들이 베트남인들을 죽이는 것을 원치 않는다네 (반복)
> 그들은 너무도 평화를 사랑하는데
> 판사들의 눈에 그들은 용의자라네
> 앙리 마르탱은 재판에서 말하길 (반복)
> 나는 프랑스의 선원이다 (반복)
> 나는 나의 조국을 사랑한다
> (조국을) 배반하는 것은 (바로) 장관들이다.[12]
> 너를 감옥으로부터 구해 낼 것이다
> 앙리 마르탱! 앙리 마르탱!
> 도시와 시골에서
> 우리는 경종을 울릴 것이다.
> 도처에서 우리는 (큰 소리로) 외칠 것이다 : 경계하라!
> 그의 감옥 문이 (반복)
> 열리지 않는 한

---

12) 앙리 바시(Henri Bassi)의 작품. Ed. Le Chant du Monde, 1950.

우리들의 가정에 기쁨도 평화도 없을 것이다.[13]

또한 노동총연맹이 창설한 파리대중합창단(La Chorale populaire de Paris)은 니즈(Serge Nigg)와 모노(François Monod)가 작곡한 '앙리 마르탱을 위한 칸타타'를 여러 모임에서 부르기도 하였다. 그러나 이러한 캠페인과 관련되어 전개되었던 많은 문화적 행위와 시도 중 가장 많이 알려지고 사람들에게 크게 영향을 미쳤던 것은 한 젊은 극단에 의해 창작된 〈툴롱의 비극〉이라는 4막 18장으로 구성된 연극 공연이었다. 1951년 여름부터 1953년 여름까지 2년 동안, 파리의 포석(鋪石)들(Les Pavés de Paris)이라는 젊은 전문 극단이 프랑스 전역을 돌아다니며 앙리 마르탱을 대중적으로 알리는데 기여했던 것이다.

2) 문화적 행위를 통한 반전운동 : 〈툴롱의 비극〉

클로드 마르탱과 앙리 델마(Henri Delmas)를 중심으로 제2차 세계대전 직후 젊은 작가들과 배우들에 의해 창설된 '파리의 포석들'은 창단 초기부터 시사성이 있는 정치 문제에 관심을 가졌다. 툴롱에서의 앙리 마르탱 재판에 관한 보고서를 접한 후 이 젊은 극단은 앙리 마르탱 문제를 연극으로 올려야겠다고 결심했다. 당시 많은 이들이 생각하듯이, 〈툴롱의 비극〉은 공산당에 의해 '주문된' 연극은 아니었고, 후에 가서야 공산당은 이 공연계획에 관심을 갖기 시작했다. 연극대본을 작성키 위해 작가들은 앙리 마르탱이 인도차이나에 머무를 때 가족에게 보낸 편지들과 툴롱에서의 재판 기록들과 같은 실제 자료들을 참조했으며, 몇몇 장면들을 위해서는 작가들의 상상력을 동원하기도 하였다. 작가

---

13) 모리스 모렐리(Maurice Morelly)의 작품. Éd. de L'Avant-Garde, 출판 날짜 명기 안 됨.

들은 이 연극을 통해 앙리 마르탱 석방운동을 전개해 나가고자 했다.

첫 번째 공연은 1951년 6월 20일에 노동자 운동의 역사적 산실인 '그랑조벨Grange-aux-Belles(아름다운 곳간)'에서 열렸다. 객석은 초만원이었고, 관객들은 배우들에게 갈채를 보냈다. 앙리 마르탱 지지 위원회는 프랑스 전역을 순회하는 공연을 하기로 결정하였으며, '대중 부조회(Secours populaire)'가 공연을 후원하고 배우들의 급료를 지불하기로 약속하였다.

순회공연의 첫 번째 행선지는 마르탱의 두 번째 재판이 예정된 브레스트였다. 도시 곳곳에서 여러 차례 공연이 상연되었고, 실제 앙리 마르탱이 재판을 기다리며 감금되어있던 퐁타니우(Pontaniou) 교도소 근처에서 공연되기도 했다. 이후 공연단의 프랑스 일주가 시작되었다. 앙리 마르탱의 석방과 베트남에서의 평화를 위해 투쟁하는 모든 조직들이 공연준비를 도왔고, 배우들의 숙식을 책임졌다. 이 연극을 정치적 목적의 선전활동으로 파악한 각 지방의 도지사들은 공연을 금지하였다. 그런 가운데서도 공연을 강행할 모든 기발한 수단들이 동원되었다. 공연장소를 공공연하게 알려준 뒤 다른 곳에서 공연을 한다든지, 배우들이 서너 그룹으로 나뉘어져 경찰이 올 때까지 내용의 일부분만 공연을 하는 식이었다. 경찰들은 가끔씩 공연에 참가한 배우들과 작가들을 추적하기도 하였다. "한 번은 생샤몽(St-Chamont)에서 경찰들이 우리들을 밤새 뒤쫓았다. 우리들 모두는 양배추 밭에 엎드려 숨었다"라고 공연에 참여한 배우중의 하나인 트레비에르(Martin Trévières)는 역사가 알랭 뤼시오와의 인터뷰에서 밝혔다. 하지만 어떤 경우에는 경찰과의 사이에 격렬한 충돌이 발생했으며, 경찰들은 수십 명의 관객들과 배우들에게 부상을 입히기도 하였다. 인도차이나에 파견되었었던 '프랑스 원정군' 출신들은 조국을 위해 싸우는 병사들을 존중하라며 폭력을 행사하기도 하였다. 1952년 5월, 벨포르(Belfort)에서는 군대 유니폼 소맷자락을 걷어붙이고, 철모를 머리에 쓰고, 곤봉을 손에 든 이들이 공연장에 들이닥쳐 "베트남놈들 어딨어? 식민지는 내거야! 경찰도 우리 편이야!" 라고 외치기도 하였다.[14]

당시의 상황을 묘사한 모든 탐방 기사나 증언에 의하면, 배우들과 관객들 사이에 매우 특별한 유대관계가 성립되었다고 했다. 다양한 젊은 연극인들은 대중예술로의 복귀를 추구하였는데, 〈툴롱의 비극〉의 단원들은 전문 직업인들과 진정한 대중들 간의 만남이라는 참신한 경험을 체험할 수 있었다고 했다. 당시에는 연극을 보러 간다는 단순한 행위가 일반 대중들에게는 드물고 생소한 일이었다. 수천 명의 프랑스인들과 전쟁에 반대하는 운동을 전개하는 '투사들', 이 공연을 기획했던 조직들에 호의적인 사람들, 앙리 마르탱 사건에 대한 진실을 알고자 하는 단순한 호기심 많은 사람들은 〈툴롱의 비극〉을 보러 가면서 비로소 연극과 접할 수 있었다. 알랭 뤼시오의 기록에 의하면 반응은 아주 뜨거웠다고 한다. '재판장'이 말할 때 그 소리는 사람들의 야유 속에 파묻혔으며, 앙리 마르탱이 일어나면 사람들은 환호했다고 한다. 판결이 있은 후, 객석 곳곳에서 뜨거운 눈물을 흘리는 사람들을 볼 수 있었다.[15] 매번 공연이 끝난 후, 배우들 자신들이 직접 석방운동을 계속하기 위한 재정을 마련하기 위해 모금운동을 벌였다. 초기에 앙리 마르탱의 역할을 담당했던 배우 클로드 마르탱은 가장 큰 돈을 받았다고 한다. "직업적인 면에서 볼 때 우리들의 작업은 훌륭했다. 그러한 이유로 그렇게 오랫동안 공연할 수 있었던 것이다. 연극이 공연될 때 관객

---

14) *L'Est Républicain*, 1952년 5월 23일.
15) Alain Ruscio, *Les communistes français et la guerre d'Indochine*, op. cit., p. 282.

들은 완전히 몰입했다. 그것은 정치적 선동과 선전이었다"라고 배우 중의 한 사람이었던 마르탱 트레비에르는 회상했다.[16] 여전히 수십 년이 지난 후에도 연극에 참여했던 많은 이들은 배우들과 관객의 이러한 직접적인 접촉이 그들의 기억 속에 오랫동안 남았었다고 회상했다.

> 그것은 나에게는 대단한 경험이었는데, 그것을 통해 내 나라와 내 나라의 좋은 점들, 예를 들어 노동자들과 공산주의자들의 모습을 볼 수 있었다.[17] 그것은 연극에 있어 대단한 사건이었다. 우리는 많은 이들을 감동시켰고 어떠한 역할을 진정으로 연기했다는 느낌을 가질 수 있었다 : 우리가 공연하는 곳마다 열정적인 토론이 시작되었다. 그것은, 이후로 우리가 결코 하지 않았던, 진정으로 사람들을 선동하는 연극이었다.[18]

이 연극을 평가할 때 언급되는 '환상적인 경험', '매우 대단한 연극의 시도'와 같은 일부 표현들은 그렇게 과장된 것만은 아니었다. 당시 연극 창시자 중의 한사람이라고도 볼 수 있는 사르트르 역시 이러한 새로운 경험을 주시했다. 문학적 측면에서 〈툴롱의 비극〉 대본이 갖는 '조악함'에도 불구하고 사르트르가 이 작품에 관심을 가진 것은 다른 이유에서였다. 수많은 글을 쓰고, 프랑스에서 '대중연극(théâtre populaire)' 정착의 어려움에 대해 스스로에게 많이 자문했던 사르트르는, 1955년에 〈툴롱의 비극〉에 대한 자신의 입장을 다음과 같이 밝혔다.

---

16) Martin Trévières와 Alain Ruscio와의 인터뷰. Alain Ruscio, *Les communistes français et la guerre d'Indochine*, op. cit., p. 282.
17) 조제 발베르드(José Valverde)와의 대담. Philippe Madral, *Le théâtre hors les murs. Six animateurs et trois municipaux nous parlent*(Paris: Éd. du Seuil, 1969), pp. 117~118.
18) 레이몽 제르발(Raymond Gerbal)과의 대담. Philippe Madral, *Le théâtre hors les murs: Six animateurs et trois élus municipaux nous parlent*(Paris: Éditions du Seuil, 1969), p. 101.

프랑스에서 내가 아는 유일한 대중연극의 사례는 앙리 마르탱에 관한 희곡을 가지고 공장을 돌아다니며 클로드 마르탱이 순회공연을 한 것이다. 작품은 상당히 초보적인 수준인 것이 사실이지만, 정치문제를 제기했고, 노동자와 공산당의 관심사를 다루었으며, 그들이 일하는 장소에서, 노동자들 앞에서 공연되었다. 이것이 그 무엇보다 중요한 사실이다.[19]

이러한 일련의 공연이 대중에게 미친 영향을 무엇일까? 그 영향은 상당히 큰 것 같다. 공연을 관람한 총인원은 대략 수십만 명으로 추산된다.

두 달 동안 우리들은 규칙적으로 매일 밤 공연했다. 때로는 비밀리에 200~300명 앞에서 공연하기도 하였다. 언젠가는 님므(Nîmes)의 거대한 원형경기장에서 공연하기도 하였다. 그 날 공연장은 관객들로 가득 찼다. 한 번은 (공산주의자들의 연례 축제행사인) '뤼마니테 축제(Fête de l'Humanité)' 때, 이틀 동안 '논스톱'으로 공연하기도 하였다.[20]

프랑스 '전국순회공연' 동안 이 극단은 대도시에서만 공연한 것은 아니었다. 지방의 작은 도시들에서도 공연하였는데, 예를 들면, 3,000명의 주민이 채 안 되는 코트뒤노르(Côte-du-Nord) 도의 마엘 샤레(Maël-Carhaix)에서의 공연에서는 700명의 관객이 관람했고[21], 2,000명 주민의 작은 도시인 뫼르트에모젤(Meurthe-et-Moselle) 도의 위시니(Hussigny)

---

19) Jean-Paul Sartre, "Théâtre populaire et théâtre bourgeois", *Théâtre populaire*, No. 15(septembre-octobre 1955).
20) 알랭 뤼시오와 프레보와(Paul Préboist)와의 대담. Alain Ruscio, *Les communistes français et la guerre d'Indochine, op. cit.*, p. 283.
21) *L'Humanité*, 2 septembre 1952.

에서는 400명이 참석했다.[22] 1951년 9월, 연극이 공연되기 시작한 지 3개월이 지난 후까지 총 70번의 공연이 치러졌고, 1952년 2월까지는 총 150번의 공연이 상연되었다. 그 해 여름 20만 명의 관객을 넘어섰고, 극단은 프랑스 전역을 돌아 5만 킬로미터를 넘는 거리를 주파했다.

여기에 덧붙여 공산당 관련 조직들, 특히 프랑스 공화청년연합의 주도하에, 아마추어 배우들을 모집하여 극단을 구성하고 그들로 하여금 〈툴롱의 비극〉을 공연하게 하였다. '파리의 포석들' 극단이나 아마추어 극단들에 의한 공연은 한 마디로 정치적 모임의 장이었다. "공연이 끝나면 우리는 기금을 모으고, 책이나 팸플릿을 팔고, 앙리 마르탱 석방 탄원서에 서명한 관객들의 주소를 적어 후일에 방문하기도 하였다. 매번의 공연 후에 우리는 하나 혹은 여러 개의 지지위원회가 설립되었다는 소식을 들었다"라고 프레부와(Paul Préboist)는 증언했다. 이 연극의 대본을 작성하고 주인공 역할을 맡았던 클로드 마르탱은 "1951년 여름 동안, 공연 당 평균 700명의 관객이 관람하였는데, 팸플릿 145부가 팔렸고, 10,000프랑이 모금되었다"라고 증언했다.[23] "1952년 어느 순간엔가, 나는 이 공연들이 앙리 마르탱 석방운동의 중요한 받침대 역할을 한다는 사실을 확신했다"[24]는 로랑(Paul Laurent)의 진술은 당시 앙리 마르탱의 석방운동에 참여했던 많은 이들이 공감했던 내용이었다.

이 공연들이 이 전까지는 베트남에서의 전쟁에 대해 무관심했고 잘 알지 못했던 사람들에게 전쟁을 비판하고 고발하는 쪽으로 여론을 조

---

22) *Le Journal de Lunéville*, 9 mai 1952.
23) Claude Martin, "Réflexions sur une tournée", *La nouvelle critique*, no. 29(septembre-octobre 1951), p. 75. Claude Martin et Henri Delmas, *Henri Martin, la célèbre pièce de la troupe des Pavés de Paris* (Paris: Ed. Comité de défense Henri Martin, 1951), p. 61.
24) 알랭 뤼시오와 폴 로랑과의 대담. Alain Ruscio, *Les communistes français et la guerre d'Indochine, op. cit.*, p. 285.

성했다는 주장은 충분한 설득력을 갖는 듯하다. 그것은 앙리 마르탱 석방운동에 있어 매우 중요한 계기를 마련하였고, 〈툴롱의 비극〉의 일련의 공연은 베트남 전쟁에 반대하여 전개되었던 투쟁 중 가장 효율적인 행동으로 평가되었다.

3) 사건의 의미와 역할

1953년 8월 2일, 앙리 마르탱은 그의 지지자들이 그토록 원하고 요구했던 대통령 특별 사면의 혜택을 입어 출감할 수 있었다. 당시 그의 나이는 26살이었다. 같은 날, 공산당 신문인 『뤼마니테』는 "베트남의 평화와 자유의 수호를 위한 단결과 행동의 위대한 승리: 앙리 마르탱 석방!"이라는 제목이 일면 전체를 차지하는 호외를 발행했다. 그의 석방을 축하하는 『뤼마니테』 신문사 건물에서의 환영식에서 이 신문 편집장인 자크 뒤클로는 "앙리 마르탱의 석방은 매우 중요한 의미를 갖는다. 왜냐하면 그것은 인도차이나전쟁에 대한 반대가 점점 거세지고, 결국은 정부에까지 영향을 미치는 시점에서 이루어졌기 때문이다"라고 말했다. 앙리 마르탱 역시 자신의 소감을 피력하기를 "나는 감옥에서 나왔고, 41개월 동안 인도차이나의 평화를 위한 투쟁이 대단한 규모로 커지는 것을 보았다. 진짜 죄인들은 이 전쟁을 계속하려는 자들이다. 그 어느 때보다 더 확고하게 나는 프랑스인들과 함께 외칠 것이다: '인도차이나에 평화를!' 이라고".[25]

앙리 마르탱의 석방운동 기간은 베트남의 평화를 위한 투쟁을 전개하는데 있어 결정적인 순간으로 인식되었다. 수천 가지 형태의 수많은 시도들, 정부의 집요한 탄압에 대한 저항, 공산당과 그와 관련된 조직

---

25) Jean-Marc Théolleyre, *Ces procès qui ébranlèrnet la France*, op. cit., p. 117.

들의 대중 동원 등을 통해 프랑스 공산당은 앙리 마르탱 석방운동을 베트남의 평화를 위한 투쟁의 중요한 순간으로 삼았다. 공권력의 탄압에 대한 투쟁, 자의적인 판결에 대한 투쟁, 베트남의 평화를 위한 투쟁은 석방운동 기간 동안 결코 분리되어 진행되지 않았다. 앙리 마르탱의 행동은 베트남의 평화를 위한 것이었고, 그의 석방을 위한 운동은 같은 투쟁의 연장이요 지속을 의미했다. 확실히 많은 프랑스인들이 이 운동에 참가했는데, 앙리 마르탱이 부당한 재판의 희생자가 되었다는 사실이 무엇보다도 중요한 동인으로 작용했다. 이 경우를 통해 이전에 정치적 행동에 전혀 관여하지 않았던 사람들이나, 공산당과 함께 행동하지 않았던 사람들이 시위에 참여하고, 청원서에 서명하며, 그 자신들이 '투사들'이 되었던 것이다. 또 다른 참여 동기는 앙리 마르탱이라는 인간에 대한 호감 때문이었다. 전혀 '투사'의 이미지를 느낄 수 없는 선하고 여린 외모와, 그럼에도 불구하고 가장 어려운 순간에도 낙담하거나 실망하지 않는 모습, 재판과정에서 보여준 그의 '이상'에 대한 신념과 용기 있는 답변은 이 석방운동을 추진시키고, 성공시키는데 많은 역할을 했다. 공산당의 선전활동은 이러한 마르탱의 장점을 십분 활용한 것이었다. 당시 공산주의 전기 작가들은 앙리 마르탱을 미화하고 영웅시하며 묘사하였다. 앙리 마르탱은 새로운 '자유의 기사'였고, '두려움 없고 나무랄 데 없는 영웅'이었던 것이다.

1950년부터 1953년 사이에 일어난 앙리 마르탱의 석방운동은 '베트남의 평화를 위한 투사들의 전선'을 확장시키려는 공산주의자들의 시도가 효력을 발휘한 계기가 되기도 하였다. 실제 공산주의자들 투사의 범주를 넘어 다양한 정치 성향의 수십만의 프랑스인들이 자의적인 판결을 지탄하였으며, 동시에 인도차이나에서의 전쟁을 비난하였다. 앙리 마르탱 사건은 물론 인도차이나에서 프랑스가 직면한 심각한 상황을 점차적으로 사람들에게 인식케 하는 유일한 원인은 아니었다. 석방운동이 진행된 것과 같은 시기인 1950~1953년 동안, 전쟁과 관련된 많은 추문들, 특히 '장군들 사건(affaire des généraux)'[26]과 '피아스트르 암거래 (사건)(trafic des piastres)'[27], 그리고 계속되는 군사적 패배는 점점 더 전쟁을 인기 없게 만들었다. 그럼에도 불구하고 앙리 마르탱에 대한 지지운동은, 이러한 사건들에 더하여, 전쟁에 반대하는 사람들의 입장을 더욱더 공고히 하였다. 그것은 종래에 볼 수 없었던 다양한 형태의 문화적 행위로 표출됨으로써 더 큰 파급력을 가질 수 있었고 많은 이들에게 거부감 없이 다가갈 수 있었다.

앙리 마르탱 사건을 통하여 프랑스 공산당은 인도차이나전쟁을 세상 사람들에게 알릴 수 있게 되었다. 혹자는 앙리 마르탱의 석방운동이 베트남 문제와 관련하여 프랑스 국민의 의식에 질적인 변화를 가져온 계기가 되었다고까지 평가한다. 더불어 이 선전활동은 공산당의 활동 중 가장 강렬하고, 지속적이며, 다양한 형태로 표출된 것이었다. 수천 장의 전단과 팸플릿과 마르탱의 사진이 배포되었으며, 전국에 걸쳐 공산당 당원들은 사회주의자, 기독교인 등 이념 노선이 다른 이들과 접촉하며 공산당 선원의 석방운동에 앞장섰다. 공산당의 선전활동은 물론 이념적인 측면이 강했던 것이 사실이지만, 사람들이 거부감 없이 쉽게 접할 수 있는 시, 음악, 만화, 연극 등과 같은 매개체를 통해 접근함으로써 '인도차이나전쟁 반대'라는 그들의 입장과 논지를 전파할 수 있

---

26) '장군들 사건'은 인도차이나에 대한 군사기밀이 프랑스 장군들에 의해 적군인 베트민의 손에 넘어간 사건을 말한다.
27) '피아스트르 암거래 (사건)'은 인도차이나 화폐 피아스트르가 베트남과 프랑스에서 각각 다른 환율로 거래되는 것을 이용하여 프랑스의 정치인 등 주요 공직에 있는 인물들이 전쟁 중에 부를 축적한 사건을 말한다. '장군들 사건과 더불어 이 사건은 가뜩이나 인기 없었던 '더러운 전쟁'을 반대하는 세력들을 확산시키고 전쟁종결에 대한 욕망을 가속화시켰다.

었다. 이러한 문화적 행위들이 이 전까지는 베트남에서의 전쟁에 대해 무관심했고 잘 알지 못했던 사람들에게 전쟁의 부당성과 부조리함을 알리는 역할을 했고, 전쟁을 고발하는 쪽으로 여론을 조성했다는 주장은 충분히 설득력을 지녔다고 볼 수 있을 것이다.

2. '더러운 전쟁' 스캔들

전쟁에 대한 반대가 점점 더 강해지는 쪽으로 프랑스 여론이 진화하면서 다양한 스캔들이 드러났다. 많은 프랑스 국민에게 전쟁은 별 의미가 없었고, 인도차이나 분쟁으로 인해 발생한 '사건들'로 인해 전쟁은 더욱 더 곤란한 상황에 놓이게 되었다. 실제로 '장군들 사건'과 '피아스트르 암거래', 두 가지 주요 스캔들 모두 많은 논평을 불러일으켰는데, 이는 점차 프랑스 내의 인도차이나전쟁에 대한 인식에 큰 영향을 끼치게 되었다. 육군 참모총장이 연루된 '장군들 사건'은 여론은 물론 드골주의자들과 공산주의자들 같은 정권의 모든 적들이 정치계와 군사계의 부패를 비난하게 했다. 투기 성향과 혐오감을 불러일으켰던 1953년 인도차이나 화폐 '피아스트르 암거래' 사건 역시 정치인과 군인들의 부패행위를 폭로케 했다.

이러한 스캔들이 터졌을 때 공산주의자들은 진정한 확신을 가지고 '인도차이나에서의 더러운 전쟁'이라는 이미지를 심어주려 하였다. 실제로 공산주의자들에게 인도차이나전쟁이 야기한 정치적 환경에서 스캔들의 존재는 놀라운 일이 아니었고 오히려 불가피한 일이었다.

모든 부당한 전쟁은 '부패'와 '타락'을 가져왔다고 그들은 말했다. 따라서 이 시기 공산주의 용어는 '마니교적'이었다. 전쟁은 "더럽다". 전쟁을 주도하거나 은폐하는 사람들은 "더러운 손"[28]을 갖고 있다. 다수당인 프랑스 인민연합은 "부패"에 물들어 있다. 그들은 "더러운 빨래"를 공개적으로 세탁하러 온다. "베트남에서의 더러운 전쟁의 배경이 되는 것은 모두 이러한 부패이다".[29] 반대로, 프랑스 "청렴 정당"인 프랑스 공산당은 당원 중 단 한 명도 전쟁의 수상쩍은 일에 연루된 적이 없는 유일한 당이었고, 피아스트르 밀매 등으로 재정적 이익을 얻지 못한 유일한 당이었다. 이처럼 몇 달 동안 극도의 정치적 긴장 속에서 공산주의자들은 스캔들에 대한 비난을 전쟁에 반대하는 투쟁의 최전선에 두곤 했다.

1) '장군들 사건'

1949년 12월, 르베르(Georges Revers) 장군은 육군 참모총장직에서 해임되었다. 프랑스인들은 1950년 1월에 이 조치와 10월에 이루어진 마스트(Charles-Emmanuel Mast) 장군의 해임이 베트민이 적어도 부분적으로 다음과 같은 상황을 인지하고 있었다는 사실과 관련이 있다는 것을 알게 되었다. 그것은 인도차이나의 군사 상황과 인도차이나 고등판무관으로 레옹 피뇽을 교체하기를 원했던 마스트 장군이 이끄는 선전활동에 대한 르베르 장군의 보고서였다.[30] 프랑스 대중은 또한 정부가 이 사실을 몇 달 동안 알고도 숨기고 있다는 사실을 알고 놀랐다. 1950년 1월에 임명된 의회 조사위원회는 근본적인 진실을 밝히지 못한

---

28) '더러운 손'은 1950년 2월부터 크리겔발리몽(Maurice Kriegel-Valrimont)이 쓴 일련의 기사 제목이다. 1950년의 프랑스인에게 이 제목은 분명히 익숙했다. 프랑스 공산당을 비판하기 위해 사용한 같은 제목의 장 폴 사르트르의 희곡의 초연은 1948년 4월 2일에 상연되었다.
29) 자크 뒤클로의 1950년 2월 7일 국회에서의 연설. Jacques Duclos, *Le Scandale des chéquards*, brochure P.C.F., s.d.
30) *Charles de Gaulle, Discours et messages, T. 2, op. cit.*, p. 347.

채 추악한 사실만을 들추어냈다. 이 사건과 프랑스 여론의 반응을 더 잘 이해하려면 1949년 5월로 돌아가야 한다.

1949년 3월부터 육군 총사령관이었던 르베르 장군은 상황을 파악하기 위해 1949년 5월 극동지역으로 파견되었다. 인도차이나의 전쟁 재개와 정치적 위기로 불안해하던 앙리 퀘이유 정부는 실제로 그에게 현장조사와 감독의 임무를 맡겼다. 1949년 6월 21일 프랑스로 돌아온 르베르는 정치적, 군사적 성격의 다양한 결론을 보고했는데, 이 내용은 극비 보고서로 분류되어 6월 29일에 완성되었으며 국가의 최고기관에만 알려질 예정이었다.

이 보고서는 공식 연설과는 거리가 먼 비관적 내용을 담고 있었다. 사실 르베르 장군은 매우 암울한 상황을 묘사했다. 군대의 사기는 최저 수준이고, 병력 숫자도 부족하며, 특히 현지 통화를 포함한 다양한 암거래 활동이 횡행하며, 원정군은 인구의 절반도 안 되는 베트남 일부 지역만 통제하고 있으며, 테러가 만연해 있다는 내용이었다. 그러나 르베르는 상황이 회복될 수 있다고 믿었다. 이를 위해서는 민간과 군 권력 모두를 겸임할 수 있는 "명망과 막강한 개인적 권위를 지닌 군사 지도자"가 필요했다. 군 전문가들은 그 인물이 육군 참모총장의 총애를 받는 전 튀니지 총독(1943년 8월~1947년 2월)이자 당시 국방연구소 소장인 샤를엠마누엘 마스트라는 것을 알고 있었다.

1949년 8월 27일, 프랑스 해외영토부의 기밀 회보는 베트민 라디오가 르베르 보고서에서 발췌한 내용을 방송하고 있다고 보도했다. 9월 18일, 이 문서의 사본이 다소 우연히 파리에서 발견되었다. 르베르 장군이 대간첩 기관인 프랑스 대외안보총국(SDECE: Service de documentation extérieure et de contre-espionnag) 소속의 엄청난 영향력을 지닌 페레(Roger Peyré)에게 보고서를 전달했으며, 그가 파리에 있는 특정 코친차이나 출신의 정계 대표인 호앙반코(Hoang Van Co)에게 사본을 주었다는 사실이 입증되었다. 로제 페레는 자신이 다른 지인 빈자(Vinh Xa)에게 보고서를 전달했다고 주장했다. 공식적으로 빈자는 베트남의 옛 황제 바오다이에 적대적인 '제3세력'의 민족주의자였기 때문에 호앙반코와는 반대 경향을 지닌 인물이었다. 실제로 빈자는 호치민을 위해 일하기도 했다. 그러나 실제로 로제 페레는 호앙반코가 그에게 250만 프랑을 주었고, 그 중 일부는 샤를에마뉘엘 마스트 장군에게, 다른 일부는 르베르 장군에게, 나머지 3분의 1은 국회 부의장인 사회당 소속의 르 트로케(André Le Troquer)에게 주었음을 확인해주었다. 이 모든 것은 마스트를 사이공 고등 판무관으로 임명하려는 선전활동에 대한 비용을 지불하기 위한 것이었다. 질문을 받았을 때 호앙반코는 "(프랑스인들의) 양심을 사는 데 도움이 되었다"라고 대답했다.[31]

좌파로 알려진 두 명의 군사 지도자에 대한 기소는 인도차이나에서 인민공화운동에 반대하여 정책의 변화를 희망했던 이 임무의 주모자였던 사회당 출신의 라마디에를 곤란하게 만들었다. 국방부 장관인 폴 라마디에와 당시 내무부 장관이었던 그의 당 동료인 모크(Jules Moch)는 스캔들을 최소화하기 위해 정부 수반인 앙리 쾌이유와 합의했다. 로제 페레는 석방되었고 1949년 9월 24일에 사건은 기각되었다. 실제로 프랑스 지도자들은 보고서의 정치적 부분만 유출되었기에 엄밀히 말하면 국방 기밀의 누설은 없었다고 생각했다. 마스트 장군은 규정상 직권에 의해 면직되었다. 르베르 장군의 경우 1949년 12월 7일 요직에서 해임되었다.

로제 페레가 떠난 다음 날, 자신이 편집장으로 있던 『레스푸아 드

---

31) Claude Guillaumin, "L'affaire des généraux", in Bernard Michal (présentées par), *Les Grandes énigmes de la IVe République*, T. II, (Paris: Saint-Clair, 1967), p. 117.

생테티앤(L'Espoir de Saint-Etienne)』의 전투적인 드골주의자인 노셰(Jean Nocher)는 라마디에가 정보 유출에 책임이 있다고 비난했다. 당시 그는 "인도차이나에 있는 우리 군인들은 정치인들에 의해 등에 칼을 찔리고 말았다. [...] 르베르 보고서의 유출은 베트남과의 타협에 관여했던 예외적으로 중요한 인물이 나온 정치 집단을 위한 대규모 물질적 지원(피아스트르 현금)의 대가로 우리 제국의 가장 중요한 지역 중 하나를 내주는 서막이 될 것이다"라고 썼다. 며칠 후 이 사건은 국제적 차원의 문제로 확대되었다. 1949년 12월 26일, 미국 잡지 『타임(Time)』은 르베르 장군을 비난했다. 드골주의자로 알려진 잡지의 파리 특파원 라게르(André Laguerre)는 소련에 대한 정보 유출을 암시하는 기사를 썼다.[32] 앙드레 라게르에게 군사 기밀 측면에서 프랑스는 '거르는 기구(passoire)'였다. 소련은 요청만 하면 되었다. 프랑스 문서든 연합국 문서든 원하는 것은 무엇이든 프랑스로부터 얻을 수 있다는 것이었다.[33] 『르몽드』 역시 이 문제에 관심을 가지며 1950년 1월 13일에 "르베르-마스트 사건이 존재하는가?"라는 제목의 기사를 발표했다. 위베르 보브메리의 신문이 '장군들 사건'을 공개적으로 폭로한 것은 이 기사를 통해서였다. 1월부터 시작해서 4개월 동안 신문은 대부분의 지면을 할애하여 176개의 기사를 게재했다. 『르몽드』로서는 프랑스군 최고 권력기관의 문서가 적군에게 유출된 사건은 충격적이고 용납할 수 없는 스캔들이었다. 논설위원 루르(Rémy Roure)는 "명확한 프랑스"를 원했다. "이렇게 복잡한 문제에 대해 정부가 취하는 명확하고 솔직한 입장이 심각한 불이익을 감수하지 않을 수 없다는 것은 명백하지만, 이는 우리 자유로운 체제의

---

32) Fourcaud (colonel), "L'affaire des géeaux" *Historia*, hors-série, No. 24(1972), p. 149.
33) Philippe Bemert, *Roger Wybot et la bataille pour la D.S.T.*(Paris: Presses de la cité, 1975), pp. 249-250.

미래와 국제 협상에서 프랑스의 권위를 위한 것이기 때문에 필수적이다".[34] 이 '사건'을 대중에게 공개한 『르몽드』와 배신의 주동자는 아니더라도 최소한 공범자로 의심된 사회당 사이의 관계는 긴장되었다.[35]

1950년 1월 17일, 이후 수상이 된 조르주 비도는 국회에 이 사실을 알리고 즉시 12명의 위원으로 구성된 조사위원회를 임명했다. 예상과는 달리 공산주의자 크리젤 발리몽(Maurice Kriegel-Valrimont)도 그중 하나였다. 장군들 사건에 관한 위원회의 첫 번째 회의는 1950년 1월 31일에 열렸다. 위원회는 특별히 다음 사항에 보다 관심을 기울였다. 1. 페레와 장군들의 연루, 2. 보고서 유출에 대한 책임, 3. 부패 행위, 4. 불기소의 배경, 5. 절차에 명시된 예외조항, 6. 페레의 '사례(cas)'.[36]

모리스 크리젤 발리몽은 『뤼마니테』 칼럼에서 공산당 소속 의원들만이 모든 뒷거래에서 제외되었다고 명시하면서 다음과 같이 발표했다. "오늘부터 나는 뇌물 받은 사람(chéquards), 연회에 초대받은 사람(banqueteurs), 밀매자(trafiquants)에 대해 내가 알고 있는 진실을 매일 말하겠다. 나는 호앙반코, 페레, 퀘이유, 라마디에, 르베르에 대해 엄밀한 진실을 말할 것이다".[37] 실제로 1950년 2월 8일부터 공산주의 신문은 매일 아침 크리젤 발리몽이 조사위원회 위원 자격으로 전날 알게 된 문서를 게재했다.[38] 3월에는 드골주의 경향의 주간지 『카르푸

---

34) Rémy Roure, "Une France claire", Le Monde, 15 février 1950.
35) Jacques Thibau, "Le Monde", 1944-1996: histoire d'un journal, un journal dans l'histoire, (Paris: Plon, 1996), p. 2
36) 관보(Journal officiel)에 나타난 장군들 사건에 대한 인민공화운동 소속 우아즈(Oise) 도의원 들라우트르(Delahoutre)의 보고서.
37) Maurice Krigel-Valrimont, "Les mains sales au marchédes consciences", L'Humanité 8 janvier 1950.
38) 조르주 르베르 장군이 조사위원회 위원장인 에드몽 미슐레(Edmond Michelet)에게 보낸 편지는 심지어 미슐레가 부재중인 상황에서도 크리젤 발리몽에 의해 공개되어 『뤼마니테』

(Carrefour)』가 드골주의자 입장에서 몇 주 연속으로 대통령 궁 엘리제를 '신비에 싸인 폴(Paul) 씨'와 연관지어 간접적으로 의심하는 기사를 게재했다.

'장군들 스캔들'에 직면한 프랑스 여론은 명확하고 깨끗한 프랑스와 사건의 진실을 요구했다. 여론은 죄인을 처벌하는 것만이 정권의 쇄신과 국가의 권위 회복으로 이어질 수 있다고 믿었다. 따라서 되세브르 지역에서는 무엇보다 '청소', 즉 부패한 모든 이들의 일소뿐 아니라 소심하거나 무능한 사람들을 공적 기관에서 제거할 것을 요구했다.[39] 도르도뉴에서는 "종양, 즉 악습의 원인을 제거해야 한다"는 의견이 있었다.[40] 사실 이곳 여론은 진실을 밝히는 것이 정권 재생에 도움이 될 것이라고 믿고 싶어했다. 쥐라(Jura) 주민들은 또한 "가해자의 지위에 상관없이 모든 범죄자에게 무자비하게 제재 조치를 가할 것"을 요구했다.[41] 정권과 제도의 미래를 걱정한 로제르(Lozère) 주민들은 "현재 조사가 진행되는 방식과 증인 진술을 정치적 목적으로 이용하는 방식"을 신랄하게 비판했다.[42] 『르몽드』 정치부 국장인 레미 루르는 저지른 실수를 완화해주고 스캔들을 최소화하기 위해 조사위원회 위원들이 제대로 임명되지 않았다고 기술했다. "위원회에 필요한 경우라도 국가에 진실을 말해야 한다. 책임을 다하고, 범인이 누구이든 처벌을 보장하는 것은 정부의 몫이다. 가장 빨리 결론을 내리는 것이 가장 좋을 것이다. 그것이

에 게재되었다.
39) A.D. des Deux-Sèvres, *Rapports des renseignements généraux au Préfet*, 1417 W 6, janvier 1950.
40) A.N. FlcIII 1263, Rapports du préfet de Dordogne, février 1950.
41) A.N. FlcIII 1278, Rapports du préfet de Jura, 4 mars 1950.
42) A.N. FlcIII 1295, Rapports du préfet de Lozère, mars 1950.

사람들의 마음을 진정시키는 것이다".[43]

언론 보도와 소문의 급증, 정부 내부의 긴장 상태로 인해 1950년 2월 사회당 소속 장관들이 떠나게 되었다. 1950년 1월 '사건'을 밝히겠다고 약속한 조르주 비도는 결국 5월에 물러났다. 두 달 동안 정부는 새로운 외무부 장관을 구할 수 없었다. 여론의 경우, 종종 열정적이거나 '한방'을 노리는 신문 때문에 "고위 정치와 저급 행위, 작은 계획과 큰 비밀"에 대한 이야기 속에서 갈피를 못 잡고 있었다.[44] 여론은 군 지도자들과 정치계 사이의 관계, 정당들 사이의 투쟁, 특수 기관들 간의 경쟁, 전쟁의 와중에 진행된 밀거래들을 조명하는 이러한 폭로들에 불안감을 느끼지 않을 수 없었다. 여론의 입장에서는 "장군도, 정치인도, 바오 다이도 이 사건의 책임으로부터 자유롭지 못했다".[45]

1950년 7월 28일에 완성된 '장군들 사건' 관련 조사위원회의 보고서는 들라우트르(Eugène Delahoutre) 의원에 의해 11월 22일 국회에 제출되었다. 보고서 내용은 모든 사실을 밝혀내진 못했지만 감춰진 많은 부분을 드러내 주었다. 스캔들은 엄청났지만 실제 범인은 알려지지 않았기 때문에 처벌되지 않았다. 단지 조르주 르베르와 샤를에마뉘엘 마스트 두 장군만이 1950년 6월 21일 법령에 따라 해임되었다. 그러나 국토보안국(DST: Direction de la sécurité du territoire)과 기술연락 및 조정사무소(BTLC : Bureau technique de liaison et de coordination)가 대외안보총국(SDECE : Service de documentation extérieure et de contre-espionnage)에 그랬듯이, 마치 모든 일들은 비밀 정보기관이 서로 간섭하는 가운데 일어났는데, 프랑스 해외영토부 장관인 폴 코스트 플로레는 그때까지 인도

---

43) Rémy Roure, "Politiciens et aventuriers", *Le Monde*, 31 mars 1950.
44) Jacques Dalloz, *La Guerre d'Indochine, op. cit.*, p. 161.
45) A.N. F¹ᶜIII 1304, Rapports du préfet du Nord, avril 1950.

차이나에서의 정부정책을 비판하는 보고서를 작성한 육군 참모총장의 권위를 실추시키고자 했다.

1950년 인도차이나전쟁은 프랑스 제4공화국의 기관과 행위자들에게는 상당히 암울하고 해로운 사건에 의해 프랑스의 사회 도덕과 정치인들을 '부패하게' 만들었다. 여론에 따르면, 소위 장군들 사건은 전쟁이 쓸모없다는 느낌, 프랑스가 겪는 큰 좌절을 보는 영구적인 두려움, 그리고 전쟁을 주도한 특정 인물에 대한 일종의 혐오감을 부추겼다. 나라 전체가 군대와 정부에 대한 신뢰를 상실하게 되었다. '장군들의 스캔들'로 묘사된 이 사건은 드골이 지적했듯이 '정권의 스캔들'[46]이라고 불리는 것이 더 적절할 것이다. 실제로 이 추문은 공권력의 무능력과 무질서, 나약함과 편파성을 부각시켰다. 이는 당시 정치인과 군대, 그리고 무엇보다도 공화국의 신뢰에 커다란 타격을 입혔다.

2) '피아스트르 암거래'

정치계의 부패와 정권 붕괴에 대한 비난을 뒷받침할 또 다른 선전활동이 프랑스 공산당에 의해 전개되었다. 1952년 말과 1953년 초, 인도차이나 외환청(Office des changes) 직원이 된 전 프랑스 원정군 장교 데퓌에쉬(Jacques Despuech)의 폭로로 시작된 '피아스트르 암거래' 사건이 언론에 공개되었다. 수년 동안 번성했던 피아스트르 암거래는 프랑스 정부 당국에 이미 잘 알려져 있었고 이를 통해 인도차이나전쟁 중에 소수의 주동자들이 막대한 부와 성공적인 경력을 쌓을 수 있었다. 그러나 이 암거래는 프랑스 대중에게 알려지지 않았지만 자크 데퓌에쉬의 열성적인 노력으로 인해 1953년에 이 사건이 밝혀질 수 있었다.

---

46) Charles de Gaulle, *Discours et messages*, T. 2, *op. cit*, p. 348.

피아스트르 암거래의 작동방식은 비교적 간단했다. 1945년 12월 25일 법령 제45-0135호에 따라 인도차이나 통화인 피아스트르의 공식 가치는 17프랑으로 설정되었다. 그러나 인도차이나에서는 그 가치가 7프랑에서 10프랑 사이로 다양했다. 법정 환율로 교환하고 상당한 이익을 취하기 위해서는 피아스트르를 프랑스로 이전할 수 있는 허가를 얻는 것만으로도 충분했다. 따라서 공식 환율과 인도차이나에서 실제로 통용되는 환율 사이의 차이로 인해 이 전송에 필요한 승인을 얻을 수 있는 사람들은 프랑스 예산에 손해를 끼치는 대가로 빠른 행운을 얻을 수 있었다. 실제로, 인도차이나 은행(Banque de l'Indochine)처럼 매우 중요하고 조직화된 투기 회사 이외의 수천 명의 소규모 사업가, 인도차이나의 프랑스인, 베트남인이 피아스트르 암거래에서 어느 정도 이익을 얻었다.[47] 실제로 사이공 외환청(Office des changes)의 '성의(誠意)(bonne volonté)'는 공무원과 군인에게 자동으로 부여되었다. 대기업에서는 이를 광범위하게 사용했다. 바오 다이와 그의 측근들도 혜택을 받았다. 물론, '공식적인 밀매자' 외에도 부정한 방법으로 양도허가를 받은 사기꾼들이 일부 존재했다. 의심의 여지는 있지만 인민공화운동과 같은 정당이 이득을 취하기 위해 이 방식을 사용했는지 완전히 입증된 적은 없었다. 베트민 또한 인도차이나 경제를 지원하기 위해 만들어진 이 비정상적인 시스템을 사용했다.[48]

그러나 어떤 정치 세력도 감히 이러한 문제를 해결하지 못했다. 거대 투기꾼들은 너무 강력했고, 작은 투기꾼들은 너무 많았고, 적어도

---

[47] 게다가 이 돈을 달러나 금으로 변환하여 인도차이나에서 7프랑에 피아스트르를 구입하는 데 재사용하고, 그러한 과정이 계속되었다. (Jae-Won Lee, *Les Français et l'idée coloniale*, op. cit., p. 273).

[48] Jacques Despuech, *Le trafic des piastres*(Paris: Éd. des Deux Rives, 1953), pp. 215-216.

군대의 경우, 그들이 축적한 이익은 전쟁과 관련된 위험에 대한 보상으로 이해될 수 있었다. 1953년 초가 되어서야 피아스트르 암거래를 주제로 언론 캠페인이 진행되었다. 전 사이공 외환청 직원이었던 자크 데퓌에쉬가 이 캠페인에서 중요한 역할을 했다.

수년간 상당한 문서를 축적한 자크 데퓌에쉬는 『르몽드』에 일련의 기사를 게재했다. 특히 1952년 말에 그는 충격적인 기사를 통해 프랑스에 이 암거래의 위험성에 관해 여론에 경종을 울렸다.

> 1. 경제적인 관점에서 피아스트르 암거래는 프랑스의 경우 평가 절상된 통화의 출혈이 증가하고 있는 반면 우리의 계정 잔액은 고질적으로 적자를 유지하게 한다. 2. 정치적 관점에서 볼 때, 그것은 피아스트르 명성을 훼손한다. 그런데 피아스트르는 프랑과 연결되어 있으며 인도차이나에서 프랑스가 존재했다는 증거 중 하나로 남아 있다. 3. 도덕적인 관점에서 볼 때, 부도덕한 프랑스인들의 소행이자 인도차이나에 거주하는 모든 베트남인 또는 아시아인들에게 알려진 이러한 부정행위는 프랑스에서 멀리 떨어져 있고 항상 호의적인 사람들에게 우리나라에 대한 잘못된 생각을 심어준다. 4. 하지만 더 심각한 문제가 있다. 이러한 암거래로 인해 우리의 방어력이 약화되기 때문이다. 실제로 베트민은 무기, 탄약, 의약품 등을 구하고 심지어 양심을 사는 데도 이러한 통화가 필요하기 때문에 어떤 가격으로든 이러한 통화를 구입한다. [...] 이 거래를 종식시키는 근본적인 방법은 피아스트르를 공정한 가치로 되돌려 사기꾼의 이익을 제거하는 것이다. 어쨌든, 그러한 문제가 해결되지 않고 무기한 남아 있다는 것은 수치스러운 일이다.[49]

1953년 5월 자크 데퓌에쉬는 이 문제 관련하여 대표적 참고자료가 된 『피아스트르 암거래(Le Trafic des piastres)』라는 책을 출간했다. 그는

---

[49] Jacques Despuech, "Un scandale qui se prolonge: le trafic des piastres", *Le Monde*, 20 novembre 1952.

"인도차이나전쟁에서 죽은 모든 사람에게" 헌정한 이 책을 통해 달러와 피아스트르의 거래가 더 일찍 폐지되었다면 프랑스가 인도차이나에서 "이 같은 규모의 생명, 외화, 물질 및 재산의 손실"을 겪지 않았을 것임을 증명하고 싶었다. 그는 바오 다이와 황실, 전 극동 프랑스 대표였던 에밀 볼라르트, 당시 프랑스 인민연합 그룹 국회 대표였던 디텔름(André Diethelm), 전 식민지부 장관 폴 지아코비, 공화국 대통령 임무 관리자 레날(Raynal), 달라디에(Édouard Daladier), 조르주 르베르 장군, 피에르앙리 테트젠, 폴 드비나, 레옹 부비앙, 앙테리우(Antériou) 등 여러 내각의 장관직 구성원 및 데쥐에쉬가 조사 중에 여러 번 언급했지만 정확한 신원은 확인되지 않은 폴(Paul) 씨 등 투기에 관여한 유력 정치인들의 이름을 언급했다. 그의 책은 오랫동안 전문가들에게 알려진 일부분만 다루었음에도 불구하고 폭탄 같은 효과를 냈다. 책을 통한 폭로 이후 그는 끊임없이 괴롭힘과 공갈 협박을 당했다.

그러나 자크 데쥐에쉬만이 체제의 부정행위에 대해 목소리를 높인 것은 아니었다 1953년 4월 29일, 세르방 슈레베르(Jean-Jacques Servan-Schreiber)는 『르몽드』에서 "특정 프랑스 정치 집단은 인도차이나전쟁을 그들의 수입의 필수적인 원천 중 하나로 발견했다"고 단언했다.[50] 8일 후, 『롭세르바퇴르』는 "이것은 단순한 사기나 '개인의 과실' 문제가 아니라, 프랑스의 모든 정치계를 짓누르고 인도차이나전쟁이라는 재앙의 장기화를 설명하는 시스템의 문제이다"라고 언급했다.[51] 그리고 기사 말미에 다음과 같은 끔찍한 비난이 있었다. "그러므로 우리는 왜 전쟁이 끝나서는 안 되는지 이해하게 될 것이다. 그것은 '번영'의 종말이

---

50) Jean-Jacques Servan-Schreiber, "Pour qui nous combattons", *Le Monde*, 30 avril 1953.
51) "Des documents sur l'affaire des piastres", *L'Observateur*, No. 156(7 mai 1953), p. 9.

될 것이다".[52] 『콩바』는 "땀, 피, 눈물이 뒤섞인 썩은 뒷맛을 목 뒤에 남기는 사건… 마치 정글이나 논밭에서의 싸움과 같다"고 기술했다.[53] 항의의 표시로 인도차이나 '연합 국가'의 시민 예산을 삭감하자고 제안한 드골주의자 드론(Raymond Dronne)처럼 국회의원들이 뒤이어 비판의 대열에 합류했다.

여론에서도 피아스트르 암거래를 비난했다. 손에루아르(Saône-et-Loire)에서는 밀수의 측면과 이러한 활동의 불법성을 강조함으로써 "주민들 다수는 이 밀무역으로 생계를 유지하는 소규모 중개 밀매자들을 공격했다".[54] 셰르(Cher) 도 주민들은 "대규모 전송의 '합법적' 관행"을 보고 놀랐다.[55] 파드칼레(Pas-de-Calais) 주민들에게 이 암거래는 "침묵의 스캔들, 이익의 공모"를 보여주었다.[56]

스캔들이 세상에 밝혀진 후, 피아스트르는 마침내 1953년 5월 11일 법령에 의해 10프랑으로 평가절하되었고, 여론의 압력을 받아 의회는 1953년 7월 2일 의회 조사위원회를 임명해야 했다. 위원회의 임무는 다음과 같았다. "첫째, 수년 동안의 인도차이나 피아스트르 암거래가 행해진 상황에 관해 조사한다, 둘째, 관련된 책임자에 대해 조사한다". 이 사건은 『타임』지의 평론가가 썼듯이, "한 권의 책이 제4공화국을 근본부터 뒤흔들었고 정권의 종말을 가져올 수 있었기 때문"이었다.[57] 피아스트르 암거래에 대한 위원회는 장군들 사건 관련 위원회 이후에 등장했다. 증인들의 입을 통해 말문이 막힐 정도로 놀라운 이야

---

52) *Ibid.*, p. 11.
53) Jacques Despuech, *Le trafic des piastres, op. cit.*, p. 1.
54) A.N. F^lc III 1317, Rapports du préfet de Saône-et-Loire, 6 juillet 1953.
55) A.N. F^lc III 1258, Rapports du préfet du Cher, août 1953.
56) A.N. F^lc III 1307, Rapports du préfet du Pas-de-Calais, 5 août 1953.
57) Jacques Despuech, *Le trafic des piastres, op. cit.*, p. 1.

기를 들을 수 있었다. 프랑스 공산당은 크리젤 발리몽과 더불어 게랭(Rose Guérin)과 망소(Robert Manceau)가 위원으로 참여할 수 있었다. 프랑스 공산당은 실제로 연루된 당원의 이름이 언급되지 않은 유일한 정당이었으며, 이로 인해 공산당에 대한 대중의 신뢰도는 높아졌다.

인도차이나 분쟁의 반대자들은 비록 의회가 조사위원회의 업무에 대해 절대적인 비밀을 보장하기로 투표했지만 이 전쟁과 관련된 다양한 부패를 비난하는 데 있어 새로운 활력을 찾았다. 정부 언론은 디엔비엔푸 참사에 대한 책임을 규명하는데 있어 침묵을 지켰다. 더 좋은 점은 위원회의 조사가 진행됨에 따라 비밀이 더욱 많아졌다는 것이다. 정부 언론의 가장 둔감한 독자라도 이 침묵이 무엇을 숨기고 있는지 의아해할 정도였다.[58] 『르몽드』는 또한 이 위원회의 효율성에 대해 의문을 제기했다. "한 가지 질문은 이 모든 것의 결론은 무엇인지, 위원회가 어떻게 진정으로 하나의 교리를 만들 수 있는지 아는 것이다. 이러한 길고 복잡한 논쟁이 정권의 특정 인물뿐만 아니라 정권 자체에 의문을 제기할 수 있다는 것이 사실이라면 조사가 완료된 후에도 결론이 도출되지 않았다는 점을 이해하기 어려울 것이다".[59] 자크 데퓌에쉬의 경우 유명 인사를 너무 많이 연루시켰다는 이유로 명예훼손 혐의로 유죄 판결을 받았다. "인도차이나 외환청 직원을 비난하기 위해 사람들이 달려드는 속도에 여론은 놀랐을 것이다".[60] 보고서를 묻어 두는 것이 더 효과적이라고 여겨졌다. 실제로 조사위원회는 1954년 6월 17일

---

58) Arthur Laurent, *La Banque de l'Indochine et la piastre*(Paris: Éd. des Deux Rives), 1955, p. 10.
59) "Les trafics de piastres. Un téoin nouveau préend apporter de nombreuses "préisions" sur diverses opérations frauduleuses", *Le Monde*, 26 septembre 1953.
60) Gilles Martinet, "La Banque de l'Indochine au centre du trafic?", *L'Observateur*, 3 décembre 1953, p. 11.

에 보고서를 제출했지만 1955년 1월 25일까지 관보에 게재되지 않았다. "(피아스트르) 암거래 청산과 전쟁 청산은 함께 진행되었다".[61]

이처럼 인도차이나전쟁은 모든 사람에게 알려진 암거래로 궁지에 몰리게 되었으며, 때로는 비난을 받았지만 정부에서는 이를 묵인했다. 피아스트르 암거래 사건은 분위기를 더욱 악화시켰다. 그것은 전쟁의 지속에 관심이 있는 특정 집단에 대해 프랑스인들 사이에 혐오감을 조성하는 데 일조했다.

3. 파업과 저항

인도차이나전쟁의 '스캔들'을 비난하면서 프랑스 공산당은 가장 다양한 수단으로 '더러운 전쟁'에 반대하는 격렬한 선전활동을 이끌었다. 이러한 운동은 무엇보다도 1948년 말 '평화운동' 창설 이후 당의 행동지침이 된 '평화를 위한 투쟁(lutte pour la paix)'의 틀 안에서 발전하였다. 포스터, 전단, 회의 및 언론을 통하여, 프랑스 공산당과 그 위성 조직의 투사들은 특히 1950년에서 1952년 사이에 여론을 자신들의 대의에 동원하려는 목적으로 활동을 강화했다.

1949년부터 공산주의자들은 인도차이나에 군대 파병 중단과 철수를 목적으로 회의와 시위를 조직했다. 전단지는 공장과 막사 주변에 배포되었다. 서명운동이 추진되었고 동시에 당 언론이나 당 지도자 및 국회의원의 목소리를 통한 정보 및 항의 활동이 증가했다. 전쟁에 반대하는 다양한 항의 운동이 일어나지 않은 날이 거의 없었다고 말할 수 있을 것이다.

---

61) Jacques Dalloz, *La guerre d'Indochine, op. cit.*, p. 163.

노동총연맹의 행동강령을 지휘하며 프랑스 공산당은 노동계급에게 인도차이나와 관련된 모든 활동을 거부하도록 독려했다. 1949년 여름 초, 노동총연맹의 두 번째 회의가 열렸다. 항구와 부두에서는 "모든 부두 근로자에게 더 이상 인도차이나로 떠나는 배에서 일하지 말 것"을 촉구했다.[62] 노동총연맹 사무총장 브누아 프라숑도 『뤼마니테』 1949년 12월 13일 자 칼럼에 "이제 우리는 군사 장비의 제조, 적재, 운송에 반대하는 대규모의 구체적인 투쟁으로 나아가야 한다"라고 언급했다. 이제 행동지침은 제시되었으며, 이 후 몇 주 동안 인도차이나전쟁에 반대하는 구체적인 행동이 증대되었다.

마르세유, 라팔리스(La Pallice), 덩케르크(Dunkerque) 항구에서는 선박에 전쟁 물자 적재를 거부하는 모습을 목격할 수 있었다. 예를 들어 마르세유에서 노동총연맹 선원은 1950년 1월 9일에 '파스퇴르(Pasteur)'호의 출발을 48시간 연기하기로 결정하면서 인도차이나전쟁에 대한 적대감을 표시했다. 라로셸(La Rochelle)에 위치한 라팔리스에서는 1950년 1월 27일 '팔레즈(Falaise)'호의 인도차이나 출항을 반대하는 시위가 항구에서 열렸다. 어부들과 조선소 노동자들의 연대의 표시로 라로셸의 여러 소규모 공장들이 가동을 중단했다. 팔레즈호의 선원들도 시위대에 합류하기로 결정했다. 덩케르크에서 부두 노동자들은 '오레(Auray)'호(1950년 2월 1일), '블로뉴(Boulogne)'호(1950년 3월 31일), '몽케(Monkay)'호(1950년 5월 12일)의 선적을 거부했다.[63] 그 후 군대는 파업 부두 노동자를 교체해야 했지만, 이는 경찰의 보호에도 불구하고 야유와 투척물을 받으며 군인들이 승선하는 것을 의미했다. 이로 인해 장비 배송이 지연

---

[62] *Résolution au IIe Congrès syndical mondial, 29 juin-9 juillet 1949*(Paris: Éd. Fédération syndicale mondiale), 1949.

[63] Alain Ruscio, *Les communistes français et la guerre d'Indochine, op. cit.*, p. 257.

되었다.

철도 노동자들은 무기 운송에 반대했다. 철도 선로에서 공산주의 활동가들은 출발을 막고 수송 중인 물자를 파괴하기 위해 전쟁 물자를 실은 열차에 접근하려고 했다. 1950년 2월 24일 투르(Tours) 교외의 생피에르 데 코르(Saint-Pierre-des-Corps)에서 레이몽 디엔은 무기를 실은 기차 앞에 누워 통행을 막았다. 카스트르(Castres)에서는 철도 노동자들이 두 차례(1950년 1월 23일과 2월 21일) 열차 출발을 지연시켰다. 캉(Caen)에서는 60명이 탄약 및 무기를 실은 열차의 마지막 차량을 공격하고 반궤도 장갑차(autochenille blindé)를 철로에 던졌다(1950년 1월 17일). 파리 보지라르(Vaugirard) 역에서 시위대에 의해 군용 차량이 손상되었다(1950년 4월 24일). 1950년 6월 드냉(Denain) 시의 카일(Cail) 공장은 1,400kg의 대포 제작용 강괴(鋼塊, steel ingot)를 운하에 던진 행위의 책임을 물어 세 명의 노동총연맹 소속 노동자를 해고했다. 1950년 7월, 베르사유 형사 법원은 르노 회사(Régie Renault)의 노동총연맹 노조 책임자이자 중앙위원회 위원인 리네(Roger Linet)를 재판했다. 그는 인도차이나로 갈 예정인 자동차를 전복시킨 혐의로 기소되었다.[64] 드문 경우지만 군사 장비 제조를 거부하는 금속 가공업자들은 프랑스 식민지 원정에 공범이 되는 것을 거부하며 시위했다.

전쟁물자의 제조, 운송, 적재에 반대하는 투쟁 외에도 공산주의자들은 인도차이나로의 군인들의 파견을 방해하거나 지연시키고자 했다. 실제로 정부 정책에 영향을 미치기 위한 행동과 함께 군대를 직접 겨냥한 수많은 활동이 전개되었다. 이미 1949년 12월부터 증언을 제공하고 '전쟁 정책'에 저항하기 위해 인도차이나 송환자 및 피해자 가족 전

---

64) Jacques Dalloz, *La Guerre d'Indochine*, op. cit., p. 166.

국협회(Association nationale des rapatrié d'Indochine et des familles des victimes)가 창설되었다. 징집을 방해하고 군인들의 정신 상태를 이용하고 젊은 이들에게 영향을 미치기 위해 열심인 공산주의자들은 인도차이나에서의 전투와 동양의 기후, 열대 질병, 인도차이나 국민의 살인자가 될 위험성을 주요 주제로 전쟁에 대한 정부의 선전에 대항하는 일련의 역선전(contre-propagande)을 도모했다. 막사 출구에 게시된 포스터와 막사 문 앞에서 배포되는 전단지는 이러한 입장을 전달했다. 공산주의 조직은 징병국 근처에서 시위를 벌였고, 징병자 축하 연회에 난입했으며 때로는 군 사무실(bureau militaire)을 공격했다. 주둔지 마을이나 집결지에서 전쟁 반대자들은 지원병들이 그들의 행동을 통해 정부가 전쟁을 중단하도록 촉구했다. 이같은 맥락에서 그들은 많은 청소년 가족에게 연락을 취했다.[65] 이처럼 코트도르에서는 징집병이 인도차이나로 떠나는 경우 공산당과 그 위성 단체, 특히 프랑스 공화청년연합(UJRF)과 프랑스 여성연합이 수많은 모임을 조직하여 징집병들이 인도차이나로의 출발을 거부하고 질서 유지를 위해 시위나 사회적 충돌 현장에 참여할 경우 그들 상관의 명령을 따르지 말 것을 촉구했다.[66] 솜(Somme) 도에서는 1950년 첫 번째 파견대의 징집병이 출발하기 직전에 프랑스 여성연합이 리베리 레 아미앙(Rivery-Lès-Amiens)에서 소집될 가능성이 있는 젊은이들 집을 방문하여 그 어머니들에게 베트남 전쟁 종식을 요구하는 청원서에 서명하도록 요청했다. 또한 이 청원서에서 서명자들은 전쟁 물자가 인도차이나로 수송되는 것을 방해하고 그들의 자녀가 전쟁터로 보내지는 것을 반대하기 위해 가능한 모든 조치를 취할 것을 요

---

[65] Michel Bodin, *La France et ses soldats. Indochine, 1945-1954*, op. cit., p. 262.
[66] A.N. F^{Ic}III1260, Rapports du préfet de Côte-d'Or, 30 avril 1950.

구했다.[67]

이처럼 대부분의 반대 활동은 프랑스 공산당과 노동총연맹이 주도했다. 그러나 노르(Nord), 파리 교외, 리옹, 생테티엔(Saint-Etienne), 마르세유 등지에서는 사회주의자들이 합류했고 때로는 기독교인들 역시 개입했다. 예를 들면, '베트남 평화를 위한 홍보회의(Réunion d'information pour la paix au Viêt-Nam)'가 1950년 2월 20일 이시레물리노(Issy-les-Moulineaux) 시청에서 인민공화운동 시장인 자크 마돌의 주재하에 열렸다. 이 모임에서는 프랑스 해외영토 학교 교장인 폴 뮈와 앙드레 드니, 샤를 다라공, 국회의원 질베르 드 샹브룅, '젊은 공화국(Jeune République)' 의장 라크루아(Maurice Lacroix), 진보기독교연합 사무총장 무아루(Marcel Moiroud)의 참석을 주목할 수 있다. 그곳에서 채택된 결의안은 다음과 같았다. "150명의 기독교 투사들은 베트남의 저항운동에 참여하는 모든 세력과 함께 평화가 이루어져야 한다고 확신한다. 그들은 어떤 기독교인도 이 전쟁의 지속에 반대하는 양심을 가지고 전쟁을 위해 일하기를 거부하는 사람들을 정죄할 수 없으며 그들에게 취해진 탄압 조치를 승인할 수 없다고 믿는다".[68]

인도차이나 분쟁에 항의하는 이러한 모든 행동은 1950년 3월 8일 "군 장비 파괴 행위, 군사 장비 유통을 방해하는 자, 군의 사기 저하 시도에 참여하는 자"를 징역형으로 처벌하는 법이 통과되는 결과를 가져왔다. 되세브르(Deux-Sèvres)의 공산당 의원인 시테른(Gabriel Citerne)이 '히틀러법(loi hitlérienne)'으로 묘사한 이 문서는 그럼에도 불구하고 격동

---

[67] A.D. de Somme, 21 W 306 : Union des femmes françaises : réunions publiques et politiques (1949-1950), mai 1950.

[68] "Une manifestation de militants chréiens pour 'a paix avec le Viê-Nam'", Le Monde, 22 février 1950.

적인 분위기 속에서 채택되었다.

　이러한 저항 운동에 직면하여 프랑스 정부는 억압적인 정책을 적용하려고 시도했다. 저항 조직의 지도자들이 첫 번째 표적이 되었다. 자크 뒤클로와 앙드레 스틸(당시 『뤼마니테』 편집장), 르 레압(Alain Le Léap)(노동총연맹 공동 사무총장), 프랑스 공화청년연합의 모든 지도자들, 피게르(Léo Figuères), 뒤콜로네(Guy Ducolonné) 등이 투옥되었다. 에티엔 파종, 귀이요(Raymond Guyot), 앙드레 마티, 비이우(François Billoux), 페(Léon Feix)와 관련하여 정부는 면책특권을 해제해 달라는 요청을 했으나 의회에서 이를 거부했다. 일부 우파가 요구한 프랑스 공산당의 전면적 금지가 정치적으로 위험한 것으로 간주되었기 때문에 진지하게 고려되지 않았다면, 주요 지도자들의 체포는 사실 공산당을 해체하려는 속셈을 지니고 있었다.

　전쟁 반대 목소리에 대한 정부의 탄압은 하부 조직원들에게도 영향을 미쳤다. 공문서에 따르면 1950년 1월 1일부터 1953년 10월까지 '군인 도발부터 불복종과 허위사실 유포'까지 다양한 이유로 법원에 기소된 사람은 180명에 이르렀다.[69] 인도차이나전쟁 반대 투쟁으로 해고된 활동가의 수는 수천 명에 이르렀다. 적어도 '구체적인 행동'의 형태로 1950년 전반기에 강렬하고 눈길을 끌었던 인도차이나전쟁 반대 행동은 빠르게 정체되어 갔으며, 1951년에는 매우 낮은 수준으로 돌아갔다. 1952년에 재개를 도모했지만, 장기적으로 볼 때 '첫 번째 물결' 때 보다 더 많은 결과를 양산해내지는 못했다.

　더욱이, 전쟁 반대자들, 무엇보다도 공산주의자들은 그들의 구성원

---

[69] 1953년 10월 8일, 국방부 장관이 보낸 문서는 "프랑스 공산당의 비호하에 수행된 반국가 선전활동에 대해 1950년 1월 1일 이후 법원에서 시작된 소송 상황"에 관한 것이다. Document dans Archives Marcel Willard déposées à l'Institut de recherches marxistes.

들과 동조자들의 대규모 참여를 결코 얻어낼 수 없었다. 행동 촉구가 늘어나고 당시 노동총연맹이 상당한 영향력을 행사했음에도 불구하고 소수의 노동계급, 특히 항만 노동자만이 행동에 참여했다. 다른 부류의 노동자들, 심지어 공산주의자들의 영향을 받은 노동자들조차도 의심할 바 없이 이 전쟁을 반대했지만, 투쟁에 천천히 참여하거나 전혀 참여하지 않았다.[70] 실제로 당시 주요 정당이었던 프랑스 공산당을 신뢰한 프랑스인들이 일부 있었지만 공산당의 요구를 자발적으로 따르지 않았다. 인도차이나전쟁에 관심을 집중시키기 위해서는 이 문제를 당시 공산주의 선전의 핵심 주제인 '평화를 위한 투쟁'에 통합할 필요가 있었다.

프랑스 여론은 베트남에서의 전쟁에 반대하는 공산주의자들의 투쟁에 거의 관심을 두지 않았다. 베트민과의 협상과 적대행위 종식을 지지하는 사람들의 수가 계속 증가했음에도 불구하고, 전쟁 반대 선전활동은 일반적으로 여론을 상당히 무관심하게 만들었다. 도지사 보고서는 전반적으로 이러한 여론의 부재를 강조했다. "인도차이나에서의 전쟁에 영향을 줄 만한 공산주의자의 행동은 없었다"(바스알프, 1949년 9월). "포스터, 전단지 및 공지 사항을 통해 상당한 홍보가 이루어졌음에도 불구하고 프랑스 공산당은 한정된 수의 청중만을 모았다"(오브(Aube), 1950년 10월). "인도차이나에서의 전쟁에 영향을 줄 만한 공산주의자의 행동은 없었다"(부쉬뒤론, 1949년 7월 5일). 실제로 대다수의 여론은 이 캠페인을 공산당 내부 선전의 하나로 생각했다.[71] 1947년까지 잠시 정부에 참여한 이후, 공산주의자들은 계속해서 반대 진영에 위치해 있었다.

---

70) Alain Ruscio, "L'opinion française et la guerre d'Indochine", *op. cit.*, p. 41.
71) A.N. F^lcIII 1331, Rapports du préfet de Vaucluse, novembre 1950.

그들은 인도차이나의 탈식민지화 운동을 지지했지만, 프랑스 내에서의 정치적 고립과 그들의 입장을 의심하게 만든 동유럽 국가들과의 관계로 인해 그들의 선전활동은 별로 효과적이지 못했다.

특히 1950년부터 1952년까지 인도차이나전쟁에 반대하는 참여활동은 아마도 프랑스 공산당의 반식민주의적 입장을 보여주는 중요한 증거일 것이다. 그러나 공산당의 선전활동은 '대중 투쟁'으로 이어지는 것은 물론이고 활동가와 동조자들을 설득하고 행동으로 이끄는 데 어려움을 겪었다. 그것은 직업군인에 맡겨진 이 머나먼 지역에서의 분쟁에 그다지 관심이 없는 프랑스 대중의 직접적인 관심사와도 일치하지 않았다. 반면에 항상 감성을 동원하는 데 능숙한 공산주의 선전활동 하에서 반식민주의는 프랑스 여론 내에서 확산되었다고 말할 수 있을 것이다.

2부 결론

　인도차이나전쟁에 관해 프랑스 국민 전체의 심리 상태를 규정하는 것은 확실히 어려운 일이다. 대중은 분열되었고 전쟁은 그들에게 명예 없이 포기하거나 잔인한 희생을 요구하며 계속하는 것 중에 하나를 선택할 것을 지속적으로 요구했다. 그러나 전반적으로 두 가지 주요 특징을 관찰할 수 있다. 하나는 전쟁에 대한 어느 정도의 무관심이고, 다른 하나는 증가하는 평화에 대한 열망이다. 먼저 1946년부터 1953년까지 인도차이나의 운명은 항상 소수만이 관심을 가졌다는 사실에 주목할 수 있다. 이 머나먼 전쟁은 물가 상승과 권력 불안정에 민감한 프랑스인에게는 부차적인 문제로 나타났다. 또한 이러한 무관심에 대한 몇 가지 원인이 존재한다는 사실을 발견할 수 있다. 당장에 임박한 위험이 없고, 작전 지역은 '프랑스 본토'에서 수천 킬로미터 떨어진 먼 곳에 위치해 있었으며, 프랑스 병력 인원은 점점 감소하고 있고, 분쟁이 지속되면서 전쟁에 무감각해지는 현상은 결국 프랑스인들로 하여금 인도차이나전쟁에 대해 무지하고 무관심하게 만들었다.

　다음으로 본 연구는 프랑스의 인도차이나 정책에 대한 프랑스 대중의 반대의 중요성을 확인시켜준다. 사건이 주는 중압감으로 인해 전쟁을 벌이려는 욕구가 점차 줄어들면서 협상에 대한 욕구가 커졌다. 여론 조사에 따르면 "인도차이나에서 무엇을 해야 합니까?"라는 질문에 "우리는 베트민과 협상해야 한다"; "우리는 베트남의 독립을 인정해야 한다"; "우리는 군대를 다시 불러들여야 한다"라는 세 가지 범주의 유사한 답변이 제시되었다. 세 대답 모두 서로 다른 표현임에도 전쟁에 대한 피로와 프랑스의 공식적인 전쟁 목표에 대한 불신을 표현했다. 1947년의 질문에 대한 응답자의 37%, 1949년에는 이미 49%, 1950년에는 42%(이러한 감소는 아시아 지역의 공산주의 위협을 더욱 심화시킨 한국전쟁으로 인해 발생함), 1953년에는 50%, 마지막으로 1954년에는 60%가 적대행위를 중지하라는 의견이었다. 도지사 보고서에 따르면 1953년 말 이래 전쟁을 종식해야 한다는 필요성에 대해 거의 만장일치로 조금씩 의견이 일치했는데, 그 이유는 전쟁이 막대한 인명 손실과 예산 불균형을 초래했으며 대중의 도덕관념이 비난하고 정죄하는 불법적인 암거래를 야기했기 때문이다. 게다가 프랑스 여론은 전쟁의 의미를 이해하지 못했다. 정치인들의 설명은 시간이 지나면서 바뀌었다. 식민지 재정복에서 연합 국가 보호로, 그리고 공산주의 침략에 맞서 자유세계를 방어하는 방향으로 변해갔다. 제4공화국의 정치계는 실제로 여론전에서 승리할 수 없었고, 어떤 경우에도 대부분이 결국은 정치적으로 정부의 정책에 마음을 정하지 못한 사람들을 결집시킬 수 없었다.

3부

제네바, 식민주의 이념의 종말?

서문

 90년간의 정치적, 경제적, 군사적, 문화적 지배 이후, 프랑스는 디엔비엔푸의 패배와 뒤이은 제네바 휴전에 의해 인도차이나를 포기하면서 어떤 대가를 치르더라도 원했던 것처럼 보이는 이들 국가에 대한 영향력을 단념했다. 그러나 프랑스 해외영토의 쇠퇴를 촉발한 이러한 포기는 식민주의 사상의 종말을 의미하지는 않았다. 인도차이나의 사건이 다른 외부 소유영토에 미칠 영향을 걱정한 프랑스는 해외에서 자국의 입지를 방어하기 위해 모든 수단을 동원하고자 했다. 실제로 인도차이나를 포기해야 했던 프랑스는 특히 아프리카 지역에 다시 초점을 맞추기로 결정했다.

 그런데, 이 분쟁의 가장 치명적인 마지막 해에 프랑스인들은 어떠한 희망과 우려, 의구심, 불안, 그리고 안도감을 경험했는가? 이 사건 당시 사람들은 디엔비엔푸 전투를 어떤 방식으로 경험했는가? 그들은 제네바 협정과 인도차이나의 포기를 어떻게 인식했는가? 그들은 그 사실을 어떻게 알았는가? 동시대인들은 제네바 회의의 실질적인 쟁점을 알 수 있었는가? '거리의 사람들'은 '통킹의 진흙 속의 사람들'이 겪고 있는 일에 대해 무엇을 알고 있었는가? 언론은 독자들에게 프랑스 원정군과 적군인 베트민에 대해 어떤 이미지를 제시했는가?

 우리는 적어도 첫 번째 베트민의 대규모 공격 이전에는 디엔비엔푸가 대다수 프랑스 여론의 관심을 끌지 못했다는 사실을 알게 될 것이다. 또한 프랑스인들이 자신들의 싸움이 '희망이 없다'고 생각하여 인도차이나를 '탈식민지화'하는 대신 '철수하고', '포기하며', '분리하기'로 결정했다는 것을 알게 될 것이다.

6장

"프랑스 공화국은 디엔비엔푸에서 운명을 다했다"[1]

　계속된 전투의 패배와, 전쟁과 관련된 추문들, 그리고 다른 해외영토에도 영향을 미칠 수 있다는 불안감이 많은 프랑스인에게 인도차이나 전쟁의 의미와 근거에 대한 의문을 점차 제기하게 했다. 실제로는 전쟁의 마지막 해인 1954년이 되어서야 프랑스인들은 이 '머나먼 전쟁'에 대해 관심을 갖게 되었다. 특히, 디엔비엔푸에서의 치열한 전투와 프랑스군의 패배는 프랑스인들에게 베트남을 포기해서라도 전쟁을 종식시켜야한다는 열망을 부추겼다.

　1953년 중순부터, 호치민 정부군의 총사령관 보 응우옌 지압은 라오스에 대한 대대적인 침공을 준비하고 있었다. 그는 라오스를 점령하고 가능하면 캄보디아까지 진출하여 남부의 공산 게릴라 부대와 힘을 합해 사이공을 점령할 생각이었다. 1953년 5월에 인도차이나 프랑스군 총사령관에 임명된 나바르(Henri Navarre) 장군은 이를 저지하기 위해, 즉 라오스로 통하는 주요 통로이자, 중국과도 연결된 주보급로를 차단

---

1) 드빌레르(Philippe Devillers), 라쿠튀르(Jean Lacouture), 카나파(Jérôme Kanapa) 등에 의해 1974년에 제작된 인도차이나에 관한 다큐멘터리 영화 제목. 원제목은 "La République est morte à Diên Biên Phu"이다.

하여 라오스 왕국을 보호하고 베트남을 물리치기 위해 1953년 11월 베트남 서북 변경 산간지대의 분지에 자리 잡은 작은 마을 디엔비엔푸에 대규모 요새를 구축하고 1만 5천 명의 병력을 배치했다. 프랑스군은 베트민을 평원으로 유인하여 회복할 수 없는 타격을 입힐 수 있는 전투를 벌이고자 했다. 이 '카스토르(Castor)'라는 작전에 더 많은 자원을 투입함으로써 베트민은 쓰라린 실패를 겪으리라 생각했다.[2] 참호화된 진지에 자리 잡은 프랑스 진영의 지휘권은 전투 중 장군으로 진급된 드 카스트리(Christian de Castries) 대령에게 맡겨졌다. 이 요새의 약점은 비행기로만 병력과 물자의 수송이 가능하다는 데 있었다. 그러나 나바르 장군은 1개 사단 정도의 지압군이 공격할 것으로 예상하고 그 경우 우세한 화기와 공군력으로 이를 충분히 막아낼 수 있다고 믿었다. 프랑스는 이런 군사전략을 통해 베트민을 협상 테이블로 끌어낼 수 있다고 믿고 있었다.

호치민 정부는 프랑스의 경제 불황과 조기 종전을 바라는 프랑스의 국내여론 및 프랑스의 침략에 대한 세계의 비난이 빗발칠 때 8년간에 걸친 해방전쟁을 승리로 이끌 수 있는 기회가 왔다고 판단했다. 특히 1954년 4월에 제네바에서 중국을 비롯한 강대국들이 회의를 갖고 동아시아에서의 외교문제를 광범위하게 논의할 예정이었다는 사실이 크게 작용했다. 전투에서의 승리는 협상을 유리한 조건 하에서의 전쟁종결로 이끌 수 있다고 믿었던 것이다.[3]

디엔비엔푸에서의 낙관적인 전망과는 대조적으로 다른 지역에서는 매우 빠르게 상황이 악화되었다. 나바르 장군은 1954년 2월 19일 언론

---

2) Pierre Langlais (colonel), *Diên Biên Phu*(Paris: France-Empire, 1963), p. 275.)
3) 유인선, 『새로쓴 베트남의 역사』(이산, 2002), p. 381.

에 다음과 같이 선언했다. "베트민은 그들이 주장했던 곳 이상의 최고점에 도달했으며 물자보급의 가능성을 넘어섰다는 증거를 방금 제시했다."[4] 같은 달, '연합 국가부 장관(ministre des États associés)' 자케(Marc Jacquet)의 것으로 추정되는 보고서가 『렉스프레스』에 게재되어 구설수에 올랐다. "우리가 매년 군사 지도의 일반적인 변화를 살펴보면 우리의 (인도차이나로의) 진출은 지속적으로 악화되는 것을 보게 된다. 이런 불리한 전개를 되돌릴 수 있을까? 그 대답은 의심할 바 없이 부정적이다"(『렉스프레스』, 1954년 2월 27일).

실제로 1954년 초 프랑스군은 하노이, 하이퐁과 두 도시를 연결하는 도로만을 점령하고 있었다. 참모부에서는 프랑스와 베트민 두 군대의 배치 지도를 아이러니하게도 '매독(vérole)'으로 명명했다. 베트민의 붉은 반점이 그곳의 빈약한 프랑스군 진지를 집어삼키는 것처럼 보였던 것이다. 중부 베트남 지역에서 호치민 지지자들의 지지율은 80%에 육박했다. 강력한 베트민의 존재에도 불구하고 남쪽만이 몇 년 동안 여전히 저항할 수 있다고 프랑스군은 생각했다. 그러나 전쟁부 장관 르네 플레뱅은 프랑스가 물질적, 인적 자원의 한계에 도달했다고 선언했다.[5] 디엔비엔푸가 난공불락으로 여겨졌다는 사실은 거의 모든 군사 전문가와 서방 관측자들에게 명백해 보였다. 한편, 1954년 4개국이 참여한 베를린 회의는 공산주의 중국이 참여하는 가운데 4월에 제네바에서 새로운 회의를 열겠다는 약속 후 해산했다. 이 회의는 인도차이나 문제를 논의할 계획이었다. 이제 외교적 합의의 틀이 마련되었다.

3월부터 공격을 받았고, 지압 장군의 군대에 포위된 프랑스-베트남

---

4) Jules Roy, *La Bataille de Diên Biên Phu*(Paris: Juilliard, 1963), p. 352.
5) Alain Ruscio, *La décolonisation tragique, op. cit.*, pp. 75–76.

군대를 이제는 더 이상 구출할 수는 없었다. 57일간의 저항 끝에 1954년 5월 7일 디엔비엔푸의 진지가 무너지고 라오스가 침공당했다. 요새의 사령관인 드 카스트리 장군과 그의 부하 전체가 포로로 잡혔다. 극동지역의 프랑스 원정군은 병력의 6~9%에 해당하는 17개 대대를 포기했다. 최종 공격 당일 저녁에 1,500명이 사망했고 4,000명 이상이 중상을 입었으며 그 중 다수가 생존하지 못했으며 거의 10,000명에 달하는 프랑스 연합 병사들이 포로로 잡혔고, 그 중 7,000명 이상이 귀환하지 못했다. 베트민은 약 8,000명의 병력을 잃었고 15,000명의 부상자 또는 실종자를 기록했다.

전 세계에 이 소식은 충격적으로 전해졌다. "디엔비엔푸는 세계사의 전환점이 되었다. 그것은 서양의 가장 큰 패배 중 하나였다".[6] 탱크와 비행기가 있음에도 불구하고 위대하다고 여겨졌던 세력은 민족해방운동에 의해 대규모 전투에서 파괴되었다. 파리에서는 조기가 게양되었다. 워싱턴의 관료들과 언론은 '프랑스인들의 영웅주의(l'héroïsme des Frenchies)'를 칭송했으며, 인도차이나에서 공산주의가 승리할지도 모른다는 우려를 표명했다. 반대로, 당연하게, 모스크바와 베이징은 '전우들(frères d'armes)'의 승리를 환영했다. 그리고 무엇보다도 프랑스 해외영토 소유지의 모든 '관찰자들'은 흥분을 감추지 못했다. 튀니지와 알제리의 주민들은 기쁨을 숨기지 않았다. 실제로 프랑스의 패배는 '식민지 세계'의 분리독립을 주장하는 이들을 격려했으며, 특히 극동지역의 투쟁으로 인해 병력이 부족했던 북아프리카에서는 더욱 그러했다.[7] 보호령에서의 소요는 급증하였고 일부에서는 새로운 전쟁이 시작되었다. 분명

---

6) Jean Feller, *Le Dossier de l'armée française. La guerre de 'cinquante ans', 1914-1962*(Paris: Perrin, 1966), p. 455.
7) Charles-Robert Ageron, *La décolonisation française, op. cit.*, p. 92.

히 평온했던 알제리에서 디엔비엔푸는 1954년 11월 1일에 가장 결단력 있는 사람들에게 "도화선에 불을 붙이도록" 자극했다. 프랑스 원정군 장교였던 푸제(Jean Pouget)는 "디엔비엔푸의 몰락은 식민지 시대의 종말과 제3세계 독립의 시대가 도래했음을 알렸다. 오늘날 아시아, 아프리카, 미국에서 지압 장군의 승리를 언급하지 않는 반란, 반역, 봉기는 존재하지 않는다. 디엔비엔푸는 탈식민지화의 7월 14일(혁명기념일)이 되었다"라고 기술했다.[8]

이후 프랑스 군인들은 더 이상 승리나 극적인 회복의 가능성을 믿지 않았다. 디엔비엔푸의 패배 이후 이러한 부정적인 감정이 반영된 다양한 분석이 보고되었다. 『르 피가로』의 평론가는 "디엔비엔푸의 전사들이 죽었다. 왜냐하면 우리는 전쟁을 수행하는 방법을 몰랐기 때문이다. 왜냐하면 우리는 전쟁을 원하거나 거부하는 방법을 몰랐기 때문이다"라고 언급했다(『르 피가로』, 1954년 5월 10일). 바오 다이 군대는 산산조각 났다. 사실, 소위 바오 다이의 '민족주의적 베트남(Viêt-Nam national)'에 대한 마지막 환상은 무너졌다. 프랑스에서 바오 다이 해결책의 가장 적극적인 지지자들조차 이 사실을 인정했다. 베트민에 직면했을 때 그들은 실제 국가를 탄생시키는 방법을 알지도 못했고, 그럴 능력도 없었다. 반대로 베트민은 심리적으로 결정적인 우위를 점했음이 분명했다. 그들은 프랑스 최고의 전사들과의 전투에서도 자신이 승리할 수 있다는 것을 증명했다.

굴욕을 당한 군대와 불안감을 느끼는 국민들로 인해 프랑스 공화국은 이미 이 비극적인 진지에서 조금씩 죽어가고 있었다. 어떤 이들은 물질적 지원이 인도차이나에서 받은 타격으로 인해 치명적인 영향을

---

[8] 디엔비엔푸 함락 20주년을 기념하는 기사의 내용. *Le Figaro*, 7 mai 1974.

받아 사라지고 있었기 때문에 프랑스에서 식민주의적 감정이 무너졌다고 말하기도 했다. "공화국은 디엔비엔푸에서 운명을 다했다"는 표현은 물론 상황을 지나치게 단순화시킨 측면이 있지만, 디엔비엔푸에서의 패배가 '프랑스 식민제국'에 즉각적인 타격을 입혔고, 장기적으로는 공화국의 기초를 흔들어 놓았다는 사실만은 부정할 수 없을 것이다.[9]

1. 디엔비엔푸 전투에 대한 여론

디엔비엔푸 사건이 일어나기 전까지 프랑스 의회는 인도차이나전쟁에 대해 매우 드물게 논의했다. 그것은 전쟁이 종결을 향해 나아가고 있을 때, 특히 통킹의 요새화된 진영의 전투가 전쟁에 가장 비극적인 차원을 안겨주었을 때에만 프랑스 관심의 중심 주제가 되었다. 두 달간의 포위공격 끝에 디엔비엔푸가 1954년 5월 7일 베트민에게 압도되자 여론은 충격에 빠졌다. 이는 국내는 물론이고 국제적으로도 충격을 준 프랑스군의 주요한 패배였다. 1953년 11월부터 1954년 5월까지 디엔비엔푸 전투 기간에 프랑스인들은 어떻게 정보를 얻었는가? 그들은 그 소식에 어떻게 반응했는가? 이 장에서 우리는 '세상의 끝'에서 벌어진 분쟁의 8년차이자 마지막 연도에 대한 프랑스인들의 사고방식과 반응을 살펴보고자 한다.

1) 전투 참여 이전

공수부대가 디엔비엔푸에 투하된 직후 병력의 불균형이 분명해 보

---

9) Pierre Brocheux et Daniel Hémery, *Indochine: la colonisation ambiguë, op. cit.*, p. 363.

였을 때 대다수의 프랑스 관찰자들은 다소 낙관적이었다. 조급해하면서도 정면충돌을 원했고, 프랑스 사령부는 자신 있게 전투를 기다렸다. 르네 플래뱅 국방부 장관은 보고서에서 "요새화된 참호의 견고함을 의심하는 그 어떤 사람도 발견하지 못했다"고 자신에게 말했다. 1953년 11월 22일, 드 카스트리 대령으로 교체되기 며칠 전, 북서작전그룹(GONO: Groupement opérationnel du Nord-Ouest)의 수장이었던 질(Jean Gilles) 장군은 통킹의 총사령관인 코니(René Cogny) 장군에게 "승리의 희망은 엄청나다. 모두가 인도차이나전쟁을 디엔비엔푸의 승리로 끝내려 한다"고 말했다.[10] 르네 코니 장군의 경우, "프랑스군은 디엔비엔푸에서 베트민에게 심각한 패배를 안겨줄 것이 확실하다. 힘들고 긴 싸움이 예상되지만 우리는 승리할 것이다"라고 확신했다.[11]

　이러한 '공식적인 낙관론'은 프랑스 언론의 다양한 평론가들에 의해 널리 공유되었다. 공수부대의 투하가 프랑스에 알려지자마자 『로로르』는 신문 1면에 "(앙리) 나바르가 베트민에게 새로운 공격을 가했다. 수천 명의 공수부대원이 디엔비엔푸를 점령했다. 프랑스군은 인도차이나에서 군대의 용맹과 지도자의 권위를 확인했다"(1953년 11월 23일)라는 표제를 달았다. 프랑스 주요 신문들은 프랑스 참모진이 대담함을 보였고 그들의 "기습 공격"[12]이 "베트민의 배후를 공격했다"[13]고 생각했다.

　그러나 이러한 분석이 모든 이들에게 공유된 것은 아니었다. '공식적인 낙관주의'에 대해 의구심을 표현한 보기 드문 프랑스 군사 전문가

---

10) Pierre Langlais (colonel), *Diên Biên Phu*, *op. cit.*, p. 56.
11) *Le Figaro*, 13 janvier 1954.
12) *Le Figaro*, 23 novembre 1953.
13) *Le Populaire*, 23 novembre 1953.

가운데 육군 참모총장인 블랑(Clément Blanc) 장군을 예로 들 수 있다. 그는 디엔비엔푸를 방문하면서 이 통킹 지역의 분지는 "놀랍게도 조직화되고 견고하게 구축된 캠프지만 기상 조건과 공중에서의 (전투) 가능성에 폐해를 끼치는 매우 불안정한 지역"이라고 언급했다.[14] 그는 또한 "디엔비엔푸가 델타 지역에 대한 안정적인 확보 없이 적군의 상당수를 정착시켰으며, 이 병력은 거의 전투로 단련된 병력으로 대체되었다"라고 관찰한 후 다음과 같이 주장했다. "우리를 조종하는 것은 베트민이지 우리가 베트민을 조종하는 것은 아니다".[15] 전쟁의 미래에 대해 공군 참모총장인 페(Pierre Fay) 장군도 마찬가지로 비관적이었다. 그는 "사용된 수단의 중요성이 커질 수 없음에도 불구하고 군사적 결정은 기대할 수 없다"고 선언했다.[16] 바스티아니(André Bastiani) 대령의 경우, "베트민이 라오스로 가는 길을 막았다"는 주장을 비판하면서, "이 나라에서는 한쪽 방향만을 막지 않는다. 이는 유럽의 개념이므로 여기서는 가치가 없다. 베트남은 어디에나 있다"라고 푸념했다.[17] 인도차이나 총사령관 앙리 나바르 조차 "'요새에서의 전쟁(guerre des places)'이 초라한 해결책을 제시했지만, 검토해 보면 작전 지역 전체를 장악할 수 없는 군대에게 유일한 해결책인 것처럼 보였다"고 확신했다.

정부의 공식적인 입장에 대한 불신과 경멸을 모두 보인 언론 기관 중에서 가장 먼저 『뤼마니테』를 발견할 수 있다. 공산주의 일간지에게

---

14) Gilbert Bodinier (commandant), "Rapport Catroux sur Diê Biê Phu", *Revue historique des armées*, No. 194(mars 1994), p. 73.

15) Georges Chaffard, *Les Carnets secrets de la décolonisation*, T. I(Paris: Calmann-Lévy, 1965), p. 160.

16) Gilbert Bodinier (commandant), "Rapport Catroux sur Diên Biên Phu", *Revue historique de l'armée*, No. 163(juin 1986), p. 73.

17) Pierre Rocolle, *Pourquoi Diên Biên Phu?*(Paris: Flammarion, 1968), p. 178.

디엔비엔푸는 새로운 "명예 작전(opéation-prestige)"(1953년 11월 23일)이었으며, '나바르 계획(plan Navarre)'의 첫 번째 실패를 잊게 했고, "일단 달러가 지불되면 미국의 요구를 만족시키기 위해 프랑스군은 잘 싸워주었다"(1953년 11월 23일). 이 순간부터 디엔비엔푸의 엄격한 군사적 효율성에 대한 의문이 제기되었다. "이 새로운 캠프는 베트남 군대에 의해 해방된 200km가 원정대 기지와 분리되어 정글로 후퇴할 생각도 배제하기 때문에 전적으로 항공에 의존하고 있다"(1953년 11월 23일). 결국, 『뤼마니테』는 "디엔비엔푸에 갇힌 수천 명의 사람들의 상태는 첫날부터 매우 비관적이었다"(1953년 12월 31일)라고 평가했다.[18]

1950년 창간 이래 전쟁을 비난해 온 『롭세르바퇴르』의 비판 역시 신랄했다. 파레(Robert Paret)는 베트민의 주보급로를 '차단'하기 위해 요새를 구축한다는 구상에 이견을 표명했다. "참호로 둘러싸인 진지는 모두 쓸모가 없었고 (베트민) 인민군의 활동을 방해하지 못했다. 원정군은 분산되어 있고, 포착하기 힘든 적을 추적하는데 지쳐있었으며, 아무도 공격하지는 않았지만 떠나는 것이 금지된 난공불락의 요새에 자리 잡고 있었다"(1954년 2월 19일). 『르몽드』 기자 길랭(Robert Guillain)은 "디엔비엔푸에서 주말을 보냈다". 그는 그곳에 있었던 모든 사람들의 느낌을 경험했다. "포위되고, 구금되고, 둘러싸여 있다는 것, 사방에서 보여지는 것, 모든 움직임이 위에서 내려다보는 적에게 보여 지는 반면에 적군은 숲의 장막 뒤에 있으면서도 어느 곳에서도 볼 수 없었다. […] 알려진 다른 요새와는 달리, 이 요새는 적에게 평원을 맡기고 높은 곳에 자리 잡는 것을 선택하지 않았으며, 그와는 정반대였다. 우리는 움푹 들

---

18) Alain Ruscio, "Diên Biên Phu: du coup de génie à l'aberration ou Comment les contemporains ont véu l'ultime bataille de la guerre française d'Indochine", *Revue française d'histoire d'outre-mer*, No. 268(3ᵉ trimestre 1985), p. 337.

어간 곳, 평탄한 곳에 자리했으며, 적군은 모든 지배적인 위치에 있다"(1954년 2월 14~15일). 인도차이나의 군사 상황에 대한 조사를 마친 후 '좌파 망데스주의'의 대변인인 『렉스프레스』는 다음과 같은 결론을 내렸다. "'나바르 계획'[19]으로 알려진 새로운 전술을 위해 설정된 목표는 달성될 수 없었다"(1954년 2월 6일).

프랑스의 전쟁을 아낌없이 옹호하는 언론의 여기저기에서도 우려의 목소리는 감지되었다. 1954년 1월 7일자 『로로르』는 독자들에게 "반란자들은 그곳의 방어자들에게 걱정을 끼칠 만큼 충분하게 중무장 되어 있다"라고 알려주었다. 『프랑스 수아(France-Soir)』의 보다르(Lucien Bodard) 특파원은 "베트민이 대규모 공격을 시작하면 라이쩌우(Lai Chau)와 디엔비엔푸를 유지하는 것이 어려운 문제가 될 것이다"(1953년 11월 22~23일)라고 평가했다. 이처럼 전투가 시작되기 전에 디엔비엔푸에 대한 묘사와 세력 다툼에 대한 평가에 약간의 혼란이 있었고 승리에 대한 확신과 신중함이 혼합되어 있었다. 공산주의자들과 『롭세르바퇴르』의 편집자들을 제외하고, 언론인들은 "전쟁을 종식시키고 베트민을 무너뜨리려는" 욕구와 결국에는 문제를 야기할 수 있는 정면충돌을 피하려는 우려 사이에서 주저하는 것처럼 보였다.

그런데 프랑스인들은 자국의 언론을 통해 공수부대의 투하와 첫 번째 공격을 통해 시작된 전투의 실질적인 쟁점을 이해할 수 있었는가? 인도차이나의 뉴스를 간헐적으로 읽고, 주요 석간 일간지나 중도 신문의 머리기사만 훑어보는 사람들은 다소 낙관적인 경향을 가졌을 가능성이 높다. 그러나 좀 더 자세히 살펴보고, 기사의 실제 내용을 분석해

---

[19] 디엔비엔푸 전투의 패배를 초래한 '나바르 계획'에 대해 앙리 나바르 장군은 은퇴 후 출간한 그의 자서전에서 자신의 오판을 인정함과 동시에 스스로를 변호하려 했다. Henri Navarre, *Agonie de l'Indochine, 1953-195*(Paris: Plon, 1950).

보면 이러한 낙관론은 줄어들 수 있다.[20] 이 프랑스 여론에 대해 보다 자세히 살펴보도록 하자.

1954년 초, 디엔비엔푸 전투는 인도차이나전쟁을 뉴스의 첫머리로 등장시켰다. 그러나 8년 전부터 "거대한 외인부대"[21]와 같은 원정군에 의해 수행된 이 전쟁은 프랑스인들의 관심을 끌지 못했다. 1954년 2월에 시행된 여론조사[22]에 의하면 하나, 혹은 둘 이상의 신문을 읽는 사람 중에, 다시 말해 정치와 같은 당시의 시사문제에 일반인들보다는 좀 더 관심을 기울이는 사람 중에, 32%가 인도차이나와 관련된 소식을 전혀 읽지 않으며, 45%는 "아주 가끔씩", 23%는 "꾸준히" 읽는다고 응답했다. 이같이 디엔비엔푸에서 베트민의 첫 번째 대대적인 공격이 시작되기 직전에 프랑스인의 4분의 3, 정확히 77%가 극동지역에서 일어나는 전투에 대해 전체적, 혹은 부분적인 무관심을 드러냈다.

표 11. 인도차이나에서 어떤 정책을 취해야 할 것인가? (1954년 2월 질문)

질서를 회복하고 증원군을 파견한다	7%
베트민과 협상하고 논의한다	42%
인도차이나를 포기하고 군대를 소환한다	18%
국제연합이나 미국에 도움을 요청한다	1%
다른 의견들	3%
의견 없음	29%

같은 여론조사에서, "인도차이나에서 어떤 정책을 취해야 할 것인

---

20) Alain Ruscio, *Diên Biên Phu: la fin d'une illusion*(Paris, L'Harmattan, 1987), p. 22.
21) Henri Amouroux, *Sud-Ouest*, 15 mars 1954.
22) 질문: "인도차이나전쟁 소식을 신문에서 정기적으로 혹은 가끔 보시나요?, 아니면 전혀 보시지 않나요?", *Sondages*, 1954, No. 1, p. 57.

가?"라는 질문에 프랑스인들은 점점 더 "호치민과의 직접적인 대화"를, 더 나아가서 "인도차이나를 포기할 것"을 요구했다. 단지 7%가 무력 사용을 지지했고, 1%만이 미국의 개입을 원했다. 하지만 어떤 정책을 취해야 될지 알지 못하는 29%나 되는 많은 인원이 질문에 대답하지 못하면서 인도차이나 문제에 대한 여전한 무관심을 드러냈다(표 11).

"1953년까지 여론에서는 두 가지 경향이 충돌했다. 어떤 사람들은 협상을 통해 분쟁을 끝내기를 원했고, 다른 사람들은 우리가 무력으로 승리할 수 있다고 믿었다. 오늘로써 이러한 논란을 멈춰야 한다. 우리는 이제 협상을 통해 갈등을 해결하는데 모두가 같은 생각이다". 정부수반인 조셉 라니엘이 1954년 3월 5일 국회에서 한 이 선언은 확실히 부분적으로 현실과 일치했지만, 당시에는 아무도 더 이상 승리를 믿지 않았다. 전쟁의 확대는 전쟁에 대해 통상적으로 반대하는 이들보다 훨씬 더 많은 프랑스 정치인들에 의해 강력하게 거부되었다.

디엔비엔푸 전투가 시작되었을 때 대다수의 사회주의자는 휴전과 정치적 해결을 요구했다. 그러나 평화 지지자들은 사용할 방식에 대해 의견이 일치하지 않았다. 어떤 사람들은 영국, 미국, 소련, 중국이 평화에 있어서 동일한 이해관계를 갖고 있지 않기 때문에 호치민과의 협상이 불가피하다고 생각했다.[23] 다른 사람들은 대화를 촉진할 수 있는 국제적 지원을 구상했다.[24] 가스통 데페르가 제출한 1953년 10월 27일 발의안은 이 두 가지 입장을 요약했다. "국회는 정부가 가능한 한 빨리 성공하겠다는 확고한 의지를 가지고 적대행위를 종식시키기 위해 국제적 합의를 포함한 적국과의 모든 협상을 수행할 것을 요청한다".[25] 그

---

23) *Journal officiel (J.O.). Débats parlementaires (D.P.)*, 23 octobre 1953, p. 4562.
24) *J.O. D.P.*, 6 janvier 1953, p. 7.
25) *J.O. D.P.*, 27 octobre 1953, p. 4608.

러한 요구가 원정군의 사기를 떨어뜨릴 것을 두려워하는 정치적 반대자들의 공격에 대응하여 사회주의자들은 평화를 논의하는 것이 그들의 희생을 종식시킬 것이기 때문에 오히려 프랑스 병사들에게 도움이 될 것이라고 주장했다.[26] 실제로 일부 국회의원들은 전투에서 패했을 때 원정군이 불필요하게 고통을 겪지 않도록 베트남인들이 전투와 전쟁 비용에 있어 더 많은 역할을 행할 것을 요구했다.[27] 디엔비엔푸 전투 기간 사회주의자들은 전쟁의 국제화로 인한 결과를 두려워했다. 그들은 분쟁 확대의 위험과 프랑스에 미치는 군사적, 재정적 영향, 심지어 국제적 군사 지원의 효율성에 대해서도 의문을 제기했다.[28] 디엔비엔푸 전투의 마지막 순간에 사회당은 혼란과 공포 속에서의 항복과 철수를 피하기 위해 휴전을 요구했다.[29]

전투의 확대와 분쟁의 국제화 위험은 또한 적대행위를 종식시키려는 급진주의자들의 생각을 더욱 강조했다. 디엔비엔푸의 요새화된 진지를 구축하기 훨씬 전에 민주사회주의 저항 연합(UDSR : Union démocratique et socialiste de la Résistance)의 책임자인 미테랑(François Mitterrand)은 "한국의 미국인과 말레이시아의 영국인의 사례를 따르면서 우리는 포기, 퇴각, 철수를 의미하지 않는 평화로운 해결책을 발견할 수 있다"는 사실을 지적했다.[30] 1953년 9월 급진당 대회는 "주요 유럽 및 극동 문제의 우호적 해결 가능성을 모색하기 위한 최고 수준의 협상"을 제안했다.[31] 급진주의자들과 미테랑의 민주사회주의 저

---

26) *J.O. D.P.*, 23 octobre 1953 ; p. 4562.
27) *J.O. D.P.*, 20 octobre 1953, p. 6962.
28) *J.O. D.P.*, 9 mai 1954, p. 1973.
29) Michel Bodin, *La France et ses soldats, op. cit.*, p. 208.
30) *J.O. D.P.*, 3 juin 1953, p. 2955.
31) *Le Monde*, 23 septembre 1953.

항 연합을 하나로 묶은 공화좌파연합(RGR : Rassemblement des gauches républicaines)의 에두아르 달라디에는 프랑스 군인들의 운명에 대해 "우리는 평화로 가는 길을 찾아 그들의 희생을 끝내야 한다"고 더욱 분명하게 말했다.[32] 낭트에서 미테랑의 민주사회주의 저항 연합은 치열한 투표(찬성 402표, 반대 337표) 끝에 정부에 전쟁 종식을 위한 협상을 제안했다.[33]

민주사회주의 저항 연합 소속의 센(Seine) 도의원 라네(Joseph Lanet)는 "(인도차이나에서의) 작전은 우리 경제력과 정치력의 필수 조건인 아프리카 정책을 위협한다"라고 선언했다.[34] 그와 마찬가지로 일부 급진주의자들은 잃어버린 옛 제국의 아시아 지역이 프랑스 연합의 나머지 지역, 특히 아프리카를 '오염'시킬 수 있다는 생각에 두려워했다. 프랑수아 미테랑의 경우 "자신들을 모욕하는 후퇴의 물리적이고 물질적인 원인을 충분히 인식하지 못하는 우리 국민은 스스로를 의심하고 (전쟁) 계획 전체에 의문을 제기한다. 따라서 위기에 처한 아시아는 아프리카의 구원을 그릇되게 포기하게 만들 수 있다"라고 기술했다.[35] 유럽방위공동체(CED : Communauté européenne de défense) 문제와 독일의 재무장에 직면하여 중도 좌파는 프랑스가 유럽을 너무 무시하고 있으며 원정군이 현대 군대의 재장비를 방해하고 있다고 믿었다. 피에르 망데스 프랑스는 1950년 10월 국회 연설에서 이와 관련하여 "유럽이 인도차이나에 상당한 금액과 힘의 일부를 쏟아붓고 있기 때문에 유럽의 공산주

---

32) *J.O. D.P.*, 27 décembre 1953, p. 4579.
33) Michel Bodin, *La France et ses soldats, op. cit.*, p. 221.
34) *J.O. D.P.*, 27 octobre 1953, p. 4561.
35) François Mittérrand, *Aux frontières de l'Union française: Indochine-Tunisie*(Paris: Julliard, 1953), p. 24.

의 방어에 진정으로 참여할 수 없다"며 이미 문제를 제기했다.[36] 많은 사람들은 재편성된 독일군이 프랑스군을 능가하고 서방 국가에서 우위를 점하게 될 것을 두려워했다.[37]

프랑스의 '실패'에 대한 확신을 가진 중도 좌파 의원들은 명예롭게 전쟁을 끝내고 프랑스 연합을 보호할 방법을 찾고 있었다. 사실 그들은 프랑스 연합 내에서의 독립을 항상 논의했던 인도차이나에서 프랑스를 배제하지 않는 협상을 원했다. 디엔비엔푸의 패배 이후, 다른 재난을 피하기 위해 급진파와 민주사회주의 저항 연합은 베트민과의 직접적인 협상에 호의적이고 "인도차이나 출혈을 종식"시킬 능력이 있는 피에르 망데스 프랑스를 지지했다.

전쟁을 찬성하는 사람들 사이에서도 협상에 대한 구상이 진전되었다. 여론과 사건들의 압력에 직면한 인민공화운동과 온건파는 프랑스를 인도차이나에서 제거하는 평화 협상을 받아들여야 했다. 프랑스의 쇠퇴는 특히 온건파에 의해 강조되었다. 1952년 말부터 발전되기 시작한 이 생각은 디엔비엔푸가 패배할 때까지 전면적으로 발휘되었다. 온건파에 속하는 농민당(Parti Paysan)은 막대한 인명 손실과 그에 따른 노동력 부족과 지속적인 지출의 증가를 강조했다.[38] '무소속'은 "재정적, 물질적 부담", "막대한 손실", "과도한 부담금"에 대해 언급했다.[39] 무력 정치의 핵심 인물 중 한 명인 무소속의 조셉 라니엘조차 갈등을 최대한 빨리 끝내고 싶다는 뜻을 내비쳤다. 1953년 6월 취임식에서 "우리나라는 국제적 분위기를 개선하기 위해 어떤 기회라도 포착할 준비가

---

36) *J.O. D.P.*, 19 octobre 1950, pp. 7002-7004.
37) François Mittérrand, *Aux frontières de l' Union française, op. cit.*, p. 54
38) *J.O. D.P.*, 5 mars 1954, p. 715.
39) *J.O. D.P.*, 20 octobre 1953, p. 4394.

되어 있으며 자국의 선의를 실질적으로 증명해 줄 대화 상대와 대화할 준비가 되어 있다. [...] 우리 정부는 그런 인물을 찾기 위해 끊임없이 노력할 것이다"라고 선언했다.[40]

인민공화운동 역시 승리가 불가능하다는 것을 알고 있었다. 1953년 10월, 인민공화주의자들은 회복 가능성이 없는 한 전쟁에서 패배했다고 간주했다.[41] 전쟁부 국무장관(secrétaire d'Éat) 드 슈비니에(Pierre de Chevigné)는 1953년 3월부터 이러한 측면에서 "우리는 인도차이나에서의 작전을 적절하게 끝낼 기회를 갖지 못했다. 마오쩌둥이 장제스에게 승리한 이후부터 그곳에서 우리의 운명은 정해졌다"라고 주장했다.[42] 마찬가지로 인민공화운동 소속 피니스테르(Finistère) 도의원인 몽테이(André Monteil)도 더 이상 원정군의 성공을 상상하지 않았는데, 왜냐하면 "이를 위해서는 세금 인상, 2년간의 군 복무 및 징집병의 파견 가능성이 필요"했기 때문이었다.[43] 일부 인민공화운동 의원들은 논의한다는 것은 항복하거나, 도망가거나, 떠나는 것을 의미하는 것은 아니며, 정말로 협상을 원한다면 그 어떤 대화 상대도 배제해서는 안 되고, 누가 먼저 첫 발을 내딛어야 하는지 알려고 해서는 안 된다는 점을 보여주려고 노력했다.[44] 분쟁의 마지막 몇 년 동안 인민공화운동과 온건주의자들은 자신들의 관점을 옹호하려고 노력했다. 그들의 원칙에 충실했지만 정부 구성원으로 제약을 받았기에 그들은 항상 원정대에 지원을 제공하는 동시에 원정대가 원하는 모든 수단을 제공하지 않는 데

---

40) *J.O. D.P.*, 26 mai 1953, p. 3151.
41) *J.O. D.P.*, 20 octobre 1953, p. 4596.
42) Georgette Elgey, *Histoire de la quatrième République, T. II: La République des contradictions (1951-1954)*(Paris: Fayard, 1968), p. 132.
43) *J.O. D.P.*, 20 octobre 1953, p. 4614.
44) *J.O. D.P.*, 10 octobre 1953, p. 4614.

기여하기도 했다.

온건파와 급진파의 경우처럼 드골주의자들은 다른 정치 세력보다 뒤늦게 아시아에서 프랑스의 패배를 의미하는 협상을 받아들여야 했다.[45] 프랑스 인민연합과 드골 장군의 입장의 변화는 1953년 말이 되어서야 조심스럽게 등장했다. 프랑스 연합 밖에서 완전히 독립된 베트남을 요구하는 베트남 의회의 선언 이후 베트남 정부의 태도는 '바오 다이 해결책'이라는 허구에 종지부를 찍었으며, 프랑스 연합 회원국의 보호라는 드골주의자들의 주장을 무력화했다.[46] 군사적 상황, 프랑스의 약화, 유럽 내에서의 국가의 역할, 유럽방위공동체를 둘러싼 분쟁, 일부 구성원의 정부 참여에 따른 당의 파열도 이러한 입장의 변화를 설명했다.[47] 많은 이들에게 평화를 이루기 위한 기회를 포착하는 것이 필요했다. 1954년 3월 드골 장군은 "인도차이나 문제는 사실상 끝났다. 어떤 형태의 방식을 취할 것인가만이 남아 있다. 프랑스는 인도차이나를 간직하지 않을 것으로 보인다"라고 언급했다.[48] 한 달 후, 그는 "손실과 국제적 화해를 고려하여 프랑스는 전투를 중단해야 하며 제네바는 문제해결을 위해 환영할 수 있다"라는 입장을 다시금 강조했다.[49]

그러나 프랑스 인민연합은 인도차이나에서의 프랑스의 이익과, 군인 및 국가의 존엄성에 대해 우려했다. 따라서 병사들을 구하기 위해 디엔비엔푸에서 상호 철수하는 휴전을 원했다.[50] 게다가 드골주의자

---

45) *J.O. D.P.*, Il mai 1954, p. 4147.
46) *J.O. D.P.*, 23 octobre 1953, p. 4545.
47) Michel Bodin, *La France et ses soldats. Indochine, op. cit.*, p. 254.
48) Raymond Tournoux, *Le Feu et la cendre : les années politiques du général de Gaulle, 1946-1970*(Paris: Plon, 1979), p. 167.
49) Charles de Gaulle, *Discours et messages, T. II, op. cit.*, p. 13.
50) *J.O. D.P.*, 6 mai 1954, p. 2147.

들은 전투원을 구하고 무력을 바탕으로 협상하며 완전한 패배를 피하고 상황이 악화될 경우 전쟁을 재개할 수 있도록 지원군을 요청했다.[51] 사실 드골 장군은 인도차이나에 4개 사단을 파견하는 것을 고려하고 있었다. "오늘 나는 독일에서 4개 사단을 차출하려고 했다. (그것을) 코친차이나, 라오스, 캄보디아에 배치한 다음 호치민과 거래할 예정이었다".[52] 프랑스 인민연합 일에빌렌(Ille-et-Vilaine) 도의원인 드 베누빌(Guillain de Bénouville)은 디엔비엔푸가 함락된 후 협상에 참여했으며 중폭격기 파견을 조언했다.[53] 온건파와 마찬가지로 드골주의자들은 무엇보다도 세계에서 프랑스의 지위 수호와 공산주의에 대항하는 투쟁이라는 두 가지 주제를 강조하면서 원정군을 지원했다. 뒤늦게 협상을 받아들인 그들은 오랫동안 프랑스가 인도차이나에 주둔할 것이라고 확신했다.[54]

프랑스 공산당의 경우, 인도차이나에서의 정부 정책에 맞서기 위해 모든 영역에서 모든 힘을 동원했다. 공산당 신문이 원정군을 비난하고 베트민을 격려하며 저항을 지시하는 동안 의회에서는 공산당의 거의 조직적인 반대가 있었다. 1954년 봄, 공산주의자들과 그 동맹자들은 미국의 직접적인 개입 위험에 대해 격렬하게 비판했다. 4월 11일, 『뤼마니테 디망쉬(L'Humanité Dimanche)』는 정부 결정에 의해 발매 금지를 당했다. 첫 페이지 전체를 가로지르는 머리기사는 "인도차이나에서 흘린 피의 가격이 뉴욕 증권거래소에서 오른다"였다. 미텔베르그(Louis Mitelberg)가 그린 강렬한 캐리커처는 손에 피가 가득한 병을 들고 있는

---

51) Charles de Gaulle, *Discours et messages*, T. II, op. cit., p. 613.
52) Raymond Tournoux, *Le Feu et la cendre*, op. cit., p. 175.
53) *J.O. D.P.*, 13 mai 1954, p. 2377.
54) Michel Bodin, *La France et ses soldats. Indochine*, op. cit., p. 254.

프랑스 정부 수장인 조셉 라니엘이 운영하는 '작은 카페(bistro)'의 까다로운 고객인 (미 국무장관) 존 포스터 덜레스를 묘사한다. 덜레스는 자신의 잔을 가리키며 "계속 부으세요, 내가 계산하지요!"라고 말했다.

2) 베트민의 공격과 패배 이후

1954년 3월 13일, 베트민의 첫 번째 대대적인 공세가 시작되었다. 프랑스 장교들이 명명한 가브리엘(Gabrielle), 안마리(Anne-Marie), 도미니크(Dominique), 엘리안(Éliane), 이사벨(Isabelle), 위게트(Huguette), 클로딘(Claudine), 베아트리스(Béatrice) 등의 프랑스군 거점지역들이 하나씩 차례로 점령되자 프랑스 진영은 경악에 사로잡히게 되었다. 첫 번째 대공세가 채 끝나기도 전에 인도차이나 프랑스군 총사령관 앙리 나바르는 측근 장교에게 "환상을 버리게. 이제 끝났다네. 오늘밤 제발 베트민이 다시 공격하지 않기를 바랄 뿐이네"라고 체념하며 말했다.[55]

그러나 언론에서는 낙관론을 쉽게 버리지 않았다. 이 패배가 일시적이고 우연이라고 믿었다. 베트민의 손실 또한 매우 컸기에 더 이상의 추가 공격은 없을 것이라고 전망했다. "디엔비엔푸를 공격함으로써 적들은 엄청난 실수를 범하지 않았을까?"라고 일간지 『르몽드』의 로베르 길랭 기자는 추측했다.[56] 『로로르』는 "맹렬한 공격에도 불구하고 적군은 (바오 다이의) 프랑스-베트남 연합군에 의해 격퇴당했고 엄청난 손실을 입었다"라고 확신했다(1954년 3월 15일). 그 후 '임박한 반격(contre-attaque imminent)'이라는 주제가 광범위하게 사용되었다. 『르 포퓔레르』는 "지압 장군이 가장 앞서 있는 그의 군대를 다시 데려오도록 하기 위

---

55) Jules Roy, *La bataille de Diên Biên Phu, op. cit.,* , p. 308.
56) Robert Guillain, "La bataille fait rage en Indochine", *Le Monde*, 16 mars 1954.

한 일련의 반격"을 언급했다(1954년 3월 30일). 『파리 마치(Paris Match)』는 "드 카스트리 대령의 병력은 결코 반격을 멈추지 않았다"(1954년 4월 10일)라고 주장했다. 『프랑스 수아』 역시 "디엔비엔푸에서의 전격적인 반격"(1954년 3월 30일)에 대해 언급했다. 이처럼 많은 신문이 프랑스군의 대대적인 역습이 있을 거라고, 또한 있었다고 보도했다. 그러나 지금까지의 연구 결과에 따르면 프랑스군의 반격은 드물었고, 있었다 해도 대부분이 비효율적이었다.[57]

두 번째 공격은 3월 말에 발생했다. 여러 프랑스 거점지역의 주인이 바뀌게 되었다. 이때부터 "열대의 베르됭"(『르 피가로』, 1954년 4월 6일), "덤불의 베르됭"(『파리 마치』, 1954년 4월 10일), "정글의 베르됭"(쥘 로맹, 『로로르』, 1954년 5월 6일)이라는 전설이 탄생했다. 1954년 5월 7일, 마지막 거점인 '이사벨'이 함락되었다. 최후전투에서 패배하면서 프랑스군은 1,500명이 사망하고 4,000명이 부상했으며, 12,000명이 포로로 잡히는 피해를 입었다.

언론은 더 이상 환호하지 않았다. 군인들의 영웅적 행위에 초점을 맞춘 기사들이 이제는 승리에의 확신과 관련된 기사들을 대신하게 되었다. 1954년 3월 24일 『로로르』는 1면 전체에 미국의 국무장관 존 포스터 덜레스가 발표한 성명을 게재했다. "디엔비엔푸의 영웅적인 수호자들은 프랑스의 군 역사에 있어 한 장을 장식했다". 전투원들의 영웅적 행위를 강조하면서 『라 데페쉬 뒤 미디(La Dépêche du Midis)』는 전투에 모든 장엄함을 부여했다. "통킹의 베르됭인 디엔비엔푸는 4만 명의 베트민의 총공세에 맞서 영웅적으로 임무를 완수했다"(1954년 4월 1일).

---

[57] Alain Ruscio, "Diên Biên Phu: du coup de génie à l'aberration ou Comment les contemporains ont vécu l'ultime bataille de la guerre française d'Indochine", *Revue française d'histoire d'outre-mer*, No 268(3ᵉ trimestre 1985), pp. 337-338.

우파 일간지 『파리 마치』는, "3월 15일 이후, 디엔비엔푸의 영웅적인 주둔 부대와 그 사령관 드 카스트리 대령은 수적으로 4배나 우세한 적들의 공격을 막아냄으로써 전 세계의 찬탄을 자아냈다"고 기술했다. 프루보스트(Jean Prouvost)가 발행한 사진 자료로 유명한 이 잡지는 3월 20일부터 5월 15일 사이에 5장의 표지사진을 포함한 114장의 관련 사진을 게재했다. 파리 마치에서 "드 카스트리스 장군의 부하들이 세계에 프랑스의 얼굴을 보여주고 있다"는 사실은 의심의 여지가 없었다(1954년 5월 8일).

'서방의 영웅'들에 반해 베트민은 철저하게 부정적인 이미지로 프랑스 언론에 묘사되었다. "베트민의 쇄도"(『로로르』, 1954년 4월 1일) 혹은 "막대한 손실을 입은 베트민의 광란의 공격"(『로로르』, 1954년 4월 3일)과 같은 표현이 사용되었다. 4월 1일자 『르 포퓔레르』는 베트민의 "광신적인 보병 40만"이 "울부짖는 물결 속에서" "인명 피해는 상관하지 않고" 공격했다고 언급했다. 본래 베트민은 "짐승처럼 철조망에 몸을 던지고 지뢰에 뛰어든"(『르 피가로』, 3월 23일) "광신적인 대중"(『프랑스 수아』, 1954년 4월 1일)에 불과하며, "세뇌되고 광신적인" 군인(『르 피가로』, 3월 23일)일 수밖에 없었다. 프랑스 원정군 중대장은 『도피네 리베레(Dauphiné libéré)』 특파원 모리에스(René Mauriès)에게 "증오에 차고 인정사정없는 이 인간들은 아무리 열악한 상황에서도 마지막 숨을 거둘 때까지 악착같이 싸운다"(『도피네 리베레(Dauphiné libéré)』, 4월 10일)라고 적군을 묘사했다. 르네 모리에스 기자 역시 "끔찍한 광신주의, 맹렬한 의지와 영웅주의, 가혹하고 심지어 야만적인 규율"이라는 수식어를 사용하는 데 거리낌이 없었다(『도피네 리베레』, 4월 12일).

기사를 읽는 내내 다양한 신문에서 매우, 심지어 완전히 유사한 표현을 발견하게 된다. 부상자 문제와 관련해서, 『로로르』는 "베트민은 부상자 후송을 위한 즉각적인 휴전 원칙을 비인도적으로 거부했다!"(1954년 5월 7일)는 머리기사를 달았다. 『르 포퓔레르』는 "베트민은 부상자 후송을 위한 즉각적인 휴전 제안을 6주 동안 거부함으로써 수많은 군인이 치료도 못 받고 죽어갔다"(5월 12일)고 기술했다. "더 끔찍한 것은 적군이 국제 협약을 존중하기를 결코 원하지 않았다"는 것이다. "베트민이 적십자를 향해 총격을 가했다"(『파리 마치』, 4월 3일) ; "베트민은 적십자 표시의 비행기로 대피하는 것을 금지했다"(『르 포퓔레르』, 3월 20~21일). 한 지역 신문은 프랑스 주둔군의 마지막 순간을 다음과 같이 묘사했다. "말할 수 없는 잔혹한 장면이 벌어지고 있는 지하 의무실에서 전투가 계속되었을 것이며, 광신적인 베트민은 술과 피에 취해 그들의 행동에 대해 더 이상 통제를 받을 수 없었을 것이다"(『니스 마탱(Nice-Matin)』, 5월 8일).

프랑스 원정군 군인들이 위험에 개의치 않는 용기와 인내력으로 존중될 만하고 찬사를 받을 만했다면, 베트민 적군들은 기이하고도 위험한 존재로 인식됐다. 이같이 프랑스 언론의 독자들에게 디엔비엔푸는 한 지역에서의 전투 이상의 의미를 갖게 했다. 그것은 인도차이나전쟁에서 단순히 승리하느냐 패배하느냐는 물음 그 이상을 던지고 있었다. 그것은 유럽 문명과 '아시아의 야만성' 사이에서 일어나는 투쟁이었다. 디엔비엔푸는 우수하고 인본주의적인 서구 문명이 본질상 불안하고 염려스러운 많은 아시아인에게 잠식된 사건이었다. 이같이, 프랑스 언론이 묘사한 것은 분명한 '인종적 편견'이었으며 '동양 사회에 대한 적개심'이었고, 동시에 '과거 식민지 지배국으로서의 오만'이기도 했다. "셀수 없이 많은 아시아인", "개미 떼와 같은 인간들", "황인종의 위협" 같은 주제들이 그들의 의식 속에 늘 잠재되어 있었다.

그러나 이러한 '인종차별적 물결'이 모든 언론 매체에 영향을 미친

것은 아니었다. 그들 중 일부는 베트민에 대한 적대감을 표현하면서도 지나친 열정에 사로잡히기를 거부했다. 그들은 때때로 의심을 품고 부상자들의 후송을 관찰했다. "부상자들을 위한 휴전은 분명히 적십자 협약의 주요 목표를 벗어나 포위된 사람들에게 이익이 된다. 따라서 디엔비엔푸의 경우 양측의 합의가 필요했을 것이고, 베트민은 적군을 죽이기 직전인 바로 그 순간 숨을 쉴 기회를 주지 않았을 것이 분명하다".[58] 『롭세르바퇴르』 기자인 피에르 나빌은 자신이 "군사적 목적을 위한 인도주의적 협박"이라고 부르는 것을 더욱 가혹하게 비난했다.

> 디엔비엔푸에서 원정군 부상자의 운명이 불쌍하다는 것은 말할 필요도 없다. 드 카스트리 장군의 철조망이나 네이팜탄의 화염 속에서 죽어가는 수천 명의 베트남 인민군 병사들의 경우도 마찬가지이다. 포위된 요새에서 수백 명의 부상자를 대피시키는 것은 동시에 주둔군을 강화하는 것을 의미한다. 반면에 부상자의 존재는 포위군 공격의 성공 요인이다. 또한 부상자의 후송은 복원된 활주로에서 헬리콥터와 비행기를 통해서만 수행될 수 있다는 점, 즉 프랑스 원정군의 통신선 복구와 퇴각을 수행할 수 있다는 점을 고려해야 한다. 그리고 비행기가 부상자를 수송하는 데만 사용되는 것은 아니라는 것은 말할 필요도 없다(1954년 5월 5일).

디엔비엔푸의 프랑스 군기지가 함락된 후 『뤼마니테』는 미텔베르그가 그린 그림을 출판했는데, 이 그림에는 부상당한 프랑스 병사가 누워 있는 들것의 한쪽을 베트남 남자가 들고 있는 모습이 그려져 있다. 반면 프랑스 외무부 장관 조르주 비도는 팔짱을 끼고 같이 들기를 거부했다(1954년 5월 19일).

---

58) Jean Schwœbel, "La conférence sur l'Indochine s'ouvre dans une atmosphère particulièrement lourde", *Le Monde*, 9-10 mai 1954.

프랑스가 그토록 기대했던 바오 다이의 신생 베트남 군대는 별로 대단하지 못했다. 프랑스는 점점 더 강력해지는 베트민을 억제할 수 있을 만큼 젊은 베트남 군대가 강해질 때까지 전쟁을 지속하기를 바랐다. 그러나 인도차이나에서 돌아온 라니엘 정부의 연합 국가부 장관 자케(Marc Jacquet)의 보고서에 따르면, "베트남 군대에 의해 프랑스 원정군이 교체되고 군사 균형이 보장될 수 있다고 계속 생각하는 것은 착각이며 심지어 위험할 수도 있다. 베트남 군대는 프랑스 및 아마도 베트남 이외의 다른 국가가 제공하는 군사적 잠재력에 대한 불확실한 조력자일 수 있을 뿐이다".[59] 프랑스 극동원정군 총사령관인 앙리 나바르 의견도 그다지 긍정적이지 않았다. "바오 다이 병사들은 앞으로 몇 년 동안 중대한 일을 할 수 없다".[60] 급진주의자들이 볼 때, "1956년 이전에는 간부 부족, 탈영, 애국적 의지 부재, 적의 선전 활동으로 '토착민' 세력이 효과적으로 개입할 수 없었다".[61] 디엔비엔푸는 이미 진행 중인 이 군대의 분해 과정을 상당히 가속화했다.

실제로 '바오 다이 해결책'의 실패는 확인되었다. 알제의 독립 공화당(républicain indépendant) 의원인 오므랑(Adolphe Aumeran)은 이 해결책에 대해 심각한 비판을 쏟아냈다. 그에 따르면, 바오 다이 전 주권자와의 합의는 완전히 실패했다. "우리는 군대를 죽이는 허울뿐인 베트남을 만들었다. 따라서 우리는 베트민을 강화시켰고, 그 결과 원정군에 손실을 입혔다".[62] 오랑(Oran)의 온건파 의원인 퀼리치(François Quilici)는 프랑스의 모든 경제적, 군사적 이익을 제거하며 프랑스를 몰아내려는 바

---

59) "Faut-il négocier en Indochine, et comment?", *L'Express*, 27 février 1954, p. 6.
60) Pierre Rocolle (colonel), *Pourquoi Diên Biên Phu?* (Paris: Flammarion, 1968), p. 412.
61) *J.O. D.P.*, 27 octobre 1953, p. 4578.
62) *J.O. D.P.*, 20 octobre 1953, p. 4539.

오 다이의 은밀한 의향을 비난했다.[63] 도르도뉴 지역의 주민들은 "어느 누구도 최소한의 위신도 인정하지 않고 신뢰하지 않는 바오 다이 황제의 권력 유지를 보장하기 위한 자신들의 자식들의 희생을 더 이상 받아들이지 않았다".[64]

어쨌든, 디엔비엔푸 전투는 프랑스 여론으로 하여금 아시아 문제에 대한 분명한 인식을 요구했다. 신문을 통해 많은 이들이 지금까지 감추어졌던 전쟁에 대해 이제는 하나씩 알게 되었다. 참호로 둘러싸인 이 요새의 함락은 프랑스인들에게 경악과 분노를 불러일으켰다. "프랑스인들은 당혹감과 치욕감, 놀라움, 회한, 무력감 등과 같은 감정을 경험해야만 했다"라고 인도차이나의 전 프랑스 총독 카트루(Georges Catroux) 장군은 그의 책에서 기술했다.[65] 디엔비엔푸의 패배 이후 합참의장에 임명된 엘리(Paul Ély) 장군은 "정신적 붕괴현상"이 프랑스인들에게 나타났다고 말했다.[66] 패배의 책임을 떠맡게 된 전 총사령관 앙리 나바르 장군은 전쟁 기간 나타난 프랑스인들의 "무관심, 비관주의, 의지력 부족, 습관적인 패배주의"를 비난했다.[67]

1954년 5월, 프랑스 전역의 도지사 보고서에서도 프랑스인들의 "갑작스럽고 때늦은 각성"의 증거를 찾을 수 있다. 인도차이나에서의 군사적 좌절은 주민들에게 "고통스러운 감정"(피니스테르), "낙담과 슬픔의 징후"(로제르, Lozère), "불안"(퓌드돔), "비관주의"(뫼르트에모젤), "고통스러

---

(63) *Idem.*, p. 4596.
(64) A.D. de Dordogne, 1 W 55 : Rapports des sous-préfets et des chefs de service (1952-1954) : Sous-Préfecture de Bergerac, avril 1954.
(65) Georges Catroux, D*eux actes du drame indochinois: Hanoi, juin 1940-Diên Biên Phu, mars-mai 1954*(Paris: Plon, 1959), p. 115.
(66) Paul Ély, *Mémoires, T. I: L'Indochine dans la tourmente*(Plon, 1964), p. 114.
(67) Henri Navarre, *Agonie de l'Indochine, 1953-1954*(Paris: Plon. 1950), pp. 29-30.

운 충격"(센에마른) 및 "심각한 혼란"(도르도뉴)을 야기했다. 왜냐하면 "요새화된 진지의 점령과 특별히 훈련받은 수천 명의 병력의 상실은 전장에서 우리의 지위가 약화되고 제네바 회담의 외교적 차원에서 우리가 극도로 어려운 상황에 놓이게 된다는 사실을 모두가 깨달았기 때문이다"(센생페리외). 그러나 도르도뉴의 사를라(Sarlat) 부지사가 지적했듯이, 인도차이나의 비극은 때때로 프랑스인들에게 "정신의 일치와 통합"을 제공했다.[68] 이처럼 디엔비엔푸의 몰락 이후 여론은 사건의 중요성을 분명히 인식하고 그 의미를 이해하려고 노력했다.

그러나 전장에서의 상황은 더 이상 희망의 여지를 남겨두지 않았다. 전투의 격렬함과 폭력성으로 인해 사람들은 그 어느 때보다 "프랑스와 프랑스 연합의 다른 지역에서 군사적, 경제적 잠재력에 큰 부담을 줄 위험이 있는" 전쟁의 신속한 종식을 원하게 되었다.[69] 이후로 대부분의 프랑스 국민은 인도차이나 문제에 대해 평화롭고 신속하며 만족스러운 해결책을 더욱더 열망하게 되었다. 프랑스는 몇 가지 주장을 내세워 정부가 숙고하게 만들고, 협상의 필요성과 전쟁 종식의 필요성을 인정하게 만들었다.

먼저, 여론은 인도차이나전쟁이 더 이상 승리할 수 없다는 생각을 갖게 되었다. 프랑스인들의 눈에는 프랑스와 병력과 장비를 지속적으로 강화하는 베트민 사이의 싸움이 불평등해지고 있었다. 1953년 10월 27일, 전 국방부 장관 에두아르 달라디에는 이미 원정군이 베트민에 맞서기 어렵다고 명시했다.[70] 이와 관련하여 인도차이나 정책이 어

---

68) A.D. de Dordogne, 1 W 55 : Rapports mensuels du préfet, des sous-préfets et des chefs de service, mai 1954.
69) Archives nationales (A.N.) FlcIII 1272 : Rapports du préfet de Gironde, 8 avril 1954.
70) Michel Bodin, *La France et ses soldats, op. cit.*, p. 219.

느 정도 실패했다는 확신은 금세 명백해졌다. 가능한 모든 해결책은 프랑스가 인도차이나를 떠나는 것과 의심할 여지 없이 프랑스의 영향력을 끝내는 것이었다. 만약 프랑스가 전쟁에서 승리한다면, 연합 국가들에게 완전한 독립을 주어야 할 것이며, 베트남에서 미국은 프랑스의 문화적, 경제적 활동을 자국의 활동으로 대체할 것이었다. 만약 프랑스가 전쟁에서 패했다면 결국 결과는 같았을 것이다.[71] 여론의 일부는 심지어 "명예 없이(sans prestige)" 인도차이나를 포기했다는 사실을 인정했다.[72]

둘째, 어떤 이들에게 프랑스는 더 이상 머나먼 전쟁터에서 그렇게 광범위하고 비용이 많이 드는 투쟁을 계속할 수 있는 위치에 있지 않았다.[73] 전투로 인해 국가의 인력과 자금이 고갈되고 있었고 해결책에 대한 전망도 전혀 제시되지 않았다. 국가의 회복을 위해서는 평화가 필요했다. 여론은 이번 전쟁이 끝나면 "물질적 상황이 개선될 것"을 기대했다.[74] 민주사회주의 저항 연합 대표인 프랑수아 미테랑은 이러한 지출이 국가의 경제 정책을 방해하고 있다고 단언했다.[75]

셋째, 유럽의 방위 문제도 사람들의 관심의 대상이었다. 인도차이나에서 프랑스 군대가 약화되면서 유럽에서 공격을 지원할 수 없게 되었다. "머나먼 극동지역에서의 행동과 유럽 내의 독일 맞은편에 있는 프랑스의 영향력 사이에서" 선택해야 했다.[76] 사실 프랑스는 독일에 패배

---

71) François Mittérrand, *Aux frontières de l' Union française: Indochine-Tunisie, op. cit,* p. 24.
72) A.N. F^{lc}III 1277 : Rapports du préfet de l'Isère, 7 avril 1954 ; A.N. F^{lc}III 1257 : Rapports du préfet du Cher, mars 1954 ; A.N. F^{lc}III 1267 : Rapports du préfet du Finistère, mars 1954.
73) A.N. F^{lc}III 1269 : Rapports du préfet de Haute-Garonne, juin 1954.
74) A.N. F^{lc}III 1332 : Rapports du préfet de Vendée, 6 mars 1954.
75) *J.O. D.P.*, 6 janvier 1953, p. 27.
76) Pierre Fistié, "1884-1954. Le "Tigre" avait raison", *Le Monde*, 30 avril 1954.

한 1940년과 유사한 재앙뿐 아니라 독일이 유럽 방위에 있어 첫 번째 위치를 차지하는 것도 두려워했다.[77] 다시 말해, 당시 프랑스가 끊임없이 염두에 두어야 했던 질문은 "세계 속에서 어떻게 우리의 자리를 다시 되찾을 것인가?"였다.

넷째, 프랑스는 회담 개시를 통해 '명예로운 퇴장(sortie honorable)'[78]을 모색하고 있었다. 여기서의 문제는 베트민군을 격파하는 것이 아니라 단순히 프랑스에게 명예로운 전쟁 종식을 제공하는 것이었다. 이 아이디어는 점차적으로 진전되었고 1953년 5~6월의 논의를 통해 프랑스 정치 계층 대다수에게 받아들여졌다. 그것은 디엔비엔푸 전투에서 패배한 후 모든 여론에서 호의적인 반응을 얻었다. 대표적인 우파 지식인 중 한 명인 레이몽 아롱은 4월 26일자 『르 피가로』에서 "우리는 가능한 한 분쟁이 확대되는 것을 피해야 하지만 명예로운 평화를 얻기 위해서는 분쟁이 확대되는 위험을 감수해야 한다"라고 말했다. 수상인 조셉 라니엘도 "부끄러운 항복"이 아니라 분쟁의 "명예롭고 신속한 종식"을 요구했다.[79] 실제로 프랑스인들은 휴전이 어느 정도 위장된 항복으로 규정될 것을 두려워했다.[80] 그들은 프랑스의 이익, 권리, 명예를 보호할 수 있는 휴전협정이 달성되기를 바랐다.[81]

이처럼 프랑스 여론의 상당 부분이, 심지어 만장일치라고 이야기할

---

77) *J.O. D.P.*, 20 octobre 1953, p. 4394.
78) 이 표현은 1953년 5월 앙리 나바르 장군과의 인터뷰에서 당시 수상이었던 르네 마이에(René Mayer)가 처음으로 사용했다.
79) *Le Monde*, 15 mai 1954.
80) A.N. F¹ᶜIII 1267 : Rapports du préfet du Finistère, mai 1954 ; A.N. F¹ᶜIII 1332 : Rapports du préfet de Vendée, 7 avril 1954.
81) A.N. F¹ᶜIII 1324 : Rapports du préfet des Deux-Sèvres, mars 1954 ; A.N. F¹ᶜIII 1265 : Rapports du préfet de Drôme, mars 1954 ; A.N. F¹ᶜIII 1300 : Rapports du préfet de Meurthe-et-Moselle, juin 1954.

정도로 지속적이고 존중할 만한 평화를 희망했지만, 방식에 대해서는 여전히 분열되어 있었다. 실제로 프랑스인들은 갈등을 종식시키기 위해 권장되는 수단에서만 차이를 드러냈다. 그들은 '평화의 국제화'와 '호치민과의 직접 협상' 사이에서 머뭇거렸다.

베트민과의 직접적인 합의와 인도차이나의 전면적인 포기에 대해 프랑스의 몇몇 지역에서는 지지를 표명했다. 예를 들어, 바스알프에서는 "우리는 베트민과의 논의를 주저하지 않는다".[82] 드롬에서는 "이전에 호치민과의 교섭을 배신으로 간주했던 일부 인물들이 이제 이 해결책을 옹호하는 동시에 이 방법이 너무 오랫동안 무시되어 왔다는 점을 개탄한다".[83] 그리고 오트가론에서는 "우려되고 이해하기 힘든 바오 다이 정부보다 우리가 점점 더 많이 고려하고 있는 적과의 휴전을 통해" 인도차이나의 진정(鎭靜)을 원했다.[84]

그러나 이 해결책은 의회에서 사회주의자들과 공산주의자들만이 찬성했고, 대다수 프랑스인들은 그것이 불가능하다고 생각했다. 그들은 프랑스와 베트남의 갈등이 강대국 간의 합의에 의해서만 최종적으로 해결될 수 있다고 믿었으며,[85] 제네바 회담에서 이 주제에 대해 어떤 해결책이 제시될지 궁금해했으며,[86] 이번 회담에 중국이 참석함으로써 향후 인도차이나 문제의 수용 가능한 해결로 이어질 수 있는 협상을 시작할 수 있기를 바랐다.[87] 이러한 의미에서 1954년 2월과 4월에 베트

---

82) A.N. F^lcIII 1241 : Rapports du préfet des Basses-Alpes, février 1954.
83) A.N. F^lcIII 1265 : Rapports du préfet de Drôme, avril 1954.
84) A.N. F^lcIII 1269 : Rapports du préfet de Haute-Garonne, juin 1954.
85) A.N. F^lcIII 1304 : Rapports du préfet du Nord, mai 1954 ; A.N. F^lcIII 1267 : Rapports du préfet du Finistère, avril 1954.
86) A.N. F^lcIII 1272 : Rapports du préfet de Gironde, 7 mai 1954 ; A.N. F^lcIII 1332 : Rapports du préfet de Vendée, 6 mars 1954.
87) A.D. de Dordogne, 1 W 55 : Rapports des sous-préfets et des chefs de service (1952-

남에서 협상의 중개자 역할을 하겠다는 인도의 네루(Jawaharlal Nehru) 수상의 제안은 만족스럽게 받아들여졌다.

이처럼 디엔비엔푸 사건 이후 프랑스인들은 관심과 열정의 부재에서 시작하여 갑자기 깨어나 계속되는 투쟁에 대한 뚜렷한 적대감으로 변모했다. 그러나 프랑스인들에게 디엔비엔푸는 "당시 대단히 이목을 끄는 가십거리"에 불과했다. 확실히 그곳에서 싸운 사람들에게 동정심을 갖고 있었고, 병사들의 용기를 치하했으며, 그들의 패배를 애도했지만, 프랑스인들의 눈에 멀리 떨어진 곳에서의 전투로 조국이 위협받지는 않아 보였다. 그들을 사로잡은 감정은 실제적이었지만 큰 열의를 불러 일으키지는 않았다.

참여한 병력수와 사망자 수만 따진다면 디엔비엔푸는 '작은 전투'에 불과했다. 하지만 문제는 프랑스 원정군의 최정예 부대가 이곳에서 패배한 데 있었다. 또한 이 기지는 개전(開戰) 전에 모든 군관계자가 방문했었던 기지의 표본과도 같은 곳이었다. 이곳에서 일어나는 모든 전투 상황은 프랑스뿐 아니라 전 세계에 알려지고 있었던 것이다. 전쟁에 참여했던 프랑스 군인들은 심리적 혼란상태에 빠지고, 신설된 지 얼마 안 된 바오 다이의 베트남 군대는 와해되어 버렸다. 프랑스 여론은 놀라움과 분노의 감정으로 나뉘어졌다. 프랑스는 본국의 무관심속에 병사들만 싸웠지만 베트민은 정치적인 조직과 배경, 인민의 경제적인 후원 속에서 선전술까지 동원하며 총력전을 펼침으로써 승리할 수 있었다. "프랑스 공화국은 디엔비엔푸에서 운명을 다했다"라는 표현은 상황을 지나치게 단순화시킨 측면이 있지만, 이 패배가 '프랑스 연합'에 즉시 타격을 입히고, 길게는 공화국의 기초를 흔들어 놓았다는 사실만은 부성

1954), Sous-Préfecture de Nontron, mars 1954.

할 수 없을 것이다.

2. 전쟁의 국제화와 프랑스 여론

1954년 봄, 인도차이나에서 프랑스 원정군의 실패에 직면하여 일부 프랑스 지배 계층은 미국이 분쟁에 직접적이고 강력하게 개입해야 한다는 결론에 도달했다. 당시 워싱턴을 방문중인 참모총장 폴 엘리는 "디엔비엔푸가 무너지면 (프랑스) 정부도 무너질 것이며, (미국과 프랑스 두 나라) 공동의 정책도 무너질 것이다"라고 경고했다. 그는 동료인 래드포드(Arthur Radford) 제독과 함께 '독수리(Vautoiur)' 작전을 수행하는데 합의했다. 이 작전을 통해 오키나와(Okinawa)와 필리핀에 기지를 둔 중폭격기의 대규모 폭격 덕분에 디엔비엔푸의 참호에 둘러싸인 진지를 구할 수 있을 것이었다. 다양한 가능성도 거론됐고, 특정 베트민 병참선(兵站線, lignes de communication)은 물론 중국 남부까지 원자폭탄을 투하할 가능성까지 거론됐다. 프랑스 정부는 상황이 여의치는 않았지만 이러한 논의에 동의했다. 미공군의 도움이 없다면 디엔비엔푸는 무너져야 했고, 프랑스의 패배는 제네바 협상과 프랑스 연합에 불행한 결과를 가져올 것이었다. 하지만 이 도움으로 인해 프랑스가 마침내 끝나기를 바랐던 전쟁은 다시 시작될 위험이 있었다.

1) 중국의 개입에 직면하여

1954년 4월 5일, 디엔비엔푸 전투가 진행되는 동안 미국 국무장관 존 포스터 덜레스는 연설에서 중국의 전투 참여가 직접적인 개입과

"몹시 유사해 보였다"고 단언했다.[88] 그는 중국 장군 리첸허우(Li Chen Hou)의 존재를 포함한 몇 가지 '사실들(faits)'을 인용했다.[89] 일부 프랑스 언론과 정치계는 중국이 직접 전투에 참여하고 있는 것을 기정사실로 받아들이고 있었다. 덜레스의 연설 다음 날『로로르』는 "덜레스는 디엔비엔푸에 중국의 장군, 기술자 및 포병이 존재한다고 비난한다"는 제목의 기사를 게재했다. 4월 7일자『르몽드』기사에서 포베(Jacques Fauvet)는 중국의 지원이 "장비뿐만 아니라 인력, 즉 기술자, 운전기사, 심지어 포병"에 있어서도 "갑작스런 변화"가 있었다고 분명하게 평가했다.『파리 마치』역시 "하이퐁 하늘에서 우리는 중국 군용기가 지나간 흔적을 관찰했다고 믿는다"(1954년 4월 10일)라고 기술했다.

그러나 베트민에 대한 중국의 물질적, 기술적 지원을 상기시키는데 거의 한목소리인 프랑스 언론은 중국군이 전투에 직접 참여했다는 사실을 주장하는데 있어 종종 당황하거나 심지어 꺼려했다. 사실, 대규모 무력충돌에 중국 장교나 군인이 참여한다는 주장을 진지하게 뒷받침하는 관찰자는 단 한 명도 없었다.『르 피가로』는 "수년간 전쟁 계획 수립과 베트민의 정치적 행동에 참여한 수많은 중국 공산주의 고문들"을 언급했고, "중국에서 연수를 받은 베트민 군사 간부들"을 비난했지만 디엔비엔푸 공격(1954년 3월 4일)에 중국군이 참여했다는 사실은 언급하지 않으려고 조심했다.『르몽드』신문의 인도차이나(하노이) 특파원인 파브렐(Charles Favrel) 역시 중국이 전투에 참여했다는 사실을 확신하진 못했다. "베트민 간부들을 중국에서 훈련시키는 것, 러시아나 체코 장비가 운송된 것은 확인되었다. 공급품이 중국에서 오는 것은 확실히

---

88) *Le Dossier du Pentagone*(Paris: Albin Michel, 1971), p. 73
89) Alain Ruscio, "Diên Biên Phu: du coup de génie à l'aberration", *op. cit.*, p. 340.

입증되었다. 그러나 포로에 대한 심문이나 우리 요원이 제공한 정보 그 어떤 것도 베트민 군대에 중국인이 단 한 명이라도 존재한다는 사실을 드러내지는 않았다"(1954년 4월 22일).

프랑스인들은 항상 베트민 투쟁의 민족성 명제를 옹호했던 프랑스 공산주의자들이 이러한 비난에 특히 민감했다고 의심했다. 덜레스의 연설 다음날 『뤼마니테』는 사이공의 프랑스 최고 사령부가 미국 국무장관(1954년 4월 7일)의 '정보(information)'의 출처가 아니라는 로이터 통신 기사를 다시 소개했다. 공산주의 일간지는 "리첸허우 장군은 매우 정보력이 뛰어난 홍콩의 영국 정보국이나 도쿄의 일본 정보국이 작성한 중국 장교 명단에 한 번도 등장한 적이 없다"는 내용을 덧붙였다. 『뤼마니테』의 '국제면(Vie internationale)' 책임자인 피에르 쿠르타드는 단순한 논리의 입장을 추가했다. "(프랑스 외무부 장관) (조르주) 비도는 중국 인민군이 베트남 국경에서 3천 킬로미터 떨어진 곳에 있는 동안 베트남이 1946년부터 1950년까지 4년 동안 어떻게 버텼는지 설명할 수 있는가?"(『뤼마니테』, 1954년 4월 7일). 같은 해 4월말에 이 공산주의 신문의 외교 정책 전문가는 각 베트민 병사 뒤에 있는 '외국인'을 본 사람들을 격렬하게 몰아세웠다. "이런 방식으로 비도는 조레스가 독일의 요원이었던 것과 같은 방식과 같은 이유로 러시아나 중국 요원인 호치민보다 자신이 더 나은 베트남 애국자임을 쉽게 확신하게 된다".[90]

비공산주의자인 다른 관찰자들도 같은 의견을 제시했다. 앞서 언급한 1954년 4월 22일자 『르몽드』는 리첸허우의 존재는 물론 그의 존재 가능성조차 부인했다. 인도차이나의 공군 사령관 샤생(Lionel Chassin) 장군 역시 "베트민에 대한 중국의 지원은 있었지만, 전장에 중국인 '지

---

90) Alain Ruscio, *Diên Biên Phu: la fin d'une illusion*, op. cit., p. 41.

원병'은 결코 없었다"고 단언했다.[91]

그러나 베트민 군사전략의 상당 부분은 중화인민공화국이 직접 설계했을 뿐만 아니라, 디엔비엔푸 전투를 포함한 1950년부터 1954년까지 베트민이 수행한 모든 대규모 작전에서도 중국군 사령부는 전장에서 결정적인 역할을 한 것처럼 보인다. 베트남 민주공화국의 첫 번째 주중 대사였으며, 제네바 회의에 베트남 대표 일원으로 참석했고, 당시 베이징에 망명했던 호앙반호안(Hoang Van Hoan)은 디엔비엔푸의 베트민 사령부에 참석한 중국 장군 장웨이귀(Chiang Wei-kuo)에게 상당한 역할을 맡겼다. "장웨이귀 동지가 직접 지휘에 참여하지 않았다면 전선 자체에서 완전한 승리를 거두기는 어려웠을 것이다".[92] 호앙반호안은 또한 "1953년 12월부터 1954년 5월 사이에 중국군 사절단은 베트남 군대와 인민이 유명한 디엔비엔푸 전투를 조직하고 시작하도록 도왔다"라고 말했다.[93] 이런 의미에서 『르몽드』의 군사 문제 전문가인 로베르 길랭은 베트민은 단지 국제 공산주의의 명령의 실행자에 불과하다고 말했다.

> 누가 명령을 내리는가? 지압? 당연하다. 그러나 지압 자신은 단지 하수인에 불과하다. 그는 위에서 지시를 받았다. 중국과 러시아를 상대로 자신을 드러내고 싶어 하는 호치민으로부터인가? 그렇지 않다. 결정은 그보다 더 높은 곳에서, 국제 공산주의의 가장 높은 영역에서 내려졌다. 베이징에서? 모스크바에서? 그렇다. 결정은 적어도 중국에서 내려졌고, 아마도 중국-러시아인일 가능성이 높다.[94]

---

91) Lionel Chassin(général), "Réflexions stratégiques sur la guerre d'Indochine", *Revue de défense nationale*, décembre 1954, p. 512.
92) *Quotidien du Peuple*(Renmin Ribao), 27 novembre 1979
93) *Ibid.*, p. 333.
94) Robert Guillain, "Les erreurs et les malheurs de Diên Biên Phu", *Le Monde*, 4 mai 1954.

2) 미국의 개입에 직면하여

인도차이나 분쟁에 대한 미국의 직접적인 개입과 관련하여 디엔비엔푸 전투 기간 미국의 군사작전을 공개적이고 열렬히 원하는 프랑스인들은 드물었다. 반면, 많은 관측자들은 그러한 개입에 위협이 될 수 있는 외교적 무기의 사용을 승인했다.

하지만 일부 언론인은 미국의 군사력이 인도차이나에 개입해야 한다고 생각했다. 『파리 마치』의 카르티에(Raymond Cartier)는 "인도차이나가 프랑스 연합에 남아있을 가능성이 있다면" 미국을 인도차이나에서 떼어놓아야 한다는 점을 인정했다(1954년 4월 3일). 이러한 가능성이 매우 약해졌기 때문에 "미군의 군인, 교관, 기술자, 전투원 파견에 대한 반대는 더 이상 정당화되지 않았다. 반면에 프랑스의 이익은 국가의 위대한 유산을 방어하기 위해 가능한 한 미국을 전쟁에 끌어들이는 것이다"라고 요약한 후 다음과 같이 결론을 내렸다. "중국인에게 평화를 장려하는 가장 좋은 주장은 G.I.의 그림자이다". 『파리 마치』의 이념적 지도자인 레이몽 카르티에의 선택은 이같이 행해졌다. "미국이 돈뿐만 아니라 군인들과 함께, 강철뿐만 아니라 그들의 피와 함께 전쟁에 참여하지 않는 한, 동남아를 위한 무장투쟁은 더 이상 상상할 수 없다"(『파리 마치』, 1954년 5월 8일). 같은 맥락에서 서구와의 연대를 요구하는 데 있어서 『로로르』를 능가할 수는 없을 것이다. 모든 주요 일간지들 중에서 『로로르』만이 유일하게 미국의 직접 개입을 요구하는 선전활동을 벌였다. '독수리' 작전이 한창일 때 "미국의 폭격기와 수송기가 인도차이나에 도착했다. 왜 더 빨리 (그것을) 받지 못했나? 이 전쟁은 7년 동안 지속될 것이 아니었다!"(1954년 4월 9일)라는 표제의 기사가 게재되었다.

프랑스 정부의 경우, 특히 수상인 조셉 라니엘과 외무부 장관인 조르주 비도는 '독수리' 프로젝트를 현실화하기 위해 수차례 미국과 영국에 개입을 요청했다. 그리히여 1954년 4월 4일, 정부 부처간 위원회는 파리 주재 미국 대사 딜런(Douglas Dillon)을 소환하여 즉각적인 개입 요청을 미국 정부에 긴급히 전달할 것을 요구했다.[95] 조르주 비도는 4월 24일 미 국무장관 포스터 덜레스에게 다음과 같은 편지를 보냈다. "미 공군의 대규모 개입은 여전히 (디엔비엔푸) 주둔군을 구할 수 있다. 따라서 현재의 어려운 상황이 이처럼 베트민에게 결정적인 타격으로 전환될 가능성도 배제되지 않는다".[96]

전쟁이 확대될 것이라는 전망에 대해 그처럼 열광하는 경우는 드물었다. 그러나 공개적으로 개입을 요구하지 않는 다른 신문들은 전쟁의 확산에 대해 체념하는 것처럼 보였다. 『르몽드』의 자크 포베는 베트민에 대한 중국의 지원이 "가속화"되었다고 언급한 후 "증원, 심지어 더 중요한 미국의 항공 지원이 필수적이고 긴급한 일이 되었다"고 결론지었다.[97] 그는 이러한 지원이 직접적인 개입의 형태를 취할지는 몰랐지만 결국은 프랑스 지도자들이 결정을 내려야한다고 요구했다. 일부 사람들은 경우에 따른 개입의 범위를 최소화했다. "인도차이나에 기지를 둔 몇 개의 추가적인 전투폭격기 그룹이나 통킹만에 한 대의 새로운 항공모함만 있으면 전투 상황이 완전히 바뀔 것이다".[98] 이러한 위험은 공산주의자들이 주장한 것과는 달리 미국의 개입이 즉각적인 세계대전

---

95) Alain Ruscio, *Diên Biên Phu: la fin d'une illusion*, op. cit., p. 38.
96) Georgette Elgey, *Histoire de la Quatrième République, 1. II: La République des contradictions (1951-1954)* (Paris: Fayard, 1968), p. 519.
97) Jacques Fauvet, "L'aide chinoise au Viêt-Minh a-t-elle pris le caractère d'une intervention?", *Le Monde*, 7 avril 1954.
98) Yvon Desjacques, *Le Figaro*, 25 mars 1954

의 위험을 의미하지 않았기 때문에 더욱 감수할 가치가 있었다. 레이몽 아롱은 "내일 미국 비행기가 베트민 기지를 폭격하고, 중국의 즉각적인 대응이 발생하더라도 심각한 전면전 위험은 없을 것이다. 전면전이 우발적으로 발발하지 않을 것이라는 것을 우리는 알고 있다"(『르 피가로』, 1954년 4월 26일)고 기술했다.

다른 이들은 미국의 개입이 이루어져서는 안 되지만 프랑스 외교는 이 위협을 충분히 활용해야 한다고 믿었다. 언론인이자 급진당 의원인 장자크 세르방 슈레베르는 「덜레스 씨를 환영한다」라는 시사하는 바가 큰 제목의 기사에서 이 '좋은 기회'에 대해 다음과 같이 언급했다. "덜레스는 중국이 베트남에서의 전쟁에 직접 참여하려 할 때 이를 단념시키는 데 필요한 단순한 개입 위험이 수년 전부터 확실히 유용했던 엄청난 군사력을 대표하기 때문에 환영받는다"(『르몽드』, 1954년 4월 14일). 『르 피가로』의 샤틀랭(Nicolas Châtelain) 역시 미국이 세계 평화를 위해 최대한의 기여를 행하고 있음을 단언했다. "미 국무장관은 제네바 회의가 열리기 전에 태평양 남동부에서 (프랑스와) 공동 전선을 형성하기 위해 노력했다. 이 프로그램은 어떠한 경우에도 무력 사용을 포함하지 않는다. 실제로 인도차이나 분쟁의 악화를 피하고 프랑스가 최상의 조건에서 제네바에서 협상할 수 있도록 하기 위한 것이다. 악의가 없는 한, 가장 좋은 의미에서 평화 공세 외에는 그 어떤 것도 발견할 수 없는 것이다"(1954년 4월 29일).

그러나 인도차이나 분쟁의 국제화를 위한 미국의 제안은 프랑스 국민들로부터 호의적인 반응을 얻지 못했다. 그들은 일반적으로 이러한 행위가 세계 평화를 위협할 것이며[99] 제3차 세계대전을 촉발시킬 것이

---

99) A.N. F¹ᶜIII 1241 : Rapports de préfet des Basses-Alpes, avril 1954 ; A.D. des Deux-Sèvres, 1417 W 7 : Rapports des renseignements généraux au Préfet (1952–1955), avril

라고[100] 생각했다. 실제로 거의 모든 정기간행물과 정치계 전반에서 전쟁 확대에 반대하는 인물들을 발견할 수 있었다. 1954년 4월 3일, 『렉스프레스』는 "오늘날 인도차이나전쟁은 곧 국제 전쟁으로 변질될 위험이 있는 것 같다"고 언급했다. 우리가 이 극단의 상황에 놓이게 되었다면 "우리 정책의 잘못으로 인해 서구에 매우 큰 불행이 닥쳤을 것이다". 같은 호에서 민주사회주의 저항 연합 대표로 선출된 프랑수아 미테랑은 그러한 사태가 "용납될 수 없다"고 생각했고, 4월 1일 『프랑스 수아』에서 베이에 라발레(Claude Veillet-Lavallée)는 포스터 덜레스의 공격적인 발언을 "유감스럽다"고 생각했다. 이는 "제네바의 외교적 조정 가능성을 특히 위태롭게 하고 프랑스의 입장을 더욱 어렵게 만들었다". 사회당 사무총장인 기 몰레는 "새로운 공산주의 침략을 막기" 위해 "민주주의 국가"를 준비하는 데 찬성한다고 선언했지만, 미국의 즉각적인 개입 가능성에 대해 "경각심"을 불러일으켰다.[101] 장자크 세르방 슈레베르는 "우리는 전쟁의 국제화라는 재앙적인 나락에 국가가 빠지지 않도록 프랑스 장관들에게 매우 단호하게 요청하는 것이 시급하다고 믿을 만한 분명한 이유가 있다"고 언급했다.[102] 『렉스프레스』의 창립자에게 이러한 해결책은 아시아에서 프랑스 외교의 독립성을 포기하고 인도차이나에서 프랑스의 영향력을 단념하게 되는 매우 부정적인 결과를 초래할 수 있었다.

결국 '독수리' 작전은 1954년 4월 말에 완전히 포기되었다. 영국은

1954.
100) A.N. F^lcIII 1267 : Rapports du préfet du Finistère, mai 1954 ; A.N. F^lcIII 1321 : Rapports du préfet de Seine-Inférieure, mai 1954 ; A.D. de Dordogne, 1 W 55 : Rapports des sous-préfets et des chefs de service (1952-1954) : Sous-Préfecture de Bergerac, avril 1954.
101) Le Populaire, 31 mars 1954.
102) Jean-Jacques Servan-Schreiber, "Appel à l'Amérique?", Le Monde, 1er avril 1954.

식민지 전쟁으로 알려진 인도차이나전쟁에 대해 부정적 시각을 갖고 있었고, 동남아시아의 전반적인 평화를 원했기 때문에 "디엔비엔푸의 프랑스군에 군사 지원을 제공하기 위한 모든 시도"를 거부했다. "우리가 인도를 포기했는데 왜 인도차이나에서 프랑스를 위해 싸울 것인지 모르겠다"라고 영국 총리 윈스턴 처칠은 토로했다.[103] 이 결정으로 인해 레이몽 카르티에는 영국 총리를 신랄하게 비판하게 되었다. "히틀러 앞에서도 떨지 않았던 멋진 사자가 잘도 늙었다! 그러나 피는 더 이상 노인의 뇌에 정기적으로 공급되지 않았다"(『파리 마치』, 1954년 5월 8일).

미국의 지배층은 파리의 긴급 요청에 따라 참호로 둘러싸인 진지 외곽을 공격하기 위한 공중 작전을 놓고 분열되었다. 미 육군 참모총장 아서 래드포드가 이끄는 강경파인 '매파'는 닉슨(Richard Nixon) 부통령의 지원을 받아 계속해서 호전적인 언사를 사용했다. "아시아에서 인도차이나의 핵심적인 역할을 확신"[104]한 닉슨은 인도차이나에 미군의 파견을 고려할 필요가 있다고까지 말했다. 이에 대해 존슨(Lyndon B. Johnson) 상원의원은 다음과 같이 반박했다. "나는 식민주의와 인간에 의한 인간의 착취를 영속시키려는 의도를 지닌 유혈의 충동적 모험을 위해 G.I.를 인도차이나의 수렁에 보내는 것에 반대한다. 먼로 독트린과 "아시아인을 위한 아시아"라는 문구는 우리 정책의 기초가 되어야 한다".[105] 그러나 프랑스에서는 레이몽 카르티에가 젊은 미국 부통령에 대한 찬사를 아끼지 않았다. "민주주의 체제의 우발성으로 인해 정신력이 약화되는 상황에서 명쾌하게 생각하고 대담하게 말하는 사람은

---

103) Charles-Robert Ageron, *La décolonisation française, op. cit.*, p. 92.
104) G. Demaison (capitaine), *Évolution de l'opinion américaine et du gouvernement des U.S.A. face au conflit indochinois et à la poussée communiste*(Paris: Centre d'études asiatiques et africaines : Section de documentation militaire de l'Union française, 1954), p. 67.
105) Jacques Dalloz, *La guerre d'Indochine, op. cit.*, p. 230

너무 드물고 소중해서 존경받지 못할 수 있다"(『파리 매치』, 1954년 5월 8일).

미국 대통령 아이젠하워(Dwight Eisenhower)의 경우 주의를 당부했다. 1년 전 한국에 평화를 가져오기 위해 선출된 그는 자신이 새로운 아시아의 십자군 원정을 수행할 것이라고는 거의 생각하지 못했다. 미국은 이제 막 중국과의 대결에서 벗어났고, 또 다른 대결을 벌이지는 않을 것이었다. 인도차이나에 개입을 거부한 후 아이젠하워는 "기력의 감소, 나태함, 사고의 부정확함, 극동 분쟁에 직면한 미국의 입장의 극적인 쇠퇴"(『파리 매치』, 1954년 4월 17일) 등의 표현으로 조롱하는 레이몽 카르티에에 말려들지 않았다.

이러한 워싱턴의 부정적인 대응은 분명한 논거에 근거한 것이었다. "미국이 프랑스 및 기타 국가와의 완전한 정치적 합의 없이 인도차이나에서 호전적인 행위를 저지르는 것은 불가능했다"라고 포스터 덜레스는 1954년 4월 7일 파리에 있는 더글라스 딜런 미 대사에게 전보를 보냈다. 실제로 인도차이나전쟁은 미국의 유럽 정책의 중추였던 유럽방위조약과 '연합 국가'의 독립이 걸린 문제였다.[106] 더욱이 포스터 덜레스 미국 국무장관은 디엔비엔푸의 패배를 "예상 밖의 축복"으로 여겼다. 왜냐하면 그것은 미국에게 "프랑스 식민주의의 오점을 제거한" 인도차이나에서 무언가를 구할 수 있는 기회를 줄 것이기 때문이었다.[107]

한 식민지 보병부대 대령은 "(인도차이나의) 사건들에 충격을 받고 아시아에서 공산주의적 제국주의의 냉혹한 계획에 대항하는 어떤 건설적

---

106) Hugues Tertrais, "La 'coexistence pacifique' au Viêt-Nam et la fin de l'Union française (1955-1959)", in "Faire et refaire les armées, penser et repenser les défenses", *Matériaux pour l'histoire de notre temps*, No. 29(octobre-décembre 1992), p. 25.
107) Emmett John Hughes, *The ordeal of power. A political memoir of the Eisenhower years*(New York: Atheneum, 1963), p. 298.

인 반대도 하지 않은 우리 지도자들은 조건 없고, 검증되지 않은 지원을 외국 세력으로부터 얻기 위한 충분한 보증을 제공하지 않았기 때문에" 프랑스는 미국의 결정을 이해할 수 있었다고 말했다.[108] 프랑스인들은 포위되어 홀로 남겨진 군인들을 구출하기 위한 아무 작전도 시도하지 않았다.

1946년 12월부터 프랑스군은 기지에서 1만km 떨어진 곳에서 치열한 전투를 벌였다. 당시 '반식민주의의 챔피언'이었던 미국 앞에서 프랑스의 중요성을 재확인하기 위한 기묘한 시도인 이 작전은 프랑스가 미국에 의존하고 있다는 상징이자 프랑스가 세계에서 점진적으로 사라지는 주요 원인이 되었다.

3. 패배에 대한 재판

제네바 회담 초기에 발생한 디엔비엔푸 참사는 프랑스 여론을 뒤흔들었다. 여러 가지 질문이 프랑스인들의 마음을 괴롭혔다. 정부의 책임은 무엇인가? 프랑스 극동원정군은 일반적으로 포병과 통신 수단이 우월했었는가? 이 전문가 군대, 육군 엘리트, 낙하산병, 군단병, '식민지'로 구성된 군대가 어떻게 실패할 수 있었는가? 프랑스 공산주의자들의 책임은 무엇인가? 간단히 말해서, 패배의 책임은 누구에게 있는가?

1) 정치인의 책임

디엔비엔푸의 패배와 제4공화국 통치자들의 전쟁 종식 실패는 정권

---

108) G. Demaison (capitaine), *Évolution de l'opinion américaine et du gouvernement des U.S.A.*, op. cit., p. 59.

의 인물과 제도에 대한 불신을 가져왔다. 대부분의 프랑스인들은 프랑스 정치의 가장 높은 지휘 영역에서 인도차이나 재난에 대한 책임을 찾았다.

수년 동안 프랑스는 정부에 인도차이나에서 군인들을 싸우게 만드는 이유와 극동에서 구상하는 정책에 대한 명확한 정의를 요구해 왔다. 많은 의원들은 정부가 승리할 수단을 제공하지 않고 전쟁을 조장하고 모든 것이 정반대를 가리키고 있음에도 사람들이 조속한 승리를 믿도록 유도했다고 비난했다.[109] 위베르 보브 메리의 신문 역시 인도차이나의 비극적인 군사 상황이 "연속된 정부의 오랜 일련의 오류의 결과"라고 간주했다.[110] 『뤼마니테』가 볼 때 "라니엘과 그의 식민주의 장관들은 워싱턴에서 체결된 피의 거래(marché du sang) 조항을 이행하여 프랑스의 진정한 이익에 반하는 이 분쟁에서 20세 어린이를 살해할 생각만 했다"(1954년 3월 17일). 군대 역시 "단절되고 확고하지 않고 지능적이지 않은 관망 정책"을 주도하고 있다고 비난받은 정부에 대해 분노를 표출했다.[111] 실제로 군대에서는 전쟁 내내 국회의원에 대한 진정한 경멸이 커져갔다. 그들은 선거 문제만 다룰 줄 알고 인도차이나 문제를 어떻게 다룰 지 모른다는 비판을 받았다.[112] 군대는 국가에 의해 더 잘 이해되었다고 느낄 수 있었다면 전쟁과 피로, 박탈을 더 잘 견딜 수 있었을 것이라고 단언했다.

1954년 초, 공산당 신문이 "정부의 고집"(1954년 1월 4일)으로 인해 전

---

109) *J.O. D.P.*, 27 octobre 1953, p. 4561.
110) Jacques Fauvet, "Situation dramatique à Diên Biên Phu", *Le Monde*, 27 avril 1954.
111) Service historique de l'armée de terre (S.H.A.T.), carton 10 H 349, rapport sur le moral des Forces terrestres d'Extrême-Orient (F.T.E.O.), 1er semestre 1950.
112) S.H.A.T., 10 H 353, rapport sur le moral des Troupes françaises d'Indochine du Sud (T.F.I.S.), 4e semestre 1949.

쟁이 계속되고 있다고 지적한 반면, 우익 언론은 협상이 이루어질 때 수용 가능한 조건을 얻기 위한 투쟁을 지지했다. 그러나 디엔비엔푸 이후 모든 여론기관은 제4공화국과 정부를 공격했다. 이처럼 극우 주간지『리바롤(Rivarol)』은 5월 13일자 기사에서 "프랑스를 배신한 국가로 만드는 것은 그들의 어리석음과 범죄적인 태도로 인한 제4공화국이다"라고 기술했다.[113] '국민 연합(Rassemblement National)' 운동의 창립 회장인 장루이 틱시에 비냥쿠르(Jean-Louis Tixier-Vignancour)에게 책임이 있는 자는 프랑스 극동원정군 사령관 앙리 나바르에게 공산주의에 맞서 싸울 수단을 제공하지 않은 정부였다. 그는 "분명히 (총리인) 플래뱅은 고등 법원에 가서 정당한 선고를 받아야 한다"는 결론을 내렸다. 또 다른 기사의 제목은 더욱 과격했다. "드골 : 샹젤리제? 아니! 처형용 기둥이 있는 거리!" 사회주의자들의 투쟁도 반정부적 비판을 행했다. "우리는 우리의 패배에 책임이 있는 보수 정부를 소환하여 복종케 하거나 사임케 할 것이다".[114]

그런데 디엔비엔푸의 몰락은 프랑스의 기독교 민주주의자들을 제압할 수 있는 기회였다. 1947년 이후 중단없이 외무부와 인도차이나 관련 다양한 책임 있는 직위에 있었던 인민공화운동은 실제로 주요 피고인이었다. "인민공화운동은 범죄 정당인가?"라고 클로드 부르데는 1954년 5월 6일자『프랑스 옵세르바퇴르(France Observateur)』에서 자문했다. 프랑수아 모리악은 자신의 '메모장(bloc-notes)'에 이렇게 썼다. "쓰라린 생각, 해로운 생각: 범죄적이면서도 무능한 이 이야기, 빨간 잉크로 쓰여진 이 10년의 이야기는 기독교인들이 쓴 것이다. [...] 내 생각에

---

113) Pierrre-Antoine Cousteau, "Tant qu'on n'anéantira pas le Système, le Système continuera à anéantir la France", *Rivarol*, 13 mai 1954.
114) Michel Bodin, *La France et ses soldats, op. cit.*, p. 160.

집권한 기독교 민주주의자들은 이 진리를 명백히 밝히는 그들의 소명을 배신했다. 정치는 도덕법에서 벗어날 수 없다"(『렉스프레스』, 1954년 5월 8일).

공산주의자들도 가만히 있지 않았다. 그들은 "인도차이나에서 평화를 제외하고 모든 일을 행했던 사람들"인 조르주 비도와 인민공화운동 지도자들을 격렬하게 공격했다(『뤼마니테』, 1954년 5월 6일). 요새화된 진지가 무너진 다음날 모로(Yves Moreau)는 인민공화운동에 속한 거의 모든 정치인, 장 르투르노, 모리스 슈만, 폴 코스트 플로레, 르네 플레뱅, 특히 조르주 비도를 인용했다. 공산주의 기자에 따르면, "저런 자들의 잘못으로 인해 7년간의 더러운 전쟁이 우리나라를 피폐하게 만들었다"(1954년 5월 10일). 1954년 5월 11일, 『뤼마니테』는 디엔비엔푸의 비극에 대해 인민공화운동 지도자들을 다시 비난했다. "7년 동안 서로를 계승한 통치자들, 그리고 그 선두에 선 민족반역의 책임자들인 인민공화운동의 지도자들이 압도적으로 나타난다".

『르몽드』의 저널리스트인 로베르 길랭은 디엔비엔푸의 참호로 둘러싸인 진지가 함락되기 전부터 프랑스 정부 당국에 책임이 있다고 생각했다. "정부는 군사령부에 너무 광범위한 임무를 부여했고 이를 달성하는 데 필요한 수단을 제공하지 않았다"(1954년 5월 3일). 기자에 따르면, "디엔비엔푸는 인도차이나에서 탄생한 것이 아니라 파리에서 시작되었다". 군사적 측면에서 앙리 나바르 장군은 1956년에 군대의 책임을 다음과 같이 밝혔다. "프랑스가 굴복한 날은 디엔비엔푸가 아니라 제네바이다. 우리가 책임을 물어야 하는 것은 군인이 아니라 정치인이다". [115]

---

115) Henri Navarre, *Agonie de l' Indochine, 1953-1954. op. cit.*, p. 315

요약하면, 역사가 라울 지라르데가 그의 저서 『프랑스 군사 위기(La crise militaire française)』에서 지적한 것처럼, 프랑스 언론은 다양한 논거를 통해 인도차이나의 정부 정책을 비판했다.

> 권력에 대해 우리는 먼저 잘못된 전쟁 수행, 정부 권한의 분산, 결정의 불확실성, 정책 결정 및 정책 추구의 연속성 부족을 비난한다. 우리는 또한 정부가 원정대에게 전투를 효과적으로 이끌기 위해 필요한 기술적 수단을 한 번도 제공하지 않았다고 비난한다. 게다가 우리는 일관되고 정확한 전쟁 목표를 결코 수립하지 않았다는 점, 승리가 가능할 것 같은 상황에서 매우 부족한 노력만 했다는 점, 그리고 상황이 이미 회복할 수 없을 정도로 위험해 보였을 때 불필요하게 투쟁을 계속했다는 점에서 정부를 비판한다. 마지막으로, 우리는 내부의 적으로부터 전투병을 보호하지 않았고, 특정 군사비밀의 누설을 엄벌하지 않았으며, 인도차이나 분쟁의 추악한 연대기를 보여주는 수많은 금융 밀매를 암묵적으로 용인한 정부를 비난한다. 군대는 "뒤통수를 맞았고" 배신당했으며, 지도자의 나약함보다는 체제의 모순으로 인해 배신당했다고 주장한다.[116]

그러나 일부 사람들에게 지금은 책임자를 찾을 때가 아니었다. 그들의 논법에 따르면 프랑스는 애도의 순간을 겪고 있고, 디엔비엔푸 전투 이후에는 제네바에서 외교적 대결의 시련을 겪게 됐다. 국회에서 장관 협의회 의장인 조셉 라니엘은 의원들에게 다음과 같이 질문했다. "인도차이나의 총사령관이 바로 지금 이 순간 엄청난 상황에 직면해 있는 상황에서 특정 책임을 군사령부에게 돌릴 것인지, 아니면 정부에 돌릴 것인지에 대한 문제를 논의하는 것이 필요한가? 정부나 명령의 권위를

---

116) Raoul Girardet, *La crise militaire française, 1945-1962*(Paris: Armand colin, 1964), p. 163.

감소시키는 것이 국익에 도움이 되는가? 나는 국가의 이익은 우리 모두에게 위험에 맞서기 위해 모든 시간과 에너지를 바칠 것을 요구한다고 생각한다".[117] 국회의원 중 약간의 다수가 이러한 주장에 공감했다. 1954년 5월 13일 저녁, 단 289명의 의원만이 정부에 대한 신임을 묻는 투표에 찬성표를 던졌고, 287명의 의원은 반대했다.

『로로르』의 편집자인 라쥐릭(Robert Lazurick)은 책임 소재를 분명히 하려는 열망을 표현했다. 그는 디엔비엔푸 함락 다음날 다음과 같이 기술했다. "전투 이전과 전투 주변에서 일어난 모든 일에 대해 확실히 밝혀져야 하며, 역할들이 명확히 규명되어야 한다. 그러나 지금은 오로지 고통과 묵상, 민족적 단결을 위한 시간일 뿐이다"(1954년 5월 8~9일). 이러한 시각은 『렉스프레스』의 관점이기도 했지만 라니엘과 비도의 정책에 대해서는 강력히 반대했다. "수년 동안 이 나라를 통치한 사람들이 권력에서 물러나고 명확하게 보고 그렇게 말할 수 있는 용기를 가진 사람들에게 자리를 내준다면 그것은 도덕적이고 정상적일 것이다. 그러나 적어도 당장에는 모든 것을 혼란에 빠뜨리지 않고 사실은 애국자인 이 장관들에게 지금 다른 모든 사람들이 인식하고 있는 불합리한 결과를 가능한 한 최선으로 바로잡는 임무를 맡기는 것이 더 효과적일 것이다"(1954년 5월 15일). 같은 논리에 따라, 레이몽 아롱은 정부의 전복이 국가의 "최고의 어리석은 짓"[118]이 될 것이며 다른 어떤 정책도 상상할 수 없다고 단언했다.[119] 그러나 대다수의 프랑스 국민은 이러한 의견에 동의하지 않았다. 우리가 이미 거의 모든 정치적 지평에서 온 수많은 평론가를 통해 검토한 바와 같이, 애도에 싸인 민족적 연합에

---

117) *J.O. D.P.*, 11 mai 1954, p. 2345.
118) *Le Figaro*, 6 mai 1954.
119) Alain Ruscio, *Diên Biên Phu: la fin d'une illusion, op. cit.*, pp. 52-53.

대한 이 아이디어는 거부되었다.

오랫동안 민간 및 군 권력기관은 인도차이나에서 수행하고 있는 정책에 해결책에 없다는 것을 알고 있었다. 그들은 국가와의 연대 차원에서 공개적으로 침묵을 지켰고, 인도차이나 문제가 국내외적으로 미치는 영향이 너무 복잡했기 때문에 결정을 내릴 수 없다는 이유로도 침묵했다. 설사 결정의 단계를 통과했다고 해도 입장의 차이와 당파의 분열 속에서 자신들의 결정을 강요할 수는 없었을 것이다. 정치 지도자들의 "무기력, 불일치, 부정확함, 무능함, 꾸물거림, 권위의 부재, 연이은 실수"가 이 파국적인 기획에 유리한 결과를 방해했다. 일관된 정치적 의지가 부족했던 프랑스는 인도차이나에 평화를 가져올 수 없었다.

2) 공산주의자의 책임

많은 프랑스인에게 디엔비엔푸 패배의 실질적 책임은 8년 동안 '더러운 전쟁'에 반대하는 캠페인을 주도하여 원정대를 약화시킨 사람들, 즉 공산주의자들이었다. 인도차이나전쟁에서 프랑스의 적은 아시아인만이 아니었다고 말해야 할 것이다. 그들은 공산주의자였는데, 냉전 상황에서는 상황이 더욱 악화되었다. "우리는 공산주의자들을 상대하고 있다. 그들은 다른 사람들과 같은 종류의 사람들이 아니다".[120] 그러나 프랑스 공산당은 의도적으로 반대 진영을 선택했다. 공산당은 베트민과의 전쟁에서 실질적인 적의 편을 선택했으며, 그것은 모스크바와 베이징에 의해 조작되었다고 프랑스인들은 생각했다. 결과적으로 공산주의자들은 "외국의 요원일 뿐만 아니라 적의 요원"이었다.[121] 그들은 반

---

120) Robert Lazurick, *L'Aurore*, 17 mai 1954.
121) *L'Aurore*, 10 mai 1954.

역자였다. "프랑스 공산주의자들의 선전활동은 진정한 전략적 반역행위처럼 보인다. 그것은 등에 칼을 꽂는 행위이다".[122] "프랑스 공산당의 활동은 배신의 활동이고, 백일하의 배신이며, 등에 칼을 꽂는 가증스러운 정책이다".[123] 1951년 이후 급진파-사회주의 그룹(Groupe radical-socialiste) 소속 의원이었던 모리스 비올레트는 심지어 국회에서 "그것은 진정한 범죄와 암살의 공모이다"라고까지 말했다(1950년 10월 19일).[124]

이후 공산주의 활동가들과 '구 인도차이나 참전 용사' 또는 극우 단체 활동가들 사이에 매일 폭력 사건이 발생했다. 극동지상군(FTEO: Forces terrestres d'Extrême-Orient)에 합류한 프랑스 병사들은 인도차이나로 출발하기 전에 프랑스 공산당과 노동총연맹 사옥에 대한 '징벌적 원정'을 통해 분노를 표출했으며, 원정대에 적대적인 신문에 대해서도 마찬가지였다. 1948년 생브리외(Saint-Brieuc)에서 제3식민지공수특공대(BCCP : 3e Bataillon colonial de commandos parachutistes)가 창설되던 중 이런 일이 있었다. 당시 제3공수부대전투기연대(RCP : 3e Régiment de chasseurs parachutistes) 사령관이었던 비자르(Marcel Bigeard) 대령은 다음과 같이 기술했다. "우리 젊은이들은 때때로 공산당 본부에서 울분을 토했다".[125] 배에 적재하거나 차량에서 하역하는 군인들과 파업하는 철도 노동자나 항만 노동자들 사이에 충돌이 있기도 했다. 샤랑트(Charente) 지사에 따르면 민간인과 군인들은 "혼란을 야기하고 원정군의 사기를 약화시키며 패배주의 캠페인을 조장할 뿐"인 공산주의자들

---

122) *Le Matin*, 28 novembre 1949.
123) Louis Gabriel-Robinet, *Le Figaro*, 6 juin 1951.
124) Alain Ruscio, *Les communistes français et la guerre d'Indochine*, op. cit., p. 223.
125) Marcel Bigeard, *Pour une parcelle de gloire*(Paris: Plon, 1975), p. 74.

의 행동에 격렬하게 반응했다.[126] "정부는 이번 기회에 더 이상 용인되어서는 안 되는 공산주의 선전활동을 완전히 중단시켜야 한다"는 것이 일반적인 견해였다.[127]

군대 내에서는 모두가 공산주의자들의 반군 행위에 대해 단호하게 조처하기를 원했다. 한 보고서에서는 "프랑스에서 공산주의 반군을 강력하게 진압하는 것은 확실히 우리 군대에 정신적 위안을 제공할 것"이라고 기술했다.[128] 또 다른 생각은 정부가 방해자들의 목록 몇 개를 공개하면 심각하게 받아들여질 것이라는 생각이었다.[129] 극동프랑스 부대는 인도차이나에서의 희생에 대해 프랑스 본토에서 계몽하여 언론과 라디오 심지어 책을 통해 군인들에게 정신적 지원을 제공하고 군단 원정대의 적들에 맞서기 위한 반선전활동을 행할 것을 제안했다.[130] 군인들은 "역겨운", "범죄적인", "구역질나는", "혐오스러운", "부끄러운" 행위들에 대해 이야기했다. 한 부사관은 "공산주의자들은 더러운 놈들의 사다리 꼭대기에 있었고 우리가 그들 중 한 명을 붙잡을 수 있었다면 그는 분명히 살아서 우리 부대의 상층부에 도달하지 못했을 것이다"라고 말했다.[131] 이처럼 인도차이나전쟁 기간 내내 냉전 분위기에 힘입어 프랑스 정치계 전반에서 반공주의가 강세를 보였다. 더욱이 제4공화국 시대만큼 반공주의가 레옹 블룸의 표현을 빌리면 "외국 정당", "외국 민

---

126) A.N. F^{lc}III 1256 : Rapports du préfet de Charente, novembre 1950.
127) A.N. F^{lc}III 1265 : Rapports du préfet de Drôme, octobre 1950.
128) Témoignage. S.H.A.T., carton 10 H 350, rapport sur le moral des FTEO, 1er semestre 1950.
129) S.H.A.T., 10 H 350, rapport sur le moral des Troupes françaises d'Indochine du Nord (T.F.I.N.), 1er semestre 1950.
130) S.H.A.T., 10 H 353, rapport sur le moral des Troupes françaises d'Indochine du Sud (T.F.I.S.), 1er trimestre 1950.
131) Michel Bodin, *La France et ses soldats, op. cit.*, p. 270.

족주의 정당"을 비난하는 방향으로 향한 적은 없었다.[132]

디엔비엔푸 전투 시기에 이러한 반공주의는 다시 힘을 얻어 정점에 이르렀다. 요새에 둘러싸인 진지가 항복한 다음 날,『르 피가로』의 편집장인 브리송(Pierre Brisson)은 "오늘 저녁의 진정한 승자는 토레즈와 뒤클로의 친구들이다. 폐허와 무덤 위에서 해골이 그려진 붉은 깃발을 들어 올릴 자들은 바로 그들이다"(1954년 5월 8-9일).

공산당의 태도가 "특히 비열하다"라고 생각한『르 포퓔레르』는 "분노는 결코 합리적이지 않으며, 공산주의자들은 프랑스인의 분노를 최고조에 이르게 하기 위해 모든 일을 다 했다. [...] 공산주의자들의 잔혹한 환희는 분노를 불러일으킬 뿐이었다"(1954년 5월 11일)고 비판했다. 게다가 극우파는 프랑스 공산당 금지, 언론 압수, 지도자 체포를 요구했다. "공화국 대통령님! 암살자 정당의 법적 보호 박탈을 공포하십시오. 그리고 프랑스의 인도차이나 재향군인에게 맡겨주세요. 자크 뒤클로는 심판을 받아야 합니다. 그리고 즉시 그를 총살하세요"(『리바롤』, 1954년 5월 27일) '원정군 재향군인회(Association des anciens du corps expéitionnaire)' 역시 정부에 "적의 공범인 정치 단체를 금지할 것"을 요청했다(『르몽드』, 1954년 5월 9~10일).

오트비엔(Haute-Vienne) 지역에서는 공산당과 다른 정치 집단의 공존 문제가 지역 언론을 통해 여러 차례 제기되었으며 특히 사회당 상원의원인 라무스(Georges Lamousse)가 이렇게 문제를 제기했다. "디엔비엔푸 이후 내부의 공산주의 문제를 피하는 것은 더 이상 불가능하다. [...] 모두가 알고 있듯이 다른 국가를 섬기는 정당의 활동을 프랑스가 오랫동

---

132) Jean-Jacques Becker et Serge Berstein, "L'anticommunisme en France", *Vingtième siècle*, No. 15(juillet-septembre 1987), pp. 24-25.

안 허락할지는 의문이다".[133] 같은 지역에서는 5월 7일 국회 회기에 디엔비엔푸 전투에서 전사한 프랑스군에 대한 추모를 거부한 공산당 국회의원들의 태도가 언급된 바 있다. 1954년 첫 정기 회의에서 조르주 라누스가 제출한 동의안을 참고하여 도의회는 이러한 태도를 비난했다. 『방데 스멘(Vendée Semaine)』의 편집자에게는 면책특권의 보호를 받는 공산주의자들이 인도차이나에서 패배주의 정책을 추구하는데도 처벌을 받지 않고 파리에서 활동할 수 있다는 것은 상상할 수 없는 일이었다. "우리는 인도차이나에서 싸울 수 없으며 파리에서 패배주의를 용납할 수 없다".[134]

『뤼마니테』는 물론 이러한 "전통적 교란 작전"[135]을 선전을 비난했다. "그것은 라니엘과 비도가 자신의 책임을 숨기는 유일한 방법이다"(1954년 5월 12일). 그러나 이번 경우에 『뤼마니테』가 거의 혼자였다는 점에 유의해야 한다. 하지만 한 가지 예외는 있었다. 「책임 이전」이라는 제목의 5월 12일자 『렉스프레스』 사설은 다음과 같다. "공산주의자들에 대하여 환상도 관용도 없는 『렉스프레스』는 고전적이고 안락한 반공주의의 기치 아래 준비되고 있는 선전활동을 더욱 자유롭게 알릴 뿐이다".

---

133) A.N. F^lc III 1333 : Rapports du préfet de Haute-Vienne, mai 1954.
134) *Vendée Semaine*, 13 juin 1954.
135) 1954년 5월 12일자 『뤼마니테』 사설 제목.

7장

프랑스와 군대

　거의 10년 동안 프랑스 극동원정군 병사들은 베트민의 혁명 전쟁에 맞서는 고통스러운 체험을 했다. 그들은 이 새로운 경험을 어떻게 받아들였으며, 그것은 그들의 삶에 어떠한 흔적을 남겼는가? 우리가 이미 언급한 바와 같이, 인도차이나에서의 군사적 행동은 대다수 프랑스인들의 열정을 불러일으키지 못했다. 프랑스는 무엇보다도 일상생활에 열중했고 전쟁을 잊으려고 노력했기에 극동의 프랑스군에 대해서는 전반적으로 무관심했다. 인도차이나에 파견된 군대의 반대자들은 맹렬하게 자신을 드러낸 반면, 군대의 지지자들은 그들의 목소리를 듣게 하거나 자국민의 관심을 끌게 할 수 없었다. 그러나 역설적이게도 전장에서의 모든 패배는 대규모 전투가 드물었던 전쟁에서 무엇보다도 사건을 찾고 있던 언론의 자극으로 인해 심리적 동요를 불러 일으켰다. 그렇다면 대다수 국민의 무관심과 일부 여론의 적대감에 직면하여 프랑스군은 어떻게 반응했는가? 이러한 여론의 움직임은 인도차이나의 프랑스 병사들에게 어떤 영향을 미쳤는가? 반면에 프랑스 여론은 일반적인 기지에서 멀리 떨어진 군대에 대해 무엇이라고 말했는가? 특히 그것이 프랑스인이 아닌 전문 군인으로 구성되어 있고 조국의 운명과 직접적으로 관련되지 않은 작전에 투입될 때 그 군대에 대해 어떻게 생각했는가?

1. 프랑스인의 군대 인식

인도차이나전쟁 동안 프랑스 여론은 군사 작전이나 군대의 운명, 본질적으로 병력과 인명손실 문제를 제외하고는 군대의 역할을 거의 중요하게 여기지 않았다. 소수의 원정군 지지자들만이 머뭇거리며 인도차이나 병사들에 대한 동정심을 표명하며 프랑스인의 무관심과 부동 상태를 비판했다.

1947년 3월 22일, 인도차이나의 프랑스 병사들에 대한 경의의 표시로 국회의원 전원이 일어섰을 때, 공산당 소속의 국방장관인 프랑수아 비이우는 이 경의에 동참하기를 거부하고 자리에 앉아 있었다. 사실 공산주의자들에게 인도차이나전쟁은 "더러운 전쟁, 감히 그 이름을 입에 담고 싶지 않은 부끄러운 전쟁"이었다. 전쟁 내내 공산주의자들은 군대의 행위를 비난하면서 인도차이나의 식민지 정책에 대해 맹렬한 공격을 퍼부었다. 그들의 어휘는 종종 원정대 병사들에 대한 모욕에 가까웠다. 실제로 공산주의자들은 병사들을 "강간범", "살인자", "도적", "방화범", "약탈자"로 묘사하는 데 주저하지 않았다. 공산당 기관지 『뤼마니테』는 인도차이나전쟁이 시작될 때 "여기 한 마을이 불탔다. 프랑스 순찰대가 지나갔다"(1947년 3월 14일)라고 기술했다. 공산당 소속의 부쉬뒤론 도의원인 랑베르(Lucien Lambert)는 국회에서 "베트남 국민은 점령군이 강간과 살인을 위해 어떻게 훈련받았는지 알면서 점령군에 맞서 싸우고 있다"고 역설했다.[1] 공산주의자들은 "필립 르클레르 또는 모크(Jules Moch)의 S.S.(나치 친위대)"에 대해서도 이야기했다. 제22식민지보병연대(RIC : Régiment d'infanterie coloniale)가 줄항했을 때 프랑스의 담벼

---

1) *J.O. D.P.*, 10 juin 1949, p. 3305.

락에서 "인도차이나에서 전쟁을 벌이기 위한 10,000명의 S.S"라는 문구를 발견할 수 있었다. 1949년 6월 22일, 사르트(Sarthe)의 공산당 의원인 망소(Robert Manceau)는 "역겨운 전쟁"에 대해 말한 한 장교의 사례를 인용한 후 제6식민지보병연대의 분탕질을 고발했다.[2] 공산주의자들의 눈에 프랑스 군인들은 "침략자, 처형자, 용병들"이었다.[3]

그러나 공산주의자들은 군대도 정부 정책의 희생자라는 점을 고려하여 전투병에 대해 유감을 표명하는 경우도 있었다. 1950년 10월, 타른에갸론(Tarn-et-Garonne)의 공산당 소속 의원인 쥐즈(Pierre Juge)는 "자본주의 이익을 옹호하는 데 빠진 사람들에게 동정심을 가지고" 경의를 표했다.[4] 바스알프(Basses-Alpes)의 도의원인 지라르도(Pierre Girardot)는 자신의 의지에 반하여 극동지역으로 파견되고, 징계처분으로 인해 세상과 단절되고, 질병, 자연, 굶주림으로 인해 쇠약해진 희생된 군인들에 대해 언급했다. 그는 또한 많은 사람이 터무니없는 징집과 교육기관 부족으로 인해 입대했다고 설명했다.[5]

프랑스 공산당과 더불어 사회당의 인도차이나 군인들에 대한 공격은 모든 성향의 언론이 반응하게 만들었다. 1947년 2월 8일 인도차이나 주둔 프랑스 고등 판무관의 능력에 의문을 제기한 『르 포퓔레르』(사회당)의 공격에 『로브』(인민공화운동)는 티에리 다르장리외 제독을 방어하기 위해 강력하게 대응했다(1947년 2월 9일). 『르몽드』의 편집자 루르(Rémy Roure)는 "우리 병사들이 싸울 때 우리는 침묵해야 한다!"라고 말했다. "우리 병사들은 싸우고 있다. 그리고 영광스럽게 싸우고 있다.

---

2) *J.O. D.P.*, 22 juin 1949, p. 3667.
3) *J.O. D.P.*, 19 octobre 1950, p. 6982 ; 1er juillet 1948, p. 4255.
4) *J.O. D.P.*, 19 octobre 1950, p. 6974.
5) *Ibid.*, p. 7005.

그들의 피가 헛되이 흘려진다면 그것은 끔찍할 것이다. 그러므로 모든 이의 의무는 위험을 악화시킬 수 있는 아무 것도 하지 않고 아무 말도 하지 않는 것이다"(1947년 2월 9~10일). 1947년 6월 9~10일, 레미 루르는 그의 표현에 따르면 "프랑스군을 모욕한" 『뤼마니테』를 다시 공격했다. "우리 군인들이 싸울 때, 신문이 베트남 '지하 운동가'의 사진을 게재하고 후자에 대한 칭찬을 하는 것은 가장 기본적인 예의가 부족한 것이다. 이것은 특공대, 군단, 돌격대에서 싸우고 있는 우리 저항군에 대한 쓸데없는 모욕이다".

국회에서는 인도차이나전쟁이 논의될 때마다 의원들의 발언이 늘어났다. 실제로 국회의원들은 원정군이 겪고 있는 공격들에 대해 분석하려고 노력했다. 1946년 12월 23일, 오브(Aube) 지역의 '독립파(Indépendant)' 의원인 무테르(André Mutter)는 원정군 구성원들을 돈을 위해 싸우는 용병으로 묘사하는 언론의 사악한 선전을 중단할 것을 요구했다.[6] 론(Rhône)의 독립파 의원인 몽텔(Pierre Montel)은 1948년 7월 1일 의회에 대한 새로운 공격과 자크 뒤클로의 "저곳에 있는 이들은 범죄자 집단이다"라는 외침 이후 "군대에 있는 청년들을 위해" 일어나도록 의회에 요청했다.[7] 피에르 몽텔은 공산주의 대표들에게 "우리는 그들이 특히 당신들에 의해 더럽혀지도록 놔두지 않을 것이다"라고 외치며 발언을 마무리했다. 원정대의 임무와 전쟁의 유용성을 의심하는 모든 사람에 대해 앙리 나바르 사령관은 다음과 같이 대답했다. "여기의 어느 누구도 적에게 열병, 이질, 진흙, 이 끔찍한 일, 즉 그의 희생의 유용성에 대한 의심을 부언할 권리가 없다".[8] 1951년 1월, 공화국 대통령

---

6) *J.O. D.P.*, 16 juillet 1948, p. 4712
7) *Ibid.*, p. 4735.
8) *J.O. D.P.*, 3 juin 1953, p. 2956.

뱅상 오리올은 "영웅주의와 자기희생으로 싸운" 모든 전투원에게 프랑스의 애정과 염원을 담은 연설을 했다. 대부분의 연설에서 우리는 "프랑스, 프랑스 연합, 연합국의 자유와 독립을 수호하기 위해 용감하게 임무를 수행하는 진정한 군인"을 지칭하기 위해 "훌륭한 태도", "용맹", "웅장한 공적", "용기", "희생", "영웅주의"라는 표현을 사용했음을 발견할 수 있다.[9]

장관들은 또한 인도차이나에서의 '사건들'이 너무 과장되고 있으며 '분탕질'은 단지 실수에 불과하고 이에 대해 이미 처벌을 받았음을 증명하기 위해 이 열정적인 토론에 개입했다.[10] 인도차이나에서 잔혹 행위가 행해졌다는 사실을 비난하는 기사에 대해서는 여러 차례 반격이 이루어졌다. 1949년 6월 22일, 폴 라마디에 국방부 장관은 보도자료를 통해 다음과 같이 개입했다. "군의 명예를 수호할 책임이 있는 국방부 장관은 이러한 행위가 저질러졌다는 사실을 전면 부인한다. (특히) 특정 언론에 게재된 사진들은 날짜와 출처에 대한 세부정보 없이 게재되었음을 지적하고자 한다". 그는 이러한 글을 쓴 이들을 고소했고, 군사법원이 "어떤 상황에서도 프랑스군의 명예와 규율의 전통에 어긋나기에 용서될 수 없는" 인도차이나에서의 범죄행위에 대해 처벌했다고 덧붙였다.[11]

이 국회의원들 외에도 군대 동조자들은 프랑스 극동원정군에 대해 조직된 공격에 대한 대응을 주도했다. 군대의 사기를 저하시키려는 공산주의 운동은 비판을 받았으며, 사람들은 "범죄로 분류된 행위에 대

---

9) *J.O. D.P.*, 21 mars 1947, p. 1021 ; 11 mars 1947, p. 798.
10) *J.O. D.P.*, 1er juillet 1948, p. 4719 ; 4 avril 1946, p. 1443
11) Michel Bodin, *La France et ses soldats. Indochine, 1945-1954*, op. cit., p. 175.

해 어느 정도까지 사과하면 법률에 위반되지 않는가"라고 질문했다.[12] 이러한 대응과 함께 '연대 캠페인'이 병행됐다. 인도차이나 참전용사, 군인 부모, 연대 협회, 온건파 등이 기부금을 보내면서 군인들에 대한 지지를 표명했다. 귀환자들에게 그들의 권리를 알리고 원정군을 지지하기 위해 그들은 『소식지(bulletin de liaison)』를 발행했다. 그들은 또한 회의, 파티, 포스터 캠페인을 조직하여 변화하는 상황에 대한 인식을 높이려고 노력했다. 그들은 군인들을 지원하고 귀환자를 보호하기 위한 협회를 설립하고 부상자를 방문하고 미망인에게 지원을 제공했다. 이처럼 '인도차이나 전사, 참전용사 및 그 가족에 대한 지원을 위한 국가위원회'는 1954년 4월 공공 도로에서의 모금 및 모든 종류의 시위(연극, 뮤지컬, 스포츠, 박람회, 추첨)를 포함하여 전국 캠페인을 조직했다.[13]

그러나 원정군에 호의적인 이들의 행동은 반대편에 있는 이들에 비해 보잘 것 없어 보였다. 분열되고, 체계화되지 않았으며, 자원이 부족했기 때문에 인도차이나 파병군 지지자들은 여론에 큰 영향력을 행사할 수 없었다. 예를 들어, 드롬 지역에서는 인도차이나에서 전사한 군인들을 기리기 위해 거행되는 종교 행사에 참석하는 사람이 거의 없었다.[14] 마찬가지로 전쟁포로협회(APG : Associations des prisonniers de guerre) 산하 솜(Somme) 연맹사무소가 프랑스 적십자사가 후원하는 인도차이나 전사들을 위한 구호 캠페인에 참여하기로 한 결정은 소수의 지지만 받았다. 특히 아미앵(Amiens) 지부에서는 회원 다수의 반대 운동이 나타났는데, 이들은 자원봉사자들의 자질에 반대하고 심지어 지도자들

---

12) A.N. F^{k}III 1315 : Rapports du préfet du Rhône, 15 mai 1951.
13) A.D. du Nord, 256 W 98 005 : Sous-préfecture de Douai, avril 1954.
14) A.N. F^{k}III 1265 : Rapports du préfet de Drôme, juin 1954.

이 정치 영역에 진입했다고 비난하기도 했다.[15] 더욱이 프랑스 극동원정군에 대한 협회의 실질적인 영향력은 1954년 4월 회의의 주제인 "와서 인도차이나 전사에 대한 진실을 말해주세요"[16]에서 분명히 드러난 것처럼 협회가 즉각적인 행동을 원했을 때 항상 느리게 움직이는 여론을 변화시킬 수 없었다.

디엔비엔푸의 진지가 함락된 후 언론 대다수의 첫 반응은 이 치명적인 전투의 "진정한 영웅"인 프랑스 군인들에게 경의를 표하는 것이었다. 첫 페이지의 헤드라인은 감화를 주기에 충분했다. "영웅적인 디엔비엔푸가 함락되었다"(『르 도피네 리베레(Le Dauphiné Libéré)』, 1954년 5월 8일) ; "끝까지 영웅적이었던 그들(디엔비엔푸의 전사들)은 백기를 들지 않고 쓰러졌다"(『파리 마치』, 5월 15일) ; "드 카스트리 장군 주변에 15,000명의 영웅들이 그들의 피로 불멸의 영광의 페이지를 장식했다"(『프랑스 수아』, 5월 9일). 1954년 5월 1일 『파리 마치』 첫 면의 사진 설명문도 감동적인 문구로 장식되었다. "디엔비엔푸의 지옥에서는 최후의 방어자들이 지하에서 지내고 있었다. 흙자루로 둘러싸인 참호에서 나온 이 부상당한 중위는 한 달 반 동안 자유세계가 지켜보고, 충격을 받았던 전투에서 극적인 무훈담을 전하는 드 카스트리 장군의 영웅 중 한 명이었다".

몇 달 후, 제네바 협정에 따른 휴전 이후 『르몽드』의 샤를 파브렐은 인도차이나의 전사들에게 다음과 같은 찬사를 보냈다.

> 8년 동안 그들은 군인으로서 유일한 진실에 직면했다. 그들의 전쟁은 다른 전쟁과는 달랐다. 그것은 '더러운 전쟁'이라는 이름이 붙여졌는데, 그 이

---

15) A.D. de Somme, 21 W 231 : Manifestation des Anciens Combattants, 22 février 1954.
16) Livre d'or de l'Association des combattants de l'Union française(Paris, 1960), p. 155.

름은 때때로 그들의 지친 어깨에 모든 수치심으로 짓눌렀다. 그러나 그들은 또한 국가를 결코 뒤처지게 하지 않을 대의를 위해 너무나 아낌없는 피를 흘리며 평화를 얻었고, 평화를 누릴 자격을 가지게 되었다. [...] 적어도 이 더러운 전쟁은 그들의 헌신과 희생의 정신을 최고의 영웅적 행위로 끌어올릴 수 있었을 것이다. [...] 역사는 인도차이나의 병사들의 무훈담의 근간을 형성한 개인적이고 집단적인 위업에 대해 기록할 것이다. 그러나 영광스러운 영웅주의는 매일의 순교의 삶을 8년 동안 살 수 있도록 강철 같은 사기를 준 이 명쾌하고 차분한 의지의 보다 겸손한 영웅주의 앞에 굴복할 것이다.[17]

결국, 디엔비엔푸는 '정치'가 잃었을 수도 있는 명성을 군대가 얻을 수 있도록 허락했다. 소수의 공산주의 분파를 제외하고 전체 프랑스인들은 만장일치로 요새화된 진지 방어자들의 용기와 희생정신에 경의를 표했다. 디엔비엔푸 주둔군의 "아름다운 저항"은 실제로 많은 바스알프 사람들의 애국심을 고양시켰고[18] "신성한 단결(Union sacrée)"의 분위기를 다시 만듦으로써 센에마른 지역의 모든 주민들의 감탄을 자아냈다.[19] 마이엔(Mayenne)에서는 시민들이 병사들의 영웅적 행위에 대해 고개를 숙였고,[20] 코트도르에서는 '준정치단체'인 무공수훈자협회(Société de Médaillé Militaires)와 재향군인회(Société d'Anciens Combattants) 등이 이 영웅적인 전사들의 자부심을 불러일으키는 몇몇 행진과 화환 증정을 통해 시민들에게 디엔비엔푸의 병사들을 상기시켰다.[21] 요약하자면, "디

---

17) Charles Favrel, "Huit ans ils ont "fait face" pour leur seule vérité de soldats", *Le Monde*, 22 juillet 1954.
18) A.N. F^kIII 1241 : Rapports du préfet des Basses-Alpes, mars 1954.
19) A.N. F^kIII 1320 : Rapports du préfet de Seine-et-Marne, 5 mai 1954.
20) A.N. F^kIII 1299 : Rapports du préfet de Mayenne, mai 1954.
21) A.N. F^kIII 1260 : Rapports du préfet de Côte-d'Or, mars 1954.

엔비엔푸의 서사시는 영웅주의가 여전히 프랑스의 심오한 덕목 중 하나임을 세계에 증명했다"고 대다수의 프랑스인은 확신했다(『프랑스 수아』, 5월 9일).

이 '영웅들의 세계'에서 요새화된 진지와 북서부작전사단(GONO: Groupement opérationnel du Nord-Ouest)의 사령관인 드 카스트리 장군이 단연 눈에 띄었다. 그는 디엔비엔푸 패배에 대해 자주 책임을 졌지만, 1954년 5월 이후 전투 기간에는 찬양되었다. 언론은 하루도 빠지지 않고 프랑스인들에게 이 '전투 지도자'[22]에 대해 "내 부하들의 사기는 엄청나다"는 그의 말로 그와의 무선 연결을 마무리한다고 말했다.[23] 싸우는 영웅에 대한 프레스코화에서 그가 전경에 등장하지 않는 경우는 없었다. 인민공화운동의 철학에 가깝고 기독교에서 영감을 받은 신문인 『노르 에클레르(Nord-Éclair)』의 1954년 4월 26일자 기사는 "프랑스 최고의 기병 중 한 명인 드 카스트리 대령(전투 중 장군이 됨)은 용감한 모험가로 그 이름은 곧 용맹성, 용기, 영웅주의의 대명사가 될 것이다"라고 기술했다. 『르 포퓔레르 뒤 상트르(Le Populaire du Centre)』의 「감사합니다 드 카스트리」라는 제목의 기사에서 오트비엔 지역의 사회당 소속 의원인 르 바이(Jean Le Bail)는 "패배를 인정하지 않음으로써 드 카스트리 장군은 돌이킬 수 없는 유일한 패배인 도덕적 패배로부터 우리를 구했다. 주둔군의 불굴의 저항은 프랑스가 존엄성을 갖고 계속할 수 있는 협상의 결과를 기대할 수 있게 해준다"고 주장했다.[24]

그러나 정치적 이용과 감정을 미끼로 한 협박은 프랑스 언론 전체에서 용납되지 않았다. 예를 들어, 1954년 3월 20일자 『렉스프레스』

---

22) *Paris-Match*, 3 avril 1954.
23) *Paris-Match*, 17 avril 1954.
24) *Le Populaire du Centre*, mai 1954.

는 라니엘 정부의 "안일하고 수치스러운 선동"을 비난했다. 인도차이나 『르몽드』 특파원 샤를 파브렐도 '영웅 이데올로기'에 대해 비판적인 판단을 내놨다. "죽는 것 외에는 다른 해결책이 없을 때 영웅을 대량으로 만드는 것은 매우 좋은 일이지만 어느 날 저녁에 와서 밤에 뛰어내려야 하는 공수부대원들을 살펴보라. 그러면 당신은 그들의 사기에 대해 나에게 다시 이야기할 것이다!"(1954년 4월 22일). 클로드 부르데는 비극적 사건의 "추악한 감상적 착취"와 그 "프랑스 영웅들"을 비난했는데, 그 중 일부는 "'프랑스를 망가뜨린' 것에 대해 용서받기 위해 '베트민을 깨부수려고' 군대에 복무한다는 조건으로 석방된 S.S. 포로들이었다"(『롭세르바퇴르』, 1954년 5월 13일). 장 폴 사르트르가 창간한 『레탕모데른』의 편집진도 같은 생각을 가진 이들이었다. 5월의 사설 "디엔비엔푸의 약속"도 마찬가지로 신랄했다. "우리는 용감하게 죽을 수 있다. (그러나) 우리는 헛되이 죽었다. 그리고 병사들의 영웅적 행위는 희망마저 앗아가면서 병사들에게 그것을 강요한 정책을 정당화하기는커녕 비난한다. 부당한 이유로 영웅으로 죽는 것 외에 군대에 제공할 것이 없을 때 평화를 이루어야 한다".[25]

    1954년 5월 31일, 나바르 장군이 해임되고 엘리 장군으로 교체되었다. 그러나 원정군이 완전히 기진맥진한 상태라는 사실은 바뀌지 않았다. 그럼에도 불구하고 프랑스인들이 생각하기에 프랑스군은 인도차이나에서 비난받을 일을 행했다고 말할 수 없었다. 프랑스는 본질적으로 이길 수 없는 전쟁에서 단순히 패배한 것이다. 디엔비엔푸의 '불행한 영웅'인 드 카스트리 장군은 후에 "자국 땅에서 고국의 독립을 위해 싸우는 국군과 계약의 의무를 다하는 전문 군대 사이에는 필연적으로 큰

---

25) Alain Ruscio, *Diên Biên Phu: la fin d'une illusion*, op. cit., pp. 32-33.

차이가 존재한다"라고 말했다.[26]

게다가 원정군은 언론으로부터 아무런 지지도 받지 못했다. 나바르 장군은 드 카스트리 장군의 보고서에 있는 한 구절을 인용하여 언론이 자신의 역할을 제대로 수행하지 못했고 패배에 간접적으로 가담했다고 비난했다. "전투 마지막 날에는 전투원들의 영웅적 행위를 세상에 알리고 사기를 유지하는데 도움을 주었다면, 4월 말부터는 비관적인 기사와 방송을 통해 사기를 약화시키는 데 역할을 했다. 언론은 우리 군대의 배치, 전투에 대한 우리의 개념, 우리의 강점, 우리의 의도 및 희망에 대해 적군 사령부에게 완벽하게 정보를 제공했다".[27] 신문은 전투와 정치-군사적 전개에 대해 이야기했지만, 마치 작전 과정을 객관적으로 이야기하고 싶은 것처럼, 어떤 이들은 외국 군인들이 인도차이나에서 싸우고 있는 것처럼 전투원의 삶과 그들의 어려움에 대해서는 거의 언급하지 않았다.

2. 전쟁과 여론에 직면한 군대

전쟁 중인 군대는 상황이 나쁠 때 '후방'의 소식을 잔인하게 느낀다. 인도차이나전쟁에 대한 프랑스 여론의 변화는 전투원의 사기에 상당 부분 영향을 미치고 프랑스 극동원정군에게 지울 수 없는 흔적을 남긴 것처럼 보였다. 참전 군인의 시각에서 볼 때 프랑스는 실질적으로 전쟁에 관여하지 않으면서 극동에서 싸우고 있었다. 따라서 그들은 충분한 국가적 지원을 받지 못했다고 믿었으며 프랑스인들에게서 그들의 행동

---

26) Pierre Rocolle (colonel), *Pourquoi Diên Biên Phu, op. cit.*, p. 407.
27) Henri Navarre (général), *Le Temps des vérités*(Paris: Plon, 1979), p. 368.

에 대한 도움과 정당성이 발효되지 않았다는 것을 발견했다. 예를 들어, 앙리 나바르 장군은 원정군을 둘러싼 무관심과 정부의 의지 부족에 대해 언급했다. 1954년 5월 10일자 『르 피가로』는 이같은 문제를 다루었다. "디엔비엔푸의 전사들은 우리가 전쟁을 수행하는 방법을 몰랐기 때문에, 전쟁을 원하거나 거부하는 방법을 몰랐기 때문에 사망했다". 인도차이나에서 프랑스군은 원정군과 프랑스인 사이의 이런 종류의 '불일치(divorce)'를 어떻게 경험했는가? 이러한 분위기가 그들의 일상생활과 높은 사기 유지에 해를 끼쳤는가? 이러한 질문에 대한 응답은 인도차이나 주둔 프랑스 군인들의 행동과 전쟁에 대한 그들의 시각을 드러내 줄 것이다.

인도차이나 분쟁 중 프랑스 극동원정군의 사기는 매우 다양하게 나타났다. 그것은 적군의 전진과 군사적 사건의 반향과 같은 전쟁 상황과 음식, 의복, 금지사항과 같은 일상생활의 어려움과 국내외 환경과 같이 사람들의 마음에 작용하는 다양한 구성요소에 따라 달라졌다. 1945년과 1946년에 인도차이나에 배치된 첫 번째 부대의 경우, 프랑스 해방을 위한 전투에서 기인한 동지애와 국가를 위해 헌신한다는 '유용성의 감정(sentiment d'utilité)'이 집단정신을 형성했고, 그들 사이에 신뢰는 필수적이었다. 불안정한 운송 조건이나 뱃멀미도 인도차이나로 떠나는 병사들에게 영향을 미치지 못했다. 따라서 병사들은 매우 확고한 사기와 선의로 가득 찬 가운데 인도차이나에 상륙했다.[28] 근무지에 도착하면 사기가 갑자기 떨어지는 경우가 가끔 있었다. 여러 상황에서 체류지로의 여행은 사람들을 "인도차이나전쟁의 현실"로 이끌었고, 그들 중 일부는 이 기회에 매복 위험, 지뢰에 대한 불안, 죽음의 발견, 부

---

28) S.H.A.T., 10 H 368, rapport sur le moral du Bataillon de marche (B.M.)/2ᵉ Régiment d'infanterie coloniale (R.I.C.), 1947-1949.

상과 전투에 대한 두려움 등 첫 번째 심리적 충격을 겪었다.[29] 이러한 현실은 비관주의 경향을 갖게 했다. 더욱이, 전쟁에서 결정적인 역할을 하는 물질적 조건은 프랑스군을 만족시키지 못했다. 막사는 취약해 보였고, 음식은 끊임없는 불만의 대상이었다. 사람들은 장비와 제복의 열악한 모습에 대해 불평했으며, 거의 만족하지 못했다. 이러한 상황은 체념하며 받아들여졌고, 최소한의 것만으로 만족해야 했던 인도차이나 군인들의 사기를 저하시켰다.[30] 피로, 습한 열대 기후, 작전에 대한 실망, 장기간 체류에 대한 전망, 프랑스를 다시 볼 수 없다는 두려움, 1950년 이후 전쟁에서 패할 것이라는 생각 등이 사기를 꺾고 낙담하게 만들었다. 그런 다음 많은 사람들이 자신의 임무와 승리 가능성에 대해 스스로에게 질문했다.

게다가 '원주민 부대' 내에서 프랑스군 병력이 감소하는 것은 우려를 불러일으켰다. 창설 이후 원정군은 지속적으로 변화하여 1954년에 프랑스군이 소수가 되었다(표 8). 1954년 5월 1일 프랑스군은 전체 병력의 30%에 불과한 반면 인도차이나군은 가장 큰 규모로 전체 전투원의 31%를 차지했다. 또한 외국 군인이 10%, 북아프리카가 17%, 사하라 이남 아프리카가 10%를 차지했다. 또한 원정군의 정규군과 함께 수많은 원주민 집단이 싸웠으며 그 구성원을 '유격대원(partisans)' 또는 '보충병(suppléifs)'이라고 불렀다. 전쟁 내내 프랑스 극동원정군 병사의 거의 3분의 2가량은 프랑스인이 아니었다. 실제로 최고 사령부는 다른 해외영토에서 보다 집중적인 모집을 통해 프랑스인의 미미한 관심을 보완하려

---

29) S.H.A.T., carton 10 H 349, rapport sur le moral des Troupes françaises d'Extrême-Orient (T.F.E.O.) du troisième trimestre 1946.
30) Michel Bodin, "Le moral des militaires français du corps expéditionnaire en Extrême-Orient, 1945-1954", *Cahiers de L'I.H.T.P.*, No. 34(juin 1996), p. 107.

고 노력했다(표 12). 그러한 정책은 전투원들의 사기와 마음가짐에 영향을 미쳤다. 일부 사람들은 점점 더 적은 수의 프랑스군으로 프랑스 주둔을 유지하는 것이 좋을지, 채택된 해결책이 실제로 적을 강화시키지는 않는지 궁금해했다.

표 12. 극동지상군(FTEO) 병력의 변화, 1945-1954.

	프랑스인	외인부대 병사	북아프리카인	아프리카인	토착인	전체
1945	27,297					27,297
1946	61,924					61,924
1947	63,815					63,815
1948	43,989	11,886	13,318	5,841	37,531	112,565
1949	45,014	16,952	24,364	12,090	41,541	139,961
1950	43,755	16,810	21,899	13,146	43,560	139,170
1951	51,479	19,409	32,712	19,434	63,245	186,279
1952	50,342	19,360	29,571	17,917	53,692	170,882
1953	53,272	18,440	37,409	18,646	52,830	180,597
1954	50,243	14,462	34,772	18,287	51,186	168,950

* 1954년(7월 1일)을 제외하고 매년 12월 1일에 작성된 수치. (출처: S.H.A.T., cartons 10 H 506, 507, 508, Effectifs réalisés, 1946-1956).

1951년, 적의 공격이 패배하면서 극동프랑스부대의 자원이 크게 증가하고 코친차이나의 평화가 진전되면서 무장한 병사들의 사기가 높아진 짧은 기간의 '드 라트르 효과(effet de Lattre)' 이후 군대의 사기는 다시 한번 깊은 비관론에 빠졌다. 모든 이들에게 승리의 희망은 사라졌다. 심지어 프랑스의 이익에 쓸모없거나 해로운 전쟁이라는 이야기도 있었다. 일련의 군사적 좌절, 육체적, 신경성 과로가 원정대의 '정신적 위기'를 설명할 수 있다. 인도차이나 총사령관 앙리 나바르는 "사기는 나쁘지 않다. 사기가 없을 뿐이다"라고 환멸을 느끼며 말했다. 매우 공식적인 『르뷔 드 데팡스 나시오날(Revue de Défense nationale)』도 이 문제를 언급했다. "요구되는 희생의 규모에 대해 군대는 일종의 주저함을 느끼지 않았는가? 이는 이 희생이 두려워서나 위축되어서가 아니라 항상 그 의미와 필요성을 이해하지 못했기 때문이다".[31]

1954년, 라오스와 디엔비엔푸 전투에서 프랑스인들은 경악, 놀라움, 심지어 분노와 함께 일시적인 쇠약을 경험했다.[32] 원정군은 마치 충격에 빠진 것처럼 적어도 군사적으로나 정신적으로 무너졌다. 그에게는 더 이상 용기도, 싸우고 싶은 마음도 없었다. 회고록에서 나바르 장군을 대신한 엘리 장군은 지휘권을 맡을 당시 상황에 대해 특히 암울한 그림을 그렸다. "적보다 기후에 더 큰 고통을 겪은 우리 군대의 피로 상태가 걱정스럽다. [...] 우리 부대 중 일부는 의료계가 걱정할 정도의 과로상태에 이르렀다". 삼각주 지역에 고립된 한 우체국장은 "우리의 신경이 아팠고 광기의 사례가 많아졌다"고 논평했다.[33]

전쟁의 이러한 '내부 요인' 외에도 프랑스 소식이나 여론의 무게, 국제 문제 및 선전의 영향 같은 외부 요인도 개입하여 군인들의 사기에 영향을 미쳤다. 이러한 요인 중에서 여론의 무게, 프랑스 국내에 지배적인 분위기, 즉 국가 대다수의 무관심과 일부 적대적 의견은 군대의 사기 진작에 유리하지 않았다.

군인들은 동료 시민들을 이해하지 못했다. 자신들이 무시당하고, 잊혀지고, 심지어 미움받고 배반당한다고 생각하면서 그들은 처음에는

---

31) "Pourquoi l'Indochine", *Revue de Défense nationale*, juin 1954, pp. 643-644.
32) S.H.A.T., 10 H 375, rapport sur le moral du troisième Régiment étranger d'infanterie (R.E.I.) du premier trimestre 1954.
33) Lucien Bodard, *L'Enlisement*(Paris: Gallimard, 1963), p. 143.

자신 안으로 숨어버리는 경향을 갖게 되었다. 미래의 총리인 드브레(Michel Debré)가 창간한 신문인 『르 쿠리에 드 라 나시옹(Le Courrier de la nation)』이 1958년에 발표한 조사에서 한 대위는 인도차이나의 군대의 다음과 같은 정신 상태를 환기시켰다. "우리는 우리 자신을 가두고, 우리끼리 살았으며, 피부가 벗겨진 사람들처럼 예민해지고 고통스러워졌다. 그러나 조국으로부터 배척당했다는 우리의 절망은 얼마나 컸는가? 그러나 형제애에 대한 우리의 욕구는 얼마나 강했는가?".[34] 또한 한 중위는 다음과 같이 언급했다. "우리는 우리가 벌이고 있는 전투의 의미에 관해 나머지 주민들이 잘못된 정보를 가지고 있다는 사실을 이해했다. 그래서 우리는 빈정거림(ironie)과 우리를 하나로 묶는 유대 강화를 선호했다".[35] 부대는 결국 여론을 무시하고 "자신의 일을 하면서 (우리 자신만의) 철학을 세웠다".[36]

병사들은 또한 여론의 매개체인 프랑스 언론이 극동지역보다 뉴스, 스포츠, 정치적 논쟁에 더 많은 지면을 할애하는 것을 보고 실망하며 깊은 상처를 받은 것으로 나타났다. 일부 보고서에서는 인도차이나에 대한 언론의 관심 부족에 대한 사람들의 서글픔에 대해 이야기했다.[37] 프랑스 여론의 이기심을 유감스럽게 생각하면서 원정대는 전쟁과 병사들에 대한 프랑스인들의 무지를 개탄했다. 편지에서 발췌한 이 두 가지 내용은 다음과 같이 증언했다. "국가는 우리와 파리에서 멀리 떨어진 이 전쟁에 관심이 없었다". "신문과 삽화 위주의 잡지를 보았다. 거기서는 홍수를 묘사하고, 우리는 감동하고, 훌쩍거리지만, 이곳에서 겪

---

34) Paul-Marie de La Gorce, *La République et son armée*(Paris: Fayard, 1963), p. 486.
35) Michel Bodin, "Le moral des militaires français du C.E.F.E.O., 1945-1954", *op. cit*, p. 99.
36) *Ibid*.
37) S.H.A.T., 10 H 394, rapport sur le moral des Train des Forces françaises du sud Viêt-Nam (F.F.S.V.N), 1ᵉʳ trimestre 1950.

는 인명손실에 대해서는 이야기하지 않는다. 그것은 우리가 프랑스인의 일상생활의 평화로운 단조로움을 방해하지 않기 위해 그런 말을 하고 싶지 않기 때문이다".[38] 아시아에서의 전쟁의 의미를 이해하지 못하는 국가에 의해 버림받은 느낌으로, 군인 출신이자 시리즈물 작가인 델페(Roger Delpey)는 전쟁이 한창일 때 분노하며 다음과 같이 기술했다. "프랑시스는 자신이 해야 할 역할이 있다고 결코 생각하지 않았다. 그는 자신이 증인이거나 방관자일 뿐 결코 주인공이 아니라고 생각했다. 이것이 바로 원정대원들이 프랑스에서 사회가 이렇게 만들어지고 이렇게 구성되었다고 믿을 수 있는 이유이다. 한쪽에는 시민들이 슬리퍼를 신고 (안락하게) 있다. 반대편에는 논밭에서 군인들이 싸우고 있다".[39]

게다가 극동프랑스부대는 그에 대해 "교활하고 부당한" 캠페인을 벌이고 있는 프랑스 신문들에 대해 불편함을 느꼈고 진정한 노여움을 품었다. 전쟁에 적대적인 신문들이 전혀 처벌받지 않고 자신들의 주장을 자유롭게 개진한다는 사실은 그들에게 큰 충격을 주었고, 비방적인 언론 캠페인을 종식시키기 위한 공식적인 목소리가 나오지 않았다는 사실을 모두가 유감스러워했다.[40] 언론인을 대할 때 원정군 군대의 간부들은 경우에 따라 특정 사례를 부풀려 과장하기 위해 다른 사례는 경시하거나, 오래되고 불완전하거나 잘못된 정보를 제공하는 경향이 있었다. 어떤 간부들은 언론 대표들을 경멸하며 전투 지역에 두지 않거나 '거짓말(bobards)'을 하는 것을 선호했다.

이처럼 원정군은 멀리서 들려오는 프랑스 여론을 알고 있었으며, 일

---

[38] Albert Merglen (capitaine), *La naissance des mercenaires*(Paris: Arthaud, 1970), p. 86.
[39] Roger Delpey, *Paris de la gloire*(Paris: Éd. André Martel, 1953), p. 29.
[40] S.H.A.T., 10 H 360, rapport sur moral de la 2ème Légion de marche de la Garde républicaine (L.M.G.R.), 4ème trimestre 1949.

부는 용병으로 다른 일부는 호전적인 자원병으로 그들을 간주하는 프랑스인들의 경멸적인 시선을 씁쓸하게 지적했다. 병사들은 몇몇 자국민들의 비판이나 증오를 이해하지 못했다. 정책의 도구이자 집행자인 그들은 그러한 반응이 존재한다는 가능성을 잘 받아들이지 못했다. 군인들은 자신들이 버림받았다고 믿었고 프랑스에서 행해진 선전에 비애감을 느꼈다. 그 결과 일부는 적군에게로 탈영하기도 했다.[41]

군인들은 그들이 군대에 요구했던 전쟁을 '더러운' 것으로 취급하도록 내버려두었던 정부를 비난했다. 그들의 눈에는 '프랑스의 포기'가 패배를 초래한 원인이었는데, 왜냐하면 여론의 흐름에 역행하는 것을 원치 않던 정치인들이 프랑스 극동원정군에게 좋은 조건 속에서 임무를 완성하는데 필요한 수단을 제공하는 어떠한 조치도 취하지 않았기 때문이다. 문학사가이자 문학평론가인 프랑스의 지식인 시몽(Pierre-Henri Simon)은 『장교의 초상화(Portrait d'un officier)』에서 정치인들을 공격했다. "우리는 제대로 싸웠고, 용기 면에서 우리 자신을 비난할 것이 아무것도 없었다. 그러나 실패와 굴욕의 운명을 예측하지 못한 채 우리나라의 지도자들이 우리에게 수행하도록 강요한 이유도 없고 고귀함도 없는 이 전쟁을 부끄러워했다".[42] 1956년, 앙리 나바르 장군은 『인도차이나의 종말(Agonie de l'Indochina)』을 출간했다. 패배의 무게를 감당할 생각이 없었던 그 역시 자신에게 승리할 수단을 제공하지 않고 공산주의의 '배신'을 용인한 정권에 패배의 책임을 돌렸다.

우리 지도자들은 전쟁이 있었다는 사실을 감히 국가에 알리지 못했다. 인도차이나에서 그늘은 국가를 전쟁에 참여시키는 방법이나 평화를 이루

---

41) S.H.A.T., 10 H 349, rapport sur le moral des T.F.I.N., 1ᵉʳ semestre 1948.
42) Pierre-Henri Simon, *Portrait d'un officier*(Paris: Éditions du Seuil, 1958), p. 110.

는 방법을 전혀 몰랐다. 그들은 날마다 멍청한 해결책을 채택하는 방법만 알고 있었고, 사건에 압도당했다. [...] 목표를 규정할 수 없는 전쟁에 우리 지도자들은 국가적 성격을 부여할 수 없었다. 전쟁을 벌이는 이유를 국가에 보여주지 못한 그들은 전쟁에서 승리할 수 있는 희생을 요구하는 것을 자제했다. [...] 더욱이 그들은 이 군대가 뒤에서 공격을 받는 것을 허용했다. 그들은 공산당과 그들의 모든 종류의 보조자들의 지속적인 배신을 용인했다. 그들은 언론이 처벌을 면할 것을 보장하면서 전투원들의 사기를 공격하고 국가의 사기를 훼손하며 군사 비밀을 누설하도록 허용했다. [...] 8년에 걸쳐 축적된 편견, 실수, 비겁함은 사람들과 심지어 서로 권력을 이어받은 정부의 탓이라고 하기에는 너무 많고 너무 지속적이었다. 그것은 체제가 낳은 결과이다. 그것은 프랑스 정치 체제의 본질에서 비롯된 것이다.[43]

그러므로 전장에서 싸운 국민들은 국가로부터 배신감과 버림받았다는 느낌을 가지고 있었다. 인도차이나에서 전투를 벌인 군대는 프랑스 공동체의 변두리에서 홀로 전투를 이끌었으며 여론의 지지도, 이해도 받지 못했다는 고통스러운 확신을 갖고 있었다.

극동에서 돌아온 각각의 장교들과 각각의 군인들은 자신이 벌이고 있었던 전투와 이 전쟁의 성격을 가족, 친구, 친척들에게 이해시키는 데 가장 큰 어려움을 겪었다. 매우 혹독한 기후 속에서 보이지 않는 적들을 상대로 한 장병들의 희생에 프랑스에서는 누구도 관심을 두지 않는 것 같았다. 인도차이나와 프랑스는 서로 다른 두 세계에 속하는 것처럼 보였다. 이 시대의 위대한 '인도차이나 작가' 중 한 명인 우그롱(Jean Hougron)의 단편 소설 『귀환(*Retour*)』은 의미심장하다. 어린 시절의 작은 마을로 돌아온 인도차이나전쟁 참전 군인은 가족, 약혼자, 옛 친구들에게 낯선 사람이 되었다. 더 이상 그를 이해하는 사람은 아무도

---

43) Henri Navarre (général), *Agonie de l'Indochine, op. cit.*, pp. 320-321.

없었고, 그도 더 이상 그 누구도 이해하지 못했다. 사람들과의 관계는 단절되어만 갔다. 그것은 전쟁에 참여한 사람들이 실제로 겪은 비극이었다. 식민지 공수부대 장교인 드 카스텔바작(Bertrand de Castelbajac)은 인도차이나전쟁의 퇴역 군인이 민간인 생활로 복귀하려는 시도에 대해 다음과 같이 설명했다.

> 자전거를 타고 휘파람을 불고 있는 배달원, 경적을 울리며 짜증을 내는 자동차 운전자, 서로의 삶에 대해 이야기하는 은퇴자들. 우리는 이 사람들을 모른다. 거의 본 적이 없다. 우리는 그들과 아무 관련이 없으며, 같은 세계 출신도 아니다. 그리고 우리는 그들, 이 모든 사람을 미워하기 시작했다. [...] 그에게 가장 고통스러운 것은 이번 프랑스 체류였다. 왜냐하면 이제 그는 더 이상 인도차이나에 머무르는 것이 아니라 프랑스에 머무르는 것이라고 생각했기 때문이다. 전쟁 중에 그는 외국의 다른 곳이 아니라 집에 있었다는 것이 맞는 말일 것이다.[44]

요컨대, 프랑스 군인들은 극동 깊은 곳에서 프랑스인들로부터 잊혀지고, 국가로부터 무시당했으며, 정부는 감추었던 외롭고 다수의 사망자가 발생했던 전투를 이끌었다. 이러한 반목(divorce)은 국가와 군대 모두에게 위험한 일이었다. 사실, 예를 들어 장 플랑셰가 지적한 것처럼 '군대의 불만'이 탄생한 것은 인도차이나 분쟁 중에서였다.[45]

---

44) Bertrand de Castelbajac, *La Gloire est leur salaire*(Paris: Éd. françaises et internationales, 1958), pp. 31-34.
45) Jean Planchais,, *Le malaise de l'armée*(Paris: Plon, 1958), p. 11.

8장

제네바 평화 협정과 전쟁의 종결

디엔비엔푸에서 프랑스가 패배한 후 제네바 회의에서 인도차이나 문제가 논의되었다. 프랑스 대표와 베트민, 미국, 영국, 소련, 중국, 인도차이나 연합 국가의 대표들은 7월 말에 마무리될 회담을 시작했다. 프랑스 정부는 바오 다이, 호치민 '반군' 및 그의 공화국과 동등한 입장에서 협상을 수락해야 했다. 베트민 부재시에는 중국과 소련도 논의에 동의하지 않았을 것이다. 디엔비엔푸에서 프랑스군이 싸웠고 패배한 마지막 전투는 제네바의 평화 조건을 결정했다. 디엔비엔푸 이후 프랑스 여론은 더 이상 인도차이나전쟁의 장기화를 받아들이지 않았고 이러한 명백한 사실은 프랑스 협상가의 입장을 상당히 약화시켰다. 1954년 6월 12일, 라니엘 정부는 사임하고 6월 17일 피에르 망데스 프랑스 정부로 교체되었다.[1] "인도차이나와 관련하여 의회는 "라니엘 보다 비도에 대한 신뢰를 더욱 거부했다". 인도차이나에서 수년 동안 이어진 모든 프랑스 정책은 실패했다.

제네바 협정에 따라 파리는 모든 인도차이나 국가의 독립과 통합을 인정하고 군대의 철수를 약속했다. 베트남의 영토는 1945년과 같이 잠

---

1) Alfred Grosser, *La 4ᵉ République et sa politique étrangère*, op. cit., p. 299.

정적으로 두 개의 구역(북위 17도선)으로 분할되었으며, 북쪽은 중국의 영향 하에, 남쪽은 미국의 영향 하에 놓이게 되었다. 국제적 통제하의 자유로운 총선거는 2년 이내로 계획되었다. 이를 통해 이 나라는 민주적으로 선출된 단일 중앙 정부를 갖게 될 것이었다. 그러나 제네바 협정이 극동지역에서 프랑스의 소멸을 의미하지는 않았다. 통킹에서 군대를 철수한 프랑스는 하노이 정부와 경제적, 문화적, 정치적 협력을 시도해 볼 수 있었다. 남부에서는 1956년 선거까지 프랑스가 군사력을 유지할 수 있었다. 하지만 미국의 지원을 받은 베트남국(État du Viê-Nam) 민족주의 정부 수뇌인 응오딘지엠(Ngô Dinh Diêm)은 협정의 정치적 조항을 거부했다. 이제 휴전의 대가인 선거를 치를 가능성은 희박해졌다. 프랑스는 자신이 서명한 협정의 이행을 보장할 수 있는 수단을 박탈당했다. 한편으로는 반공주의가, 다른 한편으로는 미국에 반대하지 않으려는 의지가 베트남에서의 프랑스 정책을 마비시켰다. 미국의 영향력은 사이공에서 점점 더 커졌고 프랑스는 그곳에서 점차 소외되었으며 하노이는 중국과 소련에 의존했다. 북부에서는 호치민의 실질적인 친프랑스주의에도 불구하고, 한때 하노이에서 프랑스 정부 대표였던 장 생트니의 노력에도 불구하고 더 이상 프랑스를 위한 자리는 존재하지 않았다. 남부에서는 응오딘지엠 정부가 워싱턴의 격려를 받아 무엇보다도 프랑스인을 축출하겠다는 목표를 세웠다. 캄보디아와 라오스에서 권력을 잡은 민족주의자들은 옛 주인의 보호에서 벗어나기만을 열망했다. 프랑스는 이미 지원군이 필요한 북아프리카로 후퇴했다. 1956년, 인도차이나 선거는 실시되지 않았고 마지막 프랑스군은 1956년 4월 25일 사이공을 떠나 97년간의 군사적 주둔은 끝나게 되었다. 이번 경우에 베트남은 확실히 프랑스 연합과 그 영향력을 벗어났다.

1. 피에르 망데스 프랑스와 제네바 '도박'

제네바 회의 도중 베트남 민주공화국을 정치적 대담자로 간주하길 거부한 조르주 비도가 의회에서 해임되고 제네바를 떠났을 때 많은 프랑스인은 회의가 난관에 빠졌다고 생각했다. 「제네바 회의를 구할 희망은 거의 남아 있지 않다」라는 제목의 무사르(François Musard)의 기사가 『로로르』(1954년 6월 14일)에 실렸다. "제네바의 기적은 일어나지 않았다. 환상을 갖고 스스로 속이는 것이 무슨 의미가 있는가?"라고 『르 피가로』(가로(Jean-Marie Garraud), 1954년 6월 7일)는 한술 더 떠서 말했다. 1950년 10월, '인도차이나의 재앙'을 예측한 최초의 주요 정치인인 피에르 망데스 프랑스는 상황에 맞는 인물, 평화에 대한 열망을 구체화할 수 있는 인물로 등장했다. 「구조 작전("Opération de sauvetage")」은 그에 대한 기대를 반영한 1954년 6월 15일자 『르몽드』의 머리기사였다.

실제로 피에르 망데스 프랑스는 원정군의 첫 번째 패배 때부터 소위 '프랑스 연합군'에 맞서 싸우는 사람들과의 협상을 지지했다. 1950년 10월 19일, 인도차이나에 관한 국회의 대정부 질문에서 그는 프랑스의 군사 교전 중단을 촉구했다.[2] 1953년 5월 16일, 『렉스프레스』에서 그는 다음과 같이 언급했다. "현실은 군사적 승리가 불가능하다는 것을 오래전부터 우리가 인정하게 했다. 따라서 유일한 탈출구는 협상에 있다. 우리의 상황은 작년보다 2년 전에 더 좋았고, 작년에는 지금보다 더 좋았다. 아마도 내년보다 지금이 덜 나쁠 것이다". 1954년 3월 9일, 정부 수반인 조셉 라니엘이 국회에서 인도차이나에 대한 프랑스의 정책과 제네바 협상에 대해 설명했다. 토론 중에 망데스 프랑스는 베

---

2) Pierre Mendès-France, *Œuvres complètes, T. II: Une politique de l'économie, 1943-1954*(Paris: Gallimard, 1985), p. 303.

트남 병사들과의 직접적인 접촉을 받아들이지 않는 한 이 외교는 실패할 운명임을 역설했다. 사실 이러한 언급은 차기 정부 수반이 3개월 후 인도차이나의 평화를 타결하기 위해 추구할 정책을 예고한 것이었다.[3] 1954년 4월 19일, 총리 취임 한 달 전, 망데스 프랑스는 인도차이나에 대한 자신의 입장에 관해 미국 주간지 『뉴스위크(Newsweek)』에 편지를 보냈다. 출간된 이 편지의 내용은 다음과 같았다. "중요한 급진 사회주의 정치인이자 프랑스 총리가 될 가능성이 있는 망데스 프랑스 씨는 제네바 회담은 실패할 것이고, 프랑스에서 어떤 대가를 치르더라도 인도차이나에 평화를 안겨줄 중립주의 정부가 수립될 것이라는 정보를 암시했다".[4] 1954년 5월 21일 망데스 프랑스는 수상인 조셉 라니엘에게 분쟁 해결에 대한 자신의 견해를 다시 한 번 반복해서 주장하는 편지를 보냈다.

1950년부터 1954년까지, 먼저, 협력할 의도가 없었던 공산주의자들은 제외한다면 유일하게, 다음으로 자신을 뒤따르는 몇 명의 정치적 동료들과 함께 망데스 프랑스는 인도차이나에서의 전쟁을 끝내기 위해 베트남과의 접촉 재개를 위한 노력을 끈기 있게 지속했다. 망데스 프랑스의 협상을 위한 고독한 활동은 실패했을 뿐만 아니라 '서방세계의 수호를 위한' 인도차이나 투쟁의 정당성에 감히 의문을 제기한 이 정치인은 권력에서 추방되었다. 인도차이나 문제 해결의 임무를 부여하기 위해 망데스 프랑스를 찾으러 오기 위해서는 프랑스 정부가 채택한 전략의 당연한 결과인 디엔비엔푸의 재앙이 필요했다.[5] 디엔비엔푸 패배 이후 상당수의 프랑스인은 전쟁을 끝낼 때가 도래했다고 생각했다. 이러

---

3) *Ibid.*, pp. 497–506.
4) *Ibid.*, pp. 507–508.
5) Dominique Chagnollaud et Jean Lacouture, *Le desempire, op. cit.*, p. 195.

한 생각의 변화는 르몽드 편집장 위베르 보브 메리가 다음과 같이 논평한 망데스 프랑스의 임명에 찬성하는 투표 결과를 설명한다. "우리가 거의 기대하지 않았던 첫 번째 단계를 이제 막 넘어섰다. 본질적인 부분에서 자신이 거부한 정책을 수행하고자 하는 정부에서 장관이 되는 것을 거부함으로써 특별히 두각을 나타낸 한 남자는 엄청난 난관, 특히 가장 무거운 난관이라 할 수 있는 인도차이나 문제를 해결하는 임무를 부여받았다".[6]

1954년 6월 17일, 피에르 망데스 프랑스는 공산주의자, 사회주의자, 급진주의자, 사회공화주의자(전 프랑스 인민연합) 및 일부 온건파의 지지를 받아 총리 자리에 임명되었다. 오직 인도차이나에서의 협상 정책에 적대적인 인민공화운동만이 조르주 비도의 영향 하에 기권했다. 신임 총리는 프랑스인들에게 베트민과의 협상의 용의자라는 의심을 사지 않기 위해 공산주의자들의 표는 거부했다. "내일 우리는 수년간 우리의 적이었던 사람들과 협상할 것이다. 나는 그들의 마음속에 어떤 환상도 심어주지 않을 것이며, 프랑스가 공산당에 의해, 그리고 그와 연대하여 존재하게 된 정부로 대표되고 있다고 믿게 할 생각은 없다"라고 그는 자신의 취임 선언문에서 언급했다.[7] 공산주의자들의 표에 의존하지 않기로 한 망데스 프랑스의 결정은 지배적인 추세에 의해 승인되었다. 응답자의 43%가 망데스 프랑스의 임명에 찬성했고, 29%는 반대했고, 28%는 입장을 밝히지 않았다. 그러나 오직 공산주의 유권자들만이 거의 만장일치로(94% 반대 대 2% 찬성) 임명에 반대한다고 선언했다. 오히려 사회주의자들을 시작으로 '좌파'에서 '우파'로 옮겨갈수록 지지율은

---

6) *Le Monde*, 18 juin 1954.
7) Pierre Mendès-France, *Œuvres complètes, T. III: Gouverner c'est choisir, 1954-1955*(Paris: Gallimard, 1986), p. 66.

더욱 올라갔다.[8]

1954년 6월 17일, 그의 국회 연설은 인도차이나 상황의 심각성과 가능한 한 빠른 전쟁 종식의 필요성을 강조했다. 망데스 프랑스는 세계대전으로의 위험성을 언급하면서 인도차이나 문제에 대한 합의에 도달하기 위해 한 달의 기한을 설정했다. "나는 7월 20일 이전에 여러분 앞에 나타날 것이며 얻은 결과를 여러분에게 보고할 것이다. 만약 이날까지 만족스러운 해결이 이루어지지 않는다면, 당신은 우리를 연결했던 계약에서 해제될 것이며, 우리 정부는 공화국 대통령에게 사임서를 제출할 것이다".[9] 망데스 프랑스가 규정한 이 짧은 기간은 상대방이 결론을 내리도록 자극하는 효과를 가져야 했다. 왜냐하면 실패는 타협 문제를 가장 잘 다룰 프랑스 정치가의 사퇴와 갈등 확대의 위험을 의미하기 때문이었다.

새 정부 수장이 임명된 다음날 『르몽드』의 자크 포베는 총리 취임식을 매우 중요한 사건으로 묘사했다. "어떤 일이 일어나더라도 급진적인 지도자의 성공은 9년 동안 정부와 거리를 두고, 정권의 스타일을 쇄신하고, 일부 의견의 희망을 전달하는 한 남자의 용기로 남을 것이다". 같은 신문에서 셰느브누아(André Chênebenoit) 역시 새로운 총리에게 따뜻한 인사를 전했다. "우리는 그룹의 이익과 집단적 야망에도 불구하고, 현재의 긴급 상황에 부응하지 않는 정책의 갱신을 희망해야 한다. 망데스 프랑스 씨의 취임 선언에서처럼 한결같은 그의 선언에서 나타나는 명쾌하고 용기 있는 시도를 지지할 만큼의 충분한 사람들이 존재한다".[10] 전반적으로 여론은 수상의 과단성 있는 결정을 인상적으로

---

8) *Sondages*, 1954, No. 4, p. 54.
9) Pierre Mendès-France, *Œuvres complètes*, t. III, op. cit., p. 52.
10) André Chênbenoit, "Les chances d'un homme nouveau", *Le Monde*, 18 juin 1954.

받아들였고, 망데스 프랑스가 인도차이나 문제를 해결하기 위해 사용한 대담한 '도박'이라는 표현에 매료되었다. 실제로 망데스 프랑스의 '제네바 도박'은 점점 더 많은 관심을 불러일으켰고,[11] 여론 내에서 호의적인 심리적 충격을 야기했으며,[12] 이 여론 대다수의 지지를 이끌어냈다.[13] 그러나 특정 지역에서는 특히 베트민이 달성한 군사적 성공으로 인해 짧은 시한에 대해 회의적인 시각이 남아 있었다.[14]

망데스 프랑스는 정당들과의 관례적인 흥정 없이 자신의 팀을 구성했다. 그는 온건파 라 샹브르(Guy La Chambre)를 연합 국가 장관에 임명하고 외교 정책은 스스로가 담당했다. 따라서 외무부 장관 직위는 그 당의 특권이 되었던 인민공화운동으로부터 벗어날 수 있었다. 더욱이 주목할 점은 인도차이나 정책에 가장 큰 책임이 있는 조직이 전쟁을 청산하는 것이 주된 임무인 이 정부에 참여하지 않았다는 사실이다. 이러한 결정에 대해 프랑스 여론은 "나쁜 일"(24%)이라고 평가했다. 반면에 응답자의 22%는 반대 의견을 표명했고, 이러한 결정은 "중요하지 않다"라고 생각한 응답자는 32%였으며, 22%는 의견을 표명하지 않았다.[15] 『르몽드』 기자인 자크 포베는 1954년 6월 22일에 "정부 조직의 쇄신과 새로움"에 대해, 6월 29일에는 "수상의 자질과 여론의 호의적 징후"에 대해 역설했다.

정부 구성 직후 망데스 프랑스는 중국 외무부 장관 저우언라이

---

11) A.N. F^{IC}III 1263 : Rapports du préfet de Dordogne, juillet 1954.
12) A.N. F^{IC}III 1317 : Rapports du préfet de Saône-et-Loire, 5 juillet 1954 ; A.N. FlcIII 1307 : Rapports du préfet du Pas-de-Calais, 5 juillet 1954.
13) A.N. F^{IC}III 1321 : Rapports du préfet de Seine-Inférieure, juillet 1954.
14) A.N. F^{IC}III 1241 : Rapports du préfet des Basses-Alpes, juin 1954 ; A.N. FlcIII 1299 : Rapports du préfet de Mayenne, juin 1954.
15) *Sondages*, 1954, No. 4, p. 54.

(Chou En-Lai)와 베트남 민주공화국 대표인 팜반동과의 대화를 주도했다. 제네바에서. 중국 외무부 장관과 프랑스 수상의 만남은 프랑스인 사이에서 호의적인 논평의 주제였다.[16] 이 계획은 인도차이나 분쟁을 종식하고 새로운 프랑스 정부의 좋은 의도를 증명하는 가장 효과적인 수단 중 하나로 간주되었다.[17]

1954년 7월 20~21일 밤에 협정이 체결되면서 8년간의 전쟁은 끝이 났다. 이처럼 피에르 망데스 프랑스는 베트민과의 직접 협상이라는 '자신의 도박'에서 승리했다. 프랑스 언론 전체가 수상을 칭찬했다. 언론은 정부 수반의 개인적 자질과 국제 상황의 변화에 완벽하게 적응한 그의 현실주의를 강조했다. 『르몽드』 런던 특파원 베츠(Jean Wetz)는 망데스 프랑스의 명쾌함과 확고함 덕분에 "프랑스는 외교무대에서 새로운 빛을 되찾았다"고 평가했다(1954년 7월 22일). 그의 동료이자 워싱턴 주재 특파원인 피에르(Henri Pierre) 역시 같은 어조를 사용했다. "망데스 프랑스는 국제 문제에서 프랑스의 권위를 회복했다"(1954년 7월 22일). 같은 날, 같은 신문에서 자크 포베는 피에르 망데스 프랑스의 효율성을 이전 정부의 수구적 태도와 비교했다.[18] 『렉스프레스』(1954년 7월 24일)는 "제네바는 승리가 아니라 혁명이다"라고까지 선언했다.

정부 수장의 성공은 여론 내에서 호감과 신뢰의 경향을 공고히 했다.[19] 이러한 추세는 인간이 주도하는 시간과의 싸움에서 조금씩 확립되었으며, 대중은 전임자들에게 종종 비난했던 부동성을 포기하겠다

---

16) A.N. F¹ᶜIII 1321 : Rapports du préfet de Seine-Inférieure, juin 1954.
17) A.N. F¹ᶜIII 1241 : Rapports du préfet des Basses-Alpes, juin 1954.
18) Jacques Fauvet, "Les gouvernements et le parlement n' ont su faire ni la guerre ni la paix", *Le Monde*, 22 juillet 1954.
19) A.N. F¹ᶜIII 1263 : Rapports du préfet de Dordogne, juillet 1954.

는 약속과 정확한 내무 또는 외교 정책 목표에 대한 정부 방식의 새로운 방향의 가능성을 보았다.[20] 프랑스 여론은 신임 수상의 시민적 용기, 섬세함, 현실주의 및 애국심에 거의 만장일치로 경의를 표했으며, 그가 할 수 있는 최선을 다해 파국적인 상황에서 프랑스를 벗어나게 했다고 평가했다.[21] 피에르 망데스 프랑스의 첫 번째 승리를 인정한 후 공산주의자들과 진보주의자들은 자신도 모르게 계속해서 그에게 조심스런 지지를 보내게 되었다.[22]

그러나 망데스 프랑스는 엄밀히 말하면 반식민주의자는 아니었다. 정당의 역사가 제국의 건설과 연결되어 있고 '프랑스의 문명화 사명'을 지지하는 급진당 내에서 성장했기에 루비에(Louviers) 지역의 의원인 망데스 프랑스는 인도차이나전쟁에서 국가에 소모적인 시련의 위험을 감지했다. 그는 프랑스가 국경에서 12,000km 떨어진 곳에서의 희망 없는 분쟁으로 지쳐가고 있으며, 이 전쟁을 통해 인도차이나는 물론이고 마그레브를 시작으로 나머지 프랑스 연합 지역도 잃을 위험이 있다고 생각했다. 세기 초의 식민지 선전단체인 '식민지 정당(parti colonial)'의 일부처럼 망데스 프랑스는 "아시아를 포기하고 아프리카를 지키자!"라고 외칠 수 있었다. 실제로 망데스 프랑스는 수상으로 선출되기 일주일 전에 북아프리카가 "우리 국가 구성의 친밀한 요소", "프랑스의 몸과 영혼의 일부", "우리 정치의 기반", "경제, 군사 및 국제적 힘"이라고 주장했다.[23] 이러한 기반에서 피에르 망데스 프랑스와 그의 정치 운동에 참여했던 사람들은 자유주의와 개혁주의 성향으로 권력을 잡았고, 아시아

---

20) A.N. F^{lc}III 1272 : Rapports du préfet de Gironde, 6 août 1954.
21) A.N. F^{lc}III 1317 : Rapports du préfet de Saône-et-Loire, 5 août 1954.
22) A.N. F^{lc}III 1295 : Rapports du préfet de Lozère, juillet 1954.
23) Assemblée Nationale, 9 juin 1954.

에서 프랑스가 극도로 쇠약해진 상태를 걱정하면서도 아프리카에서 프랑스가 다시 일어서는 것을 보고 싶어 했다. 이는 제네바 협정이 나머지 해외영토를 유지하기 위해 인도차이나를 희생하는 선택에 해당한다는 것을 의미할 수 있었다.

2. 제네바의 평화와 프랑스 여론

전쟁 마지막 해 초기에, 제네바에서 주요 이해당사자들의 회의가 예정되어 있다는 발표는 프랑스인들에게 낙관적인 희망을 불러일으켰다. 정치적 성향이 어떻든, 모든 이들은 이번 회의가 인도차이나의 고통스러운 갈등을 해결하고 지속적인 평화를 구축하는 데 결정적인 진전을 이룰 수 있기를 바랐다. 1954년 4월 26일 제네바에서 협상이 시작되었고, 5월 7일 디엔비엔푸 참사로 인해 인도차이나에서 프랑스군의 위험한 상황이 무참히 드러났다. 이후로 여론은 휴전을 위한 협상의 성공을 더욱 열렬히 원했지만, 휴전협정이 무조건적인 항복을 의미하지는 않는다는 조건하에서였다. 인도차이나 정부 정책을 번번이 비판했던 공산당 중앙위원회는 지방 간부들에게 현재 진행 중인 협상을 방해할 수 있는 어떠한 조치도 취하지 말라는 지시를 보내기도 했다.[24]

그러나 1954년 5월부터 7월까지 인도차이나에서의 휴전을 지지하는 행동의 일환으로 공산주의 활동가들은 종종 협상자들 특히 프랑스 협상자들에게 제네바에 대규모 대표단을 파견할 것을 제안했다. 이 대표단은 프랑스인들과 지역, 기업으로부터 서명을 받고 다양한 유력 인사들에게 베트남 문제에 대한 입장을 취하도록 요청한 다음 제네바에

---

24) A.N. F¹ᶜIII 1333 : Rapports du préfet de Haute-Vienne, juin 1954.

있는 프랑스 사절단 본부에 청원서와 선언문을 전달했다. 이처럼 1954년 7월 16일, 약 15명의 공산주의 활동가, 노동총연맹 활동가 및 평화운동가들은 회의에 참가하는 각국 대표들에게 적대 행위 종식을 요청하는 청원서를 전달하기 위해 제네바로 향했다.[25] 니오르(Niort) 출신 노동총연맹 소속의 철도 노동자 5명도 6월 초 제네바로 가서 팔레 데 나시옹(Palais des Nations)에서 열리는 여러 장관 회의에 건의안을 제출했다. 이 건의안은 국제적 긴장 완화와 그에 따른 전반적이고 동시에 행해지는 군비축소의 길을 열기 위해 인도차이나 문제의 평화적 해결의 필요성을 강조했다. 평화운동 관계자 20여명을 포함한 대표단은 6월 28일 니오르의 호텔 뒤 마네주(Hôtel du Manège)에서 개최된 회의에서 그들의 여행에 대해 보고했다.[26] 프랑스 공산당, 노동총연맹, 프랑스 여성연합 회원으로 구성된 도르도뉴와 지롱드 대표단. 그리고 평화운동 역시 국민의 평화에 대한 열망을 표현하기 위해 제네바를 방문했다.[27] 대체로 이 대표단에는 알려진 공산주의자 또는 노동총연맹 활동가와 함께 프랑스 공산당과는 관계가 먼 조직의 회원 또는 때로는 대표자가 있었다. 예를 들어 노동자의 힘(Force Ovrière) 또는 프랑스 기독교 노동자연맹(CFTC: Confédération française des travailleurs chrétiens)의 많은 노조원이나 노조 대표가 노동총연맹 사람들과 함께 제네바로 떠났다. 이처럼 급진적이거나 사회주의적인 활동가들은 공산주의자들과 같은 대표단의 일원이었다.

1954년 7월 20일, 세 차례의 휴전협정으로 8년 동안 프랑스군이 인

---

25) A.N. F^{lc}III 1304 : Rapports du préfet du Nord, 10 août 1954.
26) A.D. des Deux-Sèvres, 1417 W 7 : Rapports des renseignements généraux au Préfet, juin 1954.
27) A.N. F^{lc}III 1263 : Rapports du préfet de Dordogne, juillet 1954 ; A.N. F^{lc}III 1272 : Rapports du préfet de Gironde, 8 juin 1954.

도차이나 3개 국가의 혁명군과 맞서 싸웠던 전쟁이 종식되었다. 프랑스는 이제 이 지역에서 "캄보디아, 라오스, 베트남의 독립과 주권, 통일과 영토 보전을 존중하는" 정책의 기반을 마련했다고 주장했다. 1946년 10월 27일 헌법에 의해 설립된 프랑스 연합의 법적, 정치적 구조는 위험할 정도로 흔들렸고, 제4공화국은 약화되었다.

그렇다면 프랑스 여론은 제네바의 평화를 어떻게 받아들였을까? 제네바 협정 체결에 대해 대다수 프랑스 국민은 만족하고 안도하며 그 결과를 받아들였다. 전쟁 연장은 불필요하고, 상황 회복은 불가능하며, 군사적 상황을 고려하여 도달한 합의는 최선의 것이라고 판단하였다. 인도차이나 영토의 손실은 프랑스의 재정을 파괴하고 프랑스군의 최고 간부들을 동원했던 분쟁을 중단시킴으로써 대부분 보상된다는 데 실질적으로 동의했다. 이처럼 대중적인 안도의 본질적인 이유는 인도차이나전쟁 종식이 매우 무거운 재정적 부담을 끝낼 수 있다는 생각 때문이었다. 다시 말해, 인도차이나에서 지출된 수십억 프랑이 전반적인 생활 수준의 급속한 향상에 사용될 수 있다는 생각 때문이었다.

휴전협정 체결에 대해 묻는 질문에[28] 58%는 "상황을 고려하면" 결과가 좋았다고 응답했고, 심지어 8%는 "훌륭하다"라고 대답했다. 프랑스인 5명 중 1명만이 불만을 표시했는데, 11%는 "진정한 항복"에 대해 말했고, 10%는 더 나은 조건을 얻을 수 있었다고 믿었다.

유권자의 정치적 성향에 따른 결과는 다음과 같다.

---

[28] "휴전 협정이 체결되었다는 사실이 프랑스에게 (어떻게 받아들여지는가?) (Le fait que l'armistice est signé en Indochine est pour la France)", *Sondages*, 1954, No. 4, pp. 10-11.

표 13. 정치적 성향에 따른 휴전협정에 따른 의견[29]

	공산당	사회당	공화좌파 연합	인민공화 운동	독립파, 농민	프랑스 인민연합
프랑스에 유리.	70%	53%	55%	42%	39%	44%
프랑스에 불리.	10%	20%	20%	28%	30%	34%

표 14는 인도차이나의 휴전에 관해 4대 일간지 독자들의 의견을 보여주고 있는데, 이 의견은 상당히 다양하다.

표 14. 인도차이나에서의 휴전에 대한 일간지 구독자의 여론[30]

	「로로르」 %	「르 피가로」 %	「뤼마니테」 %	「르몽드」 %	전체 의견 %
프랑스에 진정한 굴욕.	37	21	2	2	11
보다 더 나은 결과를 얻을 수 있었다.	4	14	13	12	10
상황을 고려했을 때 생각했던 것보다 좋은 결과.	55	58	32	80	58
휴전 조건은 프랑스에 매우 훌륭하다.	2	3	42	4	8
다른 의견들.	2	3	11	--	6
의견 없음.	--	1	--	2	7

이 모든 결과에서 알 수 있듯이, 1954년 8~9월 프랑스 여론은 전체적으로 휴전 조건이 기대할 수 있는 최선이라고 생각했다. 심지어 1954년 9월에도 '고질적인 낙관론자'가 존재했는데, 질문을 받은 사람들의

---

29) "Opinions sur l'armistice selon les préférences politiques", *Sondages*, 1954, No. 4, pp. 10-11.
30) *Sondages*, 1955, No. 3, p. 78.

15%가 여전히 "인도차이나는 프랑스 연합에 남을 것"이라고 믿고 있었다(41%의 반대 의견). 1956년 4월에도 여전히 6%(55% 반대 의견)가 그렇게 생각하고 있었다.

언론과 정치계에서는 거의 만장일치로 인도차이나에서의 평화를 환영했고, 확실히 기쁘지는 않지만 일종의 현실주의로 받아들였다. 인도차이나의 상실은 프랑스의 회복을 위한 필수요건이자 전제조건이었다. 전쟁은 프랑스가 외교 정책에 있어 주도적인 위치에 남아있는 것을 방해했다. "이 곪아 터진 상처로 인해 국가의 모든 정책이 타락하고 부패했다".[31] 망데스 프랑스 수상은 직접 다음과 같이 언급했다. "나는 제네바에서 방금 서명된 협정의 내용에 대해 어떤 환상도 갖고 있지 않으며 누구도 환상을 가지지 않기를 바란다. 그 내용은 잔인했던 사건에 대한 것이므로 종종 잔인하다".[32] 『로로르』 1954년 7월 21자 기사는 "그것은(제네바 협약 내용은) 절망적으로 변한 상황의 고통스럽지만 피할 수 없는 청산에 관한 문제이다"라고 설명했다. 주목해야 할 것은 이 신문이 전쟁 정책의 가장 열렬한 지지자 중 하나였다는 것이다. 『르 피가로』 역시 동일한 어조였다. "망데스 프랑스는 국가를 위한 훌륭한 일꾼이었다. 그가 집권했을 때 이미 진행된 사건들을 통해 명백히 나타났던 (인도차이나의) 포기에 대한 책임을 그에게 돌리는 것은 불공평할 것이다"(1954년 7월 21일). 『르몽드』는 이를 "명예로운 타협"이라고 판단했다. "최악의 상황을 피하면서 마침내 이를 인정한 것이 우리의 장점이다"(1954년 7월 22일). 공산주의 언론의 경우, 역대 모든 정부 정책에 반대하여 항상 옹호하고 옹호해 왔다고 주장하는 해결책을 공개적으로

---

31) *Le Monde*, 22 juillet 1954.
32) *J.O., D.P.*, 22 juillet 1954.

환영했다. 사회주의자들은 전반적인 군축 정책이 휴전의 결과를 완성하기를 바라면서 만족감을 표시했고, 급진 사회주의자들은 망데스 프랑스가 얻은 성공을 축하했다.[33] 462명의 의원이 제네바에서의 결정에 찬성하는 안건에 투표했으며, 단 13명만 반대했고, 134명은 기권했다.

반면에 반대 진영에서는 "너무 큰 대가를 치르게 된" 휴전협정에 만족하지 못했다. 예를 들어, 인민공화운동 지도자들에게 이러한 합의는 "무조건적인 항복", "파산", "퇴위", "새로운 뮌헨(협정)"에 지나지 않았다.[34] 인민공화운동의 괴로움은 『르 수아 드 보르도(Le Soir de Bordeaux)』의 기사 제목에 나타났다. "망데스 프랑스 씨가 인도차이나에서 휴전을 획득했다. 감사합니다 비도 씨"라는 문구가 명확하게 등장했으며, 다시 전장에 쓰러진 인도차이나의 군인들에 대해서도 언급했다. "그들이 헛되이 죽었나요?".[35] 인민공화운동은 조르주 비도가 협상한 이 평화가 "저열한 정치적 술책"으로 인해 그들의 대표자가 서명하지 않았다는 사실에 쓰라린 감정을 숨기지 않았다.[36] 실제로 그들은 망데스 프랑스를 국가의 사기를 저하시킬 위험이라 할 수 있는 "제네바의 실패"의 책임자라고 비판했다.[37] 반면에 지롱드의 보수적 자유주의 경향의 정당인 독립파와 농민의 국민중심(CNI : Centre national des indépendants et paysans) 의원인 에스테브(Paul Estèbe)의 적대감은 『로피니옹 지롱딘(L'Opinion Girondine)』의 「암흑의 날("Le jour noir")」이라

---

33) A.N. FlcIII 1275 : Rapports du préfet de l'Indre, juillet 1954.
34) A.D. de Gironde, Vt 366 liasse 2 : Rapports mensuels des chefs de service et des sous-préfets au préfet, du préfet au ministre de l'intérieur, 2 août 1954.
35) *Ibid.*
36) A.D. des Deux-Sèvres, 1417 W 7 : Rapports des renseignements généraux au Préfet, juillet 1954.
37) A.N. F1cIII 1272 : Rapports du préfet de Gironde, 6 août 1954.

는 제목의 사설에서 분명하게 드러났다.[38] 지롱드의 독립당 의원이자 전 상선 국무장관(secrétaire d'État de la Marine marchande)인 라마로니(Jules Ramarony)는 "서명된 휴전협정이 어떤 것도 확실히 해결하지 못했다"고 평가했다.[39] 그러나 인민공화운동 활동가, 드골 장군 지지자, 독립파 지도자들은 프랑스인들의 일반적인 의견에 어긋난다고 느끼는 감정을 감히 너무 많이 표현하지 못했다. 그들은 적어도 불안한 기대 속에 머물러 있었다.[40]

인도차이나를 상실한 후에도 일부 사람들은 이 아시아 영토에서 프랑스의 지위를 보존하기를 원했다. 실제로 디엔비엔푸에서 패배한 후 사람들은 모든 것을 잃을까 두려워하기 시작했다. 이처럼 『르몽드』의 세륄(Claude Serreulles)은 경제적, 재정적, 문화적 이익을 보호하기 위해 정치적 차원에서의 프랑스 퇴위를 제안했다. "프랑스는 베트남에서 기꺼이 정치적 주권을 포기함으로써 그곳에서 경제적 지위를 강화했을 것이다. 희망에 대한 영향을 통해, 문화의 발현을 통해, 산업 및 정착민의 영향을 통해, 프랑스는 (베트남의) 새로운 체제에 없어서는 안 될 보조자로 남아 있을 것이다"(1954년 6월 24일). 이러한 관점에서 망쉬(Manche) 도의원인 드 보몽(Guérin de Beaumont)도 전쟁이 끝나고 베트남이 독립을 획득하고 강화하더라도 프랑스는 인도차이나에서 여전히 좋은 역할을 할 것이라고 생각했다.[41] 따라서 앞으로 취해야할 방침은 "재전환, 즉 군사 정책에서 무역 정책으로의 전환이 아닌가?"라고 로베르 길랭은 자문했다(『르몽드』, 1954년 7월 22일). 심지어 어떤 이들은 베

---

38) A.D. de Gironde, Vt 366 liasse 2, *op. cit.*, 2 août 1954.
39) A.N. F¹ᶜIII 1272, Rapports du préfet de Gironde, 6 août 1954.
40) A.N. F¹ᶜIII 1275 : Rapports du préfet de l'Indre, juillet 1954.
41) Guérin de Beaumont, "Libres opinions. Perspectives genevoises", *Le Monde*, 2 juin 1954.

트민과의 협정이 상업과 문화 분야에서 계획되어야 한다고 생각하기도 했다. 비록 이러한 입장은 일부 산업계와 학계에서 어느 정도만 지지를 받았지만 말이다.[42]

누구도 제네바의 결과를 승리로 전환할 생각을 하지 않았으며, 과거 프랑스 권력에 대한 씁쓸한 기억은 종종 많은 인명 피해와 막대한 군사 비용의 절약에 대한 만족감과 뒤섞였다. 많은 프랑스인은 이 기간 당당히 협상하고 베트남 전체에 프랑스의 이익을 보존하는 것이 더 쉬웠음에도 불구하고 베트남이 분단에 이르기까지 8년 동안의 전쟁이 필요했다는 사실을 유감스럽게 생각했다.

---

42) A.N. F^{k}III 1265 : Rapports du préfet de Drôme, juillet 1954.

3부 결론

 1954년 제네바 협정은 그 누구도 기대하지 않았던 것처럼 인도차이나에 전반적인 평화를 가져오지는 못했지만, 미국이 '봉쇄'를 위한 싸움에서 프랑스를 대신할 수 있도록 허용하는 단순한 일시 중지는 가져왔다. 실제로 제네바 직후 시기 동서양의 대결이 동남아시아에서 프랑스 연합을 거의 급작스럽게 대체했다. 제네바 협정 이후 17도선을 따라 분리된 베트남은 1955년부터 각각 두 '블록' 중 하나로 강화되고 고정되었다. 응오딘지엠은 남쪽에서 베트남 공화국(République du Viêt-Nam)을 선포했으며, 10월 이후부터는 미국의 지원에 점점 더 의존하게 되었다. 호치민은 북쪽에 '베트남 민주공화국'을 복원하고 7월에는 중국, 모스크바와 여러 지원협정을 체결했다. 이처럼 베트남은 두 블록 간의 대결을 위한 전략적 장소 중 하나가 되었다. 그리고 두 대외 강대국인 미국과 소련 중 어느 쪽도 균형상태를 바꾸려고 서두르지 않았다.1) 그러나 1945년부터 1954년까지 베트남인들은 모든 이에게 신성한 대의라 할 수 있는 국가의 통일을 유지하기 위해 분명하게 투쟁했다. 그들이 영구적인 분단 원칙을 받아들이지 않을 것이라는 점은 예견된 일이었다. 베트남의 불길은 1954년 이후 언젠가 다시 불붙을 것이라는 점은 예측

---

1) Hugues Tertrais, "La coexistence pacifique au Viêt-Nam", *op. cit.*, p. 24.

가능했다.

제네바 협정 이후 프랑스는 이 '거인들의 법칙(loi des géants)'에 의해 그 자리에서 굴복하며 완전한 소멸을 강요당했다. 그러나 한 영토에서의 축출은 즉시 다른 영토로의 정착으로 이끌었다. 1953년, 프랑수아 미테랑은 "북아프리카를 더 잘 보존하기 위해 인도차이나를 떠나자"라고 말했다. 망데스 프랑스는 북아프리카 지역에서 유사한 문제를 피하기 위해 모든 노력을 기울였으나 성공하지 못했다. 프랑스 연합의 나머지 지역도 곧 해체될 것이다. 사실 5년이면 프랑스 연합에 남은 지역, 얼핏 보기에는 거의 모든 지역을 해체시키기에 충분했다. 제네바 협정 3개월 후에 알제리는 불타올랐으며, 모로코와 튀니지는 1956년에 독립을 획득했다. 2년 후인 1958년 말, 드골은 프랑스 연합을 '공동체(Communauté)'로 대체했지만 그것은 단지 '검은 아프리카'와 마다가스카르만 해당되는 사항이었다. 알제리 문제의 경우, 1959년 드골 장군의 민족자결에 관한 연설은 가능한 유일한 결과를 엿볼 수 있게 해주었고, 12월에는 몇몇 아프리카 국가들도 완전한 독립을 요구했다. '검은 아프리카'는 1960년에, 알제리는 1962년에 독립을 획득했다.

미국의 『타임즈(Times)』 기자가 지적했듯이, 인도차이나 분쟁은 아마도 "자존심의 전쟁"이었을 것이다.[2] 제2차 세계대전 이후 프랑스는 자신을 '강대국'으로서 유지하기를 원했다. 그래서 인도차이나에서는 '강대국'이라는 예전의 지위를 되찾기 위해 전쟁을 벌이고자 했다. 그러나 궁극적으로 전쟁에서 패배했고, 프랑스령 인도차이나는 종말을 고했으며, 더욱이 포기나 양도처럼 보이는 매우 치명적인 탈식민지화로 끝나게 되었다.

---

[2] Thomas Griffith, "Indochina, war of gallantry and despair", *Times*, 5 avril 1954.

휴전 다음날 프랑스 국방부가 발표한 수치에 따르면 인도차이나에서는 장교 1,900명을 포함해 프랑스인 2만 명, 군인 1만 1천 명, 아프리카인 1만5천명, 인도차이나인 4만 6천 명이 사망했다. 이 수치에는 원정군에 직접 배속된 베트남인과 캄보디아인만 포함된 것으로 보인다. 전쟁의 총 희생자 수는 50만 명으로 추산되며, 인도차이나 분쟁으로 인해 프랑스는 하루에 10억 프랑을 소비했고, 총 비용은 3조 프랑에 달했다. 정치적 차원에서의 결과 역시 재앙이었다. 프랑스는 연합 정책을 포기했고, 베트남과 미국이 이에 반대했기 때문에 남베트남에서 영향력을 유지하려고 헛되이 노력했다. 그리고 1956년 4월 프랑스군이 거의 100년 간의 지배를 마치고 남베트남을 떠났다. 인도차이나전쟁은 프랑스 연합에 치명적인 타격을 입혔고, 장기적으로는 프랑스 제4공화국에도 큰 영향을 미쳤다.

표 15. 극동지상군(FTEO)의 인도차이나에서의 실질적인 인명 손실: 전사자, 사망자, 실종자, 탈영병, 의무 송환자, 1945년부터 1954년 7월 20일까지

인명 손실 범주	프랑스인 (1)	여성 육군 요원 (2)	북아프리카인	아프리카인	외인부대 병사	'비토착인' 합계	'토착인' 정규군	'토착인' 보충병	'토착인' 합계	전체 합계
1945~1946	9,755				520	10,275	725		725	11,000
1947	8,546		729	116	805	10,196	2,674		2,674	12,870
1948	5,268	7	777	184		6,236	2,032		2,032	8,268
1949	2,852	1	1,318	348	1,411	5,930	1,984	963	2,947	8,877
1950	3,664	3	3,289	805	3,212	10,973	2,543	2,249	4,792	15,765
1951	3,706	42	2,494	899	1,925	9,066	2,276	2,347	4,623	13,689
1952	4,401	35	3,873	1,002	2,442	11,753	3,552	3,854	7,406	19,159
1953	5,223	2	3,588	1,135	2,260	12,208	3,295	2,551	5,846	18,054
1954	5,614	21	4,623	1,303	5,702	17,263	8,168	3,760	11,928	29,191
합계	49,029	111	20,691	5,792	18,277	93,900	27,249	15,724	42,973	136,873

(1) 연합 국가 부대에서 파견된 프랑스인 포함.
(2) PFAT: Personnel féminin de l'armée de terre.

(출처): S.H.A.T. carton 10 H 511 : Tableaux et graphiques concernant les pertes, 1945–1954).

표 16. 인도차이나에서의 실질 손실에 대한 결산. 1945년부터 1954년 7월 20일까지

인명 손실 범주	프랑스인	여성 육군 요원	북아프리카인	아프리카인	외인부대 병사	'비토착인' 합계	'토착인' 정규군	'토착인' 보충병	'토착인' 합계	전체 합계
전사자	9,919	5	3,547	1,201	3,622	18,294	7,093	4,565	11,658	29,952
사망자	2,771	14	1,299	638	1,027	5,749	2,237	1,118	3,355	91,04
실종자	6,321	1	7,205	1,467	6,525	21,519	10,337	7,498	17,835	39,354
탈영병	611		316	76	941	1,944	7,582	2,543	10,125	12,069
의무 송환자	29,407	91	8,324	2,410	6,162	46,394				46,394
실질 손실 합계	49,029	111	20,691	5,792	18,277	93,901	27,249	15,724	42,973	136,874
부상자	22,218	5	11,343	3,645	7,270	44,481	15,835	10,833	26,668	71,149

* 출처 : S.H.A.T. carton 10 H 511 : Tableaux et graphiques concernant les pertes, 1945-1954.

맺음말

 2차 대전 종전 직후, 프랑스의 모든 단체와 거의 모든 정치 영역에서 프랑스 해외영토에 대한 생각은 상당히 큰 인기를 얻었다. 프랑스는 자신의 제국이 자신의 구원에 기여했다고 믿고 있었으며, 자신의 주권을 유지하는 것만으로도 좋은 것이며, 세계 속에서의 지위를 유지할 수 있다고 그 어느 때보다 확신하고 있었다. 프랑스는 쇠퇴를 피하고 위대함을 다시 정복하거나 보존하려는 강박관념에 의해 지배되고 있었다. 프랑스 여론은 거의 만장일치로 식민지가 프랑스의 '마지막 기회'로 남아 있다고 믿고 있었다. 이러한 담론은 새로운 국제적 환경에서 자신의 권리와 역할을 인식하게 된 식민지 민족 사이에서 나타난 심오한 변화를 고려하지는 않는 것이었다.
 드골의 자유 프랑스 정부는 브라자빌 선언을 기초로 개혁 정책을 시행했고, 당시 세계적이고 돌이킬 수 없으며 결정적인 현상으로 보였던 탈식민지화 과정이 아시아에서는 진행되지 않는 것처럼 행동했다. 쇄신한 좌파의 인물들은 '동등한 권리'와 학대의 종식이라는 관점에서만 문제를 고려했다. 그들의 끊임없는 관심은 인도차이나에서 프랑스의 이익과 권리를 보존하는 것이었다. 그러나 극동에서는 복원된 제국의 허구보다 독립의 현실이 우세했다. 더 이상 강대국으로서의 정책을 수행할 능력이 없었던 프랑스는 세계의 흐름을 거스르고 식민제국의 소멸을 향한 첫걸음인 전쟁에 지쳐가고 있었다.

80년 동안 프랑스는 인도차이나를 가장 번성한 식민지 중 하나로 만들었다. 그러나 제2차 세계대전 이후 인도차이나인들이 프랑스인들의 귀환을 원하지 않는다는 사실을 이해하지 못했다. 프랑스 원정군은 일본에 포로가 된 인도차이나를 해방할 예정이었지만, 프랑스가 프랑스 연합의 틀 내에서만 베트남의 독립과 통일을 인정하였기 때문에 프랑스와 베트남의 적대 행위는 1946년 12월 19일에 불가피하게 발생했다. 분쟁은 전쟁의 성격을 변화시키며 8년여 동안 지속되었다.

사실, 전쟁에 대한 프랑스 정부의 명확한 목표가 부재한 결과인 실질적인 변화는 인도차이나전쟁 개념에서부터 발생했다. 분쟁은 처음에는 새로운 정치조직을 강화하기 위한 일종의 장기간의 경찰 작전인 재정복을 위한 단순한 식민지 원정으로 시작되었다. 그러다가 새로운 독립의 분위기 속에서 프랑스 연합을 방어하기 위한 투쟁의 형태를 띠게 되었다. 1948년 6월, 베트남의 독립과 프랑스 연합 내 동맹국으로서의 지위를 인정한 하롱베이(baie d'Along) 협정 이후 프랑스는 실제로 반군 운동에 맞서 베트남 국가를 보호하고 지원하기 위해 싸웠다. 1950년, 중국에서 공산주의가 승리하고 공산주의 국가들이 베트민을 인정하고 뒤이어 서방 국가들이 바오 다이 정권을 인정한 이후, 공산주의의 팽창에 맞서 '자유세계'를 수호한다는 개념이 발전했다. 이후 분쟁은 휴전할 때까지 베트남 공산주의와 반공산주의 간의 내전을 겸한 동서 냉전의 전선이 되었다. 이 전쟁은 국제연합의 권위 하에 글로벌 전략의 결정적 요소로 제시된 한국에서 미군이 수행한 전쟁과 비교되었다. 정치 지도자들은 프랑스가 더 이상 자국의 존재와 특권을 지키기 위해 싸우고 있지 않다는 점을 동맹국들에게 확신시키려고 노력했다. 그러나 반공주의는 기본적으로 구실에 불과했다. 문제의 핵심은 지배계급, 행정관,

정착민들이 몰수한 권력을 베트남 국민들에게 돌려주기를 거부했다는 점이었다. 프랑스는 단순히 권력을 포기하고 싶지 않았고, 특히 르클레르가 프랑스와 베트남의 이익을 조화시키는 데 "적합한" 사람이라고 생각했던 '모스크바의 남자'인 호치민의 이익을 위해서가 아니었다.[1] 게다가 프랑스는 또한 반공주의를 채택하면서 자신의 이익을 보존할 수 있다고 생각했다. 그러나 군사행동의 자금조달 측면에서 주요 역할을 담당하고 있는 미국은 이 지역에 대한 자국의 경제적, 정치적 이해관계 때문에 프랑스의 인도차이나 정책을 방해할 수 있었다. 또한 재정적 욕구에 지배된 베트남의 반공주의 민족주의자들이 미국으로 눈을 돌릴 것이 분명해 보였다.

어쨌든 전쟁은 명확한 목표를 설정하지 않고 전체 계획을 수립하기도 전에 발생했다. 이러한 불확실성은 프랑스인의 '부동성'을 야기했으며 전문 군인이 이끄는 먼 곳에서의 전쟁에 대한 프랑스 여론의 관심을 지연시킬 뿐이었다. 실제로 프랑스 본토에서는 인도차이나전쟁이 정치계를 혼란에 빠뜨렸지만 여론을 크게 움직이지는 못했다. 인도차이나 문제가 어떤 이들에게는 관심을 불러일으켰지만, 일반적으로 그것은 프랑스의 셀 수 없이 많은 관심사보다 훨씬 하위에 있는 문제였다. 전쟁은 선거 문제, 경제 회복, 사회 진보, 독일 재무장 및 유럽 통합 문제보다 훨씬 뒤에 위치했다. 프랑스 국민이 전쟁에 실질적인 관심을 보인 경우는 드물었다. 원정군의 중요한 패배, 장군들 사건 및 피아스트르 밀매와 같은 추문, '더러운 전쟁'에 대한 공산주의자들의 '가혹한' 시위, 디엔비엔푸의 '충격' 및 제네바 회의가 프랑스인들의 눈을 뜨게 했다. 국가는 세상의 끝에서 벌어지는 이 분쟁에 대해 지속적인 관심을

---

1) Philippe Devillers, *Paris-Saïgon-Hanoï. Les archives de la guerre, 1944-1947*(Paris: Gallimard-Julliard, coll. "Archives", 1988), p. 376.

기울일 가치가 있거나 정부 정책에 영향을 미치기 위한 대규모의 연속적인 계획이 필요하다고 생각한 적이 없었다. 인도차이나에서는 징집병 부대가 전투를 하지 않았기 때문에 대규모 병력이 해외에서 모집되었다. 상대적으로 소수의 가족이 그곳에 자신의 가족을 보냈지만 프랑스는 인도차이나전쟁을 '자기들의' 전쟁으로 간주하지 않았다.

역사적으로 국제적 긴장 시기에 행해진 인도차이나에서의 프랑스 탈식민지화는 국내적으로는 정당간의 대결과 경쟁, 일시적인 연합이 지배하는 불안정과 정치적 혼란의 기간에 이루어졌다. 따라서 프랑스 정부는 시대에 뒤떨어지거나 적합하지 않은 '잡종의(bâtardes)' 해결책인 '타협 정책(politique de compromis)'만을 떠올릴 뿐이었다. 사실 프랑스 정부는 전쟁의 동기에 대한 믿음도, 행동할 의향도 충분히 갖고 있지 않았다. 역대 정부 중 그 누구도 인도차이나에 파견군을 감히 보내지 않았는데, 이는 국가 전체가 이 전쟁에 결코 연관되지 않았음을 의미하는 것이었다. 프랑스는 "어느 정도 비밀리에" 전쟁을 수행하고자 했다. 역대 정부는 그것이 전쟁이라는 사실을 가능한 한 숨기려고 노력했던 것이다. 여론을 자극하지 않고 무엇보다 납세자들이 걱정하지 않도록 문제를 최소화했다. 그들은 실제 정보를 제한하고, 지연시키고, 억제하고, 실패를 숨기고, 오류를 부인하고, 잘못을 인정하지 않았다. 결과적으로, 프랑스인들은 이 전쟁의 성격과 의미에 대해 객관적이고 명확한 정보를 얻을 수 없었다. 국가의 권위와 명성에 대한 개념이 약화됨에 따라 많은 프랑스인 사이에서 전반적인 관심이 사라지거나 정체되었다. 명확하고 일관성 있는 후속 정책이 없다는 것은 실제로 냉전 상황에서 식민지 소유지를 상실한다는 생각에 대해 거의 준비되지 않은 프랑스의 분열과 주저함을 보여주었다.

대체로, 정치계와 언론 대부분은 오랫동안 전쟁의 지속에 우호적이었다고 말할 수 있다. 그들에게 있어서, 세계에서 프랑스의 지위를 유지하는 것은 국가의 위대함을 보장하는 것이었다. 극동지역에서 굴복하는 것은 아프리카에서 문제가 발생하는 것을 목격할 위험을 무릅쓰는 것과 같았다. "만약 당신이 협상을 시작하는 실수, 즉 호치민 앞에서 (인도차이나를) 포기하는 실수를 범한다면 내일 마다가스카르, 튀니지, 알제리를 포기해야 할 것이며, 프랑스는 보주(Vosges) 국경이면 충분하다고 말하는 사람을 발견할 수 있을 것이다"라고 급진파 의원인 모리스 비올레트가 예를 들어 설명했다.[2] 그러나 우리는 구조화되고 활동적인 여론의 흐름에 대해 말할 수 없다. 정부 소속의 정당들과 특정 언론 기관, 반공 운동 단체, 원정군 재향 군인 협회 등의 식민지 압력 단체 중 그 누구도 전쟁의 목표를 공유하고 지지하기 위해 프랑스 국민을 동원하려는 실질적인 선전 활동을 수행하지 않았다.

계속되는 군사적 패배, 전쟁과 관련된 추문들의 폭로, 다른 해외영토로의 확산의 위험으로 인해 많은 프랑스인은 전쟁의 근거와 정당성에 대해 더욱 깊은 의문을 갖게 되었다. 사실, 전쟁 반대 전선이 공산주의자들과 그 동맹자들의 대열을 넘어 진정으로 확대된 것은 전쟁 마지막 시기에서였다. 그러나 전쟁 반대자들을 지배하는 것은 전쟁 지지자들과 마찬가지로 국익이라는 개념이었다. 민족의 자결권에 기초한 것이 아니라 오직 국가의 이익에 기초하여 끝이 없고 절망적으로 보이는 전쟁에서 벗어나려는 그들의 의지를 표현했다. 그들은 "아시아를 버리고 아프리카를 취하자"라고 크고 분명하게 외쳤으며, 제네바 회의 기간 인도차이나에서 경제적 이익과 프랑스의 군사 기지를 보존할 수 있는 '명예로운 평화(Paix honorable)'에 대한 열망을 표명했다. 그들은 결국

---

[2] 1950년 10월 19일 국회에서 모리스 비올레트가 피에르 망데스 프랑스에게 답변하면서 한 말.

종전을 통해 전쟁의 부담에서 벗어남으로써 프랑스가 국내경제와 산업의 근대화를 도모하고, 각 지방의 발전을 위해 보다 많은 투자를 할 수 있으리라 생각했다.

프랑스 제4공화국은 아마도 전쟁을 선택하지 않았을지 모르지만, 확실히 평화를 선택하지도 않았고, 평화로 이어질 수 있는 길을 택하지도 않았다. 프랑스는 불완전하고, 심지어는 조작된 정보를 바탕으로 길고, 기대에 어긋나며, 비용이 많이 드는 모험에 거의 은밀하게 착수했다. 몇몇 군 지도자들의 '무분별', 정치인들의 책임 회피, 모든 형태의 보수성(conservatism)으로 끝없이 갈등이 장기화되었다. 여론과 관련해선, 프랑스인들은 해외영토에서의 활동을 통해 프랑스를 영예롭게 할 수 있다고 믿었지만 아시아 영토에 깊은 관심을 갖고 있지는 않았다. 그들은 인도차이나에서 무슨 일이 일어났는지, 무엇을 해야 할지 정확히 알지 못했을 수도 있지만, 자신의 식민지를 있는 그대로 유지하기 위해 기나긴 전쟁에 말려들었다. 오랫동안 필요하게 된 변화를 고려하지 않고 마지못해 탈식민지화 시대에 들어섰을 뿐이다. '인도차이나 재앙'에 대한 책임은 실제로 집단적이었다. 프랑스가 아시아의 주요 식민지들을 '탈식민화'할 생각을 해본 적이 있었는지 여전히 궁금한 대목이다. 사실 프랑스는 가능한 한 오랫동안 그곳에 머물렀다. 프랑스인들은 비록 대부분이 레옹 블룸과 함께 "구 식민 체제는 과거의 일이었다"[3]라고 인정했지만 사실 탈식민지화에 대한 준비가 전혀 되어 있지 않았다. 그러나 프랑스에게 자신의 싸움이 '승산이 없고, '이탈'이 불가피하다고 생각하는 순간이 왔다. 군사 용어로 말하면, 해당 직책을 더 이상 유지할 수 없을 때 '탈퇴(décrochement)'해야 했다. 철수(évacuation), 포기(abandon), 대

---

3) 1946년 12월 23일 인도차이나 상황에 관한 레옹 블룸의 국회 연설.

체(relève) 등과 같은 표현은 '탈식민지화(décolonisation)'라는 용어보다 인도차이나 사례에 더 잘 적용될 수 있는 용어인 것 같다.[4]

2차 대전 후의 프랑스는 옛 식민지와의 관계를 개선하고, 평화와 우의 속에서 그들을 독립에 이르게 하는 해결책을 제시하지 못했다. 프랑스 제국의 식민지 해방은 식민화 과정에서 행해졌던 것보다 더한 폭력과 아픔 속에서 이루어졌다. 그것은 식민지인들은 물론이고 '식민지 본국'의 주민들에게도 때늦은 감이 있었고, 종종 비극적으로 진행되었다. 시대가 요구하는 변화를 거부함으로써 프랑스인들은 식민지 해방 시기에 역행했던 것이다.

이 글을 통해 인도차이나전쟁에 대한 프랑스 여론의 변화과정을 어느 정도 살펴보았다. 이러한 태도의 변화는 공산당의 선전에 의해서라기보다는 전쟁과 관련된 추문에 의해 영향을 받은 것이었고, 국민에게 알리지 않은 채 뒤에서 비밀리에 진행된 전쟁에 대해 프랑스인이 지쳤기 때문이며, 베트남인들의 입장을 지지해서가 아니라 전쟁이 더 이상 승리할 수 없다고 인식했기 때문이고, '가망이 없는' 아시아를 포기하고 아프리카에 '집중'하기 위해 생긴 것이었다.

결론적으로, 프랑스인들은 프랑스가 해외영토에서의 역할이 있다고 생각했지만 관심을 기울이지는 않았다. 프랑스의 위대함과 프랑스인의 영화를 보증하는 수단으로써의 해외영토를 좋아하긴 했지만, 그것에 깊이 관여하기를 원치는 않았다. 엄청난 희생을 치르면서까지 유지해야 할 필요성은 못 느꼈던 것이다. 프랑스령 인도차이나, 다시 말해 인도차이나에 대한 식민주의 이념 또한 다수에 의해 여전히 수용되고, 내면화되었지만, 프랑스인들이 그것에 충실했다는 것은 확신보다는 '익

---

[4] Charles-Robert Ageron et Marc Michel (dir.), *L'ère des décolonisations*, *op. cit.*, pp. 67-68.

숙해짐'에 의한 것이었다. 이러한 행동은 프랑스가 동남아시아의 옛 식민지에 대해 보여준 무관심을 통해 상당 부분 설명된다. 적어도 인도차이나전쟁을 통해서 볼 때, 오랜 세월에 걸쳐 형성됐던 프랑스인들의 식민주의 이념은 프랑스인들의 의식 속에 실제로 각인되기보다는 매우 피상적이고 확신 없이 존재했었다고 볼 수 있는 것이다.

약어 및 용어

가장 위대한 프랑스(La plus grande France)

공수부대전투기연대(RCP: Régiment de chasseurs parachutistes)

공화좌파연합(RGR: Rassemblement des gauches républicaines)

극동지상군(FTEO: Forces terrestres d'Extrême-Orient)

극동프랑스부대(TFEO: Troupes françaises d'Extrême-Orient)

급진사회당(Parti radical-socialiste)

도지사 보고서(rapports des préfets)

디엔비엔푸 전투(Bataille de Dien Bien Phu)

민주사회주의 저항 연합(UDSR: Union démocratique et socialiste de la Résistance)

바오 다이 해결책(Solution Bao Dai)

베트남 공화국(République du Viêt-Nam)

베트남국(État du Vietnam)

베트남 국민당(VNQDD: Viêt-Nam Quoc Dan Dang)

베트남 민주공화국(République démocratique du Viêt-Nam)

베트남 자유국(États libre du Viêt-Nam)

베트남 전국연합(Union Nationale du Viêt-Nam)

베트남 혁명동맹회(Viêt-Nam Cach menh Dong Minh Hoï)

베트민(Viêt Minh)(베트남 독립동맹회: Viêt-Nam Dôc Lâp Dông Minh Hoï)

북서작전그룹(GONO: Groupement opérationnel du Nord-Ouest)

식민주의 이념(idée coloniale)

식민지 공수 특공대(BCCP: Bataillon colonial de commandos parachutistes)

식민지 연합(Union coloniale)

식민지 정당(Parti colonial)

식민지보병연대(RIC: Régiment d'infanterie coloniale)

연합 국가(États associés)

육군역사연구소(SHAT: Service historique de l'armée de terre)
원정군 재향군인회(Association des anciens du corps expéitionnaire)
인도차이나 송환자 및 피해자 가족 전국협회(Association nationale des rapatrié
    d'Indochine et des familles des victimes)
인도차이나 연방(Fédérration indochinois)
인도차이나 연합(Union indochinoise)
인도차이나전쟁(guerre d'Indochine)
인도차이나전쟁 해결을 위한 조사행동위원회(Comité d'étude et d'action pour le
    règlement pacifique de la guerre d'Indochine)
인도차이나 정부간 위원회(Cominindo: Le Comité interministériel de l'Indochine)
인민공화운동(MRP: Mouvement républicain populaire)
일본의 무력 쿠데타(coup de force japonais)
자유공화당(PRL: Parti Républicain de la Liberté)
코친차이나 인민운동(Mouvement populaire cochinchinois)
평화운동(Mouvement de la Paix)
평화의 투사들(Combattants de la Paix)
프랑스 공산당(Parti communist français)
프랑스 공화국 임시정부(GPRF: Gouvernement provisoire de la République
    française)
프랑스 공화청년연합(UJRF: Union des jeunesses républicaines de France)
프랑스 극동원정군(CEFEO: Corps expéditionnaire français d'Extrême-Orient)
프랑스 내 인도차이나 대표단(Délégation des Indochinois en France)
프랑스령 인도차이나(Indochine française)
프랑스-베트남 협회(Association France-Viêt-Nam)
프랑스 사회당(SFIO: Section française de l'internationale ouvrière)
프랑스 식민화의 삼부회(États généraux de la colonisation française)
프랑스여론연구소(IFOP: Institut français d'opinion publique)
프랑스 여성연합(UFF: Union des femmes françaises)
프랑스 연합(Union française)

프랑스 연합과 프랑스 공동체 행동위원회(Comité d'action de l'Union française et
　　　la Communauté française)
프랑스 인민연합(RPF: Rassemblement du peuple Français)
프랑스 제국위원회(Comité de l'empire français)
프랑스 해외영토 국립학교(École nationale de la France d'outre-mer)
프랑스 해외영토위원회(Commission de la France d'outre-mer)
프랑스 해외영토 중앙기금(CCFOM: Caisse centrale de la France d'outre-mer)
프랑스 해외영토 중앙위원회(Comité central de la France d'outre-mer)
해양 식민지 연맹(Ligue maritime et coloniale)
해외영토(outre-mer)

참고문헌

〈사료〉

1. 문서보관소(Les Archives)

1) 국립문서보관소(AN: Archives nationales)
 : 국립문서보관소 접수 및 연구 센터(CARAN: Centre d'accueil et de recherche des Archives nationales) 파리 중앙보관소(Dépôt central à Paris).

주로 사료하위계열(sous-série) F1CIII : 공공 정신(Esprit public)과 선거(220개 기사)(출처 : 내무부, 정무국장). 이 보고서는 각 도(道)별로 분류되고 1940년부터 1959년까지의 기간을 다루는 여러 연대순 사료계열로 분류된 도지사 보고서로만 구성된다.

- * F1CIII 1205-1233 : Rapports des préfets sur l'esprit public, la vie éonomique et la vie politique (fin 1944-1945-1946).
- * F1CIII 1234-1369 : Rapports des préets sur l'esprit public, la vie éonomique et la vie politique (1947-1959).

2) 국립문서보관소(AN: Archives nationales)
 : 엑상프로방스 해외영토 문서보관소(CAOM: Centre des Archives d'Outre-Mer à Aix-en-Provence).

- * 인도차이나 신(新) 사료군(Indochine Nouveau Fonds) (정부 사료군(fonds ministériels))
  - Indo/NF/977 : Protestations contre la politique française en Indochine (1947)
  - Indo/NF/978-981 : Protestations des travailleurs indochinois (1945-1946)
  - Indo/NF/1180 : Articles de propagande concernant les questions coloniales d'après guerre, et en particulier, sur l'Indochine et le Sud Est asiatique (1945-1946)
  - Indo/NF/1191 : Partis révolutionnaires (1944-1945)

- Indo/NF/1192 : Bulletins D.G.E.R. sur les partis nationalistes au Viêt-Nam et la propagande anti-française (1945)
- Indo/NF/1219 : Note sur la crise morale franco-indochinoise par Paul Mus (août 1945)
- Indo/NF/1268 : Information et propagande (1945-1946)
- Indo/NF/1317 : Association des « Amitié Indochinoises » (1945-1952)
- Indo/NF/1333 État d'esprit, 1945 : Note de M. Pignon sur le climat actuel des milieux indochinois en France
- Indo/NF/1577 : Surveillance et arrestation d'Indochinois en France (1945)
- Indo/NF/1583 : Situation des Indochinois en France (1944-1945)
- Indo/NF/1585, 1587, 1594 : Main-d'oeuvre indochinoise (1944-1945).

* 인도차이나 주재 프랑스 고등판무관실(HCI: Haut-Commissariat de France en Indochine)
 : 베트남 호치민시에 있는 프랑스 고등판무관 문서보관소. 이는 다양한 부분(sections)으로 구분되어 있다 : 내각 ; 정치 고문(CONS.POL.) ; 외교 고문 (CONS.DIPLO.) ; 경제 고문 (CONS.ECO.).
- Indo/HCI/8/48 : Programme de propagande, 1946
- Indo/HCI/40/156 : Conversations franco-U.S.A., mars 1953
- Indo/HCI/201/598 : Aide américaine
- Indo/HCI/240/701 : Presse, contrôle et censure, 1948-1951.

* 인도차이나 주재 프랑스 고등판무관실 : 정치 고문 사료군(HCI : Haut-Commissariat de France en Indochine : Fonds du Conseiller politique (CONSPOL).
- Indo/HCI/CONSPOL 57 : Association France-Viet-Nam, 1948
- Indo/HCI/CONSPOL 124 : Personnalités à surveiller
- Indo/HCI/CONSPOL 134 : Etat d'esprit, 1946-1947
- Indo/HCI/CONSPOL 136 : population française, 1946-1947
- Indo/HCI/CONSPOL 192 : Les français d'Indochine - les fonctionnaires et les cadres français ; Opinion publique -, les Indochinois de France.

3) 도(道)문서보관소(AD: Archives departementales)
: 여기서 참고한 대부분의 문서는 각 도의 '도지사 사무실(Cabinet du préfet)'에서 가져온 것이다. 참조한 몇몇 자료만 소개하면 다음과 같다.

* Bouches-du-Rhône
- 148 W 188 : Les Indochinois à Marseille : rapports sur la situation politique des Vietnamiens. Surveillance et rapports sur les associations de travailleurs indochinois. Problèmes de mai 1948 dans les camps de Mazargues et de Colgate. Blocage des camps, embarquement d'Indochinois (1946-1948)
- 148 W 189 : Réfugiés et rapatriés d'Indochine, surveillance de Vietnamiens suspects. Notes confidentielles sur les activités de certaines associations (1949-1952).

* Corrèze
- 21 W 842 : Journaux et publications françaises saisies (1943-1956)
- 179 W 5915 : Commissariat de police de Brive : rapports trimestriels de sécurité
publique (1944-1960)
- 302 W 10274 : Rapports mensuels des sous-préfets sur la situation de l'arrondissement (1950-1959).

* Dordogne
- 1 W 53 (1941-1948), 1 W 54 (1949-1951), 1 W 55 (1952-1954) : Rapports mensuels du préfet, des sous-préfets et des chefs de service
- 1 W 93 : Mouvements pacifistes (Combattants de la Paix et Divers) (1948-1953)
- 1 W 1821 : Rapports mensuels des sous-préfets, des chefs de services, de la Police(1946)
- 1 W 1876 : Renseignements Généraux : notes d'information (1943-1952).

* Gironde
- sc 774-777 (1945-1946), sc 1640-1644 (1947), sc 1803-1805 (1948) : Rapports mensuels et bi-mensuels des chefs de service et des sous-préfets au préfet, du préfet au ministre de l'intéieur
- sc 1803-1805 (1948), Vt 174 liasse 80 (1950), Vt 212 liasse 62 (1951), Vt 212 liasse 63 (1952), Vt 310 liasses 1-2 (1953), Vt 366 liasses 1-1bis-2-2bis (1954)

: Rapports mensuels des chefs de service et des sous-préfets au préfet, du préfet au ministre de l'intéieur.

* Nord
- 256 W 98 005 : sous-préfecture de Douai.

* Deux-Sèvres
- 1417 W 5 (1945-1948), 1417 W 6 (1949-1951), 1417 W 7 (1952-1955) : Rapports des renseignements généraux au Préfet.

* Somme
- 21 W 89 : Vote pour la Paix, rapports du Préfet, mesures de police, manifestations publiques (octobre 1949)
- 21 W 165 : Association des Anciens Combattants. Prises de position politiques (1945-1962)
- 21 W 231 : Manifestation des Anciens Combattants (1952)
- 21 W 305 : Mouvements pour la Paix. Rapports des Renseignements Généraux (1949-1950)
- 21 W 306 : Union des Femmes Françaises (appel aux mères et aux femmes ayant leurs fils et maris tombés dans la guerre du Viêt-Nam. Combattants pour la Paix), Réunions publiques et politiques (1949-1950)
- 21 W 371 : Manifestations à caractère social et politique (1946-1947).

* 그 밖의 도지사 보고서는 국립문서보관소 접수 및 연구 센터(CARAN) 파리 중앙보관소에서 참조했다. 이 곳에서 참조한 1945~1954 기간의 도지사 보고서 목록은 다음과 같다.
: 바스알프(Basses-Alpes), 아리에즈(Ariège), 오브(Aube), 부쉬뒤론(Bouches-du-Rhône), 샤랑트(Charente), 셰르(Cher), 코레즈(Corrèze), 코트도르(Côte-d'Or), 되세브르(Deux-Sèvres), 도르도뉴(Dordogne), 드롬(Drôme), 피니스테르(Finistère), 갸르(Gard), 오트갸론(Haute-Garonne), 지롱드(Gironde), 앵드르(Indre), 이제르(Isère), 쥐라(Jura), 루아르(Loire), 로제르(Lozère), 망쉬(Manche), 마른(Marne), 마이엔(Mayenne), 뫼르트에모젤(Meurthe-et-Moselle), 노르(Nord), 파드칼레(Pas-de-Calais), 퓌드돔(Puy-de-Dôme), 오랭(Haut-Rhin), 손에루아르(Saône-et-Loire), 센에마른(Seine-et-Marne), 센앵페리외(Seine-Inférieure), 솜(Somme), 보클뤼즈(Vaucluse), 방데(Vendée), 오트비엔느(Haute-Vienne).

2. 간행된 사료

Journal officiel de la République française. Débats parlementaires et Lois et cadres(Paris: Assemblée nationale, 1945-1954).

L'Année politique. Revue chronologique des principaux faits politiques, économiques et sociaux de la France, Dirigée par André Sigfried, Roger Seydoux et Edouard Bonnefous (Paris: Éd. du Grand siècle puis P.U.F., 1944/1945-1954).

La Conférence africaine française : Brazzaville (30 janvier 1944 - 8 férier 1944), Alger, Commissariat aux colonies, 1944, 127 p. 400

Conférence de Genève sur l'Indochine (8 mai - 21 juillet 1954). Procès-verbaux des séance, Propositions, Documents finaux(Paris: Imprimerie nationale, 1955).

Barodet : Recueil des textes authentiques des programmes et engagements électoraux, (Paris: Imprimerie de la Chambre des députés, 1945-1954).

Devos, Jean-Claude, Nicot, Jean et Schillinger, Philippe, *Inventaire des archives de l'Indochine : sous-séie 10 H (1867-1956)*, vol. 2 : *1945-1956*(Vincennes: Ministère de la défense, État major de l'armé de terre, Service historique, 1987).

3. 신문, 잡지

1) 일간지

L'Aurore, Combat, Le Figaro, France-Soir, Franc-Tireur, L'Humanité, Le Monde.

2) 정기간행물 및 회보

Bulletin du comité de l'empire français (devenu Bulletin de la France d'outre-mer), Les Cahiers de l'I.H.T.P., Les Cahiers de l'O.U.R.S., Cahiers du communisme, Climats, Comptes rendus trimestriels des séances de l'académie des sciences d'outre-mer, Esprit, France-Viêt-Nam, La Nef, La Nouvelle revue française d'outre-mer, Marché coloniaux, Le Mouvement social, L'Observateur (devenu France-Observateur), Paris Match, Le Populaire, Quatrième Internationale, Revue de défense nationale, Revue d'histoire moderne et contemporaine, Revue française d'histoire d'outret-mer, Revue historique des armés, La Revue socialiste, Sondages, Témoignage chrétien, Les Temps modernes, Vingtième siècle.

〈연구서와 논문〉

유인선, 『새로 쓴 베트남의 역사』(이산, 2002).
이재원, 「인도차이나 전쟁(1946-1954)을 통해서 바라본 프랑스인들의 식민지 관」, 『프랑스사 연구』, 9호(2003.08), pp. 123-145.
_____, 「문화적 행위를 통한 반전운동: '앙리 마르땡(Henri Martin) 사건'을 중심으로」, 『역사와 문화』, 9호(2004.12), pp. 56-80.
_____, 「프랑스 공산당과 베트남의 '식민지해방전쟁', 1945-1954」, 『서양사론』, 83호(2004.12), pp. 153-174.
_____, 「프랑스 기독교 지식인과 탈식민지화 문제: 프랑스령 인도차이나를 중심으로」, 『프랑스사 연구』, 27호(2012.08), pp. 221-250.
정재현, 「1954년 5월 7일, 디엔비엔푸 요새의 함락과 프랑스 식민지 제국의 해체」, 『프랑스사 연구』, 48호(2023.02), pp. 129-165.

Ageron, Charles-Robert, "La survivance d'un mythe: la puissance par l'empire colonial, 1944-1947", Revue française d'histoire d'outre-mer, No. 269(4e trimestre 1985), pp. 387-403.
_____ (dir.), Les chemins de la décolonisation de l'Empire français(Paris: Éd. du Centre national de la recherche scientifique(CNRS), 1986).
Ageron, Charles-Robert et Michel, Marc (dir.), L'ère des décolonisations(Paris: Karthala, 1995).
Ageron, Charles-Robert et Devillers, Philippe (dir.), "Les guerres d'Indochine de 1945 à 1975", Les Cahiers de l'I.H.T.P.(Institut d'histoire du temps présent), No. 34(juin 1996).
Appollonia, Ariane Chebel d', Histoire politique des intellectuels en France, 1944-1954, T. II: Le temps de l'engagement(Bruxelles: Éd, Complexe 1991).
Argenlieu, Thierry de (amiral), Chronique d'Indochine, 1945-1947(Paris, Albin Michel, 1985).
Aron, Raymond, Espoir et peur du siècle(Paris: Calmann-Lévy, 1957).

Artaud, Denise et Kaplan, Lawrence (dir.), Diên Biên Phu, Alliance atlantique et la défense du Sud-Est asiatique(Lyon: La Manufacture, 1989).

Aubade, Robert, Bibliographie critique des œuvres parues sur l'Indochine française, 1933-1956(Paris: G.-P. Maisonneuve & Larose, 1965).

Baffeleuf, Antoine, Pensons aux Français d'Indochine(Paris: Éd. Vitiano, 1956).

Bangou, Henri, Le Parti socialiste français face à la décolonisation(Paris: L'Harmattan, 1985).

Bao Daï, Le dragon d'Annam(Paris: Plon, 1979).

Becker, Jean-Jacques, Comment les Français sont entrés dans la guerre. Contribution à l'étude de l'opinion publique, printemps-été 1914(Paris: Presses de la Fondation nationale des sciences politiques, 1977).

_____, Histoire politique de la France depuis 1945(Paris: Armand Colin, 1988),

_____, "L'opinion", in René Rémond (dir.), Pour une histoire politique(Paris: Éd. du Seuil, coll. "Points Histoire", 1996), pp. 161-183.

Bernert, Philippe, Roger Wybot et la bataille pour la D.S.T.(Paris: Presses de la cité, 1975).

Bidault, Georges, D'une réistance à l'autre(Paris: Les Presses du siècle, 1965).

Bodin, Michel, Le Corps expéditionnaire français en Indochine, 1945-1954: le soldat des forces de terre(Thèse de Doctorat, Paris I, 1991).

_____, La France et ses soldats. Indochine, 1945-1954(Paris: L'Harmattan, 1996).

_____, "Le moral des militaires français du corps expéditionnaire en Extrême-Orient, 1945-1954", Cahiers de l'I.H.T.P., No. 34(juin 1996), pp. 95-112.

Bon, Frédéric, Les Sondages peuvent-ils se tromper ?(Paris: Calmann-Levy, 1974).

Borella, François, L'évolution politique et juridique de l'Union française depuis 1946(Paris: Librairie générale de droit et de jurisprudence, 1958).

Brocheux, Pierre, William J. Duiker, Claude Hesse d'Alzon, Paul Isoart, Masaya Shiraishi, L'Indochine française, 1940-1945(Paris: Presses Universitaires de France(PUF), 1982).

Brocheux, Pierre, et Hémery, Daniel, Indochine: la colonisation ambiguë, 1858-1954(Paris: La Découverte, 1994).

Catroux, Georges (général), Deux actes du drame indochinois: Hanoi, juin 1940-Diên Biên Phu, mars-mai 1954(Paris: Plon, 1959).

Cot, Jean-Pierre, et Pellet, Alain, (dir.), La Charte des Nations Unies(Paris: Economica, 1985).

Dalloz, Jacques, La guerre d'Indochine, 1945-1954(Paris: Éd. du Seuil, Coll. "Point Histoire", 1987).

_____, "Le M.R.P. et la guerre d'Indochin", Cahiers de l'I.H.T.P., No. 34(juin 1996), pp. 57-75.

_____, "Alain Savary, un socialiste face à la guerre d'Indochine", Vingtième siècle, Revue d'histoire, No. 53(janvier-mars 1997), pp. 42-54.

Decoux, Jean (amiral), À la barre de l'Indochine: historie de mon gouvernement général. 1940-1945(Paris: Plon, 1949).

Despuech, Jacques, Le trafic des piastres(Paris: Éd. des Deux Rives, 1953).

Devillers, Philippe, Histoire du Viêt-Nam de 1940 à 1952(Paris: Éditions du Seuil, 1952).

_____, Paris-Saïgon-Hanoï. Les archives de la guerre, 1944-1947(Paris: Gallimard-Julliard, coll. "Archives", 1988).

Devillers, Philippe et Lacoutre, Jean, Viêt-Nam, de la guerre française à la guerre américaine(Paris: Éd. du Seuil, 1969).

Duiker, William J., U.S. containment policy and the conflict in Indochina(Stanford: Stanford University Press, 1994).

Duroselle, Jean-Baptiste, "Opinion, attitude, mentalité, mythe, idéologie: essai de clarification", Relations internationales, No. 2(novembre 1974), pp.

3-22.

Ély, Paul (général), Mémoires, T. 1: L'Indochine dans la tourmente(Paris: Plon, 1964).

Fall, Bernard, Le Viêt-Minh, la République Démocratique du Viêt-Nam, 1945-1960(Paris: Armand Colin, 1960).

_____, Diên Biên Phu, un coin d'enfer(Paris: Robert Laffont, 1968).

Gaulle, Charles de, Mémoires de guerre, T. II, L'unité, 1942-1944(Paris: Plon, 1956.

_____, Discours et messages, T. II: Dans l'attente, 1946-1958(Paris: Plon, 1970).

Georges, Alfred, Charles de Gaulle et la guerre d'Indochine(Paris: Nouvelles éditions latines, 1974).

Gerbet, Pierre, "L'influence de l'opinion publique et des partis sur la politique étrangère de la France", Cahiers de la Fondation nationale des sciences politiques, T. 55(1954), pp. 83-106.

Girard, Alain, "Sondages d'opinion et politique étrangère", in Léo Hamon (dir.), L'élaboration de la politique étrangère(Paris: PUF, 1969).

Girardet, Raoul, La crise militaire française, 1945-1962(Paris: Armand colin, 1964).

_____, L'idée coloniale en France, 1871-1962(Paris: Pluriel, 1972).

Gras, Yves (général), Histoire de la guerre d'Indochine(Paris: Plon, 1979).

Grimal, Henri, La décolonisation, 1919-1963(Paris: Armand Colin, 1965).

Grosser, Alfred, La IVe République et sa politique extérieure(Paris: Armand Colin, 1972).

Guillain, Robert, La fin des illusions; notes d'Indochine, février-juillet 1954(Paris: Centre d'Études de politique étrangère, 1954).

Guillaumin, Claude, "L'affaire des généraux", in Bernard Michal (présentées par), Les Grandes énigmes de la IVe République, T. II(Paris: Saint-Clair, 1967), pp. 67-128.

Hamon Léo (dir.), L'élaboration de la politique étrangère(Paris: PUF, 1969).

Hesse d'Alzon, Claude, La présence militaire française en Indochine, 1940-1945(Vincennes: Service historique de l'armée de terre(SHAT), 1985).

Hostert, Guy, Une Campagne néo-colonialiste du "Monde". Indochine 1945-1946(Paris: Les Clés du monde, 1983).

Hull, Cordell, The Memoirs of Cordell Hull. Vol. II(New York: Macmillan, 1948).

Irving (Ronald Eckford Mill), The First Indochina war: french and american policy, 1945-1954(London: Croom Helm, 1975).

Isoart, Paul, Le phénomène national vietnamien: de l'indépendance unitaire à l'indépendance fractionnée(Paris: Librairie générale de droit et de jurisprudence, 1961).

Joyaux, François, La Chine et le règlement du premier conflit d'Indochine: Genève 1954(Paris: Publications de la Sorbonne, 1979).

_____, La nouvelle question d'Extrême-Orient, T. 1: L'ère de la guerre froide, 1945-1959(Paris: Payot, 1985).

Lacouture, Jean, Hô Chi Minh(Paris: Éd. du Seuil, 1967).

Lancaster, Donald, The Emancipation of french Indochina(London: Oxford University Press, 1961).

Laniel, Joseph, Le drame indochinois: de Diên Bien Phu au pari de Genève(Paris: Plon, 1957).

Lattre de Tassigny, Jean de (maréchal), La ferveur et le sacrifice. Indochine 1951 (textes réunis et présentés par Jean-Luc Barré) (Paris: Plon, 1988).

Laurent, Arthur, La Banque de l'Indochine et la piastre(Paris: Éd. des Deux Rives), 1955.

Lee, Jae-Won, Les Français et l'idée coloniale, de la Libération aux accords de Genève: le cas de l'Indochine, Thèse de doctorat d'histoire, Université de Paris X-Nanterre, 2003.

Le Courriand, Daniel, "Les Socialistes et les débuts de la guerre d'Indochine,

1946-1947", Revue d'histoire moderne et contemporaine, avril-juin 1984, pp. 334-353.

Madjarian, Grégoire, La question coloniale et la politique du Parti communiste français, 1944-1947(Paris: Maspero, 1977).

Mauriac, François, Bloc-Notes, T. 1: 1952-1957(Paris: Flammarion, 1958).

Mendès-France, Pierre, Œuvres complètes, T. III: Gouverner c'est choisir, 1954-1955(Paris: Gallimard, 1986).

Michel, Marc, "De Lattre et les débats de l'américanisation de la guerre d'Indochine", Revue française d'histoire d'outre-mer, No. 268(3e trimestre 1985), pp. 321-334.

_____, "Y a-t-il impréparation de la France à la déolonisation ?", in Enjeux et Puissances: pour une histoire des relations internationales au XXe siècle(Paris: Publications de la Sorbonne, 1986).

Mitterrand, François, Présence française et abandon(Paris: Plon, 1957).

Moneta, Jacob, La politique du Parti communiste français dans la question coloniale, 1920-1963(Paris: François Maspero, 1971).

Mus, Paul, Viêt-Nam, sociologie d'une guerre(Paris: Éd du Seuil, 1952).

Navarre, Henri (général), Agonie de l'Indochine, 1953-1954(Paris: Plon, 1950).

Ozouf, Jacques, "Mesure et démesure: l'étude de l'opinion", Annales(Economie-Société-Civilisations), mars-avril 1966, pp. 324-345.

_____, "L'opinion publique: apologie pour les sondages", in Jacques Le Goff et Pierre Nora (dir.), Faire de l'histoire, T. III: Nouveaux objets(Paris: Gallimard, 1974), pp. 220-235.

Parmelin, Hélène, Matricule 2078(Paris: Éd. Français Réunis, 1953).

Pervillé, Guy, L'empire français à la décolonisation(Paris: Hachette, 1991).

Pilleul, Gilbert (Éd.), Institut Charles de Gaulle, Le Général de Gaulle et l'Indochine, 1940-1946(Paris: Plon, 1982).

Planchais, Jean, Le malaise de l'armée(Paris: Plon, 1958).

_____, L'empire embrasé, 1946-1962(Paris: Denoël, 1990).

Quilliot, Roger, La S.F.I.O. et l'exercice du pouvoir, 1944-1958(Paris: Fayard, 1972).

Randle, Robert F., Geneva 1954. The seulement of the Indochinese war(Princeton: Princeton University Presse, 1969).

Rocolle, Pierre, Pourquoi Diên Biên Phu ?(Paris: Flammarion, 1968).

Rousset, Pierre, Le Parti communiste vietnamien(Paris: François Maspero, 1975).

Roy, Jules, La Bataille de Diên Biên Phu(Paris: Juilliard, 1963).

Ruscio Alain, "Le mendésisme et l'Indochine. A propos de la politique de Pierre Mendès-France et de son entourage direct, concernant la question indochinoise, de 1948 à 1954", Revue d'histoire moderne et contemporaine, avril-juin 1982, pp. 324-342.

_____, Les communistes français et la guerre d'Indochine, 1944-1954(Paris: L'Harmattan, 1985).

_____, La première guerre d'Indochine, 1945-1954. Bibliographie(Paris, L'Harmattan, 1987).

_____, Diên Biên Phu: la fin d'une illusion(Paris: L'Harmattan, 1987).

_____, "L'opinion française et la guerre d'Indochine, 1945-1954: sondages et témoignages", Vingtième Siècle. Revue d'histoire, No. 29(janvier-mars 1991), pp. 35-45.

_____, La guerre française d'Indochine(Bruxelles: Éd. Complexe, 1992).

_____, "Les Intellectuels français et la guerre d'Indochine: une répétition générale ?", Cahiers de l'I.H.T.P., No. 34(juin 1996), pp. 113-132.

Sabattier, Gabriel (général), Le Destin de l'Indochine: souvenirs et documents, 1941-1951(Paris: Plon, 1952).

Sainteny, Jean, Histoire d'une paix manquée, Indochine 1945-1947(Paris: Fayard, 1953).

Sartre, Jean-Paul (commentaire de), L'affaire Henri Martin(Paris: Gallimard, 1953).

_____, Situations, T. V: Colonialisme et néo-colonialisme(Paris: Gallimard,

1964).

Sorum, Paul Clay, Intellectuals and decolonization in France(Chapel Hill: University of North Carolina Press, 1977).

Tønnesson, Stein, 1946: Déclenchement de la guerre d'Indochine(Paris: l'Harmattan, 1987).

Vaïsse, Maurice (dir.), L'armée française dans la guerre d'Indochine, 1946-1954: adaptation ou inadaptation ?(Bruxelles: Éd. Complexe, 2000.

Viollis, Andrée, Indochine S.O.S.(Paris: Gallimard, 1935).

Wall, Irwin, L'influence américaine sur la politique française, 1945-1954(Paris: Balland, 1989).

Winock, Michel, Histoire politique de la revue "Esprit", 1930-1950(Paris: Éd. du Seuil, 1975).

"Dossier France-Viêt-Nam", Esprit, juillet 1947, pp. 31-65.

"Viêt-Nam", Les Temps modernes, août-septembre 1953, pp. 195-472.

찾아보기

ㄱ

게랭(Daniel Guérin) 121
게랭(Rose Guérin) 297
길랭(Robert Guillain) 321, 331, 346, 356, 400

ㄴ

나바르(Henri Navarre) 313, 314, 319, 320, 322, 331, 336, 337, 340, 355, 356, 368, 374, 376, 378, 379, 382
나빌(Pierre Naville) 216, 335
닉슨(Richard Nixon) 351

ㄷ

다라공(Charles d'Aragon) 187, 302
다르장리외(Thierry d'Argenlieu) 64, 73, 83, 105, 106, 153, 207, 252, 367
다스토르그(Bertrand d'Astorg) 210, 224, 225
다스티에(Emmanuel d'Astier) 263, 270
달라디에(Édouard Daladier) 295, 326, 338
데페르(Gaston Defferre) 117, 181, 324
데퓌에쉬(Jacques Despuech) 292, 294, 295, 297
도메나크(Jean-Marie Domenach) 125, 210, 223, 225, 226, 263
뒤클로(Jacques Duclos) 196, 281, 285, 303, 362, 368
드골(Charles de Gaulle) 21, 58, 40, 43, 52, 59, 61, 64, 70, 80, 82, 83, 93, 94, 97~101, 105, 111, 145, 179, 189~193, 196, 236, 245, 246, 292, 329, 330, 355, 400, 403, 407
드 라트르 드 타시니(Jean de Lattre de Tassigny) 171, 257, 259
드비나(Paul Devinât) 73, 112, 295
드빌레르(Philippe Devillers) 109, 313
드 카스트리(Christian de Castries) 314, 316, 319, 332, 333, 335, 371, 373, 374, 375
드쿠(Jean Decoux) 30, 31
들라비네트(Robert Delavinette) 91, 125
디엔(Raymonde Dien) 201, 270, 274
딜런(Douglas Dillon) 348, 352

ㄹ

라니엘(Joseph Laniel) 187, 324, 327, 331, 336, 340, 348, 354, 357, 358, 363, 374, 385, 387, 388
라마디에(Paul Ramadier) 61, 70, 73, 111, 116, 142, 147, 157, 163, 177, 178, 179, 196, 197, 230, 287, 288, 289, 369
라브루케르(André Labrouquère) 63, 71
라쿠튀르(Jean Lacouture) 193, 313
라크루아(Jean Lacroix) 206, 217, 302
래드포드(Arthur Radford) 343, 351
로맹(Jules Romains) 232, 239, 332
로즈레(Henri Lozeray) 76, 77, 78
루(Jean Rous) 206, 210
루르(Rémy Roure) 288, 290, 367, 368
루스벨트(Franklin D. Roosevelt) 37~41, 43, 46, 51
뤼시오(Alain Ruscio) 73, 122, 276, 277, 279, 280
르베르(Georges Revers) 285~289, 291, 295
르클레르(Philippe Leclerc) 83, 176, 246, 252, 409
르투르노(Jean Letourneau) 185, 186, 188, 258, 259, 356
르포르(Claude Lefort) 209, 211
리베(Paul Rivet) 73, 122, 210
리첸허우(Li Chen Hou) 344, 345

ㅁ

마돌(Jacques Madaule) 215, 302
마르탱(Claude Martin) 205, 275, 277, 279, 280
마르탱(Henri Martin) 201, 204, 205, 211, 212, 265~277, 279~283
마르티네(Gilles Martinet) 216, 230
마스트(Charles-Emmanuel Mast) 285~288, 291
마오쩌둥(Mao Zedong) 137, 154, 166, 191, 199, 328
마이에(Daniel Mayer) 72, 180, 340
마티(André Marty) 199, 200, 268, 269, 303
망데스 프랑스(Pierre Mendès France) 74, 182, 193, 326, 327, 385, 387~393, 398, 399, 403, 411
망소(Robert Manceau) 297, 367
머피(Robert Murphy) 39
모네르빌(Gaston Monnerville) 59, 67
모리악(François Mauriac) 122, 209, 217, 223, 232, 233, 234, 239, 355
모크(Jules Moch) 287, 366
몰레(Guy Mollet) 178, 179, 350
몽텔(Pierre Montel) 368
무니에(Emmanuel Mounier) 122, 124, 125, 210, 223, 224
무테(Marius Moutet) 70, 72, 73, 111, 115, 123, 126~179, 184, 207, 230

미테랑(François Mitterrand) 325, 326, 339, 350, 403
미텔베르그(Louis Mitelberg) 330, 335

ㅂ

바렌(Alexandre Varenne) 74
바스티드(Paul Bastid) 73, 116
바오 다이(Bao Dai) 32~35, 81, 137, 146, 147, 160, 170, 184, 187, 189, 225, 237, 255, 260, 287, 291, 293, 295, 317, 329, 331, 336, 337, 341, 342, 385, 408
바펠레프(Antoine Baffeleuf) 74
베케르(Jean-Jacques Becker) 13, 93
보부아르(Simone de Beauvoir) 208, 210, 211
보브메리(Hubert Beuve-Mery) 200, 288
보 응우옌 지압(Vo Nguyen Giap) 35, 137, 169, 313, 314, 315, 317, 331, 346
볼라르트(Émile Bollaert) 86, 153, 183, 207, 209, 295
부르데(Claude Bourdet) 210, 229, 230, 231, 233, 234, 355, 374
부비앙(Léon Boutbien) 72, 295
블룸(Léon Blum) 80, 81, 117, 145, 176~178, 182, 361, 412
비도(Georges Bidault) 43, 69, 74, 80, 81, 106, 112, 177, 182, 184~186, 188, 191, 234, 289, 291, 335, 345, 348, 356, 358, 363, 385, 387, 389, 399
비올레트(Maurice Viollette) 122, 360, 411

비올리(Andrée Viollis) 121, 209, 226
비이우(François Billoux) 303, 366
빈자(Vinh Xa) 287

ㅅ

사르트르(Jean-Paul Sartre) 124, 125, 201, 206, 208~212, 223, 236, 266, 272, 273, 278, 285, 374
생트니(Jean Sainteny) 105, 193, 255, 386
샤를루(François Charles-Roux) 86, 87
세르방 슈레베르(Jean-Jacques Servan-Schreiber) 295, 349, 350
세제르(Aimé Césaire) 77, 112
셰가레(Jacques Chégaray) 221
셰노(Jean Chesneaux) 205
수스텔(Jacques Soustelle) 81, 193
슈만(Maurice Schumann) 122, 183, 356
슈만(Robert Schuman) 184, 185, 257
스탈린(Joseph Stalin) 40, 50, 51
스테판(Roger Stéphane) 211
스틸(André Stil) 204, 205, 303

ㅇ

아롱(Raymond Aron) 208, 234~239, 340, 349, 358
아이젠하워(Dwight D. Eisenhower) 260, 352
아즈롱(Charles-Robert Ageron) 9, 61, 68, 83, 89, 212
알트만(Georges Altman) 206, 210, 233

에리오(Édouard Herriot) 73, 111
엘리(Paul Ély) 337, 343, 374, 379
오리올(Vincent Auriol) 111, 115, 177, 181, 230, 258, 273, 369
응오딘지엠(Ngô Dinh Diêm) 386, 402

ㅈ

자케(Marc Jacquet) 315, 336
장송(Francis Jeanson) 201, 211
장제스(Chiang Kai-Shek) 27, 29, 39, 137, 199, 328
쥐글라스(Jean-Jacques Juglas) 80, 112
지라르데(Raoul Girardet) 8, 235, 357
지아코비(Paul Giaccobi) 59, 82, 252, 295
지압(Giap) 35, 137, 169, 313, 314, 315, 317, 331, 346
쩐득타오(Tran Duc Thao) 125, 209, 252
쩐쫑낌(Tran Trong Kim) 33, 34

ㅊ

처칠(Winston Churchill) 40, 46, 351

ㅋ

카르티에(Raymond Cartier) 347, 351, 352
카뮈(Albert Camus) 211, 229
카솅(Marcel Cachin) 196, 200
코니(René Cogny) 319
코스트 플로레(Paul Coste-Floret) 111, 183, 184, 186, 291, 356

콕토(Jean Cocteau) 210, 272
쿠르타드(Pierre Courtade) 196, 204, 205, 345
퀘이유(Henri Queuille) 179, 286, 287, 289
크리젤 발리몽(Maurice Kriegel-Valrimont) 289, 297

ㅌ

테트젠(Pierre-Henri Teitgen) 111, 116, 295
토레즈(Maurice Thorez) 65, 78, 195, 196, 198, 199, 264, 270, 362
트레비에르(Martin Trévières) 276, 278
티옹(Charles Tillon) 77, 270

ㅍ

파르즈(Yves Farge) 210
파브렐(Charles Favrel) 344, 371, 374
팜반동(Pham Van Dong) 35, 392
페레(Roger Peyré) 286, 287, 289
포르(Edgar Faure) 74
포베(Jacques Fauvet) 344, 348, 390, 391, 392
폴랑(Jean Paulhan) 208, 210
폴리에(Joseph Folliet) 217, 219
퐁탈리스(Jean-Bertrand Pontalis) 209, 211
푸리에(Marcel Fourrier) 206, 207
프라숑(Benoît Frachon) 122, 299
프레베르(Jacques Prévert) 201, 272
플랑셰(Jean Planchais) 21, 384

플레뱅(René Pleven) 56, 59, 100, 248,
    259, 315, 356
피카소(Pablo Picasso) 122, 205, 271

ㅎ

호앙반코(Hoang Van Co) 287, 289
호앙반호안(Hoang Van Hoan) 346
호치민(Ho Chi Minh) 26, 29, 35, 41, 52,
    73, 79, 81, 86, 105, 112, 117, 127, 132,
    137, 141, 144~147, 152, 154, 157, 160,
    165, 168, 170, 171, 174, 176, 179, 180,
    183~185, 187, 191~194, 196, 203, 206,
    216, 219, 222, 224, 225, 231, 233, 234,
    236, 255, 287, 313~315, 324, 330, 341,
    345, 346, 385, 386, 402, 409, 411

| 지은이 소개 |

연세대학교 사학과를 졸업하고 프랑스 툴루즈(Toulouse) 2대학에서 '프랑스 68운동' 관련 논문으로 석사학위를, 파리 10대학에서 '프랑스 제국주의' 관련 논문으로 박사학위를 받았다. 현재 연세대학교 사학과 교수로 재직중이다. 주요 저서로 『기억과 전쟁 : 미화와 추모 사이에서』(2009, 엮음), 『제국의 시선, 문화의 기억』(2017) 등이 있으며, 주요 논문으로 「1930년, '프랑스령 알제리' 백주년」(2022), 「'14-18 전쟁'과 프랑스의 흑인 병사 이미지 : 실재, 상상(계), 그리고 재현」(2022), 「전쟁의 고통과 상흔 － 제1차 세계대전과 프랑스 '안면 부상병(Gueules cassées)' －」(2023) 등이 있다.

인도차이나전쟁과
프랑스 식민주의 이념   값 28,000원

2023년 12월 28일 초판인쇄
2023년 12월 31일 초판발행

지은이   이 재 원
발행인   김 혜 숙
발행처   홍문각
등록번호 제2020-000233호

주소 : 서울시 서초구 강남대로 309, 코리아비지니스센터 1611호
전화 : (02)715-7232 Fax : (02)715-7235
E-mail : hmgbp@daum.net
website : www.saemoonbook.com
ISBN : 979-11-88515-16-5

* 저자와의 협의에 의해 인지를 생략했습니다.